卓越学术文库 ■

U0680089

重混创作著作权规制研究

CHONGHUN CHUANGZUO ZHUZUOQUAN GUIZHI YANJIU

河南省高等学校哲学社会科学优秀著作资助项目

许辉猛 著

郑州大学出版社

图书在版编目（CIP）数据

重混创作著作权规制研究／许辉猛著. — 郑州：郑州大学出版社，
2022．1

（卓越学术文库）

ISBN 978-7-5645-8199-2

Ⅰ．①重…　Ⅱ．①许…　Ⅲ．①著作权法-研究-中国
Ⅳ．①D923.414

中国版本图书馆 CIP 数据核字（2021）第 197817 号

重混创作著作权规制研究

策划编辑	孙保营	封面设计	苏永生
责任编辑	陈　思	版式设计	苏永生
责任校对	呼玲玲	责任监制	凌　青　李瑞卿

出版发行	郑州大学出版社	地　　址	郑州市大学路 40 号（450052）
出 版 人	孙保营	网　　址	http://www.zzup.cn
经　　销	全国新华书店	发行电话	0371-66966070
印　　刷	新乡市豫北印务有限公司		
开　　本	710 mm×1 010 mm　1／16		
印　　张	22.75	字　　数	376 千字
版　　次	2022 年 1 月第 1 版	印　　次	2022 年 1 月第 1 次印刷

书　　号	ISBN 978-7-5645-8199-2	定　　价	116.00 元

前　言

　　数字时代重混文化的勃兴对著作权法提出了挑战。与原创不同,重混创作主要通过借用在先作品表达的方式进行创作,既具有很强的复制性特征,又带有很强的创作性特征,前一特征使得重混创作很容易落入侵权的范围,后一特征使得重混创作不同于普通的复制或者抄袭。此外随着创作者身份、创作动机的不同,重混创作的复制性和创作性特征呈现出不同的匹配关系,从而使得重混作者与在先著作权人之间的利益关系变得极为复杂,以至于现有著作权规制的严苛与相当多的著作权人出人意料的宽容形成了鲜明的对比。这种对比就是重混创作正当性与合法性冲突的写照。美国商务部、互联网公共政策工作组2013年7月发布的《数字经济时代的版权政策、创造力与数字经济创新》绿皮书初步论述了重混创作的著作权法问题,2016年1月发布的《重混作品、首次销售和法定赔偿的白皮书》对重混创作的相关方立场、可能的改革路径和具体规则选项做了全面阐述。

　　不过当笔者2014年将重混创作作为博士论文选题时,该问题尚属"小荷才露尖尖角",国内外研究刚刚开始。国外某些国家开始就重混创作的个别类型进行立法变革,相关研究主要围绕具体的重混创作类型展开;国内主要是关于滑稽模仿合法性的讨论,是由网络短片《一个馒头引发的血案》爆红引发的。从滑稽模仿出发拓展,笔者发现重混创作本身的复杂性,它到底指称哪些创作现象不甚明确,其著作权法上的含义也不甚了了,无奈之下只能对重混创作现象进行梳理和类型化,辨析其著作权法上的含义,最后上升到创作性使用的著作权规则重构。有意思的是,滑稽模仿合法性的讨论一直指引着我的研究,但是当我找到答案时却意味着需要扔掉这根拐杖。"横看成岭侧成峰,远近高低各不同,不识庐山真面目,只缘身在此山中",这首哲理诗的妙处不仅仅在于后两句,前两句同样重要。如果没有细节的解剖和对比,哪有关于整体的深刻认识呢?如果笔者对滑稽模仿没有深刻印象,就无法深刻感受重混创作其他类型的差异,最终也不会升华到对创作性使用的著作权法规则的体系化研究。研究中一件轶事值得一提,2014年深秋

1

我的研究陷入困顿，和一群朋友去驻马店铜山湖露营。去的时候天气尚好，晚饭之后天气骤变，最后瓢泼大雨竟下整整一夜，早上醒来发现原来水位很低的铜山湖竟然满了，昨晚距离水边很远的露营帐篷几乎与湖水亲密接触。漫步湖边，仰望四野，突如醍醐灌顶，职业作者重混创作与业余爱好者重混创作的分类在脑海乍现，研究和写作自此进入一片坦途。

2016 年美国商务部、互联网公共政策工作组发布的有关重混作品规制的白皮书采取了同样的分类并讨论美国版权法上的规制政策选择，与我的研究思路一致。近年来国内出现了一些有关重混创作著作权法学术论文，本著作均有涉及，在获得 2020 年河南省高等学校哲学社会科学优秀著作资助项目，即将出版之际，笔者进行了修改和润色，但是基本保持博士论文的原貌，没做大的修改原因就在于本著作的基础是对创作性使用规则的体系化探讨。

本著作得以形成和出版，首先需要感谢我的博士研究生导师黄玉烨教授，从博士论文的选题、具体写作和最后的成稿，无不凝聚着黄老师的心血。黄老师渊博的学识、严谨的治学态度、平易近人的作风和高尚的人格魅力让人敬佩。其次，感谢家人的辛苦付出，我爱人汪东丽不仅要完成自己繁重的本职工作，还要承包大部分家务，照看孩子，她的坚韧和付出使我有更多的时间投入写作，使我在写作的压力下享受到家庭的温馨。再次，感谢我的研究生吴桐、陈旭宁、王梦博、韩亚杰，在本次修订过程中，他们反复阅读书稿，订正错误。最后，感谢郑州大学出版社的编辑老师，没有她们的辛勤劳动，本书无法顺利出版。

许辉猛

2021 年 12 月

目录

一、问题的提出

（一）数字时代重混创作的勃兴

重混创作是指，主要以通过提取、组合、转换在先作品表达要素的方式创作新作品的活动，具有明显拼贴和不掩饰借用来源的特征。[①] 重混创作先驱之一的挪用艺术，从流行文化、广告、大众媒体以及其他艺术家那里借用形象，再将它们结合到新的艺术作品中。[②] 目前这种创作手法已经蔓延到各个艺术领域，或者利用已有图片的部分或者全部进行新的视觉波普艺术创作，或者利用已有的音乐作品片段重组成混录版音乐；或者将他人的作品片段组织在一起形成拼装小说。我国曾经到处疯传的高考满分作文《赤兔马传》就是将《三国演义》中有关赤兔马的描写摘录下来而形成的，结果赢得满堂彩。在数字时代，重混创作更是得到了前所未有的发展，"最初从音乐创作领域发生，以嘻哈音乐，以及音乐与舞蹈的结合为标志；然后逐渐扩展、蔓

[①]　英语表达是 remix，重混创作是汉语中比较流行的翻译。与此同时，关于这个术语的具体内涵，也是众说纷纭。为了便于讨论，在此处笔者直接给出自己的界定。有关该术语以及内涵的具体讨论详见本书第一章第二节。

[②]　［美］威廉·M.兰德斯，理查德·A.波斯纳：《知识产权法的经济结构》，金海军译，北京大学出版社 2005 年版，第 330 页。

延到电影,从导演的一般性剪辑发展到以弗洛伦蒂诺式的从他人电影中截取图片、素材。现在已经拓展到电视、游戏、音乐视频,甚至汽车和时尚。从《杀死比尔》到《街头霸王》,从'坐地铁吧'到'嘻哈飙车族'。这是一个重混文化时代"①。"尽管存在很多重混文化的先驱,但是数字时代的重混却与它们存在根本性的差别:过去我们可能仅仅是收集、排列或者重新安排已有的材料,但现在能以前所未有的方式转换和改写这些成分。这在很大程度上得益于数字和电子技术的创造性运用以及后现代主义的文化氛围。"②"重混文化是这样一种文化,它对已经媒介化的、混合的文化材料不断地进行更新、操作和改变",它已经成为信息社会的显著特征,以至于一些文化批评和理论家呼吁用重混来界定当前的文化实践。③

(二)重混创作的著作权规制难题

数字时代重混创作的勃兴对著作权制度带来了严重的挑战。著作权制度建立在尊重原创性、反对剽窃的基础之上④,将创作性使用他人作品压缩到最低限度。重混创作却是这样一个过程,它进入知识财产的封闭体系,重新开放它们,借用、添加或者改变现有的内容⑤,与著作权法严格控制未经权利人授权而对其作品进行复制和传播的精神和做法背道而驰。因此,重混创作天生长着一张"侵权的脸庞",其合法性面临质疑。与数字时代重混创作蓬勃发展形成鲜明对照的是,重混创作的著作权规制自始都是一个难题。

---

① Abigail T. Derecho, Illegitimate Media: Race, Gender and Censorship in Digital Remix Culture (2008), p. 8, http://pqdt. calis. edu. cn/SearchResults. aspx? pm = 0&q = Gender and Censorship in Digital Remix Culture ProQuest. 2020-06-17 visited.

② Bernard Schütze, HorizonZero, remix: generate/regenerate, April/May 2003, 转引自 Abigail T. Derecho, Illegitimate Media: Race, Gender and Censorship in Digital Remix Culture (2008), p. 7, http://pqdt. calis. edu. cn/SearchResults. aspx? pm = 0&q = Gender and Censorship in Digital Remix Culture ProQuest. 2020-06-17 visited.

③ Abigail T. Derecho, Illegitimate Media: Race, Gender and Censorship in Digital Remix Culture (2008), p. 7, http://pqdt. calis. edu. cn/SearchResults. aspx? pm = 0&q = Gender and Censorship in Digital Remix Culture ProQuest. 2020-06-17 visited.

④ [美]理查德·A. 波斯纳:《论剽窃》,沈明译,北京大学出版社 2010 年版,第 91 页。

⑤ Scott H. Church, All living things are DJS: Rhetoric, Aesthetics, and Remix Culture (2013), p. 3, in Digital Remix Culture ProQuest.

从挪用艺术到同人作品再到混录版音乐以及其他类型的重混作品,著作权法的司法实践历来都是矛盾重生。美国著名的挪用艺术家孔思(Koons)将登载于杂志上的一幅小狗的照片转化为大型的彩色雕塑,被法院判定为侵权,甚至斥之为打着艺术旗号从事海盗行为①。几年之后当他将他人的摄影作品《古琦丝凉鞋》中的一双女人的小腿原样复制到其拼贴画《尼亚加拉》中时,又被法院认定为合理使用。② 就音乐作品创作而言,美国联邦最高法院在坎贝尔案中首次正式引进转换性使用解决戏仿的合法性,为重混创作的著作权规制难题打开了新的窗口,无疑具有里程碑意义。不过颇为吊诡的是,该案尽管将被告拿走了"权利人作品的心脏部分并使之成为新作品的心脏部分"的行为视为合理使用,但是该案的判决实际上造成了美国商业性戏仿的凋零。③ 在"Bridgeport Music, Inc. v. Dimension Films"一案中,被告仅仅从原告的音乐作品中截取了一个两秒左右的片段插入到新的音乐作品中就被判定为侵权。④ 同人作品作为重混文化的重要来源之一,其司法实践同样令人困惑。著名小说《飘》的戏仿案是引起广泛关注的同人作品司法判例。⑤该案一审被判侵权,二审法院利用转换性使用理论承认被告值得合理使用的抗辩,但是强烈暗示其借用超出了必要的范围,从而将案件发回重审,当事人不得不和解结案。

与法院矛盾的态度一样,重混创作的"局中人"也是态度不一。对于重混创作,很多后现代艺术家视为终生奋斗的事业,好几个后现代艺术流派均孵化于此。经济学家大卫·盖伦森(David Galenson)发现"主流的现代艺术家对他们事业的普遍态度发生了一个世代性转换"⑥。这些艺术家把著作权法对借用的限制看作是对艺术自由的一种威胁。⑦ 不从事重混创作的艺术

---

① Rogers v. Koons, 960 F. 2d 301, 308(2d Cir. 1992).
② Blanch v. Koons, 467 F. 3d 244(2d Cir. 2006).
③ Campbell v. Acuff-Rose Music, 510 U. S. 569(1994).
④ Bridgeport Music, Inc. v. Dimension Films, 410 F. 3d 792(6th Cir. 2005).
⑤ Suntrust Bank v. Houghton Mifflin Co., 268 F. 3d 1257(11th Cir. 2001).
⑥ [美]威廉·M.兰德斯,理查德·A.波斯纳:《知识产权法的经济结构》,金海军译,北京大学出版社2005年版,第328页。
⑦ [美]威廉·M.兰德斯,理查德·A.波斯纳:《知识产权法的经济结构》,金海军译,北京大学出版社2005年版,第330页。

家们有的坚决反对重混,将其视为盗窃;有的采取容忍的态度;有的则给予赞许和支持。面对被借用的情形,艺术家们同样态度不一。俄罗斯画家乔治·普罗申科的一幅画作从多个来源中复制了不同的成分,其中包括赫尔穆特·牛顿的一幅照片中的一个裸体轮廓、伊夫·克莱因一张单色画中一个独特而明亮的蓝色背景,以及卡齐米尔·马列维奇一幅画中的一个黄色的小正方形。三幅被借用的作品,其中两位权利人没有反对借用,而牛顿则向法院提起诉讼,要求销毁该画。J. K. 罗琳对于《哈利波特》的同人作品,坚决反对商业化使用,不惜诉诸法院;而对于业余爱好者的创作,则采取容忍的态度。《飘》的遗产管理人在授权创作续集的同时严格规定了续写的条件。在日本,甚至同人漫画的商业化在一定程度上也被容忍。在我国,同人作品创作有时甚至会受到鼓励,电视剧《逆水寒》的权利人授权同人作品出版,武侠轻小说《蜀山的少年》的权利人甚至投资业余爱好者设立的同人作品开发公司。相比之下,尽管同属权利人阵营,作者与著作权人的态度有时会有一些微妙的差别。2004 年江诗丹顿电影公司发行了影片《帝国的崩溃》。影片中希特勒意识到将失去所有时,谴责身边所有人的场景俘获了很多人的想象。很多网友以此为素材通过编辑改变了原电影的字幕,让希特勒的怒火喷向一系列问题,从迈克尔·杰克逊的死到 IPA 电脑的功能缺点,不一而足。这些网友制作的版本被上传到视频网站 YouTube,形成了《帝国的崩溃》的搞怪视频社区。对此,导演奥利弗·西斯贝格在接受采访时说:"这部片子的要义在把那些恶魔从使他们成为恶魔的王座上踢开,从而使他们变得真实,他们的行为开始走进现实。我想,如果把这也看作我们历史的一部分,这将是唯一公平的。人们有权将他们用在他们想用的任何地方。"但是著作权人江诗丹顿电影公司却要求 YouTube 删除所有含有他们著作权材料的视频。[①] 即使是同一个作者,面对重混作品态度也往往前后不一。2005 年年底,网友胡戈戏仿当年的热销电影《无极》创作了《一个馒头引发的血案》的视频在网络走红,导演陈凯歌极其愤怒,扬言要起诉,但是最后不了了之。与反对剽窃的态度不同,读者对于重混创作是支持的。当陈凯歌

---

① Mathias Klang & Jan Nolin, Tolerance is Law: Remixing Homage, Parodying Plagiarism, Scripted, Volume 9, Issue 2, August 2012, p. 154-176, Electronic copy available at: http://ssrn. com/abstract = 213058, 2020-02-08 visited.

扬言要起诉胡戈时,网友们纷纷表示不满,不理智的网友开始攻击陈凯歌的电影和人品,理智的网友开始从人权、言论自由、宪法、著作权法的角度寻找支持胡戈的依据。这场全民大讨论,使《一个馒头引发的血案》成为我国重混创作规制讨论的标志性事件。

(三)研究意义

美国法学家保罗·戈斯汀(Paul Goldstein)提出:"所有的著作权案件都具有一个共同的事实:通过告诉作者他可以从既有作品中合法借用的程度,以及他自己必须创作的程度,著作权法就为其涵盖的作品打上了不可消灭的色彩,无论是新的故事、股市报告、学术论文、电影、杂志文章还是流行音乐唱片。"[①]现代著作权法尽管不反对借用,但是努力将借用限制在最低程度内,而重混创作却以借用他人表达作为主要创作方式和特色,因此现有的创作性使用规则与重混创作之间存在非常紧张的关系。从某种意义上讲,现代著作权法诞生于遏制乃至消灭重混创作的基础之上,将原创推上了历史的舞台,但是数字时代重混创作的勃兴使得我们不得不关注著作权法与重混创作的关系,并重新思考重混创作与著作权规制的关系。

在著作权法视野中,重混创作处于边缘位置,这与其市场地位基本是相称的。但是随着数字时代重混文化逐步从边缘走向主流[②],其经济价值日益凸显,以其为基础的商业模式发挥着越来越重要的作用,重混创作著作权规制的重要性也日益凸显。艺术家、著作权人、作者、传播者、读者对重混创作复杂多样的态度暗示着重混创作中社会利益关系配置的复杂、微妙和特殊;法院矛盾的态度凸显了现有著作权制度对重混创作的规制存在诸多不适应之处,法院试图回应重混创作现象的努力存在很大的困难。

重混创作的规制困境引起了法律变革的需求。各国政府和民间组织也积极组织力量对重混创作的著作权规制进行研究。美国商务部、互联网公共政策工作组 2013 年 7 月发布《数字经济时代的著作权政策、创造力与数字

---

① [美]保罗·戈斯汀:《著作权之道:从古登堡到数字点播机》,金海军译,北京大学出版社 2008 年版,第 3 页。

② Aram Sinnreich, Tracking Configurable Culture from the Margins to the Mainstream, OriginallypublishedinJournalComputer – MediatedCommunication(2013), Electronic copy available at:http://ssrn.com/abstract=2344277. 2015-02-17 visited.

经济创新》绿皮书,专门以重混(remixes)为题对美国重混的商业实践、司法实践以及学术研究进行了回顾和探讨,正式启动重混创作规制官方研究的序幕①,2016 年 1 月互联网政策工作组公布了《重混作品、首次销售和法定赔偿的白皮书》,对重混创作的相关方立场、现有版权规制框架、可能的改革选项做了全面阐述。② 英国、中国香港的立法都试图引入戏仿、讽刺的规则部分解决重混创作的规制问题。欧洲经济与合作组织 2007 年、2008 年相继发布的《参与性网络:用户创造内容》和《用户产生内容:支持参与性信息社会》的研究报告,对该问题进行研究。③ 知识共享组织专门推出特别取样授权(sampling plus)、非商业特别取样授权(noncommercial sampling plus)两种特殊的 CC 协议,鼓励音乐、影片、摄影作品的重混创作。④ 欧洲的民间重混创作权组织(right2remix. org)积极倡导赋予公众对在先作品的重混创作权,具体包括:①在给予补偿的情况下对在先作品进行转换性使用的权利;②对现有作品进行重混并予以出版的权利;③在给予补偿的情况下对重混作品进

---

① The Department of Commerce Internet Policy Task Force,Copyright Policy,Creativity,and Innovation in the Digital Economy(2013),p. 28−29.

② The Department of Commerce Internet Policy Task Force,White Paper on Remixes,First Sale,and Statutory Damages:Copyright Policy,Creativity,and Innovation in the Digital Economy(2016),p. 6−34.

③ Working Party on the Information Economy,Participative Web:User−Created Content,DSTI/ICCP/IE(2006)7/FINAL,http://www. oecd. org/internet/ieconomy/38393115. pdf,2015−02−10 visted. N. Helberger,L. Guibault,E. H. Janssen,etc,User−Created−Content:Supporting A Participative Informative Society(final report),http://ivir2. atabixdemo. com/medewerkerpagina? id=9,2015−02−10 visited.

④ http://creativecommons. org/licenses/nc − sampling% 2B/1. 0/,2015 − 02 − 08;http://baike. baidu. com/link? url = _ − 7STdadAnRKNXCwM1YcicQl17QFPjqPcGwSocPkIdGmIMV9d4hGT8ZFfptGcNwoKXWa9WuIcH9zVFNz0Q4XbK,2015−02−08 visited.

行商业化利用的权利。① 因此,重混创作著作权规制的研究具有重要的理论意义和现实意义。

二、研究现状评述

(一)国外研究现状

目前国外关于重混创作著作权规制主要集中于以下几个问题。

1. 重混创作的概念

重混的英文词汇是 remix,是一个相当含混的概念,学者们往往根据自己的需要在文化现象、创作行为以及创作作品等不同的层面上使用,形成了重混文化、重混创作、重混作品等系列概念。此外,创作媒介的选择对重混系列概念的内涵与外延影响很大。②

2. 重混创作的正当性或者价值研究

首先是重混创作与创造性的关系。弗罗西奥(Giancarlo F. Frosio)认为人类创造的本质是累积性和集体性的,重混创作是其体现,但是现代著作权公共政策与此冲突。累积的、合作的、公共的创造性应该被重新发现并应得到鼓励。③ 波斯纳(Richard Posner)认为应该区分创造性和原创性,在原创性

---

① http://right2remix. org/#01-manifest,2015-02-28 visited,2015-02-28 visited. 该组织主张的英文表述原文是:"In the classic notion of originality,the new creation tended to disguise the old beyond recognition. The core characteristic of the remix as a cultural practice, however,is that the old remains visible within the new. The remix is a creative copy that is readily identified as such. Since creative copying has become commonplace,the right to remix is a fundamental requirement for freedom of expression and free speech. We formulate the right to remix as a combination of three creative rights:The right to change works during usage and to publish the results. 〔Transformative usage right(s) with lump-sum compensation, e. g. background music in mobile phone videos〕。The right to create and to publish remixes of existing works. 〔Remix right(s) with lump-sum compensation, e. g. fake trailer for a TV series〕. The right to commercialize remixes,in exchange for appropriate compensation. (Remix commercialization right(s) subject to compulsory licensing, e. g. selling music mash-ups on iTunes)."本书在此参考了胡开忠教授的翻译(详见胡开忠:《论重混创作行为的法律规制》,《法学》,2014 年第 12 期)。

② 有关重混的系列概念在本书第一章将详细阐述。

③ Giancarlo F. Frosio, Rediscovering Cumulative Creativity from the Oral Formulaic Tradition to Digital Remix:Can I Get a Witness,13 J. Marshall Rev. Intell. Prop. L. 341-395 (2014).

之外,承认创造性模仿的价值。① 其次是重混创作的其他社会价值,劳伦斯·莱斯格(Lawrence Lessing)认为重混创作有助于促进教育和社区交流。② 重混创作还有助于促进符号民主,缓和传媒统治、提升文化多样性等。③ 此外,重混创作的商业价值也得到了越来越多的关注④。

3. 重混创作与著作权规制的关系

在肯定重混创作价值的基础上,如何释放重混创作的空间,存在两种不同的观点,一种观点是适度降低著作权保护水平,满足重混创作的需要。波斯纳、兰德斯认为,过高的著作权保护会提高后续创作的成本,诱发寻租行为,著作权保护应止于排他性还在创造价值的地方。⑤ 迈克尔·凯兹(Michael Katz)主张建立"循环著作权",满足重混创作规制的需要。⑥ 托马斯·W.乔(Thomas W. Joo)认为过高的著作权保护对于强势方和弱势方都构成了钳制,著作权法改革不仅是市场是否失灵的问题,也是保护标准是否过高的问题。⑦ 另一种观点是反对降低著作权保护水平,认为凭借市场力量、社会规范调整即可。如墨杰斯认为高标准的著作权保护实际上为权利人提供了更为灵活的产权调整的边际,有利于形成灵活多样的权利行使机

---

① [美]理查德·A.波斯纳:《论剽窃》,沈明译,北京大学出版社2010年版,第112页。波斯纳说:"我们有必要对'原创性'和'创造性'加以区分,去掉前者的规范性意蕴,仅把规范性意蕴留给后者。一件原创的作品仅仅是一件与现存作品有足够大的差异、不会引起混淆的作品。从审美的角度来说,未必值得创作出来。它可能是一件缺乏想象力的粗糙滥造之作。"该段话极深刻的阐述了原创性与创造性的关系,同时阐述了创造性与审美价值的关系。

② Lawrence Lessig, Remix: Making Art and Commerce Thrive in the Hybrid Economy, New York: The Penguin Press, p. 76-82.

③ Homas W. Joo & Thomas W. Joo, Remix Without Romance, 44 Conn. L. Rev. p. 415-479(2011).

④ Lawrence Lessig, Remix: Making Art and Commerce Thrive in the Hybrid Economy, New York: The Penguin Press, 2009. 该书对重混文化的商业价值以及商业价值的产生机制做了很全面的阐述,具体见该书的第二部分,第117-252页。

⑤ [美]威廉·M.兰德斯,理查德·A.波斯纳:《知识产权法的经济结构》,金海军译,北京大学出版社2005年版,第84、89页。

⑥ Michael Katz, Recycling Copyright: Survival & Growth in the Remix Age, 13 Intell. Prop. L. Bull. 21.

⑦ Thomas W. Joo & Thomas W. Joo, Remix Without Romance, 44 Conn. L. Rev. p. 415-479(2011).

制和商业模式;同时过高的产权界定与执行成本本身就会使权利人放弃部分权利而将其置于公共领域,高保护标准并不会阻止他人的自由行动。① 史蒂文·A.海彻(Steven A. Hetcher)认为现行合理使用制度与社会规范结合的规制比激进的法律修改相比成本更低、效果更好。

4. 重混创作的著作权规制策略

在重混创作规制困境存在共识的前提下,一类学者在坚持现有著作权公共政策的基础上积极挖掘社会规范调整的内涵,另一类学者则积极构建重混创作著作权规制的具体制度,具体包括重混创作的合理使用、创造性例外、微型自动许可、法定许可、取样强制许可等。②

5. 业余爱好者重混创作规制研究

业余爱好者的重混创作是数字时代重混创作主要组成部分和特色所在,占据了重混创作规制研究的半壁江山。研究内容主要涉及业余爱好者重混创作与用户产生内容的关系、正当性以及具体规制策略等内容。如Daniel Gervais 教授认为重混创作是用户产生内容的三种形式之一,产生了关键的著作权问题。③ 关于业余爱好者重混创作的价值则在肯定和否定两种不同的观点,肯定者认为其增强符号民主、提升文化多样性、发挥教育功效、促进集体合作和集体创造性;否定者认为其内容质量低下、对传统版权产业构成意想不到的竞争,形成盗版社区,其商业模式是一种可怕的剥削机制。④ 关于规制,存在法律规制和社会规范规制两种不同的观点,前者如劳

---

① Robert P. Merges, The Concept of Property in the Digital Era, 45 Hous. L. Rev. 1239 (2008), Available at: http://scholarship. law. berkeley. edu/facpubs/1012, 2020-06-17 visited.

② Kerri Eble, This Is A Remix: Remixing Music Copyright To Better Protect Mashup Artists, 2013 U. Ill. L. Rev. 661, PP. 691-692.

③ Daniel Gervais, The Tangled Web of UGC: Making Copyright Sense of User-Generated Content, VANDERBILT J. OF ENT AND TECH LAW, VOL11:4:841, p. 841-870, Electronic copy available at: http://ssrn. com/abstract=1444513. 2020-06-17 visited.

④ Player-Authors Project Research Team: The Player-Authors Project Summary Report of Research Findings, The Player-Authors Project Summary Report of Research Findings (2013), p. 16-24. http://player-authors. camden. rutgers. edu/, 2020-06-17 visited.

伦斯·莱斯格等认为应该将其视为合理使用①,后者如史蒂文·A.海彻认为业余爱好者重混创作已经形成了相应的社会规范规制模式。②

(二)国内研究现状

国内对重混创作著作权规制的研究刚刚开始。胡开忠教授的论文《论重混创作行为的法律规制》是目前唯一的专题研究论文。该论文对重混创作域外规制实践与学术研究进行了梳理,将重混创作界定为"通过对已有的文字、音乐、美术、录像、软件等作品进行摘录、合成而创作新作品的活动",同时对我国重混创作规制提出了三点建议,即引入美国著作权法中的合理使用判断标准,适当扩大合理使用情形适应重混创作需要;将符合合理使用判断标准的滑稽模仿行为以及业余作家非营利性重混创作行为规定为合理使用;对职业作家重混创作行为通过法定许可使用、知识共享协议等制度予以解决。③ 熊琦的《互联网产业驱动下的著作权规则变革》《Web 2.0 时代的著作权法:问题、争议与应对》两篇论文部分涉及了重混创作的问题:①维基百科式无事先合意的协同创作;②业余爱好者创作中创作者与消费者同一导致其规制的"去产权化"。前者是数字时代重混创作的一种特殊情形;后者讨论的"生产与消费合一"是业余爱好者重混创作规制面临的整体环境。④此外,有学者注意到默示许可在重混创作规制中的意义。⑤

除上述文献外,国内有关重混创作著作权的研究主要集中于滑稽模仿

---

① Lawrence Lessig, Remix: Making Art and Commerce Thrive in the Hybrid Economy, New York: The Penguin Press, 2009, p. 255.

② 有的学者认为目前的版权法执行机制已经迫使权利人放弃部分权利,因此版权法无须改革就可以让业余爱好者重混创作存在,反对降低著作权保护程度的做法。有的学者通过研究主导文化生产的法律、社会规范和社会结构之间的相互关系,对权利人的执法机制进行了结构性分析,在技术是法律的基础上(莱斯格语),提出了"容忍是法律"的观点。有的学者认为应该运用粉丝小说中形成的社会性规范规制业余重混创作。

③ 胡开忠:《论重混创作行为的法律规制》,《法学》,2014 年第 12 期,第 89-97 页。

④ 熊琦:《互联网产业驱动下的著作权规则变革》,《中国法学》,2013 年第 6 期,第 79-90 页。熊琦:《Web 2.0 时代的著作权法:问题、争议与应对》,《政法论坛》,2014 年第 4 期,第 84-95 页。

⑤ 李宗辉:《论著作权的绝对权性质、交易安全保护与默示许可——兼评方正诉宝洁字体侵权案二审判决》,《电子知识产权》,2012 年第 10 期,第 39-44 页。李建华,王国柱:《网络环境下著作权默示许可与合理使用的制度比较与功能区分》,《政治与法律》2013 年第 11 期,第 12-24 页。

和同人作品著作权两个领域。前者主要由网络短片《一个馒头引发的血案》引发，主要涉及滑稽模仿与合理使用、保持作品完整权、独创性等问题，包括期刊论文和硕士论文。如季卫东教授认为《一个馒头引发的血案》预示了数码网络化对法律秩序的深刻影响，人身权的规定可能会影响合理使用的认定，会阻碍信息流通以及文化产业的发展。① 苏力则认为鉴于滑稽模仿的娱乐和批评价值，我国著作权法应当以"合理使用"对滑稽模仿予以保护；鉴于可能侵犯个人的人格（名誉）和市场价值（声誉），应当根据情况分别予以适度保护；由于电影产品消费的特殊性，保护滑稽模仿还具有保护消费者权益以及促进当代中国的文化、社会建设的意义。② 罗莉认为我国应当将滑稽模仿明确纳入著作权权利限制体系加以规范。③ 其他学者也大致得出了相同的理论。张玉敏教授则研究了滑稽模仿对独创性认定的影响。同人作品著作权的研究存在多篇硕士论文和期刊论文④，这些论文普遍注意到了同人作品规制的合法性难题以及规制方式的多样化，其中孙战龙在盘点了同人小说创作中权利人保护方式和创作者可能的抗辩理由之后，对同人小说创作的规范提出了11条建议，对著作权法的现行规制进行调整，协调双方的利

① 季卫东：《网络化社会的戏仿与公平竞争——关于著作权制度设计的比较分析》，《中国法学》，2006年第3期，第17—29页。
② 苏力：《戏仿的法律保护和限制——从〈一个馒头引发的血案〉切入》，《中国法学》，2006年第3期，第3—16页。
③ 罗莉：《谐仿的著作权法边界——从〈一个馒头引发的血案〉说起》，《法学》，2006年第3期，第60—66页。
④ 研究同人作品著作权的硕士论文有：杜欧玲的《续写作品著作权研究》、刘扬的《同人小说的著作权问题研究》等（由中国知网博硕士论文库获取）。

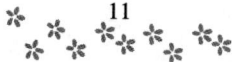

益。① 可惜论文未能阐明这些建议与现行著作权制度之间的联系以及融入现行著作权规制的途径。

(三)已有研究的评析

目前重混创作及其规制的研究刚刚起步,从重混创作的概念界定到正当性证明再到规制的具体选择,无不体现出不成熟的特点。

1. 重混创作著作权法上的含义不是很明确

重混创作的研究首先是从社会科学领域开始的,如何从著作权的角度进行界定尚存在很多不足。概念的模糊使得无法将其与其他相关的概念区分开,无法有效地概括出其中的著作权问题,使得具体规制的探讨缺少坚实的基础。

2. 重混创作著作权规制困境、正当性与规制对策之间的关联性缺乏深入研究。

目前虽然对重混创作的规制困境、正当性以及规制对策分别存在不少研究成果,但是对三者之间的关联性缺乏深入的研究。对三者关联性的理解是重混创作能否在著作权体系中找到规制的途径、具体对策的关键。对此,我们需要了解重混创作的规制困境是如何制造出来的,重混创作的价值或者正当性与现有著作权规制模式之间的关联性,从而找到重混创作规制进入现有著作权规制体系的途径和方式。尽管美国法官詹姆斯认为"法律的生命不在于逻辑,而在于经验",但是经验如果不能找到逻辑入口嵌入法律规则体系,那么经验就将成为无源之水,无本之木,是不可能获得生命的。

---

① 具体参见孙战龙:《网络同人小说的权利界定》,载《网络法律评论》(年刊),2006 年,第 168-176 页。该作者共提出了 11 条建议,分别是:原创性要求;不得违反法律和损害公共利益;借用应只限于人物角色和必要的情景描述;借用来源声明;只限于网络在线非商业性传播;同人小说作者享有部分著作权(署名权、发表权、修改权、保护作品完整权和非商业性网络在线传播权);经原作者同意并支付报酬取得其他著作权;原作者未明确反对即视为默许许可网络同人小说创作;原作者可附条件允许撰写网络同人小说;原作者明确反对而撰写同人小说的应视为侵权;符合合理使用情形例外。上述建议将同人小说创作对原作品的使用分为合理使用和非合理使用两种情形,分别制定了不同的规则,对于缓和著作权的规制是必要的。但是上述建议有的与著作权关系不是很密切;有的可能赋予了权利人过重的负担。不过,最大的问题在于未能阐述这些建议与现行制度之间的关系,最后成为空中楼阁。

3.研究中缺乏微观视角与宏观视角的结合

目前对重混创作的研究要么从挪用艺术、滑稽模仿等重混创作方式的微观视角出发研究重混创作的具体规制问题，要么从重混创作价值的宏观视角（尤其是定位于业余爱好者创作）出发研究重混创作对著作权法构成的挑战。这种研究造成了重混创作规制的种种研究各自为战，缺乏统一的视野。无论是多么重要的价值，最终要在著作权规制体系中找到入口才能得到适当的规制。没有哪一个国家会因为业余爱好者重混创作的重大价值而不顾著作权规制体系的成熟运作为其安排特殊制度，随意打破著作权制度运作的稳定性。为此，我们不仅需要研究重混创作规制的"经验"，更要研究著作权制度规制的"逻辑"，将经验与逻辑、宏观与微观结合起来，才能找到重混创作的适当规制路径。

三、本书的理论框架

（一）研究方法

作为制度设计和目标选择之间的连接点，研究方法的选择既取决于研究对象的"事物结构"①，也取决于制度价值、目标的选择。研究方法的运用就是再现研究对象的"事物结构"到"制度结构"的流动过程，选择的妥当性在于其与研究对象的"事物结"、制度目标选择之间的契合性。重混创作规制作为一种制度设计，需要能够很好地反映重混创作的"事物结构"，再现重混创作的自然结构与社会关系结构；作为一种法律规则，能够根据预设的目标选取适当的"事物结构"的某些要素进行规则设计，既能妥当的调整当事人之间的利益关系，又与制度实施者的认知结构相吻合，保证设计良好的规则得到良好的执行。为此本著作主要采用了实证分析、规范分析、经济分析和认知心理学分析四种研究方法，前两种方法致力于认识重混创作的"事物结构"和著作权制度的逻辑结构；后两种方法致力于提供重混创作制度构建的新理解。

---

① 这里的"事物结构"是指调整对象在现实中的自然状态和社会利益关系结构。拿重混创作来说，前者是指重混创作在创作层面上的实际情况，后者是指重混创作中利益相关者之间的利益关系配置关系。

1. 实证分析法

实证研究能够提供将重混创作的社会现象转化为法律问题的手段和途径。为了了解重混创作与传播的"事物结构",笔者主要做了两方面的工作:第一,收集现有的实证研究成果进行归纳总结。通过收集来自实践的各种实证研究材料,包括国外政府发布的调研报告、学者的实证研究项目、诉讼案例、社会焦点事件、行业习惯做法、企业协议等,做到既有个例分析,又有整体的观察,力求获得对重混创作的自然形态、社会利益结构的全面理解。第二,分析具体的重混创作案例获得有关重混创作的具体感性经验。为此,笔者收集了一些重混创作的音乐、视频、文字作品等各种具体文本,进行重混创作的分析,设法搞清楚重混创作的审美机制。[①] 设身处地地站在重混创作者的立场上感受重混作品创作与传播的氛围。通过对重混文化、重混创作现象的实证研究,重混创作的著作权法含义逐步清晰,使本研究具有较强的实证性基础。

2. 规范分析法

规范分析是了解法律制度规则的基本工具。在本著作中,重混创作的规制困境是如何产生的以及新的规制路径又是如何开辟的,其详细的阐述都仰赖于规范分析的方法。通过对实质性相似规则、转换性使用规则适用的精细分析,展现了重混创作规制从实质性相似规则向转换性使用规则的转变过程、意义以及存在的症结、问题,新的制度构建从现有立法、司法实践中自然显现。通过对规范分析方法的使用,重混创作规制的研究尽量构建在严谨的逻辑推理之上。业余爱好者重混创作规制基础与重混创作一般规制不同,笔者在突出二者规制基础差异的情况下,对业余爱好者的重混创作规制展开严谨的逻辑分析。

---

① 重混创作审美研究虽然后来被笔者证明与重混创作规制关系不大,有用力错误之嫌。但如果不经过尝试,怎能搞清楚具体的规制选择与创作审美之间的关系呢?当美国司法实践把精神力集中于戏仿等具体创作方式时,试图找出具体创作方式与著作权规制之间的关系有可能是走向错误的道路。美国法官詹姆斯曾经竭力从对创作艺术性判断的迷雾中走出来,但美国当下的司法实践关于滑稽模仿和讽刺的区分却又陷入曾经的迷雾。这种区分和讨论使重混创作规制变得很混乱,不过也孕育着解决的希望。

3. 经济分析法

经济分析法目前是法学研究中流行的方法之一。重混创作的复杂性加剧了制定法律、法律修改以及司法判决之间的不一致,经济分析的简化功能可以帮助我们寻找其内在的一致性①。这种一致性甚至能够延伸到法律制度之外的其他社会规范,有助于打通重混创作的法律规制与非法律规制之间的联系,从而为重混创作规制提供一个全景式的理解。在经济分析众多的理论当中,巴泽尔的产权理论对于重混创作规制的解释具有高度的契合性。巴泽尔是美国著名的新制度经济学家,他的产权分析理论独树一帜,"适用于一切人类行为和人类制度","在最少使用市场价格、最少允许调整价格的制度中最有用处。"②之所以如此,是因为巴泽尔严格区分了经济产权与法律产权,将资产属性而不是资产总体(比如笼统的马克思主义式的关于所有权的概念)或者权利束(其他的制度经济学)作为产权分析的基本单位。他宣称,"一般来说,法律权利会增强经济权利,但是,对于后者的存在来说,前者既非必要条件,也非充分条件。"③在他的理论中,法律作为一个因素纳入权利人与使用者争夺财产进行博弈的整体结构之中。法律作为一种重要的筹码,在争夺的过程中是否使用以及如何使用完全取决于法律规制方式与其他规制方式的成本收益比较。

巴泽尔的产权分析承认了产权界定是一个连续性过程,随边际约束条件的变化而变化,因此任何产权都是不完全的。国家和个人共同参与产权的界定过程,国家的产权界定仅仅是提供一个起点。法律与其他规则都是产权的界定方式,都受制于成本收益规律。由于资产属性的复杂性,每一种资产都采用多种方式综合进行规制。资产属性的测量及控制的成本与收益比较决定了产权规制方式,低测度成本而高经济收益的组合适于法律规制,高测度成本而低经济价值组合适于非法律规制。在法律规制中,权利的赋

① [美]威廉·M.兰德斯,理查德·A.波斯纳:《知识产权法的经济结构》,金海军译,北京大学出版社 2005 年版,第 12 页。

② [美]巴泽尔:《产权的经济分析》,费方域,段毅才译,格致出版社,上海三联书店,上海人民出版社 1997 年版,第 17、12 页。

③ [美]巴泽尔:《产权的经济分析》,费方域,段毅才译,格致出版社,上海三联书店,上海人民出版社 1997 年版,第 2 页。

予或者限制都可能是合乎效率的产权界定方式。

巴泽尔的产权分析理论非常适合重混创作规制的探讨。首先,以资产属性而不是资产本身作为产权分析的基本单位,有利于展示重混创作中使用他人作品属性的复杂性,有利于刻画重混创作的"事物结构"而不流于以偏概全,使得重混创作规制的讨论充分展现"事物结构"到制度设计的流动过程。其次,重混创作中使用他人作品的属性虽然繁简各异,但是远比单纯的复制性使用复杂,测量成本高,而收益却难于确定,因此重混创作成本收益比较具有多种可能的组合,可能存在不同的规制方式,既包括法律规制也包括非法律规制。探讨这些可能的规制组合成为重混创作规制的重要任务。最后,巴泽尔的产权分析理论揭示了不同类型规制方式之间的内在联系,而且展示了它们之间的流动性,这有利于解释不同的文化生产机制之间的区别与联系。基于巴泽尔产权分析理论与重混创作规制的高度契合性,本著作的经济分析重点采纳巴泽尔的分析框架。

4. 认知心理学分析法

认知心理学关于相似性与差异性判断属于不同心理过程的研究成果对于构建重混创作的规制规则能够提供重要的方法论指导。相似性是认知心理学的重要范畴,是认知加工过程的基础。差异性最初被视为相似性判断的反过程,即不能判断为相似的就是有差异的。但是更为深入的研究却表明二者属于不同的认知加工过程,差异性并不是相似性判断的伴生物,二者存在不同的心理认知机制。1977 年,特维斯基(Tversky)提出一个基于特征相似的对比模型。[①] 该模型认为概念是以特征系列的形式呈现。一对特征系列可以用初级系列加工的方式来比较。两实体之间的相似性是共有特征与区分性特征的有效函数。[②] 在对两个事物相似性和差异性判断的过程中涉及对不同特征系列的认知加工,比如在判断相似性时对共同特征赋予更高的权重,在判断差异性时对区别性特征赋予更高的权重。因此,相似性判

---

① Michael Eysenck, Mark T. Keane, Cognitive Psychology: A Student's Handbook 297 (6th ed. 2010) 转引自 Kate Klonick, Comparing Cpples to Cpplejacks: Cognitive Science Concepts of Similarity Judgment and Derivative Works, 60 JCPS 365(2013), pp. 376—377.

② 王敏:《图形的相似性判断与差异性判断的关系及机制的研究》,天津师范大学硕士论文,2007。

断与差异性判断是不同的心理过程,有时两个事物之间可以同时判断为更为相似和更为不同。值得提出的是,在特维斯基的对比模型中,被比较对象之间的关系特征是作为特征的附属出现。更为深入的研究发现,特征和关系在相似性判断和差异性判断中所起的作用是不同的。此处的关系是指比较对象特征之间的关系。特征和关系的重要性依赖于判断任务的选择,相似性更倾向于考虑关系,差异性判断更倾向于考虑特征。[1] 该研究成果是对特维斯基特征模型的重要补充。[2]

前述研究成果对重混创作的制度构建具有非常重要的启示。著作权法的整体制度架构很大程度上是建立在作品相似性和差异性比较的基础之上。作品可以视为很多特征的组合,无法像专利申请那样由权威部门进行事前审查,而是纠纷发生后依靠原被告作品的相似性判断来确定是否构成侵权,这样著作权保护范围在很大程度上由实质性相似规则决定,实质性相似既是对作品之间相似性程度的判断,也是对被告使用原告作品影响的判断。与实质性相似规则保护权利人的功能相比,差异性判断通过突出原被告作品的差异性而划定著作权的保护范围,是一种著作权保护范围的反向确定机制。在相似性与差异性互为反过程的情况下,差异性判断机制没有独立的地位。在现代著作权法的制度构建中,保护规则可以理解为以相似性为基础的规则,合理使用等限制性规则可以理解为跨越相似性,因此缺乏突出差异性的规则。美国法学家罗宾·保罗·马洛伊(Robin Paul Malloy)说:"创造性发现是从符号学关系中的连续性和不确定性之间涌现出来的。"[3]差异性判断规则的缺失无法凸显创作性使用的特殊性,将所有的使用

① Joshua Tenenbaum, Thomas Griffiths, Generalization, Similarity and Bayesian Inference, 24 Behav. & Brain Sci. 629, 638(2001). 转引自 Kate Klonick, Comparing Cpples to Cpplejacks: Cognitive Science Concepts of Similarity Judgment and Derivative Works, 60 JCPS 365(2013), pp. 377-378.

② 王敏:《图形的相似性判断与差异性判断的关系及机制的研究》,天津师范大学硕士论文,2007。本著作有关相似性与差异性判断的内容除了前述两个来源之外,笔者还查阅了中国知网上的一些相关论文。如,莫雷,常建芳:《类别特征的相似性与竞争性对归类的影响》,《心理学报》,2003年第5期,第628-635页;陈庆飞等:《相似性判断和差异性判断不对称性的机制探索》,《心理科学》,2013年第5期,第1128-1132页。

③ [美]罗宾·保罗·马洛伊:《法律与市场经济》,钱弘道,朱素梅译,法律出版社2006年版,第83页。

都视为复制,创作性使用被淹没在复制性使用的刻板印象之下。认知心理学关于相似性与差异性判断的研究成果对于我们重新认识著作权法,确立创作性使用的独立地位,进而构建创作性使用的制度体系提供了重要视角。重混创作的重要意义在于其戏剧性地展示了复制与创作的差别,从而为著作权的制度演化提供了新的起点。

（二）本著作结构及内容

本著作研究的总体思路是:以数字时代重混创作勃兴与著作权规制失当的冲突为主线,根据"研究对象界定—规制工具选择—重混创作一般规制—业余爱好者重混创作特殊规制—我国制度完善"的逻辑组织全书。① 其中重混创作概述是在绪论提出问题的基础上进一步界定问题。"规制工具选择"属于规制基础理论研究部分,重混创作的一般规制和特殊规制属于应用研究部分,将规制的基础理论应用于重混创作具体规制实践的探讨。我国重混创作著作权规制的完善则是在前面理论研究与应用研究相结合的基础上针对我国重混创作规制提出具体建议。在结构安排上,遵循了从理论到应用,从抽象到具体,从一般到特殊的逻辑顺序。

基于上述的基本框架,本著作除绪论、结语之外,主要内容共分为七章,简单介绍如下:

绪论部分旨在阐明数字时代重混文化的勃兴带来了重混创作著作权规制的困境,引发了潜在的法律变革需求。具体而言,分别阐述了选题意义、国内外研究现状、内容框架等问题。

第一章是重混创作概述。鉴于重混文化主要属于一种社会文化现象,其著作权意义尚不明确,本章旨在挖掘重混文化所具有的著作权意义,使之成为著作权的规制对象、探讨其规制价值、规制的具体法律问题。为此,本

---

① 本著作在写作的过程中,总体思路进行了多次调整,起初以"规制困境—困境成因—规制基础的反思与重塑—新制度的构建"为逻辑,但是在写作的过程中逐步发现,重混创作本身形态多样,具体规制又涉及多个制度,按照上述的逻辑组织论文不仅遮蔽了重混创作本身的复杂性,而且使得相关的制度的讨论支离破碎,既淹没了对问题的深入思考,又破坏了论述的连贯性。几经调整之后,决定采用重混创作类型与具体制度讨论相结合的逻辑结构,将规制基础的讨论整合到规制工具选择一章,这样在整体上形成利益"总—分—分"的结构。

章主要研究了数字时代重混文化勃兴对著作权规制结构的影响、重混的系列概念(重混文化、重混创作和重混作品)、重混创作的主要形态、重混创作价值等问题,将绪论中提出的重混创作著作权规制问题具体化、制度化。

第二章主要研究重混创作的著作权规制工具。具体而言,从著作权激励机制和非著作权激励机制、规制工具选择的经济分析、规制工具的历史考察三个方面进行了研究。前者探讨了不同调整机制下创作者的获益类型以及获益结构,揭示了著作权规制与社会规范调整之间的关系。中者研究了重混创作规制中不同著作权规则、社会规范选择的经济依据。后者从文化生产规制历史角度再现不同历史阶段重混创作的规制组合,提出现阶段重混创作著作权规制面临的新问题,从历史角度彰显重混创作著作权规制研究的问题和意义。本章从三个不同的角度研究了重混创作规制工具选择,各有侧重。

第三章主要研究著作权演绎使用规则与重混创作规制,按照"现有规制困境—解决困境的学术和司法努力的得与失—新的解决思路—具体制度构建"的思路依次展开。在"现有规制困境"中,主要研究了"演绎权—演绎作品"规定、实质性相似规则与重混创作合法性判断之间的冲突,突出了重混创作在现有规则下的合法性困境。在"解决困境的学术和司法努力的得与失"中,主要研究了美国学术研究中提出的转换性使用理论、将其运用于司法实践的得失,探讨其规制重混创作局限的原因。在"新的解决思路"中,通过引进认知心理学关于相似性和差异性判断属于不同心理过程的研究成果,并结合转换性使用理论的司法实践凸显的局限,提出构建独立的演绎使用规则体系的新思路。在"具体制度构建"中,笔者根据新的解决思路,对已有的学术和司法努力成果重新进行梳理,构建了自由演绎、超越自由演绎补偿、替代性演绎禁止三项规则,并将其与现有的法律规定、学术研究成果进行比较。

第四章主要研究著作权引用规则与重混创作规制。相对于演绎使用规则,引用规则是一项实施成本较低的制度。本章在阐述引用概念、性质、立法例的基础上,在重混创作的视角下研究了引用规则的制度结构、引用标准,构建了适合重混创作规制的一般引用规则,并有针对性地探讨了两种对重混创作规制有特殊意义的引用规则,即演绎性引用规则、附随使用规则。

最后,以新构建的演绎使用规则和引用规则为中心,挑选了一些典型的重混创作案例进行检验,证明新规则体系的可行性和合理性。

第五章主要研究影响重混创作著作权规制的其他因素。与演绎使用规则、引用规则主要关注创作性使用行为本身不同,还有一些规则关注被使用作品的特性、创作者身份、创作行为的其他社会属性对创作性使用规制的影响。本章主要对遗留在演绎使用规则、引用规则之外的其他影响重混创作的因素或者规则进行研究,主要包括被使用作品特性与重混创作著作权规制、基于创作者身份的著作权规则与重混创作规制、基于公共利益的中间形态使用的规定与重混创作著作权规制、精神权利限制与重混创作著作权规制。第三、第四、第五章探讨的规则共同构成了重混创作著作权规制的一般规则。

第六章主要研究业余爱好者重混创作的特殊规制。业余爱好者重混创作大借用量、低创造性和低商业收益的特征组合注定了重混创作的一般规则(主要适用于职业作者重混创作)无法对其进行有效合理的规制,必须根据业余爱好者重混创作的特殊性另行开拓合适的规制规则。本章从业余爱好者重混创作的特殊性出发,探讨业余爱好者重混创作的特殊规制问题,从现有合理使用规则适用的局限性发展出社区性例外规则;从通知删除规则适用的局限性展现社会规范调整的空间;从社会规范调整的局限性寻找社会规范适当法律化的手段,发挥法律规制与社会规范规制的协同作用。此外,基于信息分享平台的业余爱好者重混创作商业化补偿制度能够适度解决业余爱好者重混创作的商业化问题。

第七章主要研究我国重混创作著作权规制的完善问题。重混创作的规制受制于技术、文化观念和著作权规制(包括立法和实施)三个不同的因素。我国目前重混文化发展迅速,商业价值凸显,但无论是立法、司法还是学术研究都没有给予充分的注意,更谈不上进行适当规制。为了重混文化的健康发展,有必要完善相关制度。本章通过研究影响我国重混创作的文化观念、著作权立法和司法现状发现,目前对重混创作的宽容与其说来自于著作权立法的适当、司法实践的宽容,还不如说来自于人们对重混创作的文化态度以及重混创作中权利人与使用者经常体现出来的非竞争性利益关系。后者在为重混创作制造空间的同时也加剧了法律与现实的脱节。基于我国现

有的文化观念、文化市场竞争情况、司法现状,应该建立比发达国家更加宽容的重混创作规制体系。

结语部分一方面对前述各章重混创作规制研究的要点进行总结,形成一个比较完整的规则体系;另一方面对著作权人主动开放著作权促进重混创作的做法进行简要讨论。二者结合共同构成了完整的重混创作规制体系,共同促进重混文化的发展和繁荣。

第一章

重混创作概述

第一节　数字时代的重混文化

一、数字时代重混文化的兴起

2005 年冬天,我国著名导演陈凯歌在山呼海啸般的广告宣传中开始上映他的亿元大片《无极》,有一个叫胡戈的年轻人在广告的诱惑下走进了电影院,欣赏之余产生了些许复杂的感情,并在同年 12 月 18 日决定改编《无极》,结果只用了几天时间就剪辑完成了短片《一个馒头引发的血案》(后简称《馒头》)。片长大约 20 分钟,大量截取、重组《无极》和《中国法制报道》等视觉、听觉材料,并通过重新配音将这些材料有机组织在一起,以中央电视台《中国法制报道》2005 年终特别报道的形式讲述了一起环环相扣的杀人案的侦破过程,发现一个少年因一个馒头,人生观、世界观发生巨大变化,结果酿成一场血案。《馒头》以极其夸张的形式对《无极》进行了冷嘲热讽。

《馒头》尽管可以归类为视听作品,但是与普通视听作品的制作方式迥然不同。视听作品的创作,通常包括编写剧本、表演、拍摄和剪辑等几个环节,但是胡戈仅仅自己编写了剧本,然后直接利用现成的作品进行剪辑和配音,没有进行表演和拍摄。胡戈借用的材料主要包括画面材料和音乐材料,其中突出使用了《无极》和《中国法制报道》的材料,前者提供了胡戈所讲故

事的主要画面,占所用画面材料的90%以上,后者提供了胡戈所讲故事的主要框架和结构,也就是说胡戈将陈凯歌所讲的故事转化为《中国法制报道》的形式。根据《无极》的画面编故事,其故事必然与《无极》的故事具有对应性,古代的神仙、国王、公主、将军、公爵之间的爱恨情仇变成了娱乐城经理、模特、城管、警察、心态扭曲的罪犯之间的故事,场景和身份变化显示了故事向低俗化的方向发展,但是这些普通人又偏偏具有原作中相应人物的某些特性,矛盾、不和谐开始出现了,对这些不和谐做出的貌似合理实则荒诞的解释进一步制造了喜剧效果。胡戈在述说自己故事的同时,完成了对陈凯歌作品的解构。而这种解构主要是通过模仿《中国法制报道》形式完成的——严肃认真的"《中国法制报道》"以一本正经的态度和语气讲述夸张滑稽的侦破故事,极大地增强了喜剧效果。为了最大限度追求对比效果,胡戈不仅惟妙惟肖的模仿了法制报道的节目结构,片头、片尾和中间插播的广告都不放过;而且借用模仿了央视主持人的形象以及其播报的神情、语气、报道的常见手法等。除了上述两种主要材料之外,胡戈借用的画面材料还包括上海马戏团的演出录像、爱因斯坦照片、飘影啫喱水图片和其他一些图片。借用的音乐材料包括电视连续剧《射雕英雄传》主题曲,《茶山情歌》《谁的眼泪在飞》《灰姑娘》《月亮惹的祸》《走进新时代》《红梅赞》等数十种音乐片段。在创作上,胡戈尽显拿来主义的精神,围绕创意任意驱使这些材料,有的运用可能独具匠心,有的运用可能比较随意,很难做出统一的概括。就其效果而言,不但彰显了陈凯歌的关于人性的神魔爱情故事的滑稽可笑,也展现了《中国法制报道》的矫揉造作,同时凸显了对残酷现实的批判以及对小人物命运的同情。仔细品味,短片可能存在多重解释,多重意味,通过各种不同的对照、比较以及观众的联想而获得。不过,对《无极》以及陈凯歌导演的讽刺非常突出,再加上陈大导演略显粗暴的回应,在网络的狂欢中大家逐渐遗忘了该短片含有的其他意义。

制作完成后,胡戈将短片上传至网络,一炮而红。深沉、玄奥、哲学的没有被观众接受,而通俗、贴近生活的却大受欢迎,两相对比,情何以堪?大家对陈凯歌的大肆奚落,引发了陈凯歌的愤怒,他接受采访声称做人不能这样无耻,并扬言要起诉胡戈,结果遭到大家声讨。网友们在赞扬胡戈、奚落陈大导演的过程中,也充分发挥自己的恶搞才智,其中就有网友模仿《吉祥三

宝》词曲对该事件进行嘲讽。对照《吉祥三宝》原有的歌词,我们发现,"馒头"版的《吉祥三宝》采用了与原作一样的结构,都是爸爸、妈妈、宝贝之间的对话,但是抽掉了星星、月亮、太阳、叶子、花儿的词句,换上了馒头、无极、陈凯歌、网友等词句,内容也由原来儿童请教生活常识,充满童趣的情节改换成了陈、胡二人因《馒头》引发口水战网友围观的情节,对陈凯歌极尽讽刺挖苦之能事。①

《馒头》VS《无极》第一次让国人生动无比的见证了数字时代重混文化的到来。② 其实,现代重混文化由来已久。美国被认为是现代重混文化的发源地,20 世纪 80 年代的美国黑人音乐和 20 世纪 90 年代美国妇女在线创作的粉丝小说被公认为现代重混文化的两大先驱。前者从已存的唱片中抽取音乐片段进行组合形成新的音乐,后者则从流行的电视节目或者电影文本中寻找喜欢的角色进行创作,以在线社区的形式进行分享。随着数字网络技术的发展,重混创作无处不在。皮特·罗哈斯(Pete Rojas)说:"流行文化大体上越来越是混合的,取样和参照越来越深入主流音乐、电影、和电视节目,重混文化看起来与消费者产生了强烈的共振。我们现在正处在这样一个节点上,如果没有引用、参照、取样于围绕着我们的这个世界,似乎就是不自然的。对于十几岁的年轻人来说,重组,无论是否合法,都没有觉得有什么错。他们有工具进行取样、参照、合成,允许他们最后与流行文化进行对话,以他们觉得最合适的方式……在一个存在不断循环的声音和图像的世界里,盗版文化不是禁忌。它是所有以数字形式存在的事物的自然进化过

---

① 为了便于大家理解,笔者将馒头版"吉祥三宝"歌词抄录如下:"阿爸!""哎!""馒头出来网友都看了么?""对了。""馒头出来无极去哪里啦?""在欧洲""我怎么找也找不到它?""没人看了""馒头、无极、网友就是吉祥的一家!""阿妈!""哎!""无极出了什么时候出的馒头?""无极被大家痛骂的时候。""馒头出了陈凯歌能坐的住吗?""他已经告了""陈凯歌告来告去能告赢吗?""他会长大的。""无极、馒头、陈凯歌就是吉祥的一家。""宝贝""啊?""馒头像太阳照着无极。""那无极呢?""无极在跟着陈凯歌旅游""那陈凯歌呢?""他像种子一样正在发芽。""噢! 明白啦。""它们三个就是吉祥如意的一家。"有意思的是,笔者在核对注释的过程中,发现有些网站提示因为版权的原因,不能提供《吉祥三宝》(馒头版)的歌曲视听和下载服务。

② 国人对这种重混文化有自己独到的理解,"山寨文化"一词其实是对重混文化的一种中国式表述,带有些许贬义。

程的一部分。这就是差异。"①

二、影响数字时代重混创作著作权规制的因素

重混创作的发展深受技术、文化观念以及著作权法三个因素的影响。著作权法与反剽窃的文化观念的结合有力的压缩了重混文化的生存空间。数字时代重混创作的兴起主要源于数字技术对文化生产与传播生态的改变，以及由此带动的文化观念的改变。数字技术与后现代文化观念的合流一方面使得著作权人的执法成本急剧提高，另一方面重混创作对著作权人产生的某些积极影响也开始改变著作权人对重混创作的态度。

首先，数字技术提供了廉价、易于掌握的复制和编辑技术。只要轻点鼠标就能进行复制，只要能够操作简单的编辑软件，就可以利用这些软件自由进行记录、创作和编辑。复制使直接借用他人作品的表达成为无须任何技术知识的便捷活动；编辑技术使我们能够对复制的材料根据自己的意愿进行加工。原来由于受制于技术以及社会条件的创作性复制成为一件轻而易举的事情。尽管模拟技术使复制性使用比较便利，但是数字技术在使复制更加便利的基础上还提供了编辑性使用的便利。如果说模拟技术改变了作品传播的格局，那么数字技术在作品的传播和创作两个方面对文化生态都施加了巨大的影响。在现有的研究中，数字技术对复制、传播的影响受到了广泛的关注，数字著作权立法进行了比较广泛的回应，但是数字技术对创作的影响依然被忽视，没有得到应有的重视。数字技术易于复制和编辑以及易于扩散的特点，不仅便利了专业的创作者，而且便利了业余创作者，改变了创作群体的构成。创作群体的改变对文化生产产生了深远的影响，因为业余创作者与专业作者的创作逻辑存在很大的差别。

其次，数字技术特性为重混创作提供了最大的便利。在数字技术之前，创作中的复制很大程度上以手工的形式进行，有的需要付出相当的体力劳

---

① Pete Rojas, "Bootleg culture," Salon, 1 August 2002, http://dir. salon. com/story/tech/feature/2002/08/01/bootlegs/index. htm（accessed 29 November 2007）. 转引自 Abigail T. Derecho, Illegitimate Media: Race, Gender and Censorship in Digital Remix Culture（2008）, p. 7, http://pqdt. calis. edu. cn/SearchResults. aspx? pm = 0&q = Gender and Censorship in Digital Remix Culture ProQuest. 2015-02-10 visited.

动,有的需要长期训练才能掌握有关技巧,有的还受制于作品的载体。所以在数字技术出现之前的重混创作几乎局限于口头文学、文字作品,很少涉及其他类型的作品。数字技术既降低了复制所需要的技巧,也降低了复制所需要的体力劳动,只要轻点鼠标就能轻易完成。与此同时,唾手可得的编辑软件使我们可以对复制的文本按照自己的想法任意进行加工和组合,不必亲自写出每一行的文字、画出每一个画面、唱出每一组声音。数字技术开创了重混创作的美好时代。

数字技术对作品传播方式的改变解决了重混作品的传播问题,为重混创作的发展创造了基本条件。在数字时代之前,文化的传播渠道掌握在少数的媒体工业手中,进入传播流程的作品要么是媒体工业精心策划创作的,要么是对个体作者的作品进行精心选择的结果。营利的压力、意识形态的私人或者公共审查压力以及著作权法律风险导致只有少数的作品能最终进入阅读市场,与读者见面。几乎所有的业余爱好者创作的以及大量职业作家创作的作品都无法进入传播渠道,停留于作者的案头或者私人的小圈子里。著作权法实际上仅仅是为商业性作品准备的,与绝大多数的作品都没有关系。但是互联网的出现改变了这一切。数字技术使每一个人都可以对自己的作品进行编辑,互联网使任何一个作者都可以将自己的作品通过网络传播到世界上的任何一个地方。传统的传播者必须以作品的直接销售获取利润,而互联网传播者把作品的出版、传播作为吸引读者的手段,它可以通过广告主的第三方支付或者提供增值服务而获利,不必为每一次的传播行为而斤斤计较;由于每一篇文章上传的边际成本几乎为零,因此网络传播者期待和接纳每一篇作品的上传,从而依靠规模效应产生效益。互联网企业乐于接受任何作者的上传,原来只能停留于个人案头或者私人小圈子的作品都可以在网络上传播。大量的业余爱好者的作品开始充斥网络,他们往往会寻找相同的业余爱好者,形成网络社区,在社区上分享各自创作的作品,形成群落式的创作和传播生态。

数字技术对创作和传播生态的改变,打破了原创性文艺观念的控制,形塑了重混创作的文化观念。具体而言,数字时代支持重混创作的因素主要有以下几点。第一,大量业余爱好者成为创作群体,他们不是职业作者,不受职业共同体的社会规范约束,原创性的文化观念对他们来说失效了。因

为只有专业作家才会担心剽窃会引起职业共同体的惩罚,业余爱好者不会有这样的担心。且业余爱好者的创作动机大多不是为了赚钱,著作权的法律风险往往落在他们的视野之外。可以说业余爱好者的闯入改变了创作生态。第二,重混创作在专业的艺术创作中其实也一直是存在的,通常只是受到传媒工业的约束而无法自由生长而已,但是总有一些艺术的传播不太依赖于传媒工业控制的渠道。比如音乐作品,尽管唱片出版是音乐家获利的主要渠道,但是现场表演同样是获利的方式之一。一些边缘的艺术家主要借助现场演唱谋生,而传统的传媒工业是无法完全控制现场演唱的。因此重混创作首先从音乐市场发展起来,引起了人们的注意。再拿挪用艺术来说,他们也有自己的销售渠道,传媒工业是无法约束的。缺少传媒工业约束的时候,艺术家就能够根据自己的艺术需要进行创作,无须担心传媒工业的惩罚。到了数字时代,所有的文化生产,都通过互联网释放出新的传播渠道,传媒工业的控制在全面失守,重混创作也就到处开花,形成了浩浩荡荡的重混文化现象。第三,业余爱好者重混创作引起的涟漪效应慢慢改变双方的文化观念。如果说业余爱好者的重混创作无法得到艺术家群体的认可,无法真正冲击艺术市场的话;那么近乎专业的业余爱好者的参与,高质量的重混作品不断涌现,就应该引起了艺术家、理论家的反思。挪用艺术流派不断地为自己的创作模式辩护,而嘻哈音乐、说唱乐的成功引起大家对合成艺术美学特点的关注和思考,不断提出新理论为这种创作模式进行辩护。重混创作慢慢地开始站稳脚跟,甚至获得主流艺术家有组织的声援。传统的传媒业开始陷入困难的境地:一方面,对于重混创作使用批判的道义底线开始失守,无法站在道义的最高点;另一方面,重混创作取得成功让他们很羡慕,也想从中找到引领市场的信息。业余爱好者的重混创作往往能够促进作品的传播,往往与主流市场形成互补,如果严格执法不仅无法获得这些好处,而且可能会引起消费者的抵制,更加得不偿失,权利人陷入左右为难的境地。

总的来说,目前重混创作不仅存在于职业创作领域,而且逐步蔓延到业余创作领域,后者更是渐成主流现象。目前形成了以广大消费者、业余爱好者为主力,边缘性专业艺术家努力推动,职业艺术家群体不时的或大或小的支持和宽容以及著作权巨头的睁一只眼闭一只眼为特征的,一种声势浩大

的文化现象。

数字时代的重混创作给著作权法提出了严峻挑战，无论是技术发展还是文化观念都开始不同程度的支持重混创作，而著作权法的遏制力量在前者的攻击后显得力不从心，是时候重新考虑重混创作的著作权规制问题了。

第二节　重混创作相关概念界定

一、术语选择

根据笔者收集到的文献，发现重混一词可以在文化、创作行为、创作媒介以及创作作品等不同的层面上使用。就文化层面，有 remix culture、configurable culture、participatory culture、convergence culture 、copy culture 等不同的表述，学者们强调的侧重点也有所不同。美国互联网法律专家劳伦斯·莱斯格从文化产品生产方式的角度使用 remix culture 这个术语，描述重混文化的发展历程，从而使我们意识到重混文化并不是现在才产生的，而是源于口头文化传统。同时使我们意识到它与著作权法的冲突是两种不同的文化生产方式的冲突。对此劳伦斯·莱斯格提出用知识共享协议机制促进而不是遏制重混创作。辛里奇（Aram Sinnreich）从文化媒介的角度使用 configurable culture（可配置的文化）一词，强调在数字时代，一切作品通过数字编码而具有任意配置的特性，打破了传统的文化生产和消费边界，使得作品生产、分发、消费模式得以重组，在突出文化技术性特征的同时揭示了文化生产、传播、价值分配的改变。① participatory culture（参与文化）则在消费者与传统的大众传媒产业关系变迁中强调符号民主、文化民主，突出了消费

---

① Aram Sinnreich, Tracking Configurable Culture from the Margins to the Mainstream, Originallypublishedin JournalComputer – MediatedCommunication（2013）, Electronic copy available at：http：//ssrn. com/abstract=2344277,2015-05-17 visited.

者参与文化生产的意义。① 詹金斯(Jenkins)使用 convergence culture(聚合文化)一词突出强调了新旧媒体之间的紧张关系,暗示了传统媒体与数字媒体不同的文化产品生产方式。② 还有学者站在传统著作权制度的立场使用 copy culture 描述数字时代作品的挪用、盗版、盗窃行为,对重混创作持否定态度。③

鉴于数字时代的重混创作表现出强烈的技术特征,因此在创作媒介、创作行为或者创作作品层面上的表达,相对专业和具体,比如使用 mashups、remixes 通常指音乐或者视频的混音;machinima(fan movies made with video games)往往指粉丝电影和视频游戏;mods(fan – created video game modifications)则指视频游戏的修改或者插件。还有的使用 sample、remix、mashup 标识音乐、视频等合成的具体方法、方式。这些术语往往具有动词和名词两种属性,动词属性指向创作行为,名词属性指向作品。鉴于音乐、视频在重混创作中的重要性,人们使用 samples(取样)、remixes、mashups(合成)等术语的频率更高一些,往往也用这些术语泛指重混创作或者重混作品。

综合上面的术语使用习惯以及所指称的范围,可以初步得出如下结论:其一,上述的术语描述的对象和侧重点尽管有所区别,但主要都以数字技术为主要背景,强调了数字时代文化生产、传播与前数字时代文化生产、传播的差异性。其二,对所描述对象的价值判断差别较大,copy culture 站在传统

---

① Jenkins,H.,Clinton,K.,Purushotma,R.,Robison,A. J.,& Weigel,M.(2009). Confronting the Challenges of Participatory Culture:Media Education for the 21st Century. Cambridge,MA:MIT Press. 转引自 Aram Sinnreich, Tracking Configurable Culture from the Margins to the Mainstream, p.4, Originally publishedin Journal Computer – Mediated Communication 9(2013), Electronic copy available at:http://ssrn. com/abstract = 2344277, 2015-05-17 visited.

② Jenkins,H.(2006). Convergence culture:Where old and new media collide. New York,NY:New York University Press. 转引自 Aram Sinnreich, Tracking Configurable Culture from the Margins to the Mainstream, p. 4, Originally published inJournalComputer–Mediated-Communication 9(2013), Electronic copy available at:http://ssrn. com/abstract = 2344277, 2015-05-17 visited.

③ Karaganis,The copy culture survey:Infringement and enforcement in the US (2011), http://piracy. ssrc. org/wp – content/uploads/2011/11/AA – Research – Note – Infringement – and–Enforcement–November–2011. pdf,2015-02-08 visited.

著作权法的立场贬斥现代重混现象;convergence culture(聚合文化)的立场比较微妙,很容易滑向负面的讨论;participatory culture 强调了主体的转变,突出这种转变的政治价值、人权价值,但在一定程度上忽视了这种文化生产的普遍性。

重混创作不仅在消费者身上存在,在职业作者身上也是存在的。相对而言,configurable culture 和 remix culture 比较中性,前者突出其媒介特征,后者突出其文化生产特性;前者指涉的范围比较窄,后者指涉的范围比较大,可以延伸至前数字时代的重混创作现象。比较之下,remix culture 或者 remix 与本著作讨论的主题比较契合,主要理由有以下几点。

首先,remix culture 主要指一种文化生产方式,是一种客观存在,与原创性文化生产方式相对,从文化产生以来就是存在的,并不限于数字技术时代,不是现在才有的新现象。从这个角度讲,它比"configurable culture"有着更丰富的内涵。

其次,remix culture 清晰地表明了其与现代著作权制度之间的关联和冲突。现代著作权制度主要保护原创性文化生产方式,remix culture 的生产方式受到了最大程度的压制。随着 remix culture 生产方式的发展,法律提供的空间与其需求严重不符,势必与现代著作权法产生剧烈的冲突,从而产生法律变革的内在动力。因此 remix culture 的概念能够让我们从本质上思考其所描述的现象与著作权法之间的关系。

再次,remix culture 可以使我们不必拘束于数字技术背景,从文化生产方式的角度思考其规制问题。而且提醒我们不能仅仅从技术层面思考问题,而要从更深、更一般的层次寻找解决的办法。Remix culture 为我们指示了解决问题的途径、方法和思路。

最后,美国商务部与美国互联网政策办公室 2013 年发布的政府报告《数字经济时代的著作权政策、创造力与数字经济创新》(*Copyright Policy, Creativity, and Innovation in the Digital Economy*)正式采用了 remixes 这个术语，①这充分证明该术语对该类文化现象的概括具有代表性。鉴于上述的原因，笔者选择 remix culture 以及与此相关的术语。目前我国对 remix culture 或者 remix、remixes 没有标准的翻译，目前比较法学上比较流行的翻译是"重混创作"，笔者遵从这一翻译。② 这样其系列术语分别是重混文化、重混创作和重混作品。

二、重混文化、重混创作和重混作品的含义

（一）重混文化的含义

对于重混文化，美国学者的界定各不相同，大致来讲有广义和狭义两种情况。广义以劳伦斯·莱斯格为代表。重混文化的概念最早为劳伦斯·莱斯格 2004 年提出，不过他并没有对其进行定义。从其出版的专著《重混：使艺术和商业繁荣的混合经济》(*Remix*:*Making Art and Commerce Thrive in the Hybrid Economy*)的内容看，重混泛指消费者对在先作品的使用行为，包括纯粹的复制行为，也包括创作性使用行为。Aram Sinnreich 等将重混文化区分为消费性和生产性的重混文化，前者是以消费为主要目的对他人作品进行的复制和编辑，比如烧碟，制作自己的播放目录等；后者则是利用他人的作品进行创作的行为，比如利用音乐评价引擎、制作混录版音乐。后者需要较高水平的技巧或者努力，前者则不需要。③ 狭义的重混文化主要是指重混创作现象，即将一个已有的文化对象（作品）进行转换并且使之公开。④ 本书将在狭义上使用这个概念。

---

① The Department of Commerce Internet Policy Task Force，Copyright Policy，Creativity，and Innovation in the Digital Economy，2013：28. 在查询文献的过程中，笔者发现有用 remixes 的，也有用 remix 的，前者一般表示重混作品，后者可以表示与重混有关的多种含义。

② 胡开忠：《论重混创作行为的法律规制》，《法学》，2014 年第 12 期，第 89-97 页。

③ Aram Sinnreich，Mark Latonero，Tracking Configurable Culture from the Margins to the Mainstream，Originally，publishedin JournalComputer-MediatedCommunication，2013，pp. 13-14，Electronic copy available at：http：//ssrn. com/abstract＝2344277，2020-06-17 visited.

④ Abigail T. Derecho，Illegitimate Media：Race，Gender and Censorship in Digital Remix Culture(2008)，p. 6，http：//pqdt. calis. edu. cn/SearchResults. aspx？ pm＝0&q＝Gender and Censorship in Digital Remix Culture ProQuest. 2020-06-17 visited.

（二）重混创作和重混作品的含义

重混创作与重混作品分别是在 remix 动词含义和名词含义上使用，二者的含义具有一致性。比如美国《数字经济时代的著作权政策、创造力与数字经济创新》绿皮书将其界定为"通过改变、组合现有作品产生一些新意或者新的创造性而形成的作品"[①]。墨杰斯教授界定为"在诸如音乐、图片、视频、计算机软件、软件游戏等领域，源于一个或者多个已有作品的基础上创作出来的作品"[②]。凯米特·苏莱曼（Carmit Soliman）教授界定为"提取一个在先作品将其融入一个新作品之中或者合成几个在先作品"[③]，迈克尔·凯兹（Michael Katz）博士在研究了现代多种媒介的重混创作之后，认为重混是指使用者通过使用便宜或者免费的，易于获取和使用的工具从他人创作的内容中提取片段以新的目的进行重组，加入自己的创造性内容从而创作出一个新的具有创造性的作品。他说："在核心上，音频混搭或者集锦与视频混搭、内容混合、聚合软件、标准的纪录片没有什么区别。所有的使用：①借助于便宜的或者免费，易于使用和能广泛获取的工具，②创作作品，③通过提取他人创作的内容的比特和片段，④连同重混创作者自己的创造性内容一起重组、改变意图，⑤创造出一部全新的作品。"[④]

综合上述的定义，我们发现 remix 具有如下特征：①通过借用或者复制在先作品或者作品片段的方式进行创作，具体表现为修改、组合、插入等；②对抽取的作品片段以新的意图进行重组，或者加入自己的创造性或者创造性内容，从而产生了新作品；③借用通常是通过一定的提取、编辑工具进行的。这意味着重混创作受技术发展影响很大。尽管目前的定义努力从形式和实质两个方面对重混进行界定，但是仍然存在下列问题：

---

① The Department of Commerce Internet Policy Task Force, Copyright Policy, Creativity, and Innovation in the Digital Economy, 2013:28.

② Robert P. Merges: Locke Remixed ;-), p. 101, Merges Macro V. 2 CLEAN. DOC 1/19/2007 9:42:11 AM, University of California, Davis [Vol. 40:nnn, Electronic copy of this paper is available at: http://ssrn. com/abstract=962738, 2020-05-17 visited.

③ CarmitSoliman, Remixing Sharing: Sharing Platforms As A Tool For Advancement of UGC Sharing, 22 Alb. L. J. Sci. & Tech. 279(2012), pp. 281.

④ Michael Katz, Recycling Copyright: Survival & Growth In The Remix Age, 13 Intell. Prop. L. Bull. 21(2008), pp. 33.

（1）如何借用他人作品——创作方式。绿皮书着重指出通过在先作品的改变和混合来产生一些新意或者新的东西,淡化了具体的创作方式。墨杰斯则采用列举的方式将重混作品限制在某些作品类别中,指出了新作品与在先作品的渊源关系,但对两类作品之间的关系未做明示。凯米特·苏莱曼(Carmit Soliman)教授仅仅指出了混合的行为,迈克尔·凯兹博士详述了重混创作的具体方式,突出了它的数字提取的技术特征。不同的界定对重混创作的外延会产生重大的影响,绿皮书的界定具有最大的包容性、最广泛的外延,延伸至数字媒介之外;而迈克尔·凯兹则将重混创作限制在数字媒介范围之内;墨杰斯将其限制在某些特别作品类型中,基本排除了文本混合的情形,强烈暗示了数字技术背景,因此其范围可能最窄。从广义上讲,任何作品的创作都是在借鉴、模仿他人作品的基础上进行,都带有某种程度的重混,因此过于宽泛的理解会消解重混创作这个概念应有的功能,丧失提出这个概念的意义。① 不过如果将其局限于某种具体技术,那么可能丧失这个概念应有的著作权意义。在著作权制度中,基于技术中立的原则,具体的技术类别原则上是不影响权利义务设计的。重混创作的界定应该从著作权法的角度考虑。从这个意义上讲,绿皮书的定义是比较适当的。首先,现有作品是被组合和改变的,这说明了新作品中必须具有明确的在先作品的成分,在先作品的成分是可以辨认的,这意味着重混作品带有明显的在先作品的标记,很容易被识别。这与原创性创作是不同的,原创性创作总是努力摆脱在先作品的印记,仅仅将在先作品当作创作的灵感来处理。其次,创作方式被描述为改变和组合,这使它区别于原创性创作,突出了重混创作的本质性特点。最后,强调创造性或者新的东西来自于改变和组合,而不是来源于在先作品,突出了这类作品的特性。与其他的几个定义相比,既摆脱了重混创作技术性限制的狭隘,使我们可以在广泛的视野中考察重混创作,能够从现有的法律实践中吸收营养;又适度划定了与原创性创作的边界,使我们能

---

① 美国版权专家尼莫在论述演绎作品的概念时同样提到了这个问题,他说:"在宽泛的意义上,几乎所有的作品都是演绎作品,因为在某种程度上他们都来自于在先作品。"为了使演绎作品这个概念有意义,必须对其进行适当的裁剪,但是如何裁剪始终是一个难题。具体参见 Melvile B. Nimmer, David Nimmer, Nimmer on Copyright(Volume 1), 3.01, p. 2-4, Mattew Bender & Company, Inc., 2009.

够以新的视角考察文化产品的创作模式,建立新的著作权规则。

(2)重混作品与被借用作品的关系——"新"的含义。重混创作形成的作品不同于在先作品,是一个新作品,但是"新"在何处? 各个定义之间差别比较大,绿皮书强调了重混作品通过组合和改变产生了新的东西或者新的创造性。迈克尔·凯兹强调在取样重组的过程中注入自己的创造性内容从而产生全新的作品。墨杰斯的定义仅仅描述了混合的创作方式,而对重混作品的内在属性没有进行任何提示。上述定义存在以下疑问:重混作品与在先作品的差异或者说重混作品的"新"与普通作品有无区别需要进一步分析。绿皮书将新东西和新的创造性两种表述并列,同时认为这种"新"来自于对在先作品的取样和改变。而迈克尔·凯兹则强调了重混创作者的"创造性内容"与取样、重组相互作用产生新的作品。鉴于重混创作主要是一种"老瓶装新酒"的创作方式,重混作品的"新"应该来自于对在先作品或者作品片段的组合、改变和添加。换言之,相对于在先作品,重混作品必须是具有转换性的,产生了"新表达、新意义、新信息"。[1] 由于重混作品的"新"不一定停留于"表达"上,因此对重混作品创造性的理解最好从内容与表达相结合的角度进行理解。正如 M. 雷炳德所说"作品必须体现个人的智力成果,至于这种智慧体现上内容上、表达形式上还是二者兼备,在法律上具有同样的意义"[2]。

综上,笔者对重混创作进行如下界定:主要通过提取、组合、转换在先作品表达要素的方式创作新作品的活动。要点包括:①主要采取提取、组合、

---

① Campbell v. Acuff-Rose Music,510 U. S. 569(1994),PP. 579. 原文是:"The central purpose of this investigation is to see, in Justice Story's words, whether the new work merely'supersede[s] the objects' of the original creation, or instead adds something new, with a further purpose or different character, altering the first with new expression, meaning, or message; it asks, in other words, whether and to what extent the new work is "transformative." Pierre N. Leval, Toward A Fair Use Standard, 103 Harv. L. Rev. 1105(1990), p. 1111. 原文是: "on the other hand, the secondary use adds value to the original—if the quoted matter is used as raw material, transformed in the creation of new information, new aesthetics, new insights and understandings—this is the very type of activity that the fair use doctrine intends to protect for the enrichment of society."

② [德]M. 雷炳德:《著作权法》(第 13 版),张恩民译,法律出版社 2005 年版,第 115 页。

转换等拼贴式的创作方法。提取是指从在先作品截取表达要素的行为,表达要素既包括字面表达要素,也包括非字面的表达要素。组合是指将截取的片段按照一定的意图进行编辑连接的行为。转换是指创作者对截取的在先作品片段的使用与在先作品本身的使用有所区别,这种区别既可能源于对在先作品表达要素本身的修改,也可能源于对在先作品表达要素之间关系的改变,还可能源于在先作品表达要素与作者独创性内容的结合。转换强调重混创作的拼贴不是简单的汇编或者编辑。重混创作虽然强调是以拼贴为主要特色,但是不排除原创性表达要素的加入。与原创性创作不同,重混创作者往往通过截取在先作品的表达添加到自己的创作中,而不是努力寻找原创性表达。正如兰德斯和波斯纳所说"将手从艺术品中拿走而把脑袋放入其中",①重混创作者主要是通过有创意的拼贴、重组、转换他人作品的表达而创造出新作品。不过它与原创性创作之间并没有绝对的界限,一部作品可能是重混创作与原创性创作的混合。②不掩饰借用来源的特征。重混创作不掩饰借用来源的特征源于以下几个因素:被借用作品的名气、重混创作方式留下的痕迹、重混作品对原作品的依赖关系、重混作者的主动交代等。原创性创作与此不同,尽管它也借鉴、模仿在先作品,但是它总是有意拉开与原作品的距离,力图摆脱侵权和剽窃的指控。重混创作不掩饰借用来源的特征既可能与文化观念有关,也可能与特殊创作需求有关(这一点笔者将在第二章第三节具体阐述)。③产生了新作品,即重混作品。简言之,重混作品是指主要通过提取、组合、转换在先作品表达要素而创作的作品。重混作品首先要满足普通作品包括创造性在内的条件,其次重混作品与在先作品的关系是法律定性的关键所在,本书持开放态度,不预设答案,将通过对重混创作具体形态的分析来完成。

三、重混创作与汇编创作、演绎创作的异同

(一)重混创作与汇编创作

汇编作品主要是指选择、编排若干作品、作品片段或者不构成作品的数

---

①　[美]威廉·M.兰德斯,理查德·A.波斯纳:《知识产权法的经济结构》,金海军译,北京大学出版社 2005 年版,第 330 页。

据、事实,对其选择和编排具有独创性所形成的材料整体。根据汇编的材料性质,美国版权法将汇编作品分为两类,将不受著作权保护的事实或者数据汇集在一起而形成的作品称为汇编作品;将单独享有著作权的作品汇编在一起而形成的作品称为集体作品。集体作品是汇编作品的一种特殊情形。[①]我国没有区分作品汇编和事实汇编,统称为汇编作品。无论是作品汇编还是事实汇编,汇编作品的独创性主要体现在对材料的选择和编排上,而不是对所选择作品、作品片段或者不构成作品的事实、数据的加工,改变其含义。

从表面上看,重混作品与汇编作品的创作手段有时是很相似的。重混创作既可以是选择现有作品或者作品片段进行重新改写,添加新的内容,也可以是挑选现有作品的片段而按照一定的顺序组合在一起。如果是后者,那么重混作品从表面上看与汇编作品就很像。不过,即便如此,重混创作与汇编创作还是不同的。汇编创作的选择和排列没有改变所选材料的内容、意义,其独创性仅仅体现在选择和编排本身。而重混创作的编排不是这样,它是按照整体的构思来选择和编排,结果整个编排形成了一个新的整体意义,选入的作品片段不仅具有原来的含义,还是作为一篇新作品的有机组成部分而存在的。比如将几个同事的名字按照一定顺序的排列形成名单,这是一个汇编作品。如果将同样的几个同事的名字精心排列形成了一首打油诗,具有整体的含义,那么这就可能是重混创作了。

(二)重混创作与演绎创作

演绎作品的英文表达是"derivateive work",derivative 源于拉丁文derivare,由 de、herivas 两个词根组成,前者的原意是"从……而来",后者的原意是"流(stream)",合起来有"起源于"、"从……发展出来"之意,与汉语的含义比较吻合。尽管我国立法没有采用这个术语,但是学界普遍认同。与"改编作品"等术语相比,它具有更强的概括性,更大的外延。不过这个术语仅仅表示了新作品与原作品之间"源"与"流"的关系,缺乏进一步的指示,如果不借助其他手段,其著作权法含义就相当模糊。基于上述原因,对于演绎作品的术语选择形成了不采纳和采纳两种不同的做法。不采用演绎作品概念的国家大多直接就具体的演绎方式作出规定,比如《保护文学和艺术作

---

① 《美国版权法》第 101 条。

品伯尔尼公约》就翻译、改编等具体的演绎创作方式作出规定①，德国著作权法、法国知识产权法、英国版权法都是如此。采纳演绎作品概念或者类似概念的国家有美国、日本、韩国、俄罗斯等，分为三种情况，一种是采用"简单的内涵界定+具体列举（演绎方式）"的立法方式，美国是典型代表②，它既保持演绎作品内涵与外延的灵活性，同时又保证了概念的可操作性③。一种是缩小演绎作品的范围，将其等同于某种具体演绎方式，比如《俄罗斯联邦民法典》（著作权部分）第 1259 条第 2 款规定"演绎作品，即对其他作品进行改编的作品"。最后一种是介于上述二者之间，采用了演绎作品的概念，但是没有概括内涵，仅仅以"具体列举+兜底条款"的方式进行规定。比如《日本著作权法》第 2 条第 1 款第 11 项规定："二次作品，指通过翻译、编曲、改变形式、改编成剧本、拍成电影或者其他改编方法创作的作品。"④

　　演绎创作涉及原作品与演绎作品的联系和区别，涉及原作品的借用和新内容的添加，二者如何平衡非常复杂。各国立法尽量避免做出明确的规定，导致我们既无法对演绎作品的内涵做出准确的界定，也无法对其外延做出非常准确的判断。英国法学家哈特说，任何一个概念都有含义明确的核心和不明确的边缘地带。⑤ 演绎作品尤其如此。以原作品为起点，从复制到演绎，再到自由使用，前者关系到原作与演绎作品之间的差异问题，需要回答一个演绎作品与原作品有多大的差异才能构成一个演绎作品，后者需要回答一个新作品距离原作品究竟有多远才算跨越了演绎作品的范围。其间的界线如何划定，成为当事人利益争执的焦点，也是法律关注的焦点。演绎

---

①　《保护文学和艺术作品伯尔尼公约》第 2 条第 3 款规定"翻译、改编、乐曲改编以及对文学或艺术作品的其他变动应得到与原作同等的保护，但不得损害原作的版权"。

②　《美国版权法》第 101 条规定，"演绎作品"是根据一个或更多个原有的作品对其进行重新安排、改变形式和改编的作品，例如译文、乐曲改编、改编成的戏剧、改编成的小说、改编成的电影剧本、录音作品、艺术复制品、节本、缩写本或任何其他的形式。凡作品内有编辑的修订、注解、详细解释或其他修改，作为整体成为作者的独创的作品均为"演绎作品"。

③　这两种要求有时候很难协调，美国司法实践通过实质性相似规则将二者统一起来，完成对演绎作品的防御性保护。在这种意义上可以说美国司法实践放弃了演绎作品规则的适用。

④　二次作品就是演绎作品。

⑤　[英]哈特：《法律的概念》，张文显等译，中国大百科全书出版社 1996 年版，第4—5 页。

作品处复制和自由使用之间,具有很强的伸缩性,各国可能由于法律结构、法律精神、司法政策、司法实践的不同而导致演绎作品两边的边界各有不同,就是在一国之内,也可能经常发生变动。

重混创作主要通过抽取现有作品表达要素进行创作,这与演绎创作相同,因此二者存在密切的关系。二者到底是什么关系,既取决于重混作品内涵的界定,也取决于演绎作品内涵的界定。重混作品目前缺乏明确的法律地位,演绎作品虽然有比较明确的规定,但是其内涵和外延并不稳定,结果造成了二者关系的不明确。在美国,由于演绎作品涵盖范围非常广泛,学者们普遍认为重混作品是演绎作品的一种特殊类型。① 不过笔者以为该判断存在一些问题,因为要构成演绎作品必须从原作中借鉴了实质性内容,而重混作品有时候从一部或者几部作品中借鉴了实质性内容,有时则广采众多作品的微小片段进行拼贴,前者可能构成演绎作品,后者却很难构成演绎作品。

造成重混作品与演绎作品关系存在争议的原因在于演绎创作与重混创作观察问题角度的差异,演绎创作是从著作权人的角度出发,以划定著作权保护范围为目的;重混创作则是从使用者的角度出发,以描述创作者的实际使用形态为目的。尽管都涉及对在先作品的使用,但是关注重点存在差异,前者关注从权利人处借用了什么,后者关注的是使用者对借用的部分是如何处理的。

这种视角的不同在被借用作品数量比较少的情况下还没有太大的差别,而在借用作品数量比较多的情况下,双方的差异就非常明显。就拿典型演绎创作方式改编与典型的重混创作方式拼贴来说吧,二者存在非常明显的差别:①使用原作品的具体形式不同。改编主要通过改变表达的方式进行,通常以间接接触的方式实现。而拼贴则是直接接触原作品,以提取、复制和粘贴的方式进行。采用复制粘贴方式带来的一个必然后果就是重混作品存在着某些与原作品完全相同的表达。②借用作品的数量通常存在很大差别。改编通常以少量作品为基础进行,而拼贴借用的来源往往多种多样,

---

① The Department of Commerce Internet Policy Task Force, Copyright Policy, Creativity, and Innovation in the Digital Economy, 2013, p. 28.

一首混录版音乐,可能从上百首歌曲中截取微量的音乐片段进行合成。③创造性来源不同。改编作品的创造性主要源于表达形式的改变,而拼贴作品的创造性主要源于创意,通过拼贴的作品片段之间的关系体现出来。因此重混创作与演绎创作尽管关系密切,重混作品与演绎作品存在较大的重合部分,但是二者从概念功能以及主要形态来看还是存在很大差别的,不可混为一谈。

第三节　重混创作的主要形态

研究重混创作的不同形态有助于深入理解重混创作的概念,解释其存在的基本的著作权问题。

一、字面表达复制型重混创作、非字面表达复制型重混创作和同人作品创作

依据使用的在先作品表达要素的类型,重混创作可以分为字面表达复制型重混创作、非字面表达复制型重混创作以及同人作品创作(表达要素复合型)。在前述的分类中,同人作品创作的提法似乎不妥。之所以如此,主要是考虑到同人作品创作在重混创作中的重要地位以及同人作品创作对在先作品表达要素的使用通常是复合的,涵盖前两种情形。因此,这种区分既照顾了重混创作的具体情形,在逻辑上也算是合理的。

(一)字面表达复制型重混创作

《美国版权法》106 条的立法报告认为:"原样复制整部作品或任何实质性部分,或模仿或模拟版权作品均构成侵权。与该版权作品之间存在明显的差异或者改变也有可能构成侵权,只要被占用的不仅仅是思想,还包括占用了表达形式。"①据此,就被侵权对象而言,可以是整部作品或者作品的任何实质性部分;就侵权的方式而言,包括原样复制和非原样复制(模仿、仿拟),这样的就会形成四种侵权形态——全部原样复制、部分原样复制、整体

---

① H. R. Rep. No. 94-1476(1976),94th Cong.,2d Sess. For the section 106. 具体译文参考了李明德、何怀文等学者的翻译。

非原样复制、部分非原样复制。在司法实践中汉德法官 1930 年在尼科尔案中将使用他人作品分为文字性占用和非文字性占用,前者是指原封不动的复制了原告的作品或者在创作中逐字逐句的抄袭他人作品的表达;后者是指对原告的作品进行改头换面的使用。在重混创作中,原样复制主要表现为通过摘录在先作品的表达进行创作的情形,笔者称之为字面表达复制型重混创作①;有些学者称之为拼凑写作,"从渊源文本复制内容,然后删去一些字词,改变语法结构,或者插入一两个同义词"②。检查莎士比亚的作品,我们可以发现他的作品有数千行是从别的作品中逐词逐句抄袭而来或者稍加修改后借用过来。现代挪用艺术同样如此,他们从流行文化、广告、大众媒体以及其他艺术家那里借用其形象,再将它们结合到新的艺术作品中,③这种创作手法已经蔓延到各个艺术领域,利用已有图片的部分或者全部进行新的视觉波普艺术创作,利用已有的作品片段重组成混录版音乐;将他人的作品片段组成在一起形成拼装小说。我国曾经广泛流传的高考满分作文《赤兔马传》就是作者将《三国演义》中有关赤兔马的描写摘录下来而形成的。从侵权的角度去考虑,利用他人作品片段进行创作容易构成片段性字面侵权。所谓的片段性字面侵权是指存在字面符号表示相同或几乎相同的若干作品片段的侵权形态。④ 直接摘录他人作品片段具有非常显著的特征,易于被识别,与著作权法精神背道而驰,往往会成为法律争议的焦点。"从著作权法的角度看,挪用艺术这个术语成为一个挑衅;对受保护的作品进行挪用就意味着偷窃。"⑤重混创作以此种方式作为典型的创作形态。利用他人作品片段的重混创作以其独有的艺术价值和显而易见的侵权风险挑战着

---

① 对于此种类型的重混创作,笔者还曾经考虑到两个名称,即原样复制型重混创作;片段性字面表达型重混创作。但是考虑到原样复制可能还包括抽象层次的原样复制,比如人物关系;此外,目前重混创作中使用的作品表达,除了片段之外,可能还包括单幅的美术作品、篇幅较小的文字作品,而不仅限于片段。因此这两个名称被放弃。

② [美]理查德·A. 波斯纳:《论剽窃》,沈明译,北京大学出版社 2010 年版,第 110 页。

③ [美]威廉·M. 兰德斯,理查德·A. 波斯纳:《知识产权法的经济结构》,金海军译,北京大学出版社 2005 年版,第 330 页。

④ 何怀文:《著作权侵权的判定规则研究》,知识产权出版社 2012 年版,第 81 页。

⑤ [美]威廉·M. 兰德斯,理查德·A. 波斯纳:《知识产权法的经济结构》,金海军译,北京大学出版社 2005 年版,第 331 页。

著作权人的神经,使其在现代著作权规制中非常引人注目。

(二)非字面表达复制型重混创作

非字面表达型重混创作是指使用在先作品的字面表达之外的其他表达性要素进行重混创作的情形。除了语句段落外,作品还存在主题、人物关系、人物形象、情节等不同的表达要素,相对于字面表达视觉可见的要素,它们属于抽象层面的要素,只能够被概括、分析出来。汉德法官在尼科尔案中提出的层层抽象法就是提取这些表达性要素的合适方法。[①] 由于非字面的表达要素只能从具体的字面性表达中抽象出来,因此表现为作品的一些特征组合。这些特征必须与作者创造的其他一些特征结合起来,并最终通过某种语言表达出来,因此非字面表达复制型重混创作表现为一种改写性复制。比如莎士比亚创作的经典套路是,首先从古典书籍中找到一个故事原型,采用它的故事结构,增加一些人物,改变一些细节,最好重写全部的人物对话,从而创作出新的作品。

非字面表达复制型重混创作与字面表达复制型重混创作的重要区别在于借用在先作品的表达性要素不同,前者的借用具有明显的特征,容易被识别;后者则属于深层次的借用,这种借用的要素与后续作者的自创性要素紧密结合,不容易被识别。字面表达复制型重混创作作为重混创作的典型形态,在重混创作中被重点关注,几乎成为重混创作的同义词[②]。

实际上,数字技术带来的复制和编辑技术的发达,使得在复制他人作品表达的基础进行改写是非常常见的,可以说没有改写,就没有重混创作。只不过是由于字面表达复制型重混创作在著作权规制过程中遇到了巨大的困难,得到了格外关注。作为理性的研究者,我们需要考察重混创作的全景,考察非字面表达要素在重混创作中所发生的变化,这种变化对著作权规制的影响,重新评估这些规制的妥当性。因此无论是字面表达要素、还是非字面表达要素都是重混创作使用的材料,都是重混创作关注的对象。重混创作作为一种创作方式,不可能只使用一类表达要素而完全忽视另一类表达

---

① Nichols v. Universal Pictures Corp. 45 F. 2d 119(2d Cir. 1930). 关于层层抽象法在后文有具体介绍。

② 我国学者胡开忠教授关于重混创作(他称之为重混创作)的定义就体现了这种特色。

要素,我们应该在重混文化的大背景下关注重混创作的规制问题。

(三)同人作品创作

同人作品又被称为粉丝作品,是指"同人同好者在原作或原型的基础上进行的再创作活动及其产物"。① 爱好者通常就根据已经发表的作品、小说或者流行的影视剧、动漫、游戏等经典角色或者其情节进行创作,一般不属于职业创作。从使用的要素来看,同人作品创作涉及的首要因素就是原作品中所涉及的角色;其次才是原作品的其他要素,比如人物关系、故事、场景、情节、具体表达等。一般来讲,同人作品主要利用在先作品的人物角色结合原作的某些要素进行创作,比如江南的网络小说《此间的少年》截取了金庸武侠小说中重要的人物角色,然后抽取人物出身、性格以及其他一些与原故事有关的要素开始讲述这些角色在一所大学内发生的故事。而刘心武的《续红楼梦》则是另外一番景象。《红楼梦》(通行本)前八十回一般认为是曹雪芹本人所作,后四十回是高鹗等人补写,这样就留下了一个悬念,曹雪芹自己会怎么写后半部? 刘心武通过悉心研究《红楼梦》前八十回以及其他文献所留下的线索,猜测曹雪芹的想法,模仿他的笔法将其残缺的部分补齐。刘心武的创作与江南的作品相比,离原作更近,力图恢复原作的风貌,而不是创作一个完全不相干的故事。高考满分作文《赤兔马传》是把散落在《三国演义》中有关赤兔马的描写收集起来,连缀成文。比较这几个例子我们可以发现,利用在先作品的角色是同人作品创作的共同特点。同人作者正是利用人们对在先作品经典角色的印象,继而将自己的作品与在先作品联系起来,开始自己的创作。

除了利用人物角色之外,同人作品有时还涉及对在先作品其他要素的使用。不过不同的同人作品对其他成分的运用差别很大,有的运用比较多,形成演绎作品;有的运用很少,成为"架空小说",即运用原来的人物角色展开一个完全不同的故事。因此同人作品创作就是以原作品角色为基础,将原作品其他成分以及作者自己添加的新成分相组合。这种组合因创作目的的不同而千变万化。虽然人们经常发现同人作品具有所谓的解构性、反经

---

① 王峥:《同人的世界:对一种网络小众文化的研究》,新华出版社 2008 年版,第 3 页。

典性等特征,但像刘心武创作《续红楼梦》追求一致性的情况也比比皆是。相对于拼凑创作,同人作品创作对他人作品表达要素的使用方式多样化,既包括人物角色的使用,也包括故事结构、情节或者字面表达的使用,因此属于字面表达复制型重混创作与非字面表达复制型重混创作的综合,是一种混合形态。在非字面性表达的使用中,我们发现它与原创性创作的借鉴相比发生了很大的变化。对原创性创作来说,作者力图掩饰对在先作品的借鉴,而重混创作对在先作品的使用毫不掩饰,甚至有意设计与在先作品的对话关系,并使读者能够意识到这一点。对原作品的依赖关系,以及对字面表达与非字面表达要素的综合运用,使得同人作品创作成为重混创作的典型形态之一。同人作品创作因而成为现代重混文化的两大来源之一,在重混文化中占有重要的一席之地。与普通的重混创作相比,同人作品形成了自己特有的创作、传播和消费机制,成为重混创作规制的重点考虑对象。

二、文本重混创作与媒介重混创作

依据重混创作的媒介,重混创作可以分为文本重混创作和媒介重混创作。[①] 二者的区别在于重混创作取样是否包括在先作品所负载的媒介,如果不包括负载的媒介,就是文本重混创作;如果包括原作品的媒介,就属于媒介重混创作。

对于文字作品和口头作品的重混创作,通过手写或者口耳相传的方式进行,直接跳过了媒介复制。文本重混创作需要创作者以手动的方法利用在先作品,这对于很多作品类型来说,显著提高了利用成本,因此大大限制了重混创作。除此之外,纯文本可识别的特征不是很明显,容易与普通的创作性使用相混淆。这就是有些学者为了突出重混创作的特殊性,而特意强调其技术性、媒介性的原因。模拟技术的发展提高了利用他人作品的便利,但是质量有时不如原作品;同时编辑技术的短板也限制了重混创作。到了数字时代,复制和编辑技术都有了长足的进步,而且所有作品都可以数字形式存在,媒介之间的限制消失了,这为重混创作提供了最大的便利。媒介重

---

① Lawrence Lessig, Remix: Making Art and Commerce Thrive in the Hybrid Economy, New York: The Penguin Press, 2009, p. 57–76.

混创作开始成为重混创作流行的标志。由于媒介有时受到著作权保护,如果直接进行媒介重混创作,就会跟媒介的权利人发生关系。比如一张唱片包含有音乐著作权人、演唱者和录音制作者的权利,如果直接通过技术手段从现成的唱片上提取片段,那么不仅侵犯音乐著作权人的权利,还会侵犯演唱者和录音制作者的权利。媒介重混创作在便利创作的同时也会提高重混创作的法律风险和成本。

此外,文本重混创作与媒介重混创作遭遇的法律问题也可能会有所不同。对于文本重混创作而言,文本的复制与改写往往是同时完成的,重混作品的文本片段与在先作品的相应片段有时存在明显的差别。媒介重混创作通常以复制加拼贴的方式进行,重混作品的作品片段与在先作品的片段是一样的。在目前的著作权语境下,要判断是否侵权,二者需要解决的著作权问题是不同的,前者可能属于非字面表达侵权,后者则属于字面表达侵权。相对而言,后者被判侵权的风险更大。从对他人作品的利用情况看,如果沿一端的完全复制到另一端思想的借鉴画一条线的话,那么文本重混创作与媒介重混创作往往处于这条线的不同位置上,媒介重混创作往往处于最可能侵权的一端,文本重混创作则处于更为安全位置上。文本重混创作的侵权判断基本可以归类于是否构成实质性相似的问题,媒介重混创作的侵权判断更为复杂,从文本重混创作到媒介重混创作展现了重混创作的复杂性和连续性,也展示了重混创作规制难题的累积和叠加的性质。

三、基于网络创作空间特性划分的重混创作类型

在网络空间中,可以根据创作空间的特性对重混创作进行区分。经济合作和发展组织将其区分为博客、基于文本格式的协同创作(text-based collaboration formats)、允许对作品进行反馈的站点(sites allowing feedback on written works)、基于组的聚合(group-based aggregation)、播客(podcasting)、虚拟世界(virtual worlds)等。[①] 根据创作空间特性对重混创作进行分类,有助于考察客观环境对重混创作的影响、重混创作形成的特定的社会和技术

---

① Daniel Gervais, The Tangled Web of UGC: Making Copyright Sense of User-Generated Content, VANDERBILT J. OF ENT AND TECH LAW, VOL11:4:841, p. 857, Electronic copy available at: http://ssrn.com/abstract=1444513, 2015-05-17 visited.

结构,探讨这种特定的社会和技术结构对著作权法调整的影响。就拿维基百科来说,它创造了一种业余爱好者协同创作的模式。这种重混创作模式依赖于两个基本条件:创作内容的可分割性和固定的文本格式①。前者保证了协同创作可以在业余爱好者无意思联络的情况下进行协同创作,后者保证了创作的文本能够有规律的排列,从而形成一个可以有效利用的数据库。这两个基本条件保证了维基百科的发展壮大,成为展现集体创造性威力的最佳范例。不过有意思的是,由于文本的开放性,在维基百科中如何认定重混作品是一个问题,到底是词条之间的组合构成重混作品还是他人对一个已有的词条进行重新编辑形成的单词条叫重混作品呢? 如果是某个词条的重新编辑,那么重混创作往往变成对他人作品的改编;如果是对在先词条的注释,可能构成演绎。维基百科通过共用许可协议开放著作权,提供了自由改编、注释的机会。词条之间的编辑,主要由软件自动完成。毫无疑问,词条组合形成了一个汇编作品,但是这种机器自动汇编的行为是不是重混创作呢? 如果是,那么谁是创作主体呢? 信息分享平台在自然人创作之间加入了机器的作用力,从而使创作的法律意义复杂化。

四、独立重混创作与附属重混创作

根据重混创作存在的场合,可以分为独立重混创作和附属重混创作。独立重混创作是指重混创作不受环境约束的重混创作。在这种情况下,重混创作者对在先作品的使用是独立的,对在先作品的使用不受他人提供的环境、技术限制。附属重混创作是指处在一个特定的环境中,受制于这个环境的重混创作。附属重混创作主要形成于特定网络空间或者创作环境,这种网络空间或者创作环境对重混创作本身或者重混作品的使用施加了某种技术的、协议的或者其他方面的限制。比如在网络游戏社区,根据游戏开发者提供的开发工具、游戏材料进行虚拟物品的设计、组装,然后运用于网络游戏之中。这种创作对于玩家来说属于典型的附属重混创作。有些网站提供了消费者反馈的空间,消费者可以对相关的作品进行评论;利用在线播放

---

① 　Daniel Gervais, The Tangled Web of UGC: Making Copyright Sense of User-Generated Content, VANDERBILT J. OF ENT AND TECH LAW, VOL11:4:841, p. 857, Electronic copy available at:http://ssrn. com/abstract=1444513,215-05-17 visited.

器,消费者可以根据自己的喜好制作个人歌曲列表,然后按照设定的顺序点击播放。无论是游戏装备的自我设计、相关作品的评论跟帖,还是个人化的歌曲列表,都属于附属的重混创作,离开了所在的环境、空间,将无法进行使用,因此不具有独立的价值或者独立的价值很小。附属重混创作在重混作品与原作品之间制造了某种黏性,使得原作品权利人能够借助这种依附关系控制商业收益从而可以适度放弃著作权的控制,创造自己与重混创作者之间的共生关系。

五、少数来源的重混创作与多数来源的重混创作

以借用在先作品的数量为标准,可以将重混创作分为少数来源的重混创作和多数来源的重混创作,不过二者之间无法划定绝对的界限。借用来源的数量对于著作权问题的解决成本有重要影响。借用来源越多,涉及的权利人越多,如果按照正常的授权途径解决的话,即使单个授权成本很低,但是合起来总的授权成本也非常高昂,令人难以接受,因此必须寻求许可之外的解决途径。借用来源少的重混创作许可授权的成本更低。典型的重混创作属于多数来源的重混创作,因此提出了严峻的交易成本问题。对于大量使用一般通过集体管理组织解决,那么重混创作大量借用的问题能否通过集体管理组织解决呢?有些学者提出了创作性许可、在线自动许可、微型许可等制度设计。[①] 这些设想是否能够有效解决重混创作的借用问题值得深入研究。

六、职业作者重混创作与业余爱好者重混创作

依据创作者的身份,可以将重混创作分为职业作者的重混创作和业余爱好者的重混创作。前者一般具有强烈的商业动机,后者一般不具有商业化动机。值得指出的是,职业作者身份并不是固定的,应该以创作时的动机为主要依据。比如职业作者出于非商业动机自制重混视频上传到 YouTube,

---

① The Department of Commerce Internet Policy Task Force, Copyright Policy, Creativity, and Innovation in the Digital Economy, 2013, p. 29.

这时他应该是业余爱好者而不是职业作者。①　与普通的业余爱好者不同,他这时依然是专业作者。正是这些特殊的业余爱好者提高了业余爱好者重混创作的水平,凸显其商业价值。业余爱好者重混创作的流行甚至吸引了传媒公司专门制作重混作品匿名上传到分享网站,测试消费者对其作品的反应。不过,传媒工业的此类重混创作具有强烈的商业动机,不能算是业余爱好者的重混创作。此外,业余爱好者的重混创作虽然有些是绝对排斥商业动机的,但是有些并不排斥商业动机,仅仅是商业动机不占主导地位而已。

尽管受到职业共同体的文化观念约束,职业作者有时还是会从事重混创作。比如根据流行影视剧拍续集,对经典作品一再进行改编或者翻拍。在传媒工业中,这种重混创作甚至涉及对业余爱好者创作内容的使用,比如杂志中的读者来信、咨询,电视节目中的观众、嘉宾的访谈等。

业余爱好者的重混创作更为普遍。业余爱好者们会取材主流文化作品,比如经典名著、流行文化中的文化偶像、影视名人或者影视剧角色进行创作。此外,他们还会取材用户创作的内容进行重混创作。比如有一位父亲在 YouTube 发布了一段视频,记录了一个小男孩从牙科诊所里出来,发表了一通生活无意义的谈话,激发了网友的兴趣,网友们开始对这段视频不断进行加工,更有甚者,在修改的视频的基础上继续进行修改,结果形成了一个此类视频专区。这有点像在晚会上轮流讲某个题材的故事,大家用自己的手把这个视频故事变着花样讲了很多遍。目前我国网络上流传的有关蓝翔技校的各种段子就是重混创作的经典案例,先是网友截取蓝翔技校的广告词进行重混创作,其中有些段子成为网友们继续模仿的经典范本,他们不断地模仿翻新,最后形成了网络上蓝翔技校的段子现象。

任何一部作品都不是凭空产生的,无论是职业作者的创作还是业余爱好者的创作,都会在借鉴他人作品的基础上进行。但是由于职业作者的重混创作与业余爱好者的重混创作遵循不同的逻辑,结果呈现出不同的形态。对于职业作者而言,重混创作不仅是一个创作问题,同时也是一个商业问题。作为创作,作者要受到创作观念的约束,原创性要求对于作者如何使用

①　Carmit Soliman,Remixing Sharing:Sharing Platforms As A Tool For Advancement of UGC Sharing,22 Alb. L. J. Sci. & Tech. 279(2012),pp. 293.

他人作品构成了强有力的约束。① 作为商业问题,任何潜在的法律风险都会影响商业收益,现代著作权制度对借用他人作品的限制导致重混创作成为职业创作中的边缘现象。正如波斯纳所说,尽管莎士比亚的伟大依然让现代作家仰视,但是他的创作方式却不会被现代作家所效仿。

业余爱好者的创作从来都是以重混创作为主。在数字时代之前,由于技术、空间以及商业价值的限制,业余爱好者的重混创作通常无法进入公共传播空间,落在著作权人的视野之外。到了数字时代,业余爱好者的重混创作开始从私人空间走向公共空间,有些甚至具有商业价值,与职业作者的创作相竞争。与此同时,重混创作逐步由边缘文化走向主流文化,以致有些文化批评家建议用"重混"来界定当代文化特征。甚至波及职业作者的创作。这不能不引起传媒工业和著作权人的高度关注。与重混创作渐成主流的现象不相称的是,现代著作权制度缺少规制职业作者重混创作的制度资源,更枉论如何规制业余爱好者的重混创作了。与职业作者的重混创作相比,业余爱好者更少受到原创性文学创作观念和著作权法的约束,重混的程度更高,而解决著作权问题的能力却更低。美国学者的实证研究证明,在网络信息分享平台上,最受欢迎的作品往往是那些重混作品,而不是原创性作品②,与职业作品市场的力量更偏好原创性作品迥然有别③。这种悖论式的现象使我们不得不关注业余爱好者重混创作的特殊机理,而不是简单地将职业作者的重混创作与业余爱好者的重混创作视为同一问题,进行统一处理。在某种意义上,是业余爱好者的重混创作而不是职业作者的重混创作吸引了研究者的注意并推动了重混创作规制的研究。在本著作中,职业作者和业余爱好者的重混创作的区分构成了笔者研究的重要基础。

---

① [美]理查德·A. 波斯纳:《论剽窃》,沈明译,北京大学出版社 2010 年版,第 91 - 103 页。

② Player-Authors Project Research Team, The Player-Authors Project Summary Report of Research Findings, The Player – Authors Project Summary Report of Research Findings (2013), p51-54. http://player-authors. camden. rutgers. edu/, 2015 – 02 – 06 visited. 该报告的研究证明,在粉丝社区,参照型的作品更受欢迎,而更少粉丝的社区中,原创性作品则受到重视。

③ [美]理查德·A. 波斯纳:《论剽窃》,沈明译,北京大学出版社 2010 年版,第 91 页。

第四节 重混创作的价值、生产机制与著作权规制

尽管重混创作的价值在现代著作权制度中被低估,但是随着数字时代重混创作的勃兴以及呈现出来的崭新面貌,迫使我们必须重估重混创作的价值。重混创作的价值及其来源的研究有助于评估其规制的公共政策选择。重混创作的价值大小决定了著作权规制的公共政策有无调整的必要性;重混创作的价值产生机制则决定了著作权规制的途径和方式。在本节中,笔者先研究重混创作的社会价值,然后研究重混创作的商业价值,最后探讨社会价值与商业价值对于重混创作规制的关系,为重混创作的规制选择提供思路。

一、重混创作的创造性价值及来源

(一)两种创作方式

无论何种创作方式,都受到文化生产规律的支配。文化的传承性意味着文化生产在某种意义上必须是重复的,只有不断地重复和演绎才能形成比较固定的文化形态和文化传统。文化也必须是创新的,只有不断创新,文化才有生命力、才能不断地适应新环境。传承与创新是文化生产中两个必备的要素,不过这两个要素有时所占的比重是不同的。一个崇尚创新的文化传统可能更强调创新,而一个重视继承的文化传统可能更强调传承。前者会形成原创创作方式,后者可能形成重混创作方式。

随着文化观念的变化,人类文化发展史经历了原创创作与重混创作之间的转换。在西欧文艺复兴时期,随着经济的复苏、人性的觉醒以及知识的广泛传播,尽管新的创作观念还没有形成,莎士比亚依然采用古罗马式的重混创作方式,但是这种创作已经摒除了简单的复制而倾向于创造性模仿或者老瓶装新酒,借老的题材进行创新。在莎士比亚的创作中,传承与创新的比重实际上已经发生了逆转。随着时光的流转,人们已经不再满足于这种遮遮掩掩的创新,突出创新的社会条件慢慢成熟,新的文化创造范式开始形成。强调创新,突出原创性的文化观念逐步形成,文化中传承与创新的正反面发生了反转,创新开始成为突出的阳光的一面,而传承的因素则渐渐消

隐。这种文化发展的极致就是人人急于摆脱"影响的焦虑",标举创新。原创创作的价值被抬高,而重混创作的价值被贬低。扬此抑彼造成了作者创作心理的变化和作品创作模式的变化,古罗马以模仿为荣的风气一去不复返了。同时,由于担心他人的模仿会侵占自己的商业利益,作者们极力反对重混创作。将重混创作与财产侵害联系在一起增加了重混创作的成本。当重混创作不能节省多少成本,还要承担声誉和财产上的巨大风险时,作者的选择是不言而喻的。

然而作为文化生产的重要因素,传承的一面只会消隐,而不会消失。在原创创作主导的情况下,重混创作依然存在,只是地位削弱了。不过,重混创作被压制的根本原因在于商业利益,而非重混创作不利于创造。莎士比亚被誉为最具有独创性的作家的事实就向我们昭示重混创作与创造性大小没有关系。T. S. 艾略特的《荒原》是20世纪的文学经典之一,建立在对前人作品一连串的引用以及对被借用作品片段的改写上。艾略特说:"不成熟的诗人模仿;成熟的诗人剽窃;坏诗人糟蹋他取来的东西,好诗人则使之成为更好的东西,或者至少变得不一样了。好诗人会把他的剽窃物融进某种情感的整体之中,那情感是独特的,迥然不同于他所掠取的对象;坏诗人则把它丢进没有凝聚力的东西。好诗人借用的作品通常来自于年代久远,语言不同或者旨趣相异的作者。"[①]因此,波斯纳认为创造力的高低与是否借用他人作品没有关系,创造性与原创性是完全不同的东西。[②]

(二)重混创作的创造性来源

重混创作和原创创作仅仅是在处理传承与创新的具体方式存在差别,与创造性无涉。正如创新与传承无法截然区分一样,重混创作与原创创作之间也存在大量的灰色地带,以至于我们有时无法区分是原创创作还是重混创作。不过,它们各自的典型状态还是泾渭分明的。根据现代著作权的独创性标准,典型的重混创作属于直接借用他人作品表达进行创作,作品最终呈现出来的形态具有鲜明的借用他人作品的可识别的特征。典型的原创

---

① [美]理查德·A.波斯纳:《论剽窃》,沈明译,北京大学出版社2010年版,第66页。

② [美]理查德·A.波斯纳:《法律与文学》,李国庆译,中国政法大学出版社2002年版,第539页。

创作则尽量避免直接使用他人作品的表达,将表面上利用他人作品降低到最低限度,拉开与他人作品的距离。

如果说原创创作通过作品的客观差异体现创造性,那么重混创作是如何表现创造性呢?这种创造性有什么特点?创作作为一种符号生产,是一种不断的符号交换和置换的过程。在符号学意义上,由于不存在所谓的完美替代,所有的替代或者交换都会引发潜在的、新的意义及价值的发现。美国符号学家柯尔文森说:"在符号学关注的过程中,观察者与被观察者形成一种特殊的关系,二者彼此不断地被对方所转化并在这样的转化过程中越来越给对方更多的影响。这种皮尔士的不对称过程说明真正的重复是绝对不可能的。相反,所谓的重复或模拟只是类真表象或各种诠释,而且每一表象都超越其指称,而且表现比起指称更有意义、更复杂而且在理论上更有价值。"①罗宾·保罗·马洛伊认为"创造性发现是从符号学关系中的连续性和不确定性之间涌现出来的"②,以色列·克里兹乐说"经营上的独到之处并不在于如何在现有条件之下达到最好的效率,而在于如何能跳出原有的设想,觉察到情境本身的不同性质"。重混创作作为一种符号生产,对于在先作品片段的借用和重复,都不是简单重复,而是通过将现有作品的片段进行修改、重新组合,注入新的个性或者置于新的环境、情境,产生新的价值和意义,尽管片段还是那个片段,但是已经不是原来想表达的内容,创造性就体现在新旧作品的差异中。不过这种差异不一定体现为作品客观表达上的差异。进行原创创作固然能够体现出创造性,但是对现有材料的不同使用同样能够体现出创造性。就创造性产生的方式而言,原创创作往往采取深层借鉴和模仿的方式,而重混创作通常则采取表面借鉴的方式。一部作品包括思想、观念、风格、情节、人物、语句表达等各种要素,原创创作可能借鉴思想、观念、风格、人物类型、故事类型但是通过自己的表达重新组织;重混创作则以新的创意来选择、组织现有材料,进行所谓的"拼合式写作"。思想借

---

① Kevelson, peirce and freedom, at 8, kevelson, peirce's method, at 7. 转引自［美］罗宾·保罗·马洛伊:《法律与市场经济》,钱弘道,朱素梅译,法律出版社 2006 年版,第33 页。

② ［美］罗宾·保罗·马洛伊:《法律与市场经济》,钱弘道,朱素梅译,法律出版社2006 年版,第83 页。

用和表达借用,谁优谁劣,我们是无法区分的。原创创作的创造性既可以体现为局部的要素,也可以体现为整体要素组合,但是重混创作的创造性通常来源于要素组合,而不是其中某个要素。

哈罗德·奥登格·怀特(Harold Ogden White)曾提出:"经典的原则:真正的创造性是通过模仿实现的。该模仿精心选择其模本,进而对模本加以个性化的重述,最终努力对模本实现辉煌的超越。"①创造性不是凭空产生,站在巨人的肩膀之上才能看得更高、望得更远,借助于精心选择的模本,肯定更容易超越。关于创造天赋的观点中存在许多不真实的成分,比如所谓"灵光一闪""创造性火花",都是仅仅见到了创造性产生那一刻的情景。其实在创造性产生之前都要经历漫长的积累和尝试,而这种积累和尝试的过程往往是以不断添加的方式进行。组合产生创意,创造源于连接。美国学者米尔曼·帕里(Milman Parry)"程式理论"揭示了恢宏的长篇叙事诗是如何借助老套的甚至人人皆知的"程式""主题"和"故事型式"不断的组合和衍生而创作出来的。创造性在本质上不是凭空产生的,而是现有事物经过有创意的大脑的修改、重组、连接、升华而出现的。因此借用现有作品的表达绝不是创造性产生的障碍。波斯纳甚至说:"一旦人们理解了原创性这一概念,就会明白,模仿者甚至可能比被模仿者产出更大的社会价值。"②因此,以没有创造性贬抑重混创作是没有根据的。著作权鼓励原创创作、压制重混创作,与其说是来自于创造性的内在要求,还不如说是来自商业利益分配的外在要求,害怕他人的借用侵占了自己的商业利益才是作者、权利人反对重混创作的根本原因。

二、重混创作的文化价值及实现

重混创作承载着后现代主义的文化价值,后现代主义在重混创作中找

---

① [美]理查德·A.波斯纳:《论剽窃》,沈明译,北京大学出版社2010年版,第63页。
② [美]理查德·A.波斯纳:《论剽窃》,沈明译,北京大学出版社2010年版,第127页。

到了自己的表现方式。① 根据我国学者谢立中教授的研究,"后现代"有广、狭两种含义,广义的是指紧接在人们所经历的任何一个"当前"或"现代"时期之后的那一个时间区域;狭义主要是指紧接在 17 世纪以来的那个"现代"时期之"后"产生的新时代。相应的"后现代主义"也有广、狭两种含义,广义指称对任何一个处于"当前"或"现代"主流地位的知识或文化思潮进行反叛、挑战、解构的知识与文化倾向;狭义是指 20 世纪 70 年代以来,对 17 世纪以来以启蒙理性为代表的西方现代主义主流文化进行反叛而产生的一种知识或者文化形态。②

后现代主义主要体现的都是一种大时段的比较明显的文化形态的转换。这种转换通常包含着对在先文化形态的批判和对新文化形态的建构。不过狭义的后现代主义与此不同,它在批判的同时却拒绝重构,于是解构就成为后现代主义的主要表现形式。所谓解构是指通过解读已有的经典文本以及其他文本发现其自身的矛盾,"摧毁文本的原有结构,发掘被中心意义所排除、隐蔽或遗忘的意义,特别是那些普遍和确定的意义之外的意义"③,进而改变和重新解释原有的概念关系。在具体创作方式上,后现代主义往往通过对在先文本的复制、剪辑和拼贴的方式进行,摧毁旧的经典文本,消解在先文本的意义,从而呈现出新的含义。新的含义由于建立在消解在先文本的含义之上,构成对经典文本的反叛。这种反叛可能是真正意义上的反叛,也可能不是,因为解构主义接受的是维特根斯坦的语言游戏说,而且更具主观随意性,"游戏规则已被游戏本身替代"。所谓后现代性特征是否定、解构和揭露的不断更新的游戏精神。美国文化评论家弗雷德里克·詹姆逊如是说,"后现代主义是一种模仿作品的文化,是对历史的典故的自鸣

---

① 值得指出的是,重混创作的文化价值与创造性价值是不同的,前者强调是重混创作与文化思潮之间的关系,后者强调的是重混创作与创造性活动之间的关系,重混创作的创造性可以是后现代主义式的创造,也可以是其他形式的创造性活动。重混创作可以体现为解构,但是也可以体现对在先作品其他形式的组合。

② 谢立中:《"后现代性"及其相关概念辨析》,《社会科学研究》,2001 年第 5 期,第 110-114 页。

③ 高亚春:《论后现代思维范式的生成:关于德里达的解构策略》,黑龙江大学 2002 年硕士论文。

得意的玩弄。"①更多的时候,这种反叛是一种玩笑,是一种文本游戏,好比讲故事一样,在先文本是一个现成的故事,后来者必须接着这个故事讲下去,那么在消灭了单向话语体系的情况下,后来者必须绞尽脑汁,把这个故事讲得让人有兴趣听下去,那么他就必须利用听众既有的经验讲一个有关但是有些不同的故事。这个新讲出来的故事可能又成为别人继续讲下去的文本,这样文本就被一层一层的覆盖,只要还有听众,那么不同的讲述者就不断地翻陈出新。在很大程度上,这是一种文本游戏,它的文化意蕴在很大程度上来自于讲述行为本身,而不在于讲了什么,这就是所谓的"游戏规则已被游戏本身替代"。

与此同时,解构主义也是信息爆炸的结果,原来主流的话语被众人的喧嚣所淹没,文学艺术创作具有鲜明的对话特征,而不仅仅是先贤大哲们的独自言说。对话的特点就是有时必须接着别人的话说,重复别人的话。在数字时代,书面创作尽管具有独自言说的特点,但是鉴于复制和编辑技术的发达,新的作者总是将他人作品直接拉入自己的话语之中,以解构的方式进行对话。数字技术使我们不仅可以收集、排列和重新安排现有材料,而且能够以前所未有的方式转换和改写这些材料。

如果没有公众的参与,重混创作只能停留在几个后现代艺术流派的手中,成为艺术家践行新艺术观念的工具,成为边缘文化的奇异之花,受到原创性文化观念的考问,著作权侵权诉讼的摧残。但是公众的广泛参与,使得重混创作获得了前所未有的力量,足以与原创创作方式并肩。业余爱好者的重混创作将自己由主流文化思潮的消极接受者变成了积极对话者,将其不断地颠覆、肢解,在嘲弄主流文化的同时不断地释放出自己的价值。公众的审美表达就来自于主流文化经过颠覆后所呈现出的不一致、不和谐。这种对主流文化的解构与主流文化一起共同组成了当代的文化生态。公众在消解主流文化,表达自己意见的同时,也对主流文化的再生产产生了潜移默化的影响。因为消费者的偏好能够更好地传达给职业作者,激励其创作出更适合公众需要的作品。社会公众在与主流文化对话的同时,也通过重混创作参与打造自己的社区,进行交流和创造。这种交流,不限于与主流文化

---

① 郭晓川:《谐仿背后的悲悯——评张正民的现代水墨创作》,《中国花鸟画》2006年第 B02 期,第 22−34 页。

对话,更拓展到自己生活、工作、学习的方方面面。因此业余爱好者的参与使得后现代主义获得更广泛、更积极的意义。

三、重混创作的教育价值及实现

(一)重混创作在自我教育中的价值及实现

重混创作是模仿学习机制的最好表现,因此具有很大的教育价值。通过学习在先作品,评论、改编、创作竞争性版本都能够加深其理解,掌握写作技能;只有经过这个阶段才能更好地迈向原创创作。正是由于这个原因,业余爱好者的创作多以重混创作为主,或者截取原作的片段,或者利用原创的故事框架,或者模仿原作的风格,从不同的角度对原作进行模仿,对话原作的同时磨炼自己的创作技巧。美国学者对信息分享平台上的用户产生内容经过实证研究后发现,重混创作分布很不均衡,在展示一些生活情趣的分享网站上,重混作品很少,侵权作品更少,比如在线宠物网站张贴的照片和文字,基本都是用户自己拍摄和记录的,很少用别人的照片进行修改加工。因为这在很大程度上是展示生活,而不是创作。但是在张贴水粉画、油画照片的分享网站上,重混创作就很多。这是创作,而不仅仅是展示生活。据研究,这些重混作品,根据美国目前的法律实践,侵权可能高达90%。[1] 这些数据直观地显示了重混创作作为业余爱好者基本创作手段的事实。不仅如此,很多网络社区为业余爱好者提供创作软件、创作材料、作品展示平台,让爱好者们通过重混创作的方式提升自己的消费体验,从而留住消费者。很多虚拟社区和网络游戏正在积极尝试这些事情。在重混创作的实践中,形成了很多重混作品类型,比如动漫配音(AMV)和引擎电影,前者通过截取日本动漫片段进行配乐做成新的音乐动画;后者使用《半条命》等游戏的引擎编辑、组合画面材料、简单对话制作具有游戏过场特点的短片。如果伴随着平台、社区的形成,重混创作就具有更大的教育价值。比如围绕某部流行作品形成的粉丝,进行同人作品创作,形成网络社区,相互展示作品、进行交

---

① Player-Authors Project Research Team,The Player-Authors Project Summary Report of Research Findings,pp. 41. http://player-authors. camden. rutgers. edu/,2015-02-06 visited.

流、评论、学习。这种创作与消费一体化的活动有助于提升粉丝们的兴趣、信心,对于他们以后走上职业道路非常有帮助。据研究,几乎所有的游戏创作者都是在重混创作中开始发现自己的兴趣,提高自己的技能,最后踏入职业创作领域的。[①]

(二)重混创作在学校教育中的价值及实现

除了业余爱好者的自我教育之外,重混创作在学校教育中也占有一席之地。对于教师而言,根据某一主题编撰教案,需要选取大量的在先作品,截取片段,再进行汇编,作为学习的载体。这个过程既是学生了解本领域的知识体系、发展脉络的必经之路,也是学生了解先行者的经历从而获得模仿对象的过程。对于学生而言,学习领域的代表性作者、作品就是模仿的最佳范本,通过对其展开式、解剖式的学习、尝试性改写、模仿是学习的最好方法。所以现在有很多教育机构开展重混创作的教学活动。笔者的孩子曾在绘画班学习,他的老师让孩子们找一些旧报纸、旧图片进行裁剪,然后根据自己的构思把截取的片段拼贴在一起,也可以把自己创作的部分与从别处截取的部分组合在一起。在拼贴的过程中,如果对截取的部分不满意,还可以进行形状的添加或者涂色。老师们告诉家长一定改变所谓纯美术的概念,重混创作就是新的美术观念实践的形式之一。说实话,孩子在绘画班的经历也是笔者从事这方面研究的动机之一。

劳伦斯·莱斯格比较了美、日漫画教育,他发现日本人善于通过重混创作的方式发展孩子们的创作能力。在二、三年级的时候,日本孩子通过描绘卡通人物角色制作卡通速写本,到了四、五年级的时候,有些擅长绘画的孩子就可以开始创作他们自己的原创卡通。而在美国,家长们总是担心孩子们是复制在先的媒介内容而不是创作他们自己的作品。[②] 当然,随着时代的发展,美国教育界对于重混创作的看法也在发生改变,越来越多的人认识到表演、引用或者挪用在先作品的成分是孩子们发展文化能力过程中的一个

---

① Player-Authors Project Research Team, The Player-Authors Project Summary Report of Research Findings, p. 22－23. http://player-authors. camden. rutgers. edu/, 2015－02－06 visited.

② Lawrence Lessig, Remix: Making Art and Commerce Thrive in the Hybrid Economy, New York: The Penguin Press, 2009, p. 81.

有价值的有机组成部分。这是某种程度的学徒过程。重混创作往往比直接表达学习的更快,掌握的东西更多。事实上,随着重混文化的兴起,美国孩子们对重混创作更感兴趣了,比如利用来自日本的卡通制作音乐视频的流行就是一个明显的例证。[①]

当然,重混创作也不一定都是好的,正如作品可以分为好的作品和不好的作品一样,重混创作也会产生好的和不好的两种结果。重混创作在教育中的最大价值在于能够建立以兴趣为基础的学习环境,它比原创创作更容易把握,能够较快地进入学习状态。无论是重混创作还是原创创作,最终的目的都是创新,所以重混创作教育价值的判断应该以是否产生了更好的教育效果,是否有利于创新素质的培养为依据。

四、重混创作的人权价值及实现

(一)概述

重混创作与原创创作不同,主要特点就是直接利用他人作品的表达要素进行创作和表达。著作权法禁止未经著作权人授权的过度使用行为,重混创作因此面临着比较大的侵权风险——这已经成为现实。著名的挪用艺术家杰夫·孔斯面临着一系列的官司,无论是小狗案还是"尼亚加拉"案,想必都令他无比烦恼。[②] 重混艺术家 DJ Drum 和出版社签订了唱片合同之后,遭到了联邦调查局的调查和拘捕。[③] Girltalk 尽管颇受欢迎,[④]但是只能在网站上发布他的作品,始终无法商业化发行。[⑤] 重混创作既然面临着这么大的法律风险,重混作者为什么还要这么做呢?为什么非要借他人之作品表达自己心中之块垒?表达自由被普遍视为现代法治社会的基本人权,主要价

---

① Lawrence Lessig, Remix: Making Art and Commerce Thrive in the Hybrid Economy, New York: The Penguin Press, 2009, p. 79.

② Rogers v. Koons, 960 F. 2d 301, 308 (2d Cir. 1992). Blanch v. Koons, 467 F. 3d 244 (2d Cir. 2006).

③ Michael Katz, Recycling Copyright: Survival & Growth In The Remix Age, 13 Intell. Prop. L. Bull. 21, pp. 23-24 (2008).

④ Girltalk 本人叫 Gregg Gillis, Girltalk 是他的艺名。

⑤ Emily Harper, Music Mashups: Testing The Limits of Copyright Law As Remix Culture Takes Society By Storm, 39 Hofstra L. Rev. 405, PP. 438 (2010).

值包括:探求、发现知识和真理,繁荣文化建设;有助于民主参与;有助于自我实现。[1] 下面我们探讨重混创作是如何实现表达自由所蕴含的这些价值的? 鉴于不同类型的作者,表达能力存在比较大的差别,进而对是否需要借助他人作品进行表达发生重要的影响,笔者的分析以职业作者重混创作与业余爱好者重混创作的分类为依据。

(二)职业作者的重混创作的人权价值及实现

有学者认为重混创作降低了表达成本,有助于促进表达自由。唾手可得的他人作品数字复制件和编辑技术使得重混创作比原创创作更简单,更容易,但是,我们不能以提升重混作者的福利而损害原著作权人的利益。"著作权与言论自由……可以视为同一枚硬币的两面,前者是所有权,后者是社会的政治权利。它们被连接在一起,是因为二者都涉及信息的流动,一个为了营利,另一个为了自由。就像运河之闸,它可以促进信息流动,也可以阻碍其流动。"[2]关键是要达成二者之间的平衡,只有著作权保护严重阻碍了表达自由方能对其限制。显然降低创作成本的理由不充分。

事实上,重混创作与是否降低创作成本没有必然的联系。创作是一个复杂的过程,不仅仅包括表达。从实践来看,严肃的重混创作也不一定节省成本。Girltalk 每创作一首重混音乐作品,需要从众多的音乐作品中截取上百个音乐作品片段,然后经过反复的调试,将其完美的组合在一起,所花费的时间、精力并不比任何原创创作花费的时间少。[3] 有一位艺术家(Jeremy Brown)为了让他所喜欢的两位不同时代的艺术家在同一首歌曲中演唱,他花费好几个月的时间夜以继日的工作。[4] 这种工作不仅需要非凡的艺术才能,还需要很高的编辑技术才能。对于很多优秀的艺术家来说,原创创作的

---

① 宋慧献:《版权保护与表达自由》,知识产权出版社 2011 年版,第 38–39 页。

② 宋慧献:《版权保护与表达自由》,知识产权出版社 2011 年版,第 23 页。

③ Girltalk 每首重混歌曲一般会取样 20～30 首歌曲,但也有远远超出这个数量的,比如有一首重混歌曲取样了 380 首歌曲。详见:Emily Harper, Music Mashups: Testing The Limits of Copyright Law As Remix Culture Takes Society By Storm, 39 Hofstra L. Rev. 405, PP. 409(2010). Kerri Eble, This Is A Remix: Remixing Music Copyright to Better Protect Mashup Artists, 2013 U. Ill. L. Rev. 661, P. 687.

④ Michael Katz, Recycling Copyright: Survival & Growth In The Remix Age, 13 Intell. Prop. L. Bull. 21, pp. 29–30(2008).

表达成本是很低的,真正困难的是创意。对于重混艺术家来说,降低创作成本绝不是其采用重混创作方式的主要因素。其实这主要源于"现代艺术家对他们事业的普遍态度发生了一个世代性转换"①。在以前,重要的艺术家"高度重视其技巧和手艺的发展,这将使得他能够描绘出视觉性感受,而他们的继承者却强调用以表达思想或者情感的观念性方法的基本重要性。"②简言之,是表达思想的方法的变化导致了创作方式的变化,而不仅仅为了降低创作成本。重混创作是由某类创作的艺术特点决定的,是由其审美观念决定的,与是否节省成本没有关系。比如滑稽模仿必须建立在大量直接用他人作品表达的基础之上,美国司法实践中提出的"靶子理论"形象生动地展现了这种借用的必要性。后现代的解构主义只能通过对在先作品的复制、剪辑和拼贴来消解在先作品的意义。因此,职业作者的重混创作在很大程度上源于创作自由的需要,是创作的规律决定了借用的必要性。不同类型作品的创作所需要的创作空间有所不同,对于在先作品借用的必要性也有所不同。至于表达自由中的民主参与、自我实现等价值对职业作者来说是相对次要的价值,因为即使著作权保护程度比较高,对职业作者来说,也完全可以通过自己的创作技巧来实现。因此,职业作者的重混创作的人权价值主要体现为创作自由的保护。

(三)业余爱好者重混创作的人权价值及实现

与职业作者不同,业余爱好者的创作技巧比较欠缺,如果以职业创作的标准要求他们,无异于取消业余爱好者创作。与职业作品不同,业余爱好者的作品价值也不在于艺术性,而在于其体现的其他社会价值。重混创作有助于打破主流文化的单向话语和垄断。社会公众通过截取主流文化作品的片段按照自己的构思进行重组,不断地创作出新作品,表达自己对于主流文化的意见,突出自己的声音。如果没有对主流文化作品的借用,那么如何才能表达自己对主流文化的意见呢? 如果主流文化的著作权人以著作权的名义控制作品的使用,那么社会公众就无法自由表达自己的声音。因此,业余

---

① [美]威廉·M.兰德斯,理查德·A.波斯纳:《知识产权法的经济结构》,金海军译,北京大学出版社 2005 年版,第 328 页。

② [美]威廉·M.兰德斯,理查德·A.波斯纳:《知识产权法的经济结构》,金海军译,北京大学出版社 2005 年版,第 328 页。

爱好者的重混创作有助于促进"符号民主",促进文化生态多样性的发展。重混创作是适合于普通社会公众的创作方式。对于社会公众而言,让其发出建设性声音,像主流媒体、职业作者那样完整的表述自己的意见是很难的,而重混创作只需要复制、拼贴、戏仿和解构要比原创创作,完整表述自己的意见主张容易得多。此外,重混创作以解构、戏谑的方式表达观点,比一本正经的反驳,交流效果更好。业余爱好者正是通过这种方式建立自己的亚文化。亚文化总是从主流文化中汲取营养,又不断地背叛主流文化,展示主流文化中被抑制的价值,从而确立自己的地位。著名播客"叫兽小星"对媒体指责的回应就展示了这一点。[①] 有学者通过研究土豆网的再编视频发现"对主流影像、社会现实、性别规范的不满和反抗,形成土豆网上再编视频的青年亚文化景观,它高举比特时代视频娱乐的大旗,运用独特的叙述策略,展现出当今青年自由选择的表达和认同"[②]。因此,重混创作给社会公众提供了一种有效的交流方式,给业余爱好者提供了能够有效弥补其创作技巧和创作能力短板的手段,有力地促进了创作之外的其他价值诉求,负载着重要的公共利益。

五、重混创作的商业价值及实现

(一)职业作者重混创作的商业价值及实现

职业作者的重混创作无疑具有重要的商业价值,这种价值源于重混创作对观众文化体验的借助功能。从心理学上讲,人们总是从现有的经验出发认识新的事物。市场上畅销的作品总是那些观众根据已有的文化体验准备接受的作品。因此如何借助观众现有的文化体验进行创作是获得商业化成功的必要保障。重混创作能够很好地借助读者已有的文化体验。在电影

---

① 见"叫兽小星"在土豆播客上 2009 年 10 月 16 日的视频日志《新闻一则》。他在回应媒体指责文章《下流"叫兽"视频教坏孩子》时说:"我制作了一些与民生相关的视频,这些片子的宗旨,是通过恶搞来讽刺那些丑恶的人、丑恶的事,为弱势之人呐喊,为良善之心摇旗。正因为如此,我才会在视频中挖苦拖欠民工工资的包工头、讥讽电视上的恶俗小广告、嘲笑电击未成年人的无良医生、怒骂泯灭天良的黑心食品制造商,等等。"
② 陈霖:《网络再编视频的青年亚文化论析——以土豆网为例》,载吴飞主编的《数字未来与媒介社会 2011》,浙江大学出版社 2012 年版,第 90~100 页。

市场上,我们会发现经典老片的翻拍、古典名著的改编、票房大片的续集、经典题材的再创作(比如西方影视中的吸血鬼题材)。在音乐市场上,不断出现老歌翻唱、音乐混录。在文学市场上,经典作品演绎层出不穷,续集遍地,即使经常沦为狗尾续貂,依然乐此不疲。我国古典创作善于用典,于短小篇幅中增加内容分量,西方现代文论则提出互文理论。无论是用典还是互文,都旨在借助经典作品表达自身,唤起读者的文化体验,在增加美学价值的同时增加商业价值。与之相反,如果缺少观众的文化体验,即使作品的独创性很高,也可能遭受市场惨败。越具有创造性的作品,越可能超出读者的欣赏水平。我们必须等待读者欣赏水平的慢慢成熟,可以接受新的文化体验才行。因此在文化领域,很多伟大作家、学术巨匠都曾经穷困潦倒,不为人所赏识,不是他们没有创造性,而是他们的创造性太强了,远远超出读者的欣赏和接受水平。波斯纳说,"创造性模仿并不只是古典时代和文艺复兴留下来的遗产;它同样是现代市场的律令",在市场上成功的作品往往是那些往前前进一小步的作品。①

重混创作由于利用观众熟悉的主题、素材、情节、人物、内容或者片段进行重组、改写或者演绎,在唤起读者已有文化体验的同时又增加些许新鲜感,从而易于在商业上获得成功。与此同时,重混创作也不影响创造性,创造性往往是从文化的断裂处产生,而不是完全另起炉灶。因此,借助读者熟悉的东西逐步展现创造性不失为一种兼顾商业性与文化创造性的好方法。一方面它借助观众已有的文化体验,不但降低创作成本,而且降低了市场进入的成本,对投资者来说可以有效降低投资风险,保证利润。传统的传媒工业是欢迎重混创作的,在投资越大的场合,重混创作越常见。这在影视作品领域尤其如此。既然传统的传媒工业如此依赖重混创作,那么他们为什么又如此反对重混创作呢?利益使然!反对重混创作有助于这些企业把自己的创作建立在过去作品的基础上,从而创造出一种文化生态、文化品牌,最大程度的赚取利润,而其他人无法对这些作品进行相应的运用。比如当《喜羊羊与灰太狼》在中国动漫市场上爆红之后,其著作权人就可以利用其人物

① [美]理查德·A.波斯纳:《论剽窃》,沈明译,北京大学出版社2010年版,第92—93页。

角色、故事结构、故事场景进行不断的演绎,只要小朋友还没有厌倦,那么它就能不断产生利润。

如果重混创作可以自由进行的话,其他人就会参与竞争,威胁著作权人的经营活动。相对于反对重混创作带来的好处,提倡重混创作带来的好处是微不足道的。因此反对、禁止重混创作的事实本身就意味着重混创作在商业上的重要性。重混创作不仅在文化生产上重要,在商业上同样重要。当隶属于传媒工业的著作权人大声斥责重混创作毫无创造性,是海盗行为的时候,我们真应该问一下,你们为什么也进行重混创作? 激励创造性是著作权保护正当性之所在,著作权人企图借贬低重混创作的创造性来实现商业收益的最大化。重混作者则试图通过强调其创造性,从而证明自己创作的正当性。

(二)业余爱好者重混创作的商业价值及实现

在数字时代之前,传播渠道掌握在媒体工业手中,作品传播成本较高,进入传播流程的作品要么是媒体工业精心策划创作的,要么是对来自个体作者的作品精挑细选的结果。业余爱好者的重混作品,通常情况下质量较差,商业价值较低,很难进入传统的分发渠道,其市场价值被压制。不过,在传统的分发渠道之外,它们积极寻找自己的生存之道。在美国,自20世纪60年代开始,乔治·卢卡斯(George Lucas)拍摄了系列有关星球探险的电影、电视剧,培养了大批的星球探险影视迷,他们不但亲自动手剪辑星际漫游的片子,而且创建了同人杂志。卢卡斯对此进行了起诉,不过在了解该杂志以及作品的性质之后,主动放弃了诉讼。① 在日本,动漫产业发展催生了大量的重混创作和同人杂志、同人漫画展,拥有一定的市场影响力。重混音乐直接伴随着现场表演发展起来了,从一开始就拥有自己的商业渠道。不过,绝大多数业余爱好者的重混作品都是通过网络发行的。尽管这些作品单篇商业价值都比较低,但是互联网传播的边际成本更低,接近为零,原来只能停留于个人案头或者个人小圈子的作品可以在网络间传播。这些作品有的质量较高,可以获得比较多的客户。有的质量较低,但也可以在同好之

---

① Steven A. Hetcher, Using Social Norms to Regulate Fan Fiction And Remix Culture, 157 U. Pa. L. Rev. 1869(2009), p1935.

间进行传播,形成网络社区。信息分享平台充分开发这些"信息长尾",通过规模效应取得了可观的商业收益。这些商业收益有的是来自于定制阅读、推送的收费,有的则来自第三方的付费广告。随着移动阅读习惯的逐步养成,业余爱好者重混创作的商业效应还会进一步提升。

（三）重混创作中商业价值创造与分配

目前业余爱好者重混创作对职业创作的商业化产生了非常大的影响。就拿网上图书销售来说,一般的情况是网站列出职业作品的有关信息,提供一些试读,允许读者进行评论,这些评论实际上构成了某种重混创作,虽然质量不高,但是提供了重要的消费体验信息,推动了作品创作和图书市场的调整。在网络游戏中,为了提升玩家的游戏体验,游戏开发者专门为玩家提供重混创作引擎和创作素材,允许游戏开发者自由进行游戏装备的开发、展示、甚至买卖。[①] 重混创作作为职业作品的促销手段出现了,带动职业作品销售,促进职业作品市场的进一步开发。由读到写的文化体验引导读者围绕某一部经典、流行的作品进行同人创作,形成网络社区,形成原作品与同人作品互动共生的局面。2007年作家夏生创作网络武侠小说《蜀山的少年》并开始在《今古传奇》杂志连载。小说选择了民国武侠小说宗师还珠楼主和香港知名导演徐克倾心的"蜀山"题材,讲述了一群古代少年在蜀山学剑的故事。随着故事的网络传播和杂志连载,逐渐引发了读者热捧,百度、天涯开始形成相关社区,开展同人小说和同人漫画创作,到2010年,百度贴吧涌现了大量的"蜀少"游戏、蜀山主题曲,甚至吸引了著名动漫歌手流月参与"蜀少主题曲"的制作。2010年4月,网友组织创建"蜀少广播剧制作委员会",通过网络协作制作了《蜀山的少年》的广播剧。随着参与力度越来越大,一个资深读者的QQ群开始筹建中国首个"小说公司",吸引了导演、出版、游戏等行业的专业型读者和近百名作为"蜀少"核心开发者的中学生。2010年10月,著作权人湖北长江出版集团崇文书局正式决定支持这家读者开发公司,除了配合蜀山轻小说和漫画出版物的经营外,还充当了"小说公

---

① Player-Authors Project Research Team, The Player-Authors Project Summary Report of Research Findings, p. 69 - 74. http://player-authors. camden. rutgers. edu/, 2015 - 02 - 06 visited.

司"战略投资者的角色。随着读者的热捧和热情参与,在两年之间就为该小说创造了近 2 亿元的品牌价值,专业投资也接踵而至。《蜀山的少年》动画电影制作正式落户上海文广公司,盛大集团游卡公司投资其游戏创作,专业公司打造其唱片和彩铃。① 通过《蜀山的少年》的案例,我们发现著作权人和业余爱好者能够共同开发一部作品的价值,共同促进作品价值的提升,也可以适度分享共同创造的商业价值。

不过重混创作与其依傍的作品之间的关系是很复杂的,无论是业余爱好者重混创作与其依傍的作品之间,还是职业重混创作与其依傍的作品之间,它们在创造商业价值以及是否能够相互分享方面都存在各种不同的形态。正是不同的形态造成了当事人之间的利益冲突。在《无极》和《馒头》中,后者无疑从对前者的借用中获得了好处,但前者难以从后者的传播中获得好处。在新闻报道中,混合的观众访谈,或者群众集会上的讲话肯定会提升新闻报道的商业收益,但是观众或者演讲者很难从中受益。职业作品之间的重混创作更加难以分享商业价值。比如夏生创作的《蜀山的少年》借助还珠楼主和徐克开创的"蜀山"题材中获益良多,但是后者难于从前者的行为中获益。重混创作中价值创造与商业利益分配的复杂性超出了著作权制度关于鼓励创造与商业利益分配关系的简单假设,从而加剧了重混创作的规制难度。

六、重混创作的价值、生产机制与著作权规制的关系

重混创作价值的多样性与不平衡性加剧了其规制的难度。首先,重混创作的上述价值基本可以区分为社会价值和商业价值两种类型。社会价值的释放往往与作品的开放程度成正比,而商业价值的创造则与作品传播控制成正比,因此著作权规制与作品社会价值的释放之间往往存在着一定的冲突。如何平衡社会价值与商业价值之间的关系成为著作权利益平衡机制的重要组成部分。由于著作权法主要是解决商业利益分配问题,社会价值

① 关于《蜀山的少年》及其同人创作、经营情况来自于网页上的信息,主要包括百度百科关于"蜀山的少年"词条以及《〈蜀山的少年〉尽显同人之力:百名"技术宅"开发动漫小说创 2 亿市值》(http://c.tieba.baidu.com/p/927612101,2015 年 2 月 5 日最后访问)。

如何影响著作权法成为一个人们关注的焦点。重混创作体现出的强烈的社会价值深刻的影响着重混创作的规制选择。

其次，业余重混创作与职业重混创作的价值体现是不同的、不平衡的。对于职业重混创作而言，有些具有重要的商业价值，社会价值不明显；有的不具有重要的商业价值，但是社会价值明显。对于业余重混创作而言，大部分商业价值不高，只有少部分具有市场潜力。业余重混创作具有很强的社会价值，教育价值和社区交流价值尤其明显。[1] 对于很多业余重混创作者而言，虽然不主动追求商业价值，但是通常也不拒绝。这种不平衡提出了重混创作类型化规制的需要。

最后，重混创作在价值创造和分配方面具有复杂性。与原创创作主要由作者本人创造价值不同，重混创作者虽然参与价值创造，但是价值是主要源于在先权利人还是重混创作者是存在很大的差别的，有的主要源于在先权利人，有的主要源于后续创作者。通过重混创作形成的利益分配格局也存在比较大的区别，有的是彼此渗透、相互促进的关系，双方可以各取所需；有的则体现为利益侵占，后续创作者通过重混创作窃取了在先权利人的商业价值；有的可能没有明显的利益侵占，也没有明显的相互促进的关系。利益创造和实际分配格局的差异导致了权利人的态度差异很大。

作为一种利用市场的文化生产机制，重混作品商业价值高低与使用在先作品的产权界定成本决定着对著作权规制的需求程度，社会价值作为一种外在因素影响着著作权的规制选择。鉴于维护市场的重要性，基于公共利益对私法关系的干预应该降低到最低限度，重混创作所体现的社会价值对著作权规制的影响应该降低到合适的程度上。因此必须发展适当的界定社会价值的工具，只有这样才能进行更细致的利益衡量。社会价值的表现形态、重要性程度以及对利益分配的影响方式对规制方式的选择会产生非常重要的影响。职业重混创作与业余爱好者重混创作的区分在规制上的重

---

① Lawrence Lessig, Remix: Making Art and Commerce Thrive in the Hybrid Economy, New York: The Penguin Press, 2009, p. 76-82.

要性就源于二者的社会价值、表现形态以及对利益配置的影响方式存在重要的差别。①

小 结

　　重混创作的发展受到技术进步、文化观念和著作权制度三者影响,数字时代重混创作的勃兴与著作权规制冲突源于三者互动所形成的特殊社会结构与利益分配关系。数字技术不但极大地便利了在先作品的获取、编辑,而且便利了重混作品的传播,培育了新的创作群体,极大地改变了既有的文化创作生态、作品传播格局,新的价值来源、利益分配结构已经形成。这种新的格局进而推动了创作观念的变迁。重混创作开始从著作权规制的边缘走向中心,著作权的规制对象与规制环境均发生了巨大的变化。重混创作异于原创创作的创作方式、创造性价值产生的特殊方式、承载的特殊社会价值、不稳定的商业价值以及特殊的获益方式,既深刻地反映与现有著作权制度的冲突,也内含着著作权制度变革的密码。

---

　　①　我国年轻学者熊琦在论证合理使用适用范围时认为,私法没有积极实现公共利益的义务,仅有消极维护的功能,将公共利益与市场失灵同时作为著作权限制的理由。他将公共利益产生的正外部性解释为市场失灵的特殊情形,从而将二者有效连接起来。不过将公共利益与市场失灵捆绑起来会产生公共利益和市场失灵概念的泛化。对此,笔者宁愿将公共利益视为是否采取著作权限制的一种特殊考量因素,二者呈现出反比例关系,也就是说公共利益越大,那么著作权限制所需要的市场失灵的理由越小。公共利益越具体,而对著作权人市场的影响越小,采取著作权限制自由度越大。举个例子,在立法中将某个学者的建议采纳为条文表述无疑属于合理使用,那么这里是不是就一定存在市场失灵呢? 恐怕不是这样。尽管如此,也没有多少人认为不合理。注意公共利益本身的界定对重混创作的规制非常重要。(熊琦的有关论述可以参见《论著作权合理使用制度的适用范围》,《法学家》2011 年第 1 期,第 86—98、178 页)。

第二章

重混创作的著作权规制工具选择

　　重混创作对在先作品使用的复杂性意味着复杂多变的产权界定成本，随着产权界定成本的变化，规制方式也会发生改变，从而形成多样化的规制组合。这种规制组合不仅表现为著作权制度内部不同的规则组合，而且表现为著作权制度与其他社会规范的组合，从财产规则、责任规则到社会规范，各自既有合适的适用范围，又相互配合，协同发挥调整作用。①

---

　　①　在这一章中可以发现重混创作著作权规制工具不仅包括著作权规则，还包括其他社会规范。而且讨论社会规范的调整也是本著作刻意强调的部分。那么讨论的内容是不是与本著作题目不符呢？笔者认为这不是问题，主要原因有：其一，社会规范对重混创作的调整在著作权规制中往往表现为著作权的限制。卡拉布雷西关于不可转让性规则性质的讨论实际上揭示了法律规则与社会规范之间的关系。（具体可以参见吉多·卡拉布雷西，道格拉斯·梅拉米德《财产规则、责任规则和不可让渡性：“大教堂”的一幅景观》，凌斌译，载威特曼：《法律经济学文献精选》，苏力等译，法律出版社 2006 年版，第30–50 页）。其二，社会规范的调整有时也会通过著作权法的合理使用、默示许可以及特有的规定法律化，构成著作权规制的有机组成部分。其三，在实践中社会规范作用的发挥往往也可以表现为著作权人消极或者主动放弃部分著作权。社会规范要么作为著作权规范的替代发挥作用，要么与著作权规范协同发挥作用，因此“著作权规制”能够涵盖社会规范规制的内容。

第一节　两种调整机制:著作权激励和非著作权激励

重混创作在职业作者创作领域与业余爱好者创作领域的广泛存在,提出了超出著作权法调整机制范围的问题,涉及文化生产的不同激励机制之间的分工与合作问题。在重混创作的规制中,我们不仅需要看到著作权机制发挥的作用,还要看到非著作权机制发挥的作用,只有这样才能实现对重混创作更好的规制。

一、著作权激励机制

作者必须依靠财产才能生活,才能继续创作,因此取得财产一直是创作的主要动机。著作权的出现和存续为文化生产提供一种财产化机制,作者可以对创作的作品享有著作权,禁止他人的复制行为,这样作者可以通过对作品复制和传播的控制而从读者那里取得收入。著作权为作家的创作提供了一种财产化激励。对于作品市场的投资者而言,他们参与市场的主要目的就是赚取利润。著作权的存在为投资者和作家的合作提供了契机,通过著作权交易,投资者可以利用自己的投资和经营技巧,而作者可以利用自己的创作才能,从而创造一个作品生产和销售的商业市场。显然,如果没有著作权,商人可以随意印刷市面上存在的作品而不必向作家支付报酬。与此同时,商人由于无法阻止其他商人印刷某部作品,他也没有更多的动力进行更大的投资,结果图书市场只能维持在最小的规模。因此,著作权对于作者和投资者都是有好处的,可以激励作者继续创作,激励投资者继续投资。尽管作为代价,会提高读者的接触成本,但是结果会有更多的图书生产出来,并以更快的速度流转。如果没有著作权,作者无动力创作,企业家无动力投资,最终的结果与有著作权的情况相比,可能图书更少、质量更差、销售渠道更少,读者更难得到图书消费。因此著作权激励机制对于文化市场上的每一类群体的福利都是一种改善。著作权成为文化市场发展的引擎。我国学者李雨峰认为著作权使作者获得了自主,从此能够利用自己的纸和笔而生活。[①] 著作权使作者、传播者和读者获得了一种更好地利用市场的机制。

尽管著作权激励机制主要功能在于提供财产化激励,但还是有条件地吸收了声誉保护的功能。"在商业社会中,是否拥有信誉(声誉)直接影响到商业主体的事业能否得到顺利的发展。"[②]这种吸收主要是通过保护作者精神权利完成的。精神权利中的署名权能够建立作者与作品之间的表面联系,保持作品完整权有助于消除作者与作品声誉关系受损。

二、非著作权激励机制

非著作权激励机制在著作权法产生之前就一直在文化生产中发挥着作用。如果不是这样,文化生产就不会诞生。非著作权激励机制是众多分散机制的总称,以是否追求公开传播为标准,我们可以将非著作权激励机制分为两大类,一类是追求公开传播的非著作权激励机制,一类是不追求公开传播的非著作权激励机制。后者主要包括日常生活中表达亲密关系以及交流的需要而进行的文化或者信息生产,比如街头巷尾的谈话、私人信函往来、周末的室内沙龙,甚至网络发帖盖楼。以前由于受到技术限制,这类创作与传播一般局限在很小的空间范围内,但是随着互联网的出现,其可以被置于网络空间内,出现公开传播的效果。旨在追求公开的类型属于非著作权激励机制的常态(以下如果没有特别说明,非著作权激励机制就是专指此类机制),通过公开传播,通过读者的口耳相传有助于作者建立作为作家、艺术家、哲学家、科学家等的声誉。这类作品往往就是写给社会公众看的,与旨在私人空间交流式的作品存在明显差别。

尽管非著作权机制主要是通过积累声誉来激励作者创作,但是并非不能获得财产收益。声誉一方面可以实现作者的非财产化动机,另一方面可以帮助作者获得潜在的收入机会。因为作者越广为人知就越有机会被结识或者赏识,工作职位、金钱赞助往往也随之而来。通过声誉间接获得作品收

---

① 李雨峰:《从写者到作者——著作权一种功能的解释》,《政法论坛》,2006 年第 6 期,第 88 页。

② [日]田村善之:《日本知识产权法》(第 4 版),周超等译,知识产权出版社 2011 年版,第 59 页。

益的方式在古今中外都存在着。

三、两种调整机制的激励差异

作者一般具有取得收入和建立声誉两种主要创作动机。著作权激励和非著作权激励两种机制都能够提供取得收入和建立声誉的机会,但在具体运用方面存在较大的差别。

首先,非著作权激励与著作权激励在获取商业利益上存在比较大的差别:①非著作权激励实际上是一种间接获利的方式,具体而言就是利用作品的广泛传播帮助作者建立声誉,作者然后依靠声誉来追求获利的机会。著作权机制是一种直接获利方式,只要作品有价值,在市场上被认可,作者就可以获得收入。②非著作权激励是一种延迟的收益,因此需要作者的积淀;通常无法直接向读者收费,而由第三方支付,容易受到第三方偏好的影响。著作权激励是一种直接向读者收费的模式,作者不必受到第三方偏好的影响。③利用市场情况的侧重点有别。非著作权激励主要针对思想市场,以自由传播换取声誉,对商业市场的利用则是间接的,是以声誉加上其他行为来获取利润。著作权激励直接针对商业市场,以控制传播获取利润。④非著作权激励与著作权激励对作品传播控制差别较大,前者完全开放作品的传播,只进行某些有限的控制;后者以控制作品的传播为手段。前者需要在开放的基础上寻找其他的控制方式方能获利;后者以控制作品作为掌控市场的手段。由于非著作权激励追求对作品有限的控制,因此在著作权规制的背景下往往体现为著作权的限制或者放弃。

其次,非著作权激励和著作权激励在利用声誉上存在差别。非著作权激励以获取声誉为主要目的,以获取商业利益为次要目的;著作权激励以获取商业利益为主要目的,声誉保护演变成一种拓展和控制商业利益的手段。前者放弃对作品传播的控制,而后者则建立在对作品控制的基础之上。

最后,非著作权激励机制与著作权激励机制的运用存在一定的冲突。前者要求对作品传播进行开放,后者要求对作品传播进行控制,那么权利人为了实现个人利益最大化,既要在声誉积累与财产收益积累之间进行权衡,还要在声誉带来的获利机会与控制作品传播带来的获利机会之间进行权衡。特别需要指出的是,声誉带来的获利机会能不能兑现取决于很多社会

性条件。因此,实际的作品创作与传播规制往往是两种激励机制的某种组合。

四、两种调整机制的实施与协同

(一)著作权激励与非著作权激励的制度形式

对于著作权激励而言,主要通过法律供给的方式,通过赋予作者以财产权,使得作者能够利用市场获取收益,同时也使传播者获得了控制市场的手段。此外,著作权法也赋予作者精神权利保护其声誉,作为市场保护的辅助手段。

对于非著作权激励而言,主要依靠社会规范来规制,具体体现为署名惯例的形成、引用规范的广泛采用、职业共同体反对剽窃的文艺观念、非正式的惩罚机制等。署名惯例的形成帮助作者与作品之间建立起表面上的联系;反对剽窃的观念可以禁止他人将某位作者的作品据为己有,保证了作者与作品之间的联系能够稳固。引用规范的广泛采用不但对于系统知识的梳理是必要的,同时有助于确认特定作者在系统知识发展中所做出的贡献。非正式的惩罚规范主要依赖于职业共同体产生的声誉机制及其衍生规范。[①]比如一旦发现剽窃受到学术共同体的道德谴责、纪律惩戒,或者被所在的学术机构开除,这些都能够对作者产生强有力的约束。除了社会规范规制之外,非著作权激励的法律规制也是存在的。社会规范与法律规制的实施机制存在比较大的区别,前者取决于特定的社会结构以及由此形成的社会关系,后者则依赖于独立的司法力量,前者约束的力量比较弱,后者约束的力量比较强。为了强化社会规范的调整力量,有时可以将特定的社会规范上升为法律规范,使其能够利用法律的实施机制,追求特定的实施效果。

(二)著作权规制与社会规范规制的关系

对同一类社会关系往往既可以通过法律规范进行调整,也可以通过社会规范进行调整,这时法律规范与社会规范的调整可能存在下列三种关系:

---

① 声誉保护与声誉机制不同,声誉保护可以通过法律保护的方式,也可以通过社会规范进行规制。而声誉机制是指利用特定社会关系、结构范围内长期形成的社会性力量进行规制的一种方式。

①法律规范与社会规范各有明确的管辖范围,二者没有发生交叉。②法律规范与社会规范的管辖范围发生重叠,而社会规范要求的标准与法律规范要求的标准一致或者更高。③法律规范与社会规范的管辖范围发生重叠,法律规范要求的标准高,而社会规范要求的标准低。对于第一种情形,二者属于平行关系,互不干扰;对于第二种情形,社会规范作为法律实施的辅助力量发生作用,降低了法律实施的成本,二者发生了良好的协同作用;对于第三种情形,法律实施与社会规范实施相互冲突,提高了彼此实施的成本。对于法律规范而言,社会规范作为反对力量出现,提高了法律实施的成本,甚至可能使法律无法实施。对于社会规范调整而言,其存在使法律上权利人部分失去了行动能力,但是权利人选择性实施法律同样会使社会规范的调整陷入瘫痪,结果可能导致双方当事人都陷入"囚徒困境"而无法自拔。因此,消除法律规范与社会规范调整之间的冲突,努力创造二者之间的协同关系对于塑造良好的社会秩序是至关重要的。具体而言,笔者认为包括以下几种方法:①限制法律规则的适用范围,使法律规范和社会规范在各自独立的范围内发挥作用,这往往要求法律不要介入不太重要或者自己无法胜任的社会关系领域。②调整法律规则,降低法律规则的实施成本,尽量消除社会规范的副作用。③适当吸收社会规范,将其上升为法律规范或者允许社会规范对法律规范进行修正。上述三种方法既可以通过立法的方式达成,也可以通过司法解释的方式达成。

对于文化生产来说,我们有必要根据著作权激励机制和非著作权激励机制考察文化生产的具体情况,更合理的安排著作权规制与社会规范调整之间的关系,共同促进文化繁荣。不过目前的著作权立法模糊了著作权规则与社会规范的调整范围。著作权保护的无门槛和广泛适用使得非著作权机制代表的社会规范没有明确的适用空间。适用法律规则还是听凭社会规范调整成为著作权人的单方面选择。著作权的高保护带来了寻租机会,权利人不是以自己作品被使用属性的价值而是以法律规定的责任标准作为自己的获利机会。为了减少这种机会,立法主要通过著作权的限制释放作品的价值,减少寻租机会。在著作权限制的地方,非著作权激励机制找到了自己的生存空间。合理使用实际上具有法律规则与社会规范的双重属性。美国合理使用四要素在衡量中注意到不同类型作品、不同类型的使用行为需

要著作权保护的程度各不相同,皮埃尔法官通过强调著作权法鼓励创造的宗旨在重新解释美国合理使用四要素时实现了著作权保护的差异化。① 我国学者刘文杰认为"现行著作权法具有依表达的社会功能而区别对待的内在价值取向"②,承认了差异性保护的存在。

　　不过上述论证都没有充分注意到非著作权激励机制对文化生产施加的强烈影响。著作权激励与非著作权激励的成本收益比较决定了文化生产的规制方式。简单说,作者可以取得的收益包括声誉收益和财产收益,通过权衡两种收益在不同激励机制之下的具体组合决定规制选择。上述权衡建立在作品商业属性以及使用行为的商业属性之上,如果作品商业属性不强,作者可能更乐意开放传播获取声誉;如果作品商业属性很强,作者可能更乐意通过控制作品的传播来获取利益,部分牺牲声誉。对于同一部作品,不同使用方式的商业属性也不相同,有的使用方式具有更强的商业属性,有的使用方式商业属性比较弱,在作品属性可以分割的情况下,作者可能对更强商业属性的使用行为类型予以控制,而对于商业属性比较弱的使用行为类型放弃控制。基于利益最大化的目的,权利人不仅对于不同作品,而且对于不同的使用类型可能采取不同的策略,这样在作品的传播控制上,无论是积极控制还是消极放弃控制对于作者来说都是一种理性选择,受个人效用最大化驱使。作品作为具有高度复杂属性的资产,自然是多种实施方式的组合,既存在著作权激励机制的实施空间,也存在非著作权激励机制的空间,还存在它们相互结合的空间。即使在同一种激励机制内部,也会存在不同的类型。目前著作权激励机制的广泛实施带来了权利人的投机行为使得文化生产激励机制发生了扭曲,那么我们所要做的就是,既要梳理著作权激励机制的内部关系,同时又要找到非著作权激励的生存空间,使之能够相互配合、共同合作,实现文化生产和传播的良性发展。

---

① Pierre N. Leval, Toward A Fair Use Standard, 103 Harv. L. Rev. 1105(1990), p. 1105-1136.

② 刘文杰:《微博平台上的著作权》,《法学研究》,2012年第6期,第127页。

第二节　重混创作著作权规制的经济分析

一、巴泽尔的产权理论概述

巴泽尔(Yofam Barzel)是美国著名的新制度经济学家,他的产权分析理论独树一帜,"适用于一切人类行为和人类制度","在最少使用市场价格、最少允许调整价格的制度中最有用处"。[①] 巴泽尔关于产权分析的主要成果集中在《产权的经济分析》一书中。巴泽尔与其他学者的不同之处在于,他强调了资产属性对产权安排的影响,其理论要点可以概括为以下几点。

第一,资产属性。任何资产都是复杂资产,由许多不同的属性组成,资产的属性可以分割,同时为不同的人所拥有。

第二,资产属性、信息成本与产权界定。要想完全转让或者保护资产,那么我们就必须完全了解资产的属性。这需要耗费资源,"获得全面信息的困难有多大,界定产权的困难也就有多大。"[②]有时候耗费资源去界定资产的某些属性是不划算的,因此任何产权的界定都是不完全的,交易成本决定了产权界定的边界。

第三,财产的博弈性质。由于交易成本高昂导致资产的某些属性溢出在所有人的视野之外,进入公共领域,成为租。与此同时,由于个体所拥有的知识和经验不同,对资产的属性认识和控制能力不同。因此每一桩交易都会有一些财富溢出,存在一些攫取财富的机会,资产的名义所有者与其他能够实际接触资产的人就此展开争夺。由于人们总是期望从交易中获得好处,所以他们也总是会为攫取财富花费资源。个人要使他们预期的净得益达到最大,无论是资产的名义所有者还是实际能够接触资产的人,都会按照个人效用最大化来行事。

第四,影响产权界定的因素。"资产所能产生的总收入流,不同个人贡

---

① [美]Y.巴泽尔:《产权的经济分析》,费方域译,上海三联书店,上海人民出版社1997年版,第17页、第12页。

② [美]Y.巴泽尔:《产权的经济分析》,费方域、段毅才译,格致出版社,上海三联书店,上海人民出版社1997年版,第4页。

献的价值和控制与测度这种资产属性的成本一起,决定了权利被如何严格界定和什么将是它的所有权型式。"①"资产的交换价值是它能产生的收入的函数和测度与控制它的交易成本的函数。这些成本决定了权利的型式和程度。"②

第五,产权界定的原则。"其他人越是倾向于影响某人资产的收入流而又不需要承担他们行动的全部成本,该资产的价值也就越低。因此,资产净值的最大化需要能最有效地约束无补偿利用的所有权或所有权型式。这种所有权型式的出现取决于这种资产的易变性。"③"所有权最优配置的总原则是:对资产平均收入影响倾向更大的一方,得到剩余的份额也应该更大。贯彻这一原则,能够使资产的价值达到最大化。"④单个属性应该被置于通过控制属性能更容易地影响产出净价值的一方的控制之下。⑤

第六,经济产权与法律产权。资产属性的测量和控制是产权交易、转让和保护的基础和前提。"个人对资产的产权由消费这些资产、从这些资产中取得收入和让渡这些资产的权利或权力构成。运用资产取得收入和让渡资产需要通过交换;交换是权利的互相转让。""一般来说,法律权利会增强经济权利,但是,对于后者的存在来说,前者既非必要条件,也非充分条件。""人们对资产的权利(包括他们自己的和他人的)不是永久不变的,它们是他们自己直接努力加以保护、他人企图夺取和政府予以保护程度的函数。"⑥

第七,资产实施方式的类型。存在正式实施(法律实施)和非正式实施(其他形式)两种方式,前者主要适用于具有较低测度成本和较高经济价值

---

① ［美］Y. 巴泽尔:《产权的经济分析》,费方域,段毅才译,格致出版社,上海三联书店,上海人民出版社1997年版,第10页。

② ［美］Y. 巴泽尔:《产权的经济分析》,费方域,段毅才译,格致出版社,上海三联书店,上海人民出版社1997年版,第10页。

③ ［美］Y. 巴泽尔:《产权的经济分析》,费方域,段毅才译,格致出版社,上海三联书店,上海人民出版社1997年版,第6页。

④ ［美］Y. 巴泽尔:《产权的经济分析》,费方域,段毅才译,格致出版社,上海三联书店,上海人民出版社1997年版,第10页。

⑤ ［美］Y. 巴泽尔:《产权的经济分析》,费方域,段毅才译,格致出版社,上海三联书店,上海人民出版社1997年版,第56页。

⑥ ［美］Y. 巴泽尔:《产权的经济分析》,费方域,段毅才译,格致出版社,上海三联书店,上海人民出版社1997年版,第2页。

属性的资产的实施,而非正式的实施则主要适用于测度成本较高而经济价值属性较低的资产的实施。

第八,影响实施方式的因素。任何资产交易的实施不能仅靠单一的实施机制,而是需要混合实施,因为不同的实施方式具有不同的比较优势。[①]通过各种实施方式的组合可以降低交易实施成本。由于资产属性的复杂性以及分割,限制(权利约束)和自由行动(赋予权利)都是促进效益最大化的手段。限制的方式往往源于高交易成本,本质上是绕过价格机制分配资源。巴泽尔在书中分析了厂家要求不得拆封冰箱的制冷剂的约定,他认为厂家占有冰箱的制冷的维修属性,他通过限制性约定是保证双方权利义务最有效的手段。[②]

总的来说,巴泽尔的产权分析对重混创作规制研究是非常适合的原因有三:其一,复杂资产属性的假设是巴泽尔整个产权理论的基石。作品及其使用的复杂性完全符合巴泽尔关于资产属性的认识,这证明了巴泽尔的产权分析对于重混创作规制的研究具有高度的适用性。其二,巴泽尔强调了资产属性认知和控制对产权安排的决定性作用,重混创作规制命题契合从资产属性到产权安排的研究模式,也就是说重混创作规制是典型的巴泽尔产权分析式的命题。其三,巴泽尔认为自己的理论"在最少使用市场价格、最少允许调整价格的制度中最有用处",将正式实施(法律实施)和非正式实施(非法律实施),将赋予权利和行为限制都作为产权实施的有效方式。重混创作规制恰恰属于这样的命题。

二、作品属性与著作权的产权界定模式

著作权的产权界定具有两个特点:其一,自动保护,只要作品创作完成,马上可以取得著作权保护的资格。其二,著作权保护范围在诉讼中依据个案确定。自动保护主要是受历史因素影响。事后确权的模式在很大程度上源于作品本身特性。"任何知识产权客体,无论是技术方案还是艺术作品,

---

① 胡珊琴:《巴泽尔国家理论的分析框架——基于交易成本理论的视角》,《南京审计学院学报》,2010 年第 1 期,第 73 页。

② [美]Y. 巴泽尔:《产权的经济分析》,费方域,段毅才译,格致出版社,上海三联书店,上海人民出版社 1997 年版,第 120—123 页。

从观念上都可以被视为由一个个限制性特征相互结合的产物。"①客体特征属性和特征数量会对知识产权确权模式产生很大的影响。就拿专利来说，其特征具有功能性、数量比较小，比较容易确定和描述，因此专利权授权采取权利要求书的形式事先描述，侵权保护时则将被控侵权物与事先确定的技术特征组合进行比对，按照"全部要素规则"确定权利边界。但是著作权的确权就不同了。由于作品的特征具有艺术性，限制性特征数量大，导致特征组合不确定而且不易描述，事前确权的成本太高。因此，著作权法不要求权利人事先撰写权利要求书，列举需要保护的作品要素。事前不经过审查授权，可以让权利人获得市场运作的保证手段。对于事后发生纠纷的确权来说，由于绝大部分侵权都属于单纯的复制性侵权，确权成本很低。只有创作性使用的侵权，确权成本比较高，但是相对于前者，不是主流的使用方式，数量也较少，因此整体的确权成本还是比较低的。

尽管如此，创作性使用在著作权侵权中还是占据着相当数量的比重，法律和法院必须安排相应的确权方式。著作权保护范围既包括整体，也包括具有独创性的局部；认定侵权的方法则采取了更具弹性的"实质性相似"，而不是全部要素原则。这是一种高度简化、灵活的确权模式，它虽然降低了确权成本，但是结合复制性侵权保护的实践，会产生严重的后果：第一，造成了作品与著作权保护等同的印象。专利制度通过权利要求书将发明与权利保护范围区分得很清楚，在侵权诉讼中具体表现为被控侵权物与权利要求书的比对，而著作权侵权则表现为被控侵权作品与原告作品的比对。这样作品成为权利支配的对象，造成了只要使用权利人的作品就构成侵权的印象。第二，由于事先没有确定著作权的保护范围，著作权保护变成了原被告作品相似性的测验，原告往往根据被告作品的特点抽象出自己的保护对象，造成了保护对象的高度不确定性。第三，对复制性侵权的处理惯性导致我们在创作性使用侵权中往往采取同样的处理方式，只要产生了复制，那么就构成侵权。我们忽视了二者之间的差别，整个著作权法也以复制为基础构建起来，不再区分复制性使用与创作性使用的差异。

---

① 崔国斌：《知识产权确权模式选择理论》，《中外法学》2014 年第 2 期，第 416 页。

三、著作权产权界定模式与创作性使用规制的冲突

根据前面的阐述,著作权产权界定模式具有两个特点:事先的概括授权和事后著作权保护的具体排除;将创作性使用视为复制性使用的简化规制模式。第一个特性导致著作权保护事后排除的高成本,第二个特性对创作性使用造成了特别的障碍,二者的叠加效应将重混创作规制置于非常不利的困境。

第一个特性。事先概括授权使著作权人获得了远超其需要的保护范围。由于无法事先对作品的商业属性进行评估,因此著作权法对所有的作品进行同等的保护;由于无法对作品的各种具体属性进行评估,著作权法采取平等保护的规则。结果造成了严重后果:①将不适合于法律保护的属性纳入著作权保护。任何产权界定都是需要耗费资源和成本的。如果一项产权界定和交易的成本低于收益,那么我们就应该放弃产权的界定,将其置于公共领域,由其他的规范进行调整,但是实现的概括授权将那些不宜采用法律规则保护的属性也纳入著作权保护。②高水平的平等保护引发了寻租成本。著作权保护的力度则是按照较高的保护水平设定。这样的话,对于那些没有商业价值的作品或者作品中商业价值较低的商品属性也赋予了高水平保护,这些过高的保护导致了较大的寻租空间。③事先的概括授权使得权利人获得了先天的优势,造成了事后具体排除著作权保护的高成本。著作权限制的立法和司法实践都需要特别的理由,这不仅造成了著作权规则修改的困难,而且造成了具体司法实践中使用人昂贵的证明成本。合理使用昂贵的证明成本与结果的高度不确定性使得很多使用人干脆放弃了合理使用转而寻求授权。①

第二个特性。将创作性使用视同为复制性使用的产权界定模式对于创作性使用的规制产生了消极影响。创作性使用具有自身的特殊性。首先,不同的作品使用行为测度成本存在相当大的差异,复制性使用测度成本低,但是创作性使用测度成本很高。将创作性使用简化为复制性使用,虽然降

---

① [美]劳伦斯·莱斯格:《免费文化:创意产业的未来》,王师译,中信出版社2009年版,第76页。

低了权利人的侵权证明成本,但是同时也扼杀了创作。其次,创作性使用具有易变性和不确定性的特点。所谓的易变性是指,作品的某一个属性如果加以适当改变就能产生出新的价值,而且这种新的价值可能很大。美国艺术家孔思将一幅群狗照片转换成大型的雕塑就能产生近百万美元的商业价值,这是照片的权利人无论如何都想象不到的。创作的创造性往往是在符号的连续性与不连续性之间经常涌现出来。最后,创作性使用属性的商业价值具有很大的不确定性,我们在变现其商业价值之前,永远也无法确切的知道作品的商业价值。

总的来说,创作性使用本身的复杂性要求我们对其认识要进行简化,但是将创作性使用等同于复制性使用的简化模式无异于取消了创作性使用。因此,我们应该根据创作性使用的属性重新设计创作性使用的产权界定模式。

四、财产规则、责任规则与不可转让性规则

我们可以依据交易成本采取不同的产权规则。卡拉布雷西和梅拉米德在《财产规则、责任规则和不可让渡性:"大教堂"的一幅景观》中从法益保护效果的角度提出了三类规则的划分。这两位作者认为,法律不仅要决定"法授权利"的归属,还需要决定国家以何种方式执行这些权利。如果一项法益被授予某人,该权利依据市场的方式进行转移和定价,那么这时法律授予的是一项财产规则;如果一项法益被授予某人,但是该权利可以被强制性转移,法院来决定补偿多少,这时法律授予的就是一项责任规则;如果将一项法益授予某人,但是不允许交易,那么这时形成一项不可转让性规则。值得注意的是,责任规则可以通过财产规则的形式实施,也就是说,以当事人之间达成的方式实施而不是由国家强制来实施。从这三类规则中我们可以发现,从财产规则到不可转让性规则,国家的干预依次递增,权利人的自由则依次减少,之所以如此是基于保护成本与分配目标的考量。一般来说,财产规则的交易成本比较低,而责任规则是以第三方定价取代当事人之间的自由定价,这往往源于市场交易成本较高,而法院的定价成本较低。不可转让

性规则源于权利交易所可能带来高外部性。①

目前创作性使用主要包括财产规则和不可转让性规则。财产规则是著作权法的主要规则,自由交易是使用者主要的使用方式。演绎权是其基本规则。此外,如果进行片段的引用,那么就涉及引用权。尽管著作权法通常没有关于引用权的明确规定,但是鉴于著作权保护部分复制,引用权实际上是存在的。现在有学者要求建立作品创作引用的微许可,实际上就是要建立引用权市场。② 不可转让性规则在著作权法中主要是指合理使用规则。不可转让性规则又被巴泽尔称为"对产权施加约束,实际上就是绕过价格机制而分配资源"③。合理使用就是法律对著作权人的行为施加的约束。卡拉布雷西等认为从表面上看,不可转让性规则对当事人从事交易能力进行限制与效率目标相悖,但是"当交易会造成显著的外部性,即向第三方强加了成本的时候"④,限制反而有利于促进效率目标。这在著作权领域也是存在的。比如教师准备教案需要摘录某些作品,但是教师服务的对象是学生,而老师是无法向学生收费的,这样教师因为外部性对被使用作品的估价要低于正常的市场价格,从而导致价格机制失灵。如果我们强制要求教师支付市场价格,那么就是在要求他个人在为社会公共利益支付。这时候,限制性规则往往是有利的。不可转让性规则可以视为"保护"法授权利,也可以被视为限制或者取消对法授权利本身的授予。⑤ 因此在法律上有多种表现形式,而不仅仅体现为对权利处分资格的限制。

---

① [美]吉多·卡拉布雷西,道格拉斯·梅拉米德:《财产规则、责任规则和不可让渡性:"大教堂"的一幅景观》,凌斌译,载威特曼:《法律经济学文献精选》,苏力等译,法律出版社 2006 年版,第 30—50 页。

② Robert M. Vrana, The Remix Artist's Catch-22: A Proposal For Compulsory Licensing For Transformative, Sampling-Based Music, 68 Wash. & Lee L. Rev. 811 (2011).

③ [美]巴泽尔:《产权的经济分析》,费方域、段毅才译,格致出版社,上海三联书店,上海人民出版社 1997 年版,第 119 页。

④ [美]吉多·卡拉布雷西,道格拉斯·梅拉米德:《财产规则、责任规则和不可让渡性:"大教堂"的一幅景观》,凌斌译,载威特曼:《法律经济学文献精选》,苏力等译,法律出版社 2006 年版,第 41 页。

⑤ [美]吉多·卡拉布雷西,道格拉斯·梅拉米德:《财产规则、责任规则和不可让渡性:"大教堂"的一幅景观》,凌斌译,载威特曼:《法律经济学文献精选》,苏力等译,法律出版社 2006 年版,第 33 页。

　　我国学者凌斌在此基础上还增加了两类规则,即管制规则和无为规则。① 凌斌认为,"无为规则是对国家干预范围的限定,明确划定了法律介入社会生活和市场交易的限度"②,"无为规则意味着,对于特定利益,法律或者明确规定了不予救济的法定情形,或者通过限定给予救济的情形而实际上不予救济"③。笔者认为,无为规则的提出本身非常有意义,但是如果将无为规则理解为法律对于特定法益明确不给予救济的情形,这可能与不可转让性规则有些重复。无为规则的真正功能在于划出了法律不予干预的范围。在这个领域内法律不表现出倾向性,将其交给法律之外的其他规则。这种解释有助于我们理解著作权法与其他社会规范的关系。

　　目前,由于著作权保护的无门槛,社会规范几无适用的空间。由于著作权保护成本的居高不下以及其他的考量,著作权人的选择性维权形成了一些社会规范,有学者通过研究这些社会规范对著作权人与使用者之间的关系进行预测。但是这些所谓的社会规范对于双方实际上都是权宜之计,其结果就是将重混创作维持在一个勉强可以容忍的灰色地带内。这可能既体现了法律管理的失灵,又体现了法律侵入到它不应该侵入的领域所造成的不当影响。这是一种因减少法律管理失当双方努力调整、减少浪费的表现。因此,如果在文化创作领域想真正恢复社会规范的一些作用,那么我们就应该努力为著作权规则适用设置一些门槛。在无法恢复手续主义的情况下,可以通过限制性规则或者对抗性规则来为失衡的一方当事人争取利益。④ 管制规则是指"虽然允许私人交易但是实施了法定限制的法律规则"⑤,比如市场交易中的最高限价规则。对于管制规则,其实可以包括在责任规则之内,因为责任规则和管制规则均是以第三方的定价而不是当事人之间的自由协商作为标准。当然如果细分的话,二者也存在一些区别。责任规则往

----

① 凌斌:《法治的代价》,法律出版社 2012 年版,第 159–174 页。
② 凌斌:《法治的代价》,法律出版社 2012 年版,第 159 页。
③ 凌斌:《法治的代价》,法律出版社 2012 年版,第 159 页。
④ 笔者以为对抗性规则与限制性规则是有一些差别的,首先限制性规则是从权利人一方着手的,是对使用者的一种消极保护。而对抗性规则直接为使用人设定权利,从而使这种权利与权利人的权利进行对抗。正是由于这种权利逻辑的区别,在法律上出现了对合理使用性质的不同解释。
⑤ 凌斌:《法治的代价》,法律出版社 2012 年版,第 160 页。

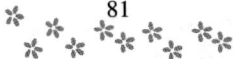

往授权某个公共机构按照交易对象的客观价值确定价格,管制规则事先由法律确定某个固定的价格或者价格区间,它较少考虑客观交易对象的实际价值。比如我国制定的各种法定付酬标准,实际上就是一种管制规则,它完全没有考虑不同作家的作品具有不同的价格。相对于责任规则,管制规则可能具有更大的确定性。

经过考察我们发现,著作权法对于创作性使用只存在财产规则和不可转让性规则,而不存在责任规则。当然我国对义务教育阶段教科书编写采纳法定许可制度,这是一种特殊的创作性使用制度。① 事实上,创作性使用由于高度的复杂性在很多情况下导致交易成本居高不下,这时候我们应该根据具体情况类型选择不可转让性规则、责任规则或者财产规则进行调整。

五、重混创作规制的规则类型

卡拉布雷西和梅拉米德依据交易成本高低将产权规则依次分为财产规则、责任规则和不可转让性规则,不过他们的讨论主要是在法律规则的范围内进行,限制了他们的视野。他们认为不可转让性规则可以视为"保护"法授权利,也可以被视为限制或者取消对法授权利本身的授予。② 显然,他们承认不可转让性规则具有多种属性。因此,这属于尚未充分展开的命题。巴泽尔关于资产实施方式的讨论可以有效弥补他们的缺憾。巴泽尔认为:①任何产权界定都是需要成本的,如果产权界定的成本大于收益,那么资产就会被放置在公共领域。②产权界定成本取决于测度和控制资产属性的方式,测度和控制资产属性的具体形式决定了产权实施方式。③由于任何资产都是由不同属性组成的,而且可以分割,为不同的人拥有,而不同属性测度和控制的方式、成本存在差异,因此任何一种资产的产权安排都不能仅靠单一的实施机制,而是要混合实施。不同的实施方式具有不同的比较优势,通过各种实施方式的组合可以降低交易实施成本。④正式实施主要适用于具有较低测度成本和较高经济价值属性的资产的实施,而非正式的实施则

---

① 《中华人民共和国著作权法》第 23 条。

② [美]吉多·卡拉布雷西,道格拉斯·梅拉米德:《财产规则、责任规则和不可让渡性:"大教堂"的一幅景观》,凌斌译,载威特曼:《法律经济学文献精选》,苏力等译,法律出版社 2006 年版,第 33 页。

主要适用于测度成本较高而经济价值属性较低的资产的实施。

就重混创作而言,对在先作品的使用方式是多种多样的。从使用者的角度讲,有的使用多个作品的微小片段,有的主要使用很少的几个作品的大量片段,还有的可能以某部作品的大量使用为主,但是又含有大量的其他作品的微小片段。可以说,创作有多么复杂,重混作者对在先作品的使用形态就有多么复杂。就使用动机而言,有的出于致敬,有的出于批评讽刺,有的出于抄袭,有的出于模仿。就商业价值而言,有的没有什么商业价值,有的可能有微小的商业价值,有的则有较大的商业价值。从著作权人的角度讲,作品被使用一方面有助于促进传播、积累声誉,但是也可能被侵占商业利益,具体情况很复杂。因此,我们必须研究重混创作的具体形态、分析其中存在利益配置关系、权衡各种规制方式的成本收益,从而选择适当的规制方式。重混创作使用属性认知和控制的成本内在的决定着最佳的规制方式,笔者研究的目的就是针对重混创作使用的具体情形,找出适当的规制方式组合。

第三节　重混创作著作权规制的历史考察

重混创作是人类文化生产的普遍现象,上可追溯到人类文化生产的源头,下延续至今。重混创作深受技术发展条件影响,同时也受到文化观念及其支配的社会规范的影响;在著作权制度诞生后,著作权成为影响重混创作的重要力量,三者不同程度的结合共同影响着重混创作的发展史和规制史。本节拟对重混创作发展与规制的历史进行考察。以史为鉴,期待能够更好地明确和理解数字时代重混创作复兴与著作权规制变革的内在关系。

一、前著作权时代重混创作的社会规范调整

(一)民间文学中的重混创作规制

我们一般认为民间文学是广大民众口头创作、口头流传,并不断对其进行演绎加工的文学;其作品是通过某个社会群体几代人的不断模仿而进行的非个人的、连续的、缓慢的创作活动过程的产物。根据这种观点,民间文学的最后文本往往是世代累积的结果。因此,《荷马史诗》被认为是集体创

作的作品,荷马不是一个人而是一群人,然而我们又无法解释《荷马史诗》中鲜明的个人创作特色。西方学术界围绕荷马是一个人还是一群人展开了长期的研究。最后,哈佛大学的学者米尔曼·帕里(Milman Parry)提出"口头程式理论"(oral-formulaic theory)解决了这个问题。口头程式理论将叙事史诗的创作分为程式(formula)、主题或典型场景(theme or typical scene)以及故事类型(story-pattern or tale-type)三个结构性单位。① 它们都来自于传统,提供了从简单的片语到大规模的情节设计的基本手段。歌手们在借助它们的基础上加上有限的变化,就可以即兴创作成千上万的丰富多彩的诗行。② 是典型的重混创作。

"程式理论"不仅能够解释民间文学的重混创作性质,还能够解释民间文学创作规制的方式。这源于民间文学的口头创作和即兴表演这两个特性。首先,民间文学表演者主要是依靠表演而不是出售文本获取收入,文本的价值就大大降低。其次,即兴的口头创作受制于场景,因此必须发展一套能够快速创作又能灵活调整内容便于表演的创作技巧,所以依据程式添加内容就成为共同的创作手段。再次,确定文本的产权是一件成本很高却没有商业收益的事情,口头和即兴的特点意味着文本具有很强的流动性,能够确定的程式为共同体所有,添加的内容每一次表演都在变化,又无法有效确定。更重要的是,艺人们不靠文本取得收入,因此任何尝试确定文本产权的努力都是愚不可及。最后,由于艺人创作与表演合为一体,表演收入能够提供创作激励。与此同时,如果创作出来的文本为其他艺人传播,那么能够为创始者建立声誉。对于创作者来说,鼓励传播对他来说也是一件有利的事

---

① "程式"(formula),是指"一组在相同的韵律条件下被经常使用以表达一个特定的基本观念的片语",是叙事中的最小表达单元,是带有特定特征的人名、地名或者其他的故事要素。特定的特征可以帮助歌手在不书写的情况下进行叙事。"主题或典型场景"(theme or typical scene)是指"成组的观念群,往往被用来以传统诗歌的程式风格讲述一个故事",它给诗人提供以现成的和有一定规模的典型描绘,只要略加修改就可以适用于某一特定史诗中的特定场合。"故事型式"(story-pattern)或故事类型(tale-type)是指依照既存的可预知的一系列动作的顺序,从始至终支撑着全部叙事的结构形式。它可以为诗人提供一个故事不断发展的典型结构,将一个个主题或者场景联系起来。

② [美]约翰·迈尔斯·弗里:《口头程式理论:口头传统研究概述》,朝戈金译,载《民族文学研究》1997第1期,第86—90页。

情。因此民间文学的创作与传播形成利益一套不同于著作权激励的生产机制。有意思的是,现代重混创作的先驱重混音乐其实就是来自于非洲黑人的音乐传统。

(二)作家文学中的重混创作规制

与民间文学无法区分文本归属不同,作家文学从诞生之初就建立在个人创作和文本确定的基础之上,具备了界定文学作品产权的基础条件。不过由于复制技术有限,主要以手抄的形式传播作品,传播渠道非常有限,读者主要是同行,大规模的读者市场尚未建立。因此广泛界定文学作品的产权是没有必要的。我国学者李雨峰通过研究版权史发现,"在印刷术出现之前,作品的经济收益受到多方面因素的制约,大规模的作品消费市场尚未形成。在古希腊、古罗马作品也没有罗列在法律保护的范围内,剽窃者只会受到道义的谴责,而无法律的制裁"①。该观点证明了两点:一是实际上由于技术和读者市场的限制,缺少著作权激励存在的社会条件,通过著作权界定产权是不必要的;二是当时社会已经初步建立了保护作者某些权益的社会规范。事实上,通过非著作权激励机制形成的社会规范,同样能够对文学作品的产权进行某些界定。

在前著作权时代,无论是西方还是中国,其文化观念都是支持重混创作的。亨利·内特尔希普(Henry Nettleship,一位19世纪以研究维吉尔闻名的学者)发现在罗马帝国早期,一个好的想法、短语,甚至节奏,一旦被一个诗人发现,马上就成为后续诗人的共同财产。②古罗马作家塞尼卡(Seneca)解释道:"公开的借用,不是为了盗窃,可以使它为人所知。"③实际上,一个诗人从别的诗人那里借用了一个主题,实际上就是向他致敬,帮助他建立声誉。不仅借用者欢迎借用,被借用者同样欢迎借用。为了证明借用的正当性,古

---

① 李雨峰:《枪口下的法律:中国版权史研究》,知识产权出版社2006年版,第27页。

② Giancarlo F. Frosio, Rediscovering Cumulative Creativity from the Oral Formulaic Tradition to Digital Remix:Can I Get a Witness,13 J. Marshall Rev. Intell. Prop. L. 341,pp. 350 (2014).

③ Giancarlo F. Frosio, Rediscovering Cumulative Creativity from the Oral Formulaic Tradition to Digital Remix:Can I Get a Witness,13 J. Marshall Rev. Intell. Prop. L. 341,pp. 350 (2014).

代社会甚至有意识地贬抑作者的地位,比如中世纪基督教的观念将作者视为上帝与人们之间的传话人,他人使用作者的作品具有天然的正当性。英国文学之父乔叟就把自己视为收集者、插话人。此外,"写者"与"作者"出现了分离①,写者仅仅是"写者",将作品赋予权威的人才是作者,真实的作者匿名了。英国的查理国王成为"钦版圣经"的"作者",我国古代出现了很多"托古著书"的情形,真实作者的隐去以及权威的授予能够极大限度地拓展作品的传播和使用。

将创作性使用视为致敬有利于建立作者的声誉,这建立在保证作者与作品正确联系的基础之上。这样署名和反剽窃的社会规范慢慢发展起来。作者署名的社会惯例起源很早,福柯甚至将署名与责任追究的需要联系在一起。② 无论是建立声誉的需要还是追究责任的需要都有利于署名惯例的形成,有助于作者与其作品之间建立起联系。有据可查的反剽窃观念起源于古罗马。英语中的剽窃者 plagiarist 一词就是从拉丁文 plagiarius 发展来的。这个拉丁词早在公元 1 世纪就由古罗马诗人马提亚利斯(Martialis)首次以近似于现代含义的方式使用。在他的 52 号铭文诗中,他以一种抽象的方式将该词用在另一位诗人的身上,指控后者的不当行为。不过,我们不清楚马提亚利斯到底是指他人掠夺其一些诗句据为己有,还是宣称自己是那些诗的所有人,从而排斥了马提力亚斯的作者身份。古罗马集锦诗可以帮助我们确定其中的含义。集锦诗"完全由摘录其他诗人的诗句拼合而成的诗,通过诗句的创新排列组合,产生一种新的意义——异于任何一首被摘录的原诗的含义"③,是古罗马一种特殊的诗歌文体。波斯纳认为集锦诗歌的存在证明了古罗马的剽窃可能仅限于针对逐词逐句,不带有任何创造性的抄袭。④ 反对剽窃的观念仅仅用于保护作者身份,而不是反对自由借用。因

---

① 关于写者和作者区分的论述,可以参见李雨峰:《从写者到作者——著作权一种功能的解释》,《政法论坛》,2006 年第 6 期,第 88-98 页。

② [法]米歇尔·福柯:《作者是什么?》,逄真译,http://www.douban.com/note/128184042/? type=like,2020-06-17 最后访问。

③ [美]理查德·A.波斯纳:《论剽窃》,沈明译,北京大学出版社 2010 年版,第 58 页。

④ [美]理查德·A.波斯纳:《论剽窃》,沈明译,北京大学出版社 2010 年版,第 58 页。

此,署名惯例与反剽窃的社会规范一起初步界定作者对其作品的某些产权,这些产权规则可以保证作者通过作品的公开传播积累声誉,为间接获得财产利益创造机会。这些间接的获益方式包括:读书致仕、获得官方或者贵族的资助、作品定制、出卖手稿等。[①]

总的来说,在印刷术出现之前,非著作权激励机制比著作权激励机制更合理、更有效率。因为读者市场非常有限,控制作品的复制和传播只有很低的经济价值,但是建立著作权激励机制的成本却比较高。与之相反,非著作权激励机制通过促进传播能够帮助作者积累声誉,声誉能够带来收入,从而间接实现作品的商业价值,同时非著作权激励主要依靠社会规范来实现,不需要单独进行制度建设,因此实施成本较低。二者比较,非著作权激励机制更加合理、更有效率。

二、模拟技术时代重混创作的双重规制

(一)重混创作的著作权规制

印刷术出现之后,著作权制度诞生之前,包括英国在内的西欧各国实施的图书专营制度。通过这种制度,印刷商获得垄断经营权,保障了投资,获得了垄断利润;而王室通过图书专营特许制度控制印刷商的数量、控制出版的内容还可以取得收入。印刷商和王室的合作,使得图书的复制和传播变得既有利可图又操纵自如。作者和读者处于作品创作和消费的两端,他们的利益被忽视,暂时被边缘化了。图书专营制度在实质上创造了某种财产权,但与作者没有关系。

1694 年创造这种图书贸易体制的法律依据《经营许可法》失效了,出版商开始丧失长期以来对图书交易所行使的控制权,伦敦的出版商开始受到其他地区出版商的挑战。他们开始发起一场运动,试图恢复他们的垄断地位,然而没有奏效。于是他们改变策略,将作者和读者的利益推向前台。从1706 年开始,出版商们不断向议会请愿,呼吁对作者提供财产权保护,激励其创作。议会回应了他们的请求,1710 年《安妮法》获得通过,亦即"在规定的时间内将已印刷图书之复制件授予作者或者该复制件购买者以鼓励学术

---

① 　许辉猛:《著作权基本原理》,知识产权出版社 2011 年版,第 6-11 页。

之法律"。该法将文学财产权的实施从出版商的垄断中分离出来,从而释放出一个文学和思想的自由市场。[1] 而在欧洲大陆,则是在推翻图书专营制度的基础上,在作者的主导下建立起作者权制度。相对于英国,他们的转变更加彻底。

由图书专营制度转化而来的著作权制度其实建立在控制复制的基础之上,不过保护对象出现了从书到字面表达再到非字面表达的变化[2],这样一来,创作性使用也逐步纳入著作权的保护范围。

(二)原创创作观念与相应的社会规范规制

其实著作权激励机制的出现不是偶然的,除了复制技术打开了图书生产和消费的市场之外,文化观念的转变不仅为著作权法的出现奠定了基础,而且为著作权激励的运行创造了有利的环境。

著作权制度在确立的过程中,必须要证明作者需要保护的正当性。这种正当性的证明在著作权制度确立之前已经开始。自文艺复兴以来,有关创造性来源的讨论,首先将创造性从上帝那里夺回来,将其归结为作者个人的禀赋。关于创造性来源的重新论证具有双重意义:第一,天赋是个人的东西,不是集体的,因此他人无权占有,这从道义上谴责了他人的剽窃行为。反对剽窃既是保护作者精神权利的来源,同时也可能成为建立财产权的来源。第二,当图书专营制度失去正当性时,那么它所塑造的财产利益归谁呢?有关创造性的新认识提供了将其归属于作者的正当性,而且这种正当性证明不仅可以覆盖财产权利,还可以覆盖精神权利。对于英国的出版商而言,他们只想将自己曾经拥有的权利赋予作者,然后通过交易的方式拿回来,因此财产权利就足够了。英国有关创造性的观点经过法德哲学家思维深化被锤炼为作者人格理论,为作者权法系的形成奠定了基础。因此,在某

---

① [美]保罗·戈斯汀:《著作权之道:从古登堡到数字点播机》,金海军译,北京大学出版社2008年版,第35页。

② [澳]布拉德·谢尔曼,[英]莱昂内尔·本特利:《英国知识产权法的现代历程》,金海军译,北京大学出版社2012年版,第65页。"如果接受关于复制并不意味着两个作品必须完全相同这样的观念,则法律必然从具体走向抽象,从文本或者外观设计和机器的外部表现的相对确定性,转向有关创造的本质这个令人捉摸的、稍纵即逝的领域。"创造性与表达的复杂关系决定了著作权保护对象的动态性特征。

种意义上,版权法系和作者权法系都源于文化观念的变迁,源于有关原创性的新认识,只是作者权法系沿着英国开辟的道路走得更远而已。

原创性观念重新塑造了有关剽窃的社会观念。①保护作者身份的正当性与署名规范。创造性来源于个人天赋的观点赋予创造性高于普通体力劳动的特性,而且彰显了作者的重要性,这有助于强化保护作者身份的社会规范,他们再也不必将作品赋予更有权威的人了,"写者"与"作者"合流,匿名现象渐渐消失。②原创性观念与借用规范的发展。首先,反对自由借用的社会规范开始形成。既然创造性来源于个人,是个人心灵的产物,那么借用他人作品就相当于拿走了别人的东西。挪用就构成剽窃,在这种观念的支配下,借用他人作品的现象开始急剧收缩。借用对于后续的创作者来说,不再是理所当然的事情,而是要在道德上追问是否有必要。原创性观念重新解释了剽窃,任何对作者原创性的侵占都是剽窃。新的剽窃观念不仅反对简单的模仿,对于创造性模仿同样反对,判断剽窃的标准不再是后续作者是否增加了创造性,而是后续作者是否从在先作者那里拿走了什么。此时剽窃的观念与中世纪之前的剽窃观念已经发生了一个世代性转换。在古罗马,人们提倡自由借用,仅仅反对逐词逐句的、不带有任何创造性的剽窃①,现在剽窃的外延要宽泛得多。

其次,引用的社会规范开始出现。学术创作与文学创作存在很大的差别,它建立在知识延续性的基础之上,需要对话,借用是必不可少的。在承认借用必要性的情况下,如何区分自己创作与借用就成为尊重原创性急需解决的问题,于是引用的社会规范开始发展起来了。引用的社会规范在适当削弱著作权保护的同时,能够有效促进作品的传播,积累在先作者的声誉。著作权激励与非著作权的激励完美结合,前者保障了作品的主要商业价值仍然保留在权利人的手中,后者则体现了通过牺牲部分对作品传播的控制换取积累更大声誉的机会以及潜在的财产收益机会。

著作权制度与原创性文化观念孕育出来的社会规范的结合有力地改变了创作性使用的规制方式。首先,著作权法反对未经授权的复制,赋予作者

---

① ［美］理查德·A.波斯纳:《论剽窃》,沈明译,北京大学出版社 2010 年版,第 58 页。

打击复制的强力手段。这成为保护作者利益的基本手段。其次,尊重原创性、反对剽窃的文化观念使得著作权的保护占据着道德上的制高点,而创作者一旦面临剽窃或者抄袭的指控,既要面临道德上的谴责,还要面临巨大的法律风险,发展原创创作成为他们明智的选择。最后,尊重原创性、反对剽窃的文化观念孕育出相应的社会规范,指导创作者的行为,形成创作性使用的新秩序。著作权制度与社会规范的协同极大地降低了法律实施的成本。

(三) 著作权与社会规范双重规制下的重混创作

1. 重混创作的边缘化

著作权法和反对剽窃的文化观念、社会规范的结合彻底改变了重混创作生态,导致它在文化生产中地位的边缘化。在模仿创造性观念占据优势的时代里,人们强调的不是创新,而是传承,不论是模仿者还是被模仿者都以模仿为荣,被模仿者因为被模仿而收获尊敬,模仿者因为模仿而被人注意,因为模仿出色而获得认可,创新与传承混杂,重混创作自然成为常态。在这种文化生产模式中,创新往往潜藏在模仿的阴影里,只有经过足够长的时间,我们回首远望,才能发现创新经历的脚步。在抬高原创性而贬低模仿创造性的文化氛围中,人们倾向于突出自己作品与已有作品的差别,突出其创新性而隐藏其模仿的成分。结果现代作者普遍形成了一种"影响焦虑",对剽窃指责的恐惧使人们尽量自己独立创作,拉开与他人作品的距离。借用、模仿不再是一种令人骄傲的事情,开始成为创作王国中的二等公民。

2. 重混创作的新形态

无论如何,模仿都是创作的基础。即使被浪漫主义作者观视为典范的那文学巨匠们,自己的作品同样建立在使用、模仿他人作品的基础之上。著作权法与社会规范的双重规制也无法改变这一本质。重混创作依然存在,只是做了某些改变。具体来讲表现在以下三点:第一,是作家倾向于模仿和借用公共领域中的作品,摆脱著作权的约束。比如,周星驰借用《西游记》创作《大话西游》《西游降魔》等作品。第二,向自己享有著作权的作品借用。经营某类作品的企业往往拥有大量的作品,这些企业就可以把自己的创作建立在过去作品的基础上,创造出一种文化品牌,最大程度的赚取利润,同时禁止其他人的使用。结果形成了以大公司为主的一个个的文化孤岛,抑制了文化的多样性。著名作家对于自己成功的作品不断创作衍生作品,电

影工业喜欢不断重拍取得成功的经典电影或者经典作品。第三,对重混创作的有意沉默。比如法律文件的制作就是如此。波斯纳在《论剽窃》一书中介绍了美国司法界的情况。在当代美国,大部分的司法意见书都是法律助理撰写的,大多数法官只是在或深或浅的程度上编辑、修改法律助理撰写的司法意见书,有时甚至直接把律师撰写的诉讼摘要的段落语句直接移入司法意见书而不加说明。还有很多的司法决议、事实裁决或者其他文件事实上是由律师准备的,却以法官的名义签发。波斯纳认为主要原因在于原创性在法律领域并没有得到很高的评价,法官"更愿意给人留下稳健而非创新的印象,更愿意自己被看作法律的适用者而非创造者"①。法官此类行为并没有受到指责和告发,甚至被视为理所当然。有意沉默造成了某些领域的重混创作被掩盖。

三、数字时代重混创作双重规制的冲突

(一)数字技术对著作权规制的影响

数字技术的发展和广泛使用直接激发了重混创作的大发展。数字技术将以前读者只能被动接受的"只读媒体"变成了"读写媒体",使得对在先作品的使用可以直接在媒介上自由进行。廉价、便捷的复制和编辑软件使得创作性使用他人作品变得轻松随意,几乎无须付出额外的成本。网络虚拟空间的无处不在则提供了获取素材和传播作品的无限空间。与此同时,记录工具的发达使得我们可以直接从生活中获取素材,并且将其与他人作品或者作品片段相结合。

数字化形式打破了一切媒介之间的天然界限,可以随心所欲地进行原创创作或者重混创作,在网络空间内在某种程度上实际上再现了口头文学创作与传播的情境。其差别在于口头文学创作受限于媒介和空间,而数字化的创作与传播则突出了技术和空间上的局限。这是一个重混时代。数字技术对重混创作发展的巨大影响主要体现为以下三点。

第一,重混创作的成本大大下降。与原创相比,在先作品的收集、剪辑、拼贴需要耗费大量的成本。在数字时代之前,寻找合适的作品表达比自己

---

① ［美］理查德·A.波斯纳:《论剽窃》,沈明译,北京大学出版社2010年版,第24—25页。

创作要花费更多的时间和精力,重混创作没有明显的成本优势。但在数字时代,数字存储、传播和编辑技术使得获取和加工在先作品能力大大提升,个体作者可以便利的无限获取创作所需要的素材,选择和拼贴本身的成本大大下降,重混创作者主要成本集中于创意。原创作者不仅需要找到创意,还需要自我创作合适的表达。二者相比,重混创作的成本通常更低,相对优势比较明显。

第二,重混创作将作者从职业作者群体拓展到业余爱好者。数字技术将重混创作发展成为人人都可以从事创作方式,广大的业余爱好者成为新的创作群体。与原创相比,业余爱好者从事重混创作付出的成本更少,但是效果更好。因为原创往往带有很强的个体体验特征,彼此之间缺少沟通的途径,但是重混创作往往借助于大家共同感兴趣的作品、材料进行创作,这使得业余爱好者更容易找到同好,更容易建立起相应的网络社区。重混创作方式与广大业余爱好者以交流为目的宗旨是契合的。这是业余爱好者广泛采取重混创作方式的重要原因。

第三,重混创作形态的发展和繁荣。在数字时代之前,由于搜索、复制和粘贴技术的限制,重混创作主要在个别作品的基础上进行或者在特殊的艺术领域进行。数字技术使得搜寻、编辑在先作品的能力大大增强,几乎打破一切可能的技术限制。重混创作空前自由,几乎在一切可能的文学艺术创作和信息生产领域发展起来了。重混创作不再是一种所谓的"文字游戏",开始发展一种比较严肃的创作方式,具体的创作形态也空前丰富起来。除了戏仿、讽刺等旁门左道式创作之外,重混创作也可以发展成为非常严肃的创作方式。我国集句诗创作的发展史就可以证明这一点。我国古代的集句诗虽然起源于晋代,但是长期作为游戏文体存在,以调笑娱乐为主要功能,后经过宋代著名文人王安石的大力提倡和实践,逐步发展成为一种严肃的创作形式,不仅创作范围大大拓展,而且在艺术上也达到了"如出一手"效果。大家争相效仿,不仅出现了以集句诗创作闻名的诗人,而且出现了以此闻名的诗派。在现代重混创作中,不仅出现了戏仿、讽刺等有些幽默的重混创作方式,也出现了混录音乐、拼装小说等绝非搞笑的重混创作方式,随着数字技术编辑加工能力的进一步发展,重混创作展现出更广阔的前景。

(二)重混文化观念对著作权规制的反动

当原创性的文化观念无法遏制重混创作时,重混创作就开始释放出自

己的光彩,寻找支持自己的文化观念。目前支持重混创作的主要文化观念或者主要因素有以下几方面。

第一,业余爱好者远离职业创作群体,不受原创性文化观念约束。大量业余爱好者成为创作群体,他们不是职业作者,不受职业共同体的社会规范约束。只有专业作家才会担心剽窃会引起职业共同体的惩罚,业余爱好者不会有这样的担心。另外,业余爱好者的创作动机大多也不是为了赚钱,法律风险往往也落在他们的视野之外。

第二,重混创作在职业艺术创作中其实一直存在,通常只是受到传媒工业的约束而无法自由生长而已。但是总有一些艺术的传播不太依赖于传媒工业控制的渠道,比如总有一些边缘的艺术家主要借助现场表演谋生,而传统的传媒工业无法完全控制现场表演。因此,重混创作首先从音乐市场发展起来了。再说挪用艺术,它们也有自己的销售渠道,传媒工业是无法约束的。缺少传媒工业约束的时候,艺术家就能够根据自己的艺术需要进行创作,无须担心传媒工业的惩罚。到了数字时代,所有的作品都可利用互联网进行传播,传媒工业的控制全面失守,重混创作到处开花。

第三,如果说业余爱好者的重混创作无法得到艺术家群体的认可,可能无法真正冲击艺术市场。但是,专业人士参与重混创作,高质量的重混作品不断涌现和传播,引起了艺术家、理论家的反思。挪用艺术流派不断地为自己的创作模式辩护,而由嘻哈音乐、说唱音乐的成功引起的大家对重混作品美学特点的关注和思考,不断地提出新的理论为这种创作模式进行辩护。重混创作慢慢地开始站稳脚跟。

第四,信息分享理念的冲击。互联网本质建立在信息分享的理念之上,而著作权构成了网络信息分享的掣肘。随着互联网的发展,基于信息分享的商业模式的不断开拓,信息分享的文化理念对著作权规制形成了真正的冲击。P2P 等文件分享软件相比,重混创作对原著作权人副作用更小,对全社会好处更多,重混创作在信息分享理念之下会获得更多的支持。

(三)著作权法原有规制环境的瓦解

随着重混创作在艺术的成功,主流艺术家有组织的声援以及作为消费者的用户创作运动的发展,著作权人开始陷入困境。①著作权人对重混创作批判的道义底线不断失守,无法站在道义的最高点。②建立在尊重原创

性,反对剽窃的文化观念之上的社会规范规制正在解体,无法有效引导创作者的创作行为。③后现代主义、信息共享的文化理念积极支持重混创作,彰显重混创作的价值,反对重混创作的著作权制度开始受到挑战,提高了著作权法的执法成本。④重混创作对消费者的吸引力,重混作品的商业成功让著作权人很羡慕,传统传媒工业也很想参与其中,寻觅市场成功的密码。⑤重混作品与原作品特殊的利益关系使得著作权人成本收益核算不那么支持其维权行动。业余爱好者的重混创作要么与著作权人的主流市场形成了互补,促进了原作品的传播;要么对著作权人的负面市场影响不明显,维权行动无法带来丰厚的商业收益或者大量的减少损失,甚至引起反作用,使得著作权人在维权时犹豫不决。

总的来说,目前的重混创作不仅存在于职业创作范围内,更存在于业余创作范围内,逐渐形成了以广大消费者、业余爱好者为主力,边缘性的专业艺术家努力推动,职业艺术家群体不时的支持、宽容以及著作权人的睁一只眼闭一只眼为特征的文化现象。无论是技术发展还是文化观念都开始支持重混创作,著作权规制与社会规范相契合的治理结构开始瓦解,著作权人的维权成本空前提高。

小　结

本章从三个不同的角度讨论了重混创作著作权规制工具的选择。在两种不同的文化生产激励机制的分析中,讨论了著作权激励机制与非著作权激励机制不同的运作方式、不同的利益配置、不同的规制工具以及相互关系,展示了作品的资产属性对著作权人选择激励机制的强烈影响。在重混创作规制工具的经济分析中,主要借助巴泽尔的产权分析理论和卡拉布雷西的三类规则理论展现了重混创作中不同的著作权规则选择、社会规范选择的经济依据以及彼此之间的相互关联。在重混创作著作权规制工具历史考查中,具体考查了前著作权时代社会规范规制、模拟技术时代著作权与社会规范的双重规制、数字时代重混创作著作权规制与社会规范规制一致性的瓦解与重混创作著作权规制困境的形成。

第三章

演绎使用规则与重混创作的著作权规制

利用他人的作品进行重混创作,必然受到在先作品著作权的控制。与原创性创作相比,这是额外的创作成本,遏制了重混创作。在现代著作权法中,影响重混创作的主要制度是演绎作品的规定以及著作权侵权的规定,如何利用现有的著作权规则开拓重混创作的空间,司法实践进行了艰辛的努力,有失败有收获,更有希望。在本章中,笔者将研究现有的著作权规则如何制造了重混创作的规制困境,学术研究和司法实践是如何突围的,并在此基础上构建有利于重混创作的演绎使用规则。

第一节　演绎规定与重混创作著作权规制

一、演绎规定概述

各国著作权法将创作演绎作品的控制权赋予原作品的著作权人,后续作者如果想创作某作品的演绎作品,就必须取得原著作权人的同意,否则构成侵权。因此,演绎作品的覆盖范围就是著作权人权利所及的范围。美国主流的观点认为重混作品属于演绎作品,[①]当然也有学者认为重混作品不是

---

① The Department of Commerce Internet Policy Task Force, Copyright Policy, Creativity, and Innovation in the Digital Economy, 2013, pp. 28.

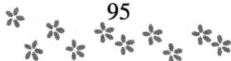

演绎作品,但是并没有否认重混作品可能是演绎作品。演绎作品的规则对重混创作自由关系密切。

一般认为演绎作品是基于现有作品,通过重新创作或改编而形成的作品。纵观各国立法①,我们发现对演绎作品的界定是属于描述性的。《美国版权法》对演绎作品的规定仅仅是案例法的条文化,列举了演绎作品的类型和演绎创作的主要形式。据美国关于演绎作品的研究报告,构成演绎作品需要满足以下要素:①演绎必须在在先作品的基础上进行,如果不是根据在先作品进行创作的,无法构成演绎作品;②演绎作品借用了现有作品的质和量。有的法院认为必须借用实质性部分(borrows substantially from a preexisting work),有的法院干脆利用侵权法的实质性相似规则来检验是否构成演绎。② 也就是说,少量的借用不构成演绎。③新增创造性。有些法院认为演绎作品与原作品相比必须有最低限度的实质性变化(at least some substantial variation),仅仅增加机械性或者功能性的成分(mechanical or functional elements)是无法满足新增原创性的要求。③ ④原著作权人的同意。兰德斯、波斯纳将演绎作品界定为"对不同语言的一种翻译,或者对不同载

---

① 《美国版权法》第101条规定:"根据一个或更多个原有的作品对其进行重新安排、改变形式和改编的作品,例如译文、乐曲改编、改编成的戏剧、改编成的小说、改编成的电影剧本、录音作品、艺术复制品、节本、缩写本或任何其他的形式。凡作品内有编辑的修订、注解、详细解释或其他修改,作为整体成为作者的独创的作品均为演绎作品。"《巴西著作权法》第5条8款之7规定:"演绎作品是指对原作进行改动而构成的新的智力创作成果。"《德国著作权法》第3条规定:"对某部著作的翻译和其他改作,如能反映改作人的个人智力创作,当作独立著作予以保护,但不得损害被改作著作的著作权。对不受保护的音乐著作的非实质性的改作,不当作独创著作保护。"《意大利著作权法》第4条规定:"未损害原著作权并且具有独创性的演绎作品,如翻译、将作品转化为其他文学或者艺术形式,实质性的修改或者补充、改编、节略、摘要以及未构成原创作品的变换形式,亦受本法保护。"《日本著作权法》第2条第1款第11项规定:"二次作品(即演绎作品,笔者注),指通过翻译、编曲、改变形式、改编成剧本、拍成电影或者其他改编方法创作的作品。"《韩国著作权法》第5条规定:"对原始作品进行翻译、整理、选择、戏剧化、电影化等方式产生的作品(以下简称演绎作品)作为独立作品受到保护。对演绎作品的保护不得损害原作品作者的权利。"

② What Constitutes Derivative Work Under the Copyright Act of 1976, 149 A. L. R. Fed. 527(Originally published in 1998),pp. 15.

③ What Constitutes Derivative Work Under the Copyright Act of 1976, 149 A. L. R. Fed. 527(Originally published in 1998),pp. 15.

体的一种转换或者改编"①,明确了翻译、媒介转换和改编三种演绎形式。比如,将一本英文小说翻译为中文,或者将一首歌曲录制成唱片,或者将话剧《雷雨》改变成电影《满城尽带黄金甲》。我国学者对于演绎作品的构成要件一般强调两点:一是同一性,即演绎作品与原作品必须保持同一性;二是必须有足够的增量创造性,但是学者们没有进一步解释。可以肯定的是,演绎作品的构成既有区别性要求,又有相似性要求,区别性要求表现为增量创造性,相似性要求表现为演绎作品必须借用原作品足够的表达。演绎作品与原作品之间,既存在一个下限,也存在一个上限。下限就是要求演绎作品与原作品相比需要有足够的变化,否则就是原作品的直接替代品。上限就是要求演绎作品与原作品最低程度的同一性,否则就跃出了演绎作品的范围,成为全新的作品。

那么重混作品是不是演绎作品呢?这取决于重混作品与原作品之间同一性与增量创造性的判断。也就是说,重混作品属于二次作品,处在原作品衍生变化的延长线上,如果符合演绎作品的构成要件,就是演绎作品;否则就不是演绎作品。由于演绎作品的构成要件在各国立法上并无明确的规定,重混作品与演绎作品之间的关系只能依靠司法实践来界定。

对于创作演绎作品的权利,各国的规定基本是相同的,就是将创作演绎作品的权利授予原作品的著作权人。没有著作权人的同意,非法演绎者不能获得演绎作品的著作权,即使获得原著作权人的同意,演绎作者获得的著作权仅限于演绎作者撰写的部分,以区别于所使用的原有材料。演绎作品的著作权独立于原有材料的任何著作权保护,不影响或扩大原有材料的著作权保护的范围、期限等事项。当然,如果演绎者非法演绎中新增部分能够与借用的作品完全区分开,演绎者就可以就新增部分享有著作权。②

二、演绎规定与重混创作合法性判断的弱关联性

演绎作品的范围决定了权利人的控制范围。就演绎作品的下限而言,

---

① 〔美〕威廉·M.兰德斯,理查德·A.波斯纳:《知识产权法的经济结构》,金海军译,北京大学出版社 2005 年版,第 137 页。

② 〔美〕威廉·M.兰德斯,理查德·A.波斯纳:《知识产权法的经济结构》,金海军译,北京大学出版社 2005 年版,第 137 页。

如果演绎作品与原作品相比只要"超过仅是微小限度的变化"即可,演绎作品对原作品就具有很强的替代性,受让人只要取得演绎创作的授权就可以实际剥夺原作品的商业机会。[①] 原权利人为了避免这种情况,很可能不进行交易。就演绎作品的上限而言,如果根据原作品创作出来的作品与原作品差异已经很大,我们仍然认为是演绎作品,那么演绎权将极大地控制对原作品的自由使用,从而使创作性利用在先作品的成本急剧增加。更为重要的是,演绎作品的下限和上限存在极大的模糊性和不确定性。"增量创造性"与"同一性"的判断成为演绎权连接复制权以及自由使用、合理使用制度之间的关键点。

对于演绎作品的下限而言,无论是"实质性区别标准"还是"超过仅是微小限度的变化/可区别性变化标准"对市场的意义都是有限的,因为原作品著作权人在授予演绎权的时候可以通过协议的形式进行区别性约定,对演绎作品与原作品之间的区别进行控制,排除对原作品构成很强替代的情形。产生演绎作品下限的争议,基本都是原告无法通过复制权保护自己,企图通过拉低演绎作品的下限来达到扩张保护的目的。比如,原告通过对公共领域的作品进行细微的变化获得著作权,进而打击他人的复制行为;或者对自己已经进入公共领域的作品通过不断的细微修改重新取得著作权,试图达到无限期保护的目的。迪士尼公司就经常根据时代变化对自己创作的经典卡通形象进行少许修改后插入到新的作品中以期获得更长时间的保护。迪士尼之所以采取细微修改的策略,是因为它不想让消费者觉得这是一个新的角色,从而维持消费者的消费习惯。美国司法实践中对演绎作品下限产生争议的案例基本上都属于无法运用复制权进行保护时企图借助演绎作品获得保护的案件。比如在 Snyder 案[②]中,上诉人将一个处于公共领域的铁质的山姆大叔储蓄罐转化为一个塑料储蓄罐,被上诉人进行复制被诉侵权。除尺寸和材料之外,上诉人与公共领域的铁铸储蓄罐极其相似,仅仅将高度由原来的 11 英寸改为 9 英寸,以及随尺寸与材料变化而产生的细微差异。因此法院认为,相对于公共领域的储蓄罐,上诉人储蓄罐的变化是微小的,

---

① 卢海君:《从美国的演绎作品版权保护看我国〈著作权法〉相关内容的修订》,载《政治与法律》,2009 年第 12 期,第 131 页。

② L. Batlin& Son,Inc. ,v. Jeffrey Snyder,536 F. 2d 486(2d Cir. 1976).

其差异源于材质变化不具有其他功能性,不存在显著的可区别要素,因此不构成演绎作品。但是美国法院的判决也有相反的。在 Nagel 案中,被告购买了很多原告出版的含有 Nagel 作品的书籍,然后将 Nagel 的作品从书中剪下来,黏贴在瓷砖上出售。第九巡回法院认为虽然被告没有复制 Nagel 的作品,但把书上的作品剪下来黏贴在瓷砖上的过程构成了演绎创作,侵犯了原告的演绎权。[1] 该案的判决规则在 Munoz v. Albuquerque A. R. T. Co. 中得到了发展。[2] 在该案中,被告将享有著作权的卡片固定在瓷砖上,然后使用腈纶或者环氧树脂材料的透明保护膜覆盖瓷砖和卡片。被告认为自己的行为仅仅是展示艺术作品的一种方法,与把一幅画放进画框没有什么区别,不存在任何对作品的修改行为,因此不构成侵权。但是法院认为,将卡片永久固定在瓷砖上并用于别的用途导致作品被重塑的行为构成演绎,因此颁布了初步禁令。在这两起案件中,被告对原告的作品没有进行任何修改,仅仅将其固定在瓷砖上,结果被法院认定为演绎。上述两个判决实际上肯定拼贴原作品构成演绎创作。不过大多数法院和法学家拒绝接受第九巡回法院的裁决。根据《美国版权法》第 101 条,演绎作品定义要求"应有可保护的新材料贡献给已有作品。由于加框或贴画均不构成增加原创性的受保护材料的活动",因此不构成演绎创作。[3] 将两种意见综合起来,我们就会发现拼贴而且增加了创造性的行为构成演绎创作。关于演绎作品下限的讨论实际上对重混创作提出了要求,即不能增加被借用表达创造性的拼贴行为不构成重混创作。通过这个标准,我们可以将重混作品与汇编作品,重混创作与汇编创作区分开。

演绎作品上限的标准会对重混创作的界定产生更大的影响。因为上限标准决定了创作性使用他人作品时双方利益的分界线,如果在上限标准内,就受到演绎权的控制,如果在上限标准之外,就属于自由使用的范围。关于演绎作品的上限,美国很多法院认可下列观点:如果一部作品中包含了源于

---

① Mirage Editions, Inc. v. Albuquerque A. R. T. Co. ,856 F. 2d 1341(9th Cir. 1988).

② Munoz v. Albuquerque A. R. T. Co. ,829 F. Supp. 309,149 A. L. R. Fed. 779 (D. Alaska 1993) ,aff'd,38 F. 3d 1218(9th Cir. 1994).

③ [美]罗伯特·P. 墨杰斯等:《新技术时代的知识产权法》,齐筠等译,中国政法大学出版社 2003 年版,第 371 页。

在先作品中的一个实质性数量的材料（a substantial amount of material from a preexisting work），那么就构成演绎作品。① 在 Central Point Software, Inc. v. Nugent 中②，法院认为一部作品仅需要包含源于在先作品的受到版权保护的一个实质性数量的材料就可以视为演绎作品。在 Litchfield v. Spielberg 中，法官在判断一部电影是否侵犯一部戏剧的版权时，明确主张一部作品除非从一部在先作品进行了实质性复制，否则不算是演绎作品。明确拒绝了这样一种观点，即认为任何基于在先作品创作的作品都构成演绎作品。演绎作品与享有版权的作品之间必须存在实质性相似，前者必须事实上源于后者，而不是只存在模糊的联系。③ 在 The court in Original Appalachian Artworks, Inc. v. Schlaifer Nance & Co. Inc. 中，法院裁决如果两部作品之间缺少实质性相似，就不构成演绎作品。这样法院将分析的焦点放在下列规则上：一部作品不构成演绎作品除非它与另一部作品存在实质性相似。在比较了两个不同的玩具以及他们的装束之后，法院认为，尽管这两个玩具在设计和包装方面分享着相同的思想，但是这两件产品中存在的变化排除了实质性相似的存在。实质性相似成为演绎作品上限的判断标准。

美国的司法实践对于演绎作品上限的判断逐渐形成了共识，即一部作品必须从在先作品借用了实质性数量的材料方能构成演绎作品；少量的借用、非实质部分的借用不构成演绎。有意思的是，演绎作品的判断逐步转化为实质性相似的判断，也就是说演绎作品必须与原作品构成实质性相似，这与我国学者主张的"同一性"有异曲同工之妙。但是侵权中的实质性相似与演绎作品中的实质性相似是不是相同却是值得怀疑的。在 M. H. Segan Ltd. Partnership v. Hasbro Inc. 中④，纽约南区法院被请求就下列动议做出简易裁决：如果一部作品对在先作品构成侵权，那么它就是一部演绎作品。但是法

① What Constitutes Derivative Work Under the Copyright Act of 1976, 149 A. L. R. Fed. 527（Originally published in 1998），pp. 32.

② Central Point Software, Inc. v. Nugent, 903 F. Supp. 1057（E. D. Tex. 1995）.

③ Litchfield v. Spielberg, 736 F. 2d 1352（9th Cir. 1984）. What Constitutes Derivative Work Under the Copyright Act of 1976, 149 A. L. R. Fed. 527（Originally published in 1998），pp. 33.

④ Original Appalachian Artworks, Inc. v. Schlaifer Nance & Co., Inc., 679 F. Supp. 1564（N. D. Ga. 1987）.

院拒绝对此做出裁决,转而认为案件争议的问题是被声称的演绎作品是否构成侵权,而不是确定声称的演绎作品是否构成演绎作品,结果只就是否构成侵权进行裁决。

因此,尽管演绎作品的概念及其规则具有重要的社会意义,但在演绎权的侵权保护方面并无突出的意义。美国学者 Nimmer 认为演绎作品的规定是令人困惑的,多余的。① 不过,演绎作品规定的另一个功能就是赋予演绎作品以著作权,对原作品与演绎作品的著作权进行分割,激励演绎作品的创作。这对于重混作品的保护具有意义。然而,如果不解决重混创作的合法性问题,后续的保护将无从谈起。

第二节　实质性相似规则与重混创作著作权规制

一、实质性相似规则

(一)著作权侵权判断模式

根据上述分析,是否构成演绎作品,是否侵犯演绎权(上限标准)往往最终要通过实质性相似规则来解决。事实上,就连《美国版权法侵权条款研究报告》都认为演绎权侵权很少被单独实施,因为总会有一些原创性表达以某种形式用来创作演绎作品。② 演绎权侵权最终会被归结到著作权侵权的认定上。我国学者李明德教授认为,著作权侵权可以从行为和作品两个角度进行分析。从行为角度看,侵权人未经授权而复制、改编、发行、表演了享有著作权的作品;从作品角度看,是被控侵权的作品复制或者挪用了享有著作权的作品,"两部作品之间存在表达上的相同或者实质性相似"③。李教授的观点清晰的阐述了演绎权的保护与侵权认定之间的关系,也证明了笔者上

---

① Melvile Nimmer,David Nimmer,Nimmer on Copyright,118. 09(A),at 8–114. 转引自[美]罗伯特·P. 墨杰斯等:《新技术时代的知识产权法》,齐筠等译,中国政法大学出版社 2003 年版,第 365 页。

② Cause of Action for Copyright Infringement Under the Federal Copyright Act of 1976, as Amended,9COA 2d 65(originally published in 1997,updated May 2014),P. 31.

③ 李明德:《美国知识产权法》(第 2 版),法律出版社 2014 年版,第 357 页。

述的分析结果。相对于行为角度,作品角度的分析能够弥合各种不同权利之间具体的差别,从而彰显著作权侵权判断的实质。这也是从作品角度的分析成为著作权侵权判断基本范式的根本原因。相比之下,我国著作权法仅从著作权权项角度规定侵权,掩盖了著作权侵权判断的基本规则。

关于著作权侵权的判断模式,作为美国著作权侵权判决的里程碑,阿恩斯坦诉波特案(Arnstein v. Poter)提出了"复制+侵占"分析模式①,丰富了"接触+实质性相似"的判断规则。"复制"是分析被告的作品是否构成抄袭,包括"接触+相似"两个要点,目的在于证明原被告的作品存在"证据性相似"。"侵占"是确定"被告是否复制了足够的表达形式以至于侵犯了原告的版权利益"②。在复制判断的过程中,接触与相似的关系比较有趣。美国多数法院判决提出了一个反比例关系,"如果没有相似点,那么无论具备多少接近证据都不足以证明复制行为;如果具备接近证据,而且相似点也存在,那么事实审理者必须认定这些相似点是否足以证明复制行为……如果缺乏接触证据,那么相似点必须非常显著才能排除原告和被告各自取得相同结果的可能性"③而"接触被界定为有机会看到享有版权的作品",接触的证明必须是"合理的,很可能的",而不是"几乎不可能的"。④

"复制+侵占"分析模式与"接触+实质性相似"模式相比,笔者以为前者对实质性相似的判断进行了细化,发展出更为复杂的判断标准。尽管如此,什么是实质性相似,还是存在诸多模糊之处,需要进一步研究。

(二)实质性相似规则的功能及含义

想要准确地理解一个概念的含义,首先需要理解这个概念的目的或者功能。实质性相似不仅是一个事实问题,更是一个法律问题。尽管著作权客体是作品,但是作品具有多种属性,需要进一步分析。著作权发展史告诉

---

① Arnstein v. Poter,154 F. 2d 464(2d Cir. 1946).

② [美]罗伯特·P. 墨杰斯等:《新技术时代的知识产权法》,齐筠等译,中国政法大学出版社 2003 年版,第 349 页。

③ [美]罗伯特·P. 墨杰斯等:《新技术时代的知识产权法》,齐筠等译,中国政法大学出版社 2003 年版,第 347 页。

④ Ferguson v. National Broadcasting Co. 584 F. 2d 111,pp. 113(5th Cir. 1978). 原文是 "To support a finding of access there must be a reasonable possibility of access not a bare possibility as we have in this case. "

我们,著作权保护的是"作者的创造性劳动",当我们将保护对象投向作品之后,保护的应该是凝结在作品中作者的创造性劳动,实质上就是所谓的独创性。关于作品的独创性,作者权法系和版权法系的理解是不太一样的,作者权法系坚持了统一的独创性概念,即独创性既是作品保护的起点条件,也是权利保护范围的准绳。但在版权法系,独创性出现了分裂,作为作品保护条件的独创性和著作权保护范围的独创性是不同的,前者坚持额头滴汗理论,后者依据具体侵权案件来判定。不过费斯特案似乎改变了这种观点,要求所有享受著作权保护的标准,都需要达到一定程度的创造性。[1]

由于本著作是在侵权分析的背景下讨论独创性,这对于两大法系来说不存在根本性的差别。李明德教授也指出著作权旨在保护独创性的作品和作品的市场。[2] "实质性相似是用来推断复制足以构成侵犯版权的概念……是一个法庭中使用的术语,其目的是在国会法案赋予作者的保护与其他人在该保护之外创作作品的自由之间形成的一种平衡。"[3] 作品的独创性或者独创性的作品是著作权的保护对象,实质性相似的法律本质是保护作品基于独创性的经济价值。[4] 不过值得指出的是,著作权保护的是作品的独创性或者独创性的作品,并不直接保护独创性作品的市场。从独创性到市场,这里面存在相当大的差别,因为作品的独创性与作品市场的创造之间还隔着很多其他的因素,比如策划、营销、市场机会等其他条件,著作权仅仅保护的是作品的独创性不被他人侵占或者拿走,而不保护市场是否被侵害。换言之,作品的独创性与作品是否可替代之间(市场)还是存在相当大的差别的。如果仔细考察我国目前存在的电视剧跟风现象,那么我们就会发现在不侵犯他人作品独创性的情况下抢占同类作品市场是可以做到的。著作权制度的要义在于通过保护作品的独创性来保护作品的市场,至于通过独创性能不能达到保护的目的则是另外一回事。任何一种制度都有局限,著作权法

---

① Feist Publications, Inc. v. Rural Telephone Service co. ,499 U. S. 340(1991).

② 李明德:《美国知识产权法》,法律出版社 2014 年第 2 版,第 365 页。

③ Warner Bros. Inc. v. American Broadcasting Co. 720F. 2d. 231, pp. 240. 222U. S. P. Q. 101(2d cir. 1983)原文是:"By assuring the author of an original work the exclusive benefits of whatever commercial success his or her work enjoys, the law obviously promotes creativity. "

④ 何怀文:《著作权侵权的判定规则研究》,知识产权出版社 2012 年版,第 81 页。

也不例外,这并不是著作权法的错。因此,实质性相似比较的对象本质上是独创性,即独创性表达。[1] 值得指出的是,实质性相似不是指"原被告作品之间存在基本相同的部分"[2],如果将实质性相似视为"原被告作品之间存在基本相同的部分",那么就是将比较的对象局限于字面表达,认为相同的字面表达必定表现出相同的独创性。独创性与字面表达虽然有密切的关系,但是二者并不完全等同,表达独创性的判断不能仅仅依靠我们抽象出的"表达"来判断,而是要在表达相应的环境中去判断。"语境"对于独创性的判断是至关重要的。这对于重混创作的规制来说是个关键。

总的来说,著作权保护的是作品的独创性,实质性相似是指原被告作品独创性方面的实质性相似,但是独创性又是依赖于表达的,这样独创性的比较转化为表达的比较,或者说既要比较客观的表达,又要比较其中体现出来的独创性,还要比较其相似的程度。这样,实质性相似包含两层含义,第一层是被告的作品是否构成了复制,第二层是复制是否达到了实质性相似的程度,即被告表达的相似性是否是从原告的作品挪用的。[3] 这是阿恩斯坦诉波特案发展起来的实质性相似分析方法。[4] 该方法在 Sid&Martykroff Television production,Inc. v. McDonalds Corp.(麦当劳园地案)进一步发展为内部判断标准/外部判断标准[5]。由于该术语令人困惑,法院后来又改称主观判断/客观判断标准。客观判断标准是指独创性客观表象间的相似,主观判断标准是指独创性表达形式要素间的相似。[6] 客观/主观分析方法实际上将实质性相似判断分为两个部分,先进行客观分析,后进行主观分析,客观分析旨在确定争议作品受保护的要素,主观分析由审理者完全主观的确定

---

① 在作品中,任何思想都是通过表达再现的,这里的表达实际上是指作品本身,思想与表达的区分只能在观念层面上进行。在相同的思想可以通过不同的表达去再现时,思想与表达的区分就实现了。不存在无表达而单独存在的思想。

② 何怀文:《著作权侵权的判定规则研究》,知识产权出版社 2012 年版,第 59 页。

③ Cause of Action for Copyright Infringement Under the Federal Copyright Act of 1976, as Amended,9 COA 2d 65(originally published in 1997,updated May 2014),P.27.

④ Arnstein v. Poter,154F. 2d 464(2d Cir. 1946).

⑤ Sid&Martykroff Television production, Inc. v. McDonalds Corp. 562 F. 2d 1157(9th Cir. 1977).

⑥ [美]罗伯特·P. 墨杰斯等:《新技术时代的知识产权法》,齐筠等译,中国政法大学出版社 2003 年版,第 354-355 页。

被告的作品是否侵犯了原告的著作权。① 客观分析相当于复制分析，主观分析相当于侵占分析。

　　客观的实质性相似分析主要包括两种不同的方法，即"层层抽象法"与"整体概念和感觉法"。前者起源于汉德法官判决的尼科尔案。② 尼科尔案是关于两部剧本的争议。两部作品情节相似：一个犹太家庭的子女和一个爱尔兰天主教家庭的子女恋爱，双方父亲反对，子女冲破宗教和种族偏见结合，孙辈的出生，最终取得双方父亲的谅解。这些有关情节、人物关系、思想等就是原告提出的保护对象的主张。"层层抽象法"就是原告根据作品整体的表达，概括出希望受到保护的特征组合。③ 由于作品是无数个不同特征的组合，因此无法像专利技术那样，事先将技术特征组合记载在权利要求书当中，只能由原告在诉讼当中进行主张。④ 本质上是原告从自己的立场出发，寻找两部作品之间的相似性，具有很强的针对性和主观性。"整体概念和感觉法"起源于罗斯公司诉联合公司贺卡案。⑤ 罗斯公司的贺卡很简单，由一些原创性美术作品以及一些常见话语构成，联合公司的贺卡抄袭了罗斯公司贺卡的话语，但是替换了罗斯公司的美术作品。联合公司的模仿行为很巧妙，有独创性的部分被替换，没有独创性的部分被复制，如果简单过滤，然后比较，那么联合公司的行为不构成侵权。但是如果把"文字的安排、组合和设计适当的美术作品"等看作一个整体，那么联合公司贺卡中的"人物、表

---

　　① ［美］罗伯特·P. 墨杰斯等：《新技术时代的知识产权法》，齐筠等译，中国政法大学出版社 2003 年版，第 355 页。

　　② Nichols v. Universal Pictures Corp. 45 F. 2d 119(2d Cir. 1930).

　　③ 汉德法官关于层层抽象法的经典论述的原文如下："When the plagiarist does not take out a block in situ, but an abstract of the whole, decision is more troublesome. Upon any work, and especially upon a play, a great number of patterns of increasing generality will fit equally well, as more and more of the incident is left out. The last may perhaps be no more than the most general statement of what the play is about, and at times might consist only of its title; but there is a point in this series of abstractions where they are no longer protected, since otherwise the playwright could prevent the use of his ' ideas,' to which, apart from their expression, his property is never extended. "具体参见 Nichols v. Universal Pictures Corp. 45 F. 2d 119, pp. 121. (2d Cir. 1930).

　　④ 崔国斌：《知识产权确权模式的选择理论》，《中外法学》，2014 年第 2 期，第 417 页。

　　⑤ Roth Greeting Cards v. United Card Co. ,429 F. 2d 1106(9th Cir. 1970).

现的情绪、图画与特定语言传递的特定的情绪、贺卡上的文字编排实质上都与罗斯公司的贺卡相同,有的地方的字体也非常相似"。最后,法院依据"整体概念和感觉"原则判定构成实质性相似。①

"层层抽象法"与"整体概念和感觉法"的区别是很明显的,前者采用解构的方法,通过抽象和过滤限制了保护对象的范围。而后者从"整体概念和感觉"出发,将不受保护的要素也纳入到保护范围内,拒绝进行分解,扩大了保护范围。因此运用"层层抽象法"检验可能不构成侵权的情形,但是运用"整体概念和感觉法"检验却可能构成侵权。有学者认为在实质性相似分析中,应该以"层层抽象法"为主,以"整体概念和感觉"为辅,只有在前者无法适用或者适用结果明显不合理的情况下才能适用后者。

关于主观分析部分,根据美国经典判例阿恩斯坦诉波特案是指一般观察者对"是否构成侵占或者不当挪用"部分的判断。在这部分判断中,既不需要分解作品,也不需要听取专家的证言。在这里,陪审团或者法官,是将原告的作品和被告的作品作为整体进行比对,判定二者是否构成实质性相似。而且,陪审团或者法官得出的结论,不因双方当事人的观点或者专家的观点所改变。②因此,主观分析采取综合判断,从一般观察者的角度,将确定的保护对象放在原被告作品不同的语境下,判断这种相似性是否达到了剥夺原告著作权权益的程度。主观分析尽管是综合判断,但并不是凭借主观印象,而是具备一般知识和一般能力的一般观察者进行认知分析的结果。关于主观分析的对象,有的法院认为比较的是整部作品,包括不受保护的要素,有的法院拒绝比较不受保护的要素。③ 分析的对象是否包括不被保护的因素,有时对分析结果影响很大。上面的罗斯公司诉联合公司贺卡案就是显著的例子。此外,一般观察者还需要判断占用多少才构成侵权。根据美国版权法立法报告对 106 的解释,即使只利用了少量的原创性内容,但对作

---

① Roth Greeting Cards v. United Card Co,429 F. 2d 1106(9th Cir. 1970).

② Arnstein v. Poter,154 F. 2d 464(2d Cir. 1946).

③ [美]罗伯特·P.墨杰斯等:《新技术时代的知识产权法》,齐筠等译,中国政法大学出版社 2003 年版,第 355 页。

品的质量有重要影响,同样构成侵权。① 这种情况被称为"部分内容相似"。② 美国版权法学者尼默(Nimmer)认为,如果被告的相似点与原告作品的实质性部分有关,即使相似点不多,但在性质上是重要的,仍可构成实质性相似,被告不得提出鉴于侵权部分这么少而免于承担责任的主张。但若仅是非实质部分相似,则不会被认定为实质性相似。③

二、重混创作的侵权分析

依据对在先作品的使用方式,重混创作可以分为字面表达复制型重混创作、非字面表达复制型重混创作以及同人作品创作。从侵权角度讲,字面表达复制型重混创作可能构成片段性字面侵权。片段性字面侵权(fragmented literal similarity)是指存在字面符号表示相同或者几乎相同的若干作品片段的侵权形态。④ 非字面表达型重混创作可能构成综合非字面侵权(comprehensive nonliteral similarity)。综合非字面侵权是指被控侵权作品与原告作品之间存在系统性的结构或者实质性内容的相同或者相似⑤,包括整部作品实质性相似,也包括部分内容实质性相似。

(一)字面表达复制型重混创作的侵权分析

拼贴在先作品片段是重混创作的典型形态,也是最为引人关注的形态。网络短片《一个馒头引发的血案》就是将电影《无极》的众多片段、中央电视台《法制报道》的画面、多首歌曲片段以及其他的一些作品进行剪辑,重新配音,讲述了一个与《无极》类似但与其无关的故事。挪用艺术也是重混创作的典型。直接利用他人片段,涉嫌侵权的对象是显而易见的,不需要抽象,汉德法官的"层层抽象法"无用武之地。同时,由于使用的是他人作品片段,

---

① H. R. Rep. No. 94-1476 (1976),94TH. ,2dSess. 61.

② [美]罗伯特·P. 墨杰斯等:《新技术时代的知识产权法》,齐筠等译,中国政法大学出版社 2003 年版,第 354-355 页。

③ Melvile B. Nimmer, David Nimmer, Nimmer on Copyright (Volume 4) , 13. 03 (A) (2) , p. 55-56 , Mattew Bender & Company , Inc. , 2009.

④ Melvile B. Nimmer, David Nimmer, Nimmer on Copyright (Volume 4) , 13. 03 (A) (1) , p. 53 , Mattew Bender & Company , Inc. , 2009.

⑤ Melvile B. Nimmer, David Nimmer, Nimmer on Copyright (Volume 4) , 13. 03 (A) (1) , p. 36 , Mattew Bender & Company , Inc. , 2009.

往往属于部分内容实质性相似的问题。对于被利用的作品片段,过滤之后就可以确定被保护的对象。所谓过滤就是将不受著作权保护的对象排除在比较的步骤之外,包括没有独创性的表达、有独创性但是依法不予保护的表达。片段性字面表达的直接借用,或者略微修改后的借用,"证据性相似"是不言而喻的。

那么这种复制是否构成侵权?"侵占分析"主要关注被告作品是否窃取了原告作品的实质性部分。是否构成实质性部分是针对原作品而不是针对被告作品进行判断。汉德法官在 1936 年的 Sheldon v. Metro-Goldwyn Picture Corp. 中说"抄袭者不得通过说明他的作品中有多少不是来自于抄袭而证明自己没有过错"。① 被告对抄袭的部分如何使用几乎不在著作权侵权判断的考察之列,1976 年的版权法立法报告认为"只要是作者的表达而非作者的思想观念被拿走,那么偏离版权的作品,或者对享有版权的作品加以变化,仍会是一种侵权"②。字面表达复制型重混创作对某部作品的使用可能包括全部使用和部分使用两种情形。对于全部使用,在重混创作中并不罕见,尤其是那些篇幅短小的文字作品、美术作品。著名艺术家达利在达·芬奇的画作《蒙娜丽莎》复制件的基础上以添加的形式创作了《长胡子的蒙娜丽莎》。对于全部使用,肯定包括原作品的实质性部分,而创作者又不能通过证明抄袭内容在自己作品中的地位不重要而免责。如果没有别的理由,无疑构成侵权。

对于部分使用,美国版权法只允许少量的、非实质性部分的使用;反对任何实质性部分的使用。那么原作品实质性部分和非实质性部分的区分就变得非常重要。美国版权法对此没有明确规定,主要依靠实质性相似规则的反推来确定。实质性相似规则本身就带有很大的模糊性,非实质性相似就更加难以保障。不仅如此,美国司法实践甚至开创了取样即违法的司法判例。③ 在 Bridgeport Music, Inc. v. Dimension Films 一案中,被告从原告音乐制品中进行了一个两秒的取样并将其插入新的音乐作品,听众甚至无法识别取样来自于原告。但是,法官根据《美国版权法》第 114 条的规定,拒绝了

---

① 李明德:《美国知识产权法》,法律出版社 2014 年版,第 363 页。
② H. R. Report, No. 94-1476, 94th Cong., 2d Sess., (1976), for Setion 501.
③ Bridgeport Music, Inc. v. Dimension Films, 410 F. 3d 792(6th Cir. 2005).

少量使用规则和实质性相似规则的适用①,这样数字取样本身就构成了侵权,对于媒介式重混创作构成了致命威胁。

重混创作,如果不允许截取在先作品的片段,肯定是无法创作的。不仅如此,重混创作往往使用在先作品中具有独创性的部分;对于在先作品来说,这些部分往往具有实质性。重混创作的一个主要特点就是让他人觉察到这是重混创作。因此,重混作品对在先作品片段的使用大多构成实质性相似。就拿网络短片《一个馒头引发的血案》来说,它使用的材料很多,包括电影、音乐、电视节目、海报、广告,不一而足,有的使用部分内容,有的则是全部内容,如果按照实质性相似规则进行判断,几乎没有什么片段能够逃脱实质性相似的认定。因此,著作权侵权规则对片段性字面表达的重混创作的帮助是微乎其微的。

(二)非字面表达复制型重混创作的侵权性分析

重混创作有时会涉及非字面表达要素的使用。汉德法官的"层层抽象法"作为非字面表达要素的提取公式颇有盛名。但与此同时,"层层抽象法"也断送了表达与思想之间明晰的界限,汉德法官在尼科尔案中宣布"没有任何人能够确定思想与表达之间的界限"②。由于思想与表达二分无法明确划定著作权的保护范围,在侵权判断中逐渐被实质性相似规则所代替。实质性相似规则主要就是解决非字面表达要素的使用问题的。不过作为侵权认定的主要规则,实质性相似的认定实践朝着不断扩张著作权保护的道路上发展。

1930年汉德法官在尼科尔案中发展出"层层抽象法"作为非字面表达保护的确定方法。在"层层抽象法"无法应用的场合,法院发展出"整体概念与感觉"作为"层层抽象法"的替代,以整体感觉代替具体的分析,作为保护范围的确定标准,从而将不受保护的表达也纳入到考量范围之内。"层层抽象法"和"整体概念与感觉"代表两种不同的确定实质性相似的做法。那么如何进行协调呢? 笔者认为"复制+侵占"二阶层分析法,以及在此基础上发展出来的"外在标准/内在标准"或者"客观标准/主观标准"对此进行了整合。

---

① Bridgeport Music,Inc. v. Dimension Films,410 F. 3d 792,pp. 798. (6th Cir. 2005).

② Nichols v. Universal Pictures Corp. 45 F. 2d 119,pp. 121. (2d Cir. 1930).

我们先看产生了"复制+侵占"二阶层分析法的阿恩斯坦诉波特案。原告认为被告创作的音乐作品抄袭了他的音乐作品,事实上被告与原告作品的相似之处非常少,二者之间只有一些不连续的音符相似。克拉克法官认为对这些相似之处的指控就像指控莎士比亚剽窃他人使用过的冠词、代词、介词和形容词一样不可思议。此外,本案所涉的原告作品有的没有公开发表,在公共领域很难获得。在该案的判决中,法院发展出了"复制+侵占"二阶层分析法。从其具体运用来看,通过第一层检验,法院没有发现实质性相似存在;通过第二层检验,法官还是没有发现实质性相似存在。"复制"与"侵占"之间不是依次递进而是补充关系,侵占分析作为那些没有确信的证据证明存在复制性相似时的补充手段,试图越过详细分析和专家证言的障碍,用观众的直接反应代替理性分析。正如该案判决所说,"有些案例中,原告和被告作品有非常多的相似之处,而且是实质性相似的。这种情况下,无须更多证据,就可以推断复制行为,并且证明侵占。但是,并不需要这种具有双重目的的证据,即假设以其他方式能证明复制,就可以不需要能独立支持复制推断的相似证据来证明侵占。"①

如果就分析方法的适用在阿恩斯坦诉波特案中还存在疑问的话,那么在"复制+侵占"分析基础上发展出"客观标准/主观标准"的麦当劳园地案就更清楚无误地证明了这一点。原告克鲁夫特(Krofft)1968—1969年制作了拥有著作权的电视剧 H. R. Pufnstuf。该电视剧塑造了几个穿着怪异的男孩,他们住在一个被称为"活岛"的岛上,岛上还住着很多能移动的树和会说话的书。1970年年初,克鲁夫特与一家广告公司签订了一份协议,合作利用 H. R. Pufnstuf 作为素材参加麦当劳广告大赛。后来广告公司撇开原告单独策划了"麦当劳园地"项目,并且聘用原告公司前雇员为其制作道具、服装,以及聘请为 H. R. Pufnstuf 配音的专家为其人物角色配音。麦当劳的广告播出之后,原告作品的人物逐渐被麦当劳广告中的人物所取代,原告无法再发放其衍生产品的许可证。在该案中,被告复制了原告作品的主要创意,即幻想园地和园地上各种充满幻想的活动的人物,同时尽量避免抄袭原告作品

---

① [美]罗伯特·P.墨杰斯等:《新技术时代的知识产权法》,齐筑等译,中国政法大学出版社2003年版,第344页。

的表现形式。被告辩称，其作品内容的表达形式与原告的电视剧存在巨大的差异。为此，他们分析了原告电视的各个部分，包括人物、背景、剧情，并指出这些部分与自己的作品存在的区别。被告试图在思想与表达二分的基础上证明，自己的作品与原告作品的表达不存在实质性相似。对此，法院提出了外在判断标准/内在判断标准，强调了"整体概念和感觉"，认为"侵权行为不一定仅限于对作品非字面的重复或者复制、它还包括为掩盖盗版事实，通过或多或少的改变颜色的方式对作品的使用、模仿、改变或复印等许多不同的模式"[①]。面对外在标准认定的困难，法院通过内在标准认定实质性相似，从而打击被告的逃避著作权侵权责任的行为。麦当劳园地案在实质性相似规则发展上占据着非常重要的地位。依据"复制+侵占"二阶层分析法，在复制分析之外，又增加了侵占分析，似乎限制了著作权保护范围，但事实上却扩大了著作权保护范围，改变了思想表达二分原则的适用。

　　实质性相似对非字面表达要素的使用施加了严格的保护。这种保护是随着法官对后续作者剽窃在先作品创意的厌恶而逐渐发展起来的。麦当劳园地案就讲了这样一个故事，有很强创作能力的被告通过对在先作品创意的剽窃而侵占在先权利人的商业利益。被告企图仰仗思想与表达二分规则，而法院则认为必须尽量打击这类剽窃行为。为此，法官通过"整体概念与感觉"来打击被告的这种取巧行为。实质性相似规则的发展就是在"复制"和"侵占"之间进行平衡，二者呈现出这样一种关系，如果存在足够的复制，构成实质性相似；如果复制的证据不是很充分，但构成侵占，同样成立实质性相似。这样通过二阶层分析法，可以打击那些创作能力高超的人者表面上不相似的侵权行为。

　　但是，实质性相似规则的发展对于非字面表达复制型的重混创作却构成了一种灾难。非字面表达复制型的重混创作是一种完全不同的创作行为。首先，重混创作的主要目的不是取代，而是通过混合、改编等形式产生新的价值。其次，对于重混创作者来说，让读者意识到原作的存在是有意义的。因此在创作中，他总是故意留下痕迹，让读者意识到在先作品的存在，

---

①　[美]罗伯特·P.墨杰斯等:《新技术时代的知识产权法》,齐筠等译,中国政法大学出版社 2003 年版,第 353 页。

通过与在先作品的关系增进新作品的价值。重混作品与原作品的关系往往是理解重混创作的关键。由于重混创作的暗示、故意或者其他方面的原因，重混创作与在先作品的联系总是很容易被找到，会比原创创作对他人作品非字面表达要素的使用留下更多的相似之处。如果说实质性相似规则的发展是力求将表面上不相似的使用也纳入到禁止的范围，那么这种故意留下标记的重混创作无异于自寻死路。这种重混创作在现代派的文学创作中比较常见，比如著名作家乔伊斯的《尤利西斯》是模仿荷马史诗《奥德赛》，我国2014年获得鲁迅文学奖的教授和诗人周啸天模仿李白的《将进酒》创作了《将进茶》①，他在题记中写"余素不善饮，席间或以太白相诮，退而作《将进茶》"，清楚交代了写作的动机，以及这两首诗内容之间的关系，生动显示了两首诗之间的对应关系。诗人周啸天不仅没有隐瞒这种关系，甚至将其作为写作的重点来处理。如果说普通作家创作《将近茶》这样的作品，可能遭人讥讽，但是作为专门研究古诗的著名专家，甚至以此获得文学大奖，则不能不引人深思。显然，这种创作不同于亦步亦趋的抄袭、模仿，同时又不构成戏仿或者讽刺；它通过各种手段建立起与在先作品的联系，在与被借用者展开对话的同时展现自己独特的风貌。与在先作品建立联系必然涉及对在先作品各种表达要素的使用，其中非字面表达要素占据着非常重要的地位。实质性相似规则对非字面表达要素保护的强化很可能会打击非字面表达复制型重混创作。

（三）同人作品创作侵权分析

同人作品是重混创作中的一个极为重要的类别。同人作品一般是指借用流行小说、电视剧、网络游戏或其他流行文化中的人物、有特色的元素等

---

① 为了便于理解，笔者特将周啸天创作的《将进茶》抄录如下"世事总无常，吾人须识趣。空持烦与恼，不如吃茶去。世人对酒如对仇，莫能席间得自由。不信能诗不能酒，予怀耿耿骨在喉。我亦请君侧耳听，愿为诸公一放讴：诗有别材非关酒，酒有别趣非关愁。灵均独醒能行吟，醉翁意在与民游。茶亦醉人不乱性，体己同上九天楼。宁红婺绿紫砂壶，龙井雀舌绿玉斗。紫砂壶内天地宽，绿玉斗非君家有。佳境恰如初吻余，清香定在二开后。遥想坡仙漫思茶，渴来得句趣味佳。妙公垂手明似玉，宣得茶道人如花。如花之人真可喜，刘伶何不怜妻子。我生自是草木人，古称开门七件事。诸公休恃无尽藏，珍重青山共绿水。"

而创作的作品。①"这些作品一方面满足了作品的原创性条件而能够单独称之为作品;另一方面又与所借用作品具有一定的关联性。"②其关联性基本上可以分为两类,一类是对原作品人物角色的使用,一类是对原作品中其他要素的使用,这两类要素的使用往往又相互交织在一起的。

1. 人物角色的使用

对在先作品角色的使用构成了同人作品创作的绝对前提条件。没有对在先作品角色的使用,就没有同人作品。人物角色属于作品中最鲜明、最具有特色、最能代表作品,也最具有交流价值的部分。试想一下,如果没有孙悟空、唐僧等角色,《大话西游》如何构建;相反,如果没有花果山、大闹天宫,还是不妨碍我们重新讲一个与孙悟空、唐僧有关的故事。因此,人物角色是否受到著作权保护,对于重混创作影响巨大。如果人物角色享有著作权保护,使用其角色就必须经过许可;如果不享有著作权保护,就可以自由使用。人物角色可能受到两种类型的著作权保护,一是人物角色本身的著作权保护,另一种是关于人物角色的叙述或者表达的著作权保护。人物角色的叙述或者表达往往体现为具体的作品或者作品片段,可享有著作权,其使用构成一个普通的著作权问题。

关于人物角色是否受到著作权保护是一个很复杂的问题。因为角色形象不同于有关角色的具体表述,而是从角色的具体表达中抽象出来的。如果一个角色只存在一个具体表述,这时候角色的保护与角色表述保护的分析对象是同一的;如果一个角色有很多表述的话,就必须根据这些表述,把角色保护的特征概括出来。在人物角色存在多种表述的情况下,我们就会发现角色的著作权保护与有关角色表述的著作权保护是不一样的。在对角色进行保护的过程中,由于角色具体表述可以直接享有著作权,如果他人对角色的使用同时涉及角色和角色表述,那么为了简便起见,关于角色保护的问题可以转化为角色表述的保护,或者说通过角色表述的保护达到角色保护的目的。如果对角色的使用与原作者关于角色的表述是分离的,没有具

---

① 孙战龙:《网络同人小说的权利界定》,载《网络法律评论》(年刊),2006 年版,第169 页。

② 孙战龙:《网络同人小说的权利界定》,载《网络法律评论》(年刊),2006 年版,第169 页。

体的表述可以借助,角色保护的问题就会直接显现出来。

　　不同类型的同人作品创作对在先作品角色与角色表述的使用方式是不同的。现代重混创作往往以直接复制的形式进行使用,如果该角色的具体表述构成一幅美术作品,对角色的使用与对角色表述的使用是同一的,问题可以转化为同人作者对角色的使用是否侵犯该美术作品的著作权。如果是对该美术作品百分之百的复制,无疑构成侵权;如果是修改后使用,那么我们就需要比较原作品的角色表述与同人作品的角色表述之间的相似性。同人作品以保持角色的可识别为前提,通常都会构成实质性相似。

　　相比之下,文学作品的角色表现方式完全不同。文学作品关于角色的表述往往分散在作品的具体表述之中,不存在视觉可见的直接集中表述。其同人作品创作往往是在利用人物角色名字的基础上展开自己的叙述,逐步展现人物形象。这种创作方式对角色形象的保护提出了很大的挑战。首先,文学作品的人物形象能否受到保护是一个难题。汉德法官 1930 年在尼科尔案中提出了"独特描述与展开"或者"清晰描绘"的测试标准。"按照这个标准,一个人物形象在作品中越是得到独特的描述或展开,就越有可能独立出来,获得特定的文学或戏剧作品之外的保护。"①该测试标准与思想与表达二分有关,因为越是没有得到展开的人物形象,越可能落入思想的范畴而不受保护。

　　在 1954 年判决的马耳他猎隼案中,法官又提出了"构成被叙述故事"的测试标准。按照这个标准,文学作品中的人物形象只有得到最充分的描述,

---

① Nichols v. Universal Pictures Corp. 45 F. 2d 119, pp. 121. (2d Cir. 1930). 汉德法官的具体表述是"If Twelfth Night were copyrighted, it is quite possible that a second comer might so closely imitate Sir Toby Belch or Malvolio as to infringe, but it would not be enough that for one of his characters he cast a riotous knight who kept wassail to the discomfort of the household, or a vain and foppish steward who became amorous of his mistress. These would be no more than Shakespeare's 'ideas' in the play, as little capable of monopoly as Einstein's Doctrine of Relativity, or Darwin's theory of the Origin of Species. It follows that the less developed the characters, the less they can be copyrighted; that is the penalty an author must bear for marking them too indistinctly."关于这段话的汉语翻译可以参见李明德:《美国知识产权法》,法律出版社 2014 年版,第 282 页。

以至于该人物形象构成了被叙述故事的程度时,才可以获得著作权的保护。[1] 但是这个标准是非常模糊的,"事实上,让文字作品中的人物形象构成被叙述的故事,或者成为一件单独的作品,几乎是不可能的"[2]。相对而言,汉德法官"独特叙述和展开"的标准更容易掌握,因为经过独特叙述与展开之后,人物形象可以用一系列的特征去进行概括,达到了可以准确辨认的程度,即使离开了原来的作品,这个人物形象依然可以存在。拿《西游记》来说,孙悟空和猪八戒如果离开了《西游记》进入别的故事之中,我们依然能够将其辨认出来。这种辨认与其在新作品是否叫孙悟空或者猪八戒没有关系。一个作者如果写了一个人物叫猪八戒,但是完全没有猪八戒在《西游记》中呈现出来的那些特征,那么他写的就不是猪八戒。至于它能不能用猪八戒这个名字则与形象化权有关。相比之下,尽管唐僧也家喻户晓,但是我们很难将唐僧的形象用一系列的特征概括出来,因此唐僧的人物形象达到"独特叙述和展开"标准就有些困难。从著作权保护的测试标准衡量,文学作品的人物角色可以用特征组合的办法进行概括,特征组合越少越接近公有领域,特征组合越多,人物角色越有可能受到著作权的保护。这种确定方法已经超越了思想与表达二分的做法,也超越了作品保护的最低创造性标准。

在原文学作品的角色能够受到保护的情况下,后续的创作能否再现这个形象也是一个很大的挑战。我们来分析两个案子。

第一个,美国第二巡回法院1983年审结的"超人案"。华纳公司拍摄的《超人》系列电影大获成功,美国广播公司打算拍摄"超人"早期生活经历题材的电视剧,寻求授权遭到拒绝,于是改而拍摄一部最伟大的美国英雄的电

---

[1]　Warner Bros. ,Inc. v. Columbia B roadcasting System,Inc. ,216 F. 2d 945(9 th C ir. 1954).该案件的基本案情是:作家 Dashiell Hammett 将其作品"Maltese Falcon"的著作权转让给 Warner Brothers,准许后者在电影、电台和电视中享有和小说使用有关的某些特定和排他的权利,后来作者又在自己的后续创作中使用了原作品中的角色,Warner 认为其获得的排他权利包括使用小说的角色、角色的名称以及标题,但是法院认为合同中没有明确列举原告获得排他性权利包括角色及其名称的使用,因此原作者有权利在后续创作中继续使用这些角色。接着法院认可作者使用原作品中的人物角色继续创作的创作惯例,并且指出,即使作者同意将小说的著作权完全转让,也不妨碍作者在创作中使用该小说的角色。

[2]　李明德:《美国知识产权法》,法律出版社2014年版,第283页。

视剧,塑造拉尔夫·新克里的人物形象。电视剧播出后,被华纳公司起诉。在该案中,由于被告没有使用超人的名字,也没有抄袭《超人》电影情节,因此争议的焦点集中在被告是否侵犯了原告"超人"形象的著作权。人物形象的比较以及是否构成实质性相似成为关键。对此,原告主张被告的主人公形象与超人形象存在着实质性相似。被告认为两个人物共有的某些"技能",属于思想观念,不是可以获得保护的表达。比较两个人物形象,我们发现被告的人物角色拉尔夫·新克里由于获得了一件神秘的衣服而具有超越人类的速度和力量。根据观众调查,约74%的观众在观看被告的作品时会想到超人。再加上被告曾经寻求原告的授权。这些事实使我们有充分的理由相信,被告是试图拍摄一部类似人物的作品。不过两个人物角色也具有很大的差别,被告作品的主题是:"当你成为超人后,会有什么事情发生?"主人公拉尔夫·新克里像一个胆怯而不情愿的英雄,他勉强接受自己的使命,但是更愿意回到正常人的生活中去,因此总是被自己的超能力所困惑,只能够以笨拙而喜剧化的方式运用自己的力量。超人则是一个勇敢而自豪的人物形象。巡回法院认为:"一个人物形象,是创作者为其所选定的各种特定才能和特征的综合。单个的才能和特征可以是一个思想观念,但综合起来则会具有表达的特征。正如我们不能把人物所共有的一些特征分离出来,作为思想观念看待,进而否定相似性一样,当所有的这些思想观念集中在一个人物形象上,总体感觉上完全不同时,我们也不能认为他们具有相似性。"①

第二个,迪士尼米老鼠案。② 被告根据大众熟知的米老鼠的特征,在成人杂志上制作了很多米老鼠的搞笑插图。但是不同于迪士尼动画中单纯而快乐的米老鼠,这个米老鼠有诸多恶习,满嘴脏话,还吸毒嫖娼。由于原告无法从自己享有版权的众多卡通漫画当中找到一幅与被告插图相同或者近似的图画,无法依靠单纯的美术作品著作权维权,转而以米老鼠角色著作权进行诉讼。法院认为,经过无数次的呈现,原告卡通米老鼠的各种面部神情、姿势和动作已经形成"固定的特征组合",印刻在社会公众的心中,被告

---

① Warner Bros. Inc. v. American Broadcasting Co. 720F. 2d. 231,222 U. S. P. Q. (BNA) 101(2d cir. 1983).

② Walt Disney Productions v. Air Pirates 581 F. 2d 751(9th cir. 1978).

的角色构成实质性相似。该案与超人案相似,但是法院得出了不同的结论。相同之处在于原被告角色形象都存在差别,无法直接利用剧照或者卡通图片直接进行比对,只能主张对人物形象的著作权,这时需要对人物形象的特征进行抽象。由于文学作品中的人物形象描述是线性的,贯穿作品始终,没有聚焦,如果离开了作品,就只剩下一个名字,或者关于一个人物类型的观念,而这要么没有独创性,要么属于思想观念。因此,文学作品中的人物角色保护必须要聚焦,具体化,"独特叙述和展开"标准实际上就是要求将人物形象特定化,进行特征组合,从而将其与类型化的形象区分开而具有自己独特的生命。漫画或者电影则是视觉的或者是三维的,非常具体,人物形象与具体的某个人物剧照或者单幅的卡通形象又不一样,就像一个人今天穿这件衣服,明天换一件衣服或者换一个发型,他还是他一样。我们针对卡通或者电影人物,存在一个从具体到抽象的概括过程,找出需要保护的人物形象的特征组合,然后在此基础上进行相似性判断。尽管超人案和米老鼠案中的原被告的角色形象之间都存在差别,但是法院却得出了完全不同的结论。关于前者,法院将二者共同的特质归结为英雄人物共同的特质,而不是超人所独有,最后进行整体形象比较,二者形象不相同。关于后者,尽管原被告的老鼠角色存在形象上的重大差别,但是法院依然认为构成实质性相似。之所以如此,主要在于电影人物形象主要是由人来扮演的,不是从无到有创作出来的,进行表达的比较是很难的,因此其他人格要素的比较成为重点。但是卡通是创作出来的,我们不仅可以比较表达,还能比较角色形象的其他要素。超人案围绕字面表达之外的抽象因素进行比较,而米老鼠则围绕表达性因素进行比较。由于比较要素的不同,得出了不同的结论。①

　　不过这两个案子对原作品人物的使用与同人作品不同。他们的创作均属于职业创作,创作者事先预料到了可能的侵权问题,不仅没有使用原作品角色的名字,而且进行了淡化处理,有意拉开原作品角色与新作品角色形象之间的距离。同人作品则有意建立起后续作品与原作品的人物角色之间的

---

　　①　比较超人案和迪士尼米老鼠案,超人案的判决结果是符合常规的,而米老鼠案的判决结果是不符合常规的。对于二者之间的差异,笔者从创作因素的角度做出了自己的解释。关于米老鼠案以及类似案件的判决结果,在本书第五章第四节有关精神权利保护的部分继续进行讨论。

联系,突出原作品与后续作品之间的同人关系。在具体角色的使用上,有的仅仅是使用了原作品人物的名字,有的不仅使用原作品人物的名字,还保持了原作品人物一样的形象;有的在借助原作品人物形象的基础上,进行颠覆性的改写;有的则对原人物形象做符合逻辑的推演;还有的对原人物形象添加新的属性,比如耽美小说,将小说中的同性人物安排为恋爱关系。总之,同人作品创作是在借用原作品人物名字或者形象的基础上,或多或少的借助原作品的其他要素,根据自己的需要展开创作。

同人作品人物角色借用是否构成侵权同样需要按照著作权法对人物角色保护的规则去检验。从人物形象保护的角度讲,只有原作品的人物形象达到了"独特描述与展开"的测试标准才可能受到保护,同人作者只有在作品中再现了这个人物形象才可能构成侵权。这不但对原作者是一个巨大的挑战,对同人作品的作者也是一个挑战。因此,对于只借用原作品人物名字的同人作品,通常不构成侵权。对于追求人物形象差异性的同人作品创作,其实与借用一个人物名字的创作差不多,通常不构成著作权侵权。对于追求形象一致性的同人作品,侵权的可能性比较大。因为在这种情况下,原作品与在先作品的人物形象一致,可能构成实质性相似。对原作品的人物形象既有所借鉴,又有所创新的时候,是否构成侵权取决于继承与创新的比例关系。

2. 其他表达要素的使用

同人作品创作除了借鉴原作品角色外,往往还会借助其他的作品要素进行创作,这样人物角色就会与其他的表达混合在一起。其他的要素借鉴得越多,那么同人作品与原作品的联系就越紧密。这种联系程度往往与后续作者的创作意图有关。随着联系因素越来越多,同人作品与原作品构成实质性相似的可能性也在增大。尤其是允许"部分内容相似"的情况下,同人作品总会有某个部分与原作品的内容构成实质性相似。从实质性相似的认定实践看,实质性相似的认定总体来说是沿着不断扩张的方向发展。在著作权制度诞生之初,著作权的保护范围还限于具体的文本,对文本的改写不包括在内,但是随着将节略、翻译等纳入到著作权的保护范围之内,保护的对象逐步从字面表达扩展到字面表达之外的其他表达因素,汉德法官的"层层抽象法"就是显著的标志。通过抽象,可以将一部作品分解为不同的

保护对象,也可以视为很多种特征组合。针对每一种特征组合,他人的使用行为都可能构成侵权。因此,随着同人作品创作借鉴因素的增多,同人作品就会再现原作品中受到保护的特征组合。更为重要的是,由于承认"部分内容相似",将保护的对象集中在某一个局部,这样出现实质性相似的可能性更大。这种确定保护范围的方式与专利权保护存在很大的差别。对于专利来说,它不存在局部保护的情形,一个专利共有几个技术特征,成为一个组合,被控侵权物必须再现所有的技术特征才能构成侵权。但是著作权法允许存在局部的特征组合,比较的时候允许以原作品的局部特征组合作为保护对象进行相似性比较。随着比较对象的缩小,后续作者使用他人作品片段或者局部的抽象性因素,构成侵权的风险急剧增加。此外,著作权保护对象的解释方法也扩大了保护的可能。由于著作权保护对象不限于字面表达,可以适当抽象,从而跨越字面表达而进入更为广阔的保护范围。这种抽象是描述一个示例的若干表达特征组合,即以"中心限定"的方式确定著作权的保护对象,所有与这个示例构成实质性相似的作品表达都属于著作权的保护对象。[①] 这种确定保护对象的方法如果再与部分内容保护相结合,会使著作权的保护范围进一步扩大。

3. 同人作品创作的规制困境

不幸的是,同人作品创作就是要建立起同人作品与原作品之间的联系,这种联系很容易演变成实质性相似。现在我们来分析太阳信托基金诉霍顿米夫林公司案。[②] 该案被视为西方世界第一个粉丝小说侵权纠纷的经典案例。《飘》是美国女作家米歇尔创作的一部以美国南北战争为背景的爱情小说,已经成为永恒的经典和重要的文化象征。这部作品开放式的结尾激起了大家的好奇心,但是原作者米歇尔一直拒绝创作续集,直到其去世之后,她的继承人及其遗产管理人太阳信托基金才有条件的授权创作续集。其授权条件包括不得写黑白通婚、同性恋、乱伦以及不得让斯嘉丽死等。先后有两个作家被授权创作了续集《斯嘉丽》和《白瑞德周围的人》,虽然都获得商业成功,但是也引起了很大的争议。非裔女作家爱丽丝·兰黛尔不满《飘》

---

① 何怀文:《著作权侵权的判定规则研究》,知识产权出版社 2012 年版,第 118 页。
② Suntrust Bank v. Houghton Mifflin Co. ,268 F. 3d 1257(11th Cir. 2001).

中有关南北战争以及奴隶制的描写,在未经授权的情况下创作了小说《飘逝》(*The Wind Done Gone*),对《飘》进行了戏仿和颠覆性改写。小说出版后,引起原告不满,遂提起侵权之诉,要求禁止被告作品的销售。鉴于《飘》在美国巨大的影响力以及《飘逝》的颠覆性改写所蕴含的文化意义,该官司引发了广泛关注。在出版的前言中,兰黛尔明确指出了戏仿的对象与动机。在具体创作上,兰黛尔采用第一人称日记体形式,讲述日记作者黑白混血儿辛娜拉在美国内战前后的经历,从黑人女性的视角对南北战争的南方社会以及《飘》中主要人物、故事进行重新描述,原书中的主要人物在新作品中都出现了。尽管已经做了去名化处理,但是读者一眼就可以辨认出来;新作品中描述的场景、故事甚至对话,在原文中都可以找到出处,准确对应;就连小说的名字、开头都对《飘》进行模仿。从《飘逝》的创作我们可以发现,重混创作不同于一般的模仿性创作,它是有意的,有意让读者在这种对比中完成对新文本的阅读,它的意义往往就来自对在先文本的运用。对此,一审法院认定构成侵权,发布了初步禁令,但被二审法院发回重审。二审法院认定被告的创作构成戏仿,应该获得合理使用的辩护,但又强烈暗示被告的借用过度。基于二审法院模糊的态度,最后原被告双方以和解的方式结案,原告允许被告的作品继续出版,被告则将获得的收入捐助给慈善机构。该案作为美国历史上首例引起广泛关注的同人作品侵权纠纷的判例,展示了同人作品创作规制特有的困境,法院模棱两可的态度体现了其中法律问题的复杂和微妙。稍后,笔者将对法院的判决进行更为细致详尽的分析,并从中寻找制度构建的蛛丝马迹。相对于《飘逝》对《飘》的戏仿,胡戈《一个馒头引发的血案》更难逃侵权的指控。因为他除了借用电影《无极》的镜头外,还借用了《央视法制报道》的画面、形式,借用了好几首歌曲片段、爱因斯坦的肖像图片、上海马戏团的广告画、某品牌洗发水的广告以及其他林林总总享有著作权的材料。正如我国学者罗莉所说,即使胡戈能侥幸逃脱陈凯歌的指控,他也很难逃脱其他著作权人的攻击。①

---

① 罗莉:《谐仿的著作权法边界——从〈一个馒头引发的血案说起〉》,《法学》2006年第3期,第65页。

第三节 从实质性相似到转换性使用

一、重混创作合理使用规制的困境

(一)概述

与实质性相似规则相比,合理使用更能有效开拓重混创作空间。各国关于合理使用的立法模式大致可以分为作者权法系的规则主义模式和版权法系的因素主义模式。规则主义模式是指,由《伯尔尼公约》最先采纳并且被《TRIPS协定》和世界知识产权组织的"互联网条约"加以发展的"三步检验法"。伯尔尼公约第9条之二规定:"本联盟成员国法律有权允许在某些特殊情况下复制上述作品,只要这种复制不致损害作品的正常使用也不致无故危害作者的合法利益。"《TRIPS协定》第13条规定"全体成员均应将专有权的限制或者例外局限于某些特殊情形,不予作品的正常使用相冲突,也不应该不合理的损害权利人的正当利益。"世界知识产权组织的《版权条约》第10条的限制与例外规定:"(1)缔约各方在某些不与作品的正常利用相抵触、也不无理地损害作者合法利益的特殊情况下,可在其国内立法中对依本条约授予文学和艺术作品作者的权利规定限制或例外。(2)缔约各方在适用《伯尔尼公约》时,应将对该公约所规定权利的任何限制或例外限于某些不与作品的正常利用相抵触、也不无理地损害作者合法利益的特殊情况。"该条的议定声明解释道:"不言而喻,第10条的规定允许缔约各方将其国内法中依《伯尔尼公约》被认为可接受的限制与例外继续适用并适当地延伸到数字环境中。同样,这些规定应被理解为允许缔约方制定对数字网络环境适宜的新的例外与限制。另外,不言而喻,第10条第(2)款既不缩小也不延伸由《伯尔尼公约》所允许的限制与例外的可适用性范围。"我国作为上述条约的参加国,这些条款对我们国家也是有效的。

上述条约关于"三步检验法"的规定虽然有微小的差异,但是基本的制度结构和基本表述是一样的。"三步检验法"第一步是将合理使用限于"某些特殊情形",第二步是"不与作品的正常使用相冲突",第三步是"没有不合理的损害权利人的正当利益。"世界各国立法在采纳"三步检验法"的基础

上,具体列举一些属于合理使用的特殊情形,这样就形成了类型列举与实质标准相结合的立法模式。对于这三个条件,一般认为是累积性的①,即只有分别通过这三个步骤的检验才算构成合理使用。我国采纳了规则主义的立法模式。

因素主义的立法模式为版权法系的美国所采用。② 与"三步检验法"的累积性适用不同,美国立法仅仅给出了判断合理使用需要考虑的要素,没有给出具体明确的判断标准。在司法实践中,法官往往针对第 107 条规定的四类要素分别判断,综合权衡。

(二)美国关于合理使用的规定

与作者权法系通过合理引用规则规制创作性使用他人作品的做法不同,美国版权法没有明确规定合理引用制度,司法实践通常运用实质性相似规则反推出"少量使用规则"。少量使用规则与作者权法系的合理引用规则大致对应。少量使用规则依附于实质性相似规则虽然有利于保证法律适用的连续性,但也使其适用严重受制于实质性相似规则的实践,具有很大的不确定性。

与此同时,美国版权法一般性的规定了合理使用制度。我们可以将少量使用规则理解为非实质性相似,将合理使用理解为跨越相似性,③这样就在少量使用规则、实质性相似与合理使用制度之间就建立起一个创作性使用他人作品的制度序列,打通这些制度之间的联系。

---

① 朱理:《著作权的边界:信息社会著作权的限制与例外研究》,北京大学出版社 2011 年版,第 98 页。

② 《美国版权法》第 107 条规定:"专有权的限制:合理使用。虽有第 106 条及第 106 条之二的规定,为了批评、评论、新闻报道、教学(包括用于课堂的多件复制品)、学术或研究之目的而使用版权作品的,包括制作复制品、录音制品或以该条规定的其他方法使用作品,系合理使用,不视为侵犯版权的行为。任何特定案件中判断对作品的使用是否属于合理使用时,应予考虑的因素包括:①该使用的目的与特性,包括该使用是否具有商业性质,或是为了非营利的教学目的;②该版权作品的性质;③所使用的部分的质与量与版权作品作为一个整体的关系;④该使用对版权作品之潜在市场或价值所产生的影响。作品未曾发表这一事实本身不应妨碍对合理使用的认定,如果该认定系考虑到上述所有因素而作出的。"

③ Melvile B. Nimmer, David Nimmer, Nimmer on Copyright(Volume 4),13.05(A),p. 158,Mattew Bender & Company,Inc. ,2009.

现在我们研究美国合理使用制度对创作性使用他人作品行为的规制。如果考察美国合理使用四要素说的源头,我们就会发现它其实源于一个创作性使用他人作品的案子。① 在某种程度上,美国合理使用的四要素就是为创作性使用他人作品量身定做的。在具体的适用中,美国版权法第107条的合理使用条款的规定既涵盖了创作性使用,也涵盖了非创作性使用,是一个更为宽泛的一般性条款。颇为吊诡的是,当美国版权法将源于创作性使用他人作品案件的合理使用规则适用于创作性使用和复制性使用两种情形时,形势发生了逆转,其适用逐渐消解了创作性使用本身的意义,将创作性使用视为复制性使用。之所以如此,根源在于该条款所采取的特殊结构。首先,该条款采用了将使用目的或者具体使用类型与判断合理使用需要考虑的因素结合起来进行规定的模式。该模式对使用的类型按照使用目的进行了具体的列举,包括批评、评论、新闻报道、教学、学术或研究六种情形,但是这些具体的使用类型主要由行业或者所属的具体领域来划定的,重点照顾的是创作之外的目的,结果创作性被隐身于这些具体类型之中,服从这些具体类型所体现的价值,创作本身的需要被消解了。当我们的创作超出了这六种目的,在具体适用上就面临着困难。其次,美国合理使用规则的四要素体现出重视公共利益的明显特征,尤其是第一因素规定需要考虑“该使用的目的与特性,包括该使用是否具有商业性质,或是为了非营利的教学目的”,指出了商业性/非商业性二分法,尽管是列举性的,而不是强制性的,但是突出公共利益的立法意图还是对法律实践产生了强烈的影响。

第一,由于没有区分创作性使用和复制性使用,结果导致将创作性视为复制性使用进行处理。在版权法系中,控制复制是版权法的基础。合理使用作为控制复制的例外必须具有特别的理由,所以关于使用的目的类型与衡量要素的结合构成了法官综合衡量的基础。一项复制,如果没有特别的理由,是不能够被允许的。创作本身不再是理由,而是和其他复制性使用一

---

① Folsom v. Marsh,9 F. Cas. 342,348(C. C. D. Mass. 1841).该案对美国著作权立法及司法实践影响非常深远,在对美国案例有限的阅读中,笔者发现美国司法实践中只要涉及对合理使用条款的解释,都会提到这个案例,几无例外。我国学者对这个案件影响的阐述可见吴汉东的《著作权合理使用制度研究》(修订版),中国政法大学出版社2005年版,第20–21页。

样需要寻找特别的理由。批评、评论、新闻报道、教学、学术或研究既构成了复制性使用的特别理由，也构成了创作性使用的特别理由。创作性使用他人作品与纯粹的复制性使用一样需要寻找特别的理由，这对于创作自由构成了严重的制约。第二，突出公共利益使用和强烈反对商业性使用的倾向。合理使用规则前言部分强调了公共利益，第一因素开发出商业性/非商业性二分法，二者合流就是强烈反对只具有商业性质的合理使用抗辩。审理坎贝尔案的第十一巡回法院就以商业性为由反对构成合理使用①，审理索尼案的第九巡回法院面对录像机用户的非商业性使用，别出心裁的提出"生产性使用/非生产性使用"二分法反对合理使用的认定②，最高法院的布莱克门法官的反对意见甚至认为单纯地只为用户个人目的的使用不属于合理使用的管辖范围③，这样将创作性使用他人所蕴含的作品代际生产均衡问题演变成了著作权保护与其他社会价值均衡的问题。这一切发展的顶点就是在 Bridgeport Music, Inc. v. Dimension Films 中第六巡回法院反对任何对音乐作品的引用。④ 在该案中，说唱组合 NWA 从乔治·克林顿的 Get Off Your Ass and Jam 中取样一个单一的旋律，改变了音高和节奏，并将它使用在自己的歌曲 100 Miles and Runnin 中，这首音乐又被用在电影的配乐中。尽管地方法院认为被告从原告的音乐作品中复制的数量如此之少，以至于在法律上无法确认，但是第六巡回法院还是认定侵权。这开创了对音乐作品任何复制都构成侵权的先例，甚至有人认为这无异于宣布数字采样本身侵犯版权规则。⑤ 该判例严重打击了嘻哈音乐的商业化创作，甚至波及非商业化创作。

因此美国 1976 年版权法规定的合理规则并非是司法实践经验的简单法律化，而是进行了彻底的颠覆，将发端于创作性使用他人作品的案例规则转换成反对创作性使用的规则了。这一颠覆对美国的司法实践产生了非常深

---

① Campbell v. Acuff-Rose Music, 510 U. S. 569(1994), P. 572.

② Sony Corp. of Am. v. Universal City Studios, 464 U. S. 417(1984).

③ Sony Corp. of Am. v. Universal City Studios, 464 U. S. 417, 482(1984).

④ Bridgeport Music, Inc. v. Dimension Films, 410 F. 3d 792(6th Cir. 2005).

⑤ 阳贤文：《美国司法中实质性相似之判断与启示》，《中国版权》，2012 年第 5 期，第 48 页。

远的影响,是今天美国关于合理使用实践混乱的重要根源之一。我国学者往往只注意到合理使用判断的四要素,而没有留意关于使用目的或者类型的规定,这是一个重要的疏忽。这种疏忽应该说是歪打正着,使我们可以在更为宽阔的视野中探讨合理使用四要素的意义。然而不幸的是,我们在讨论滑稽模仿等具体创作方式时,却又不断地追随美国司法实践的具体做法,陷入他们固有的窠臼而不知。

美国版权法由于没有明确规定合理引用制度而依赖于实质性相似规则的反推,而实质性相似规则囿于保护权利人的功能努力缩小引用的范围和数量,从而使创作性使用落入不利的境地。合理使用制度受到特定使用目的与反对商业化使用特性的约束而不能自拔,第四要素"市场影响分析"更是给创作性使用他人作品的自由施加了无法逾越的限制。该要素通常被认为是合理使用衡量中最重要的因素。根据美国版权法实践,在分析使用对权利人的影响时,不仅要考虑现有市场影响,还要考虑潜在市场影响;所谓的市场不仅包括原作品市场,还包括演绎作品市场。演绎作品市场影响的考量对于创作性使用他人作品产生了很大的影响。鉴于演绎作品规定的模糊性,美国司法实践往往依靠实质性相似来认定被告的作品是否构成演绎作品。当演绎作品的认定转化成实质性相似的认定后,法院无法有效区分侵权认定中的实质性相似和演绎作品认定中的实质性相似的异同,有些法院甚至拒绝对此作出判断。[①] 结果可想而知,演绎作品市场的纳入与演绎作品宽松的外延相结合,往往导致重混作品落入演绎作品的虎口,在第四要素的认定中难以过关。这样创作性使用他人作品在美国的合理使用中遭到更为严苛的检查和审视,反而是某些复制性使用他人作品的行为更容易过关。因此在美国版权法中如果想解决创作性使用他人作品的问题,就必须另辟蹊径。转换性使用的兴起就与此有密切关系。

二、转换性使用理论的提出

美国版权法由于缺少专门处理创作性使用他人作品的规定,因此只能

---

① What Constitutes Derivative Work Under the Copyright Act of 1976, 149 A. L. R. Fed. 527 (Originally published in 1998), p. 22-24.

在合理使用的一般性规定中发展出适于处理创作性使用他人作品的实践性规则。转换性使用理论应运而生。转换性使用理论是美国法官皮埃尔（Pierre N. Leval）提出。他 1990 年发表于《哈佛大学法律评论》的论文《通往一种合理使用的标准》详细阐述了他的观点。① 其观点在 1994 年的坎贝尔案中被首次采纳，从此成为美国版权案件中被频繁使用的术语，成为法官摆脱版权规制困境的一个救生圈。

在其著名的论文中，皮埃尔法官认为现有的合理使用规则仅仅列出需要判断的要素，缺乏具体的判断标准，无法为判断他人使用的可接受水平与不可接受水平提供任何指导。由于缺乏共识，法官们从未在合理使用的含义上达成一致。法官的司法决定不是来自于始终如一的原则，而更像是来自对个别事实模式的直觉反应。在公平的观念中寻找决定的正当性与其说是对著作权法目标的反映，不如说是对私人财产关心的反映。② 对此，皮埃尔法官认为需要根据版权法的目标对合理使用判断的要素进行重新解释。③

无论是根据美国宪法的知识产权条款还是美国版权法抑或其先驱《安妮法》，版权法的目标都是相当明确和一致的。它建立在这样一种共识之上：丰富、促进创造性活动对于增进社会福利是很重要的。创造性活动的特性将决定激励创作性活动的公共政策选择。首先，所有的知识创造活动都是部分演绎的，不存在完全是原创性的思想或者发明。每一次进步都建立在前人思想的基础之上。其次，很多知识创造活动的重要领域明显是参考性的，哲学、批评、历史甚至是自然科学都要求重新观察昨天的成果。④ 因此，赋予创造者权利固然有利于创造性努力的拓展，但是过宽的保护会遏制而不是提高丰富创造性的目标。赋予权利和适当限制是促进创造性活动的两根支柱。因此，美国宪法知识产权条款通过赋予作者一定期限的专有权

---

① Pierre N. Leval, Toward A Fair Use Standard, 103 Harv. L. Rev. 1105 (1990), p. 1106.

② Pierre N. Leval, Toward A Fair Use Standard, 103 Harv. L. Rev. 1105 (1990), p. 1107.

③ Pierre N. Leval, Toward A Fair Use Standard, 103 Harv. L. Rev. 1105 (1990), p. 1107.

④ Pierre N. Leval, Toward A Fair Use Standard, 103 Harv. L. Rev. 1105 (1990), p. 1109.

奖励他们的创造性努力,美国版权法通过赋予作者有限期限的权利促进富有创造性的创作活动。为了对版权范围进行适当限制,版权法提供了三个工具,分别是著作权不保护思想、著作权不保护事实和合理使用。因此,合理使用制度不应该被视为一个奇怪的偶尔可以容忍的偏离版权垄断的例外,相反它是版权制度设计的有机组成部分。

鉴于版权目标的重要性以及合理使用判断因素的模糊性,在合理使用的判断中,人们有必要根据版权的主要目的评估抗辩过程中提出的每一个问题,法院需要判断合理使用的每一个因素是否以及何种程度上促进版权法的目标。在分析合理抗辩的过程中,光判断是否存在正当性是不够的,还必须比较支持第二位使用者正当性的强度与相对于支持版权人的因素。[①]

根据版权法鼓励作品创作和传播,丰富创造性的目标,皮埃尔法官对合理使用规则进行了重新梳理和解释。首先,他将合理使用四因素分为两组,一组是针对二次使用者的使用行为,考察其使用行为对促进创造性的影响,具体是指第一因素。一组是考察二次使用者的行为对在先权利人创造性激励的影响。关于这两组因素,皮埃尔法官认为第一因素关于使用行为的性质和目的成为合理使用制度的核心,而不是通常所认为的第四因素。具体而言,就是判断二次使用是不是以及在何种程度上是转换性的。该因素的正当性是合理使用抗辩不可或缺的因素。如果二次使用没有被发现是转换性使用,那么无须检查其他因素,合理使用就会被拒绝。该因素正当性的强度实际上代表着支持二次使用者的强度。[②]

其次,皮埃尔法官对合理使用判断的四因素的含义进行了重新解释。关于第一因素"使用的性质和目的",他认为关键不是判断使用是否具有教育性或者非营利性,而是根据激励创造性的目标判断二次使用是不是以及在何种程度上是转换性的。相对于原作品,该使用必须是生产性的,必须以

---

①　Pierre N. Leval, Toward A Fair Use Standard, 103 Harv. L. Rev. 1105 (1990), p. 1111.

②　Pierre N. Leval, Toward A Fair Use Standard, 103 Harv. L. Rev. 1105 (1990), p. 1116.

不同的方式或者目的使用被引用的作品因素。① 如果一条引用仅仅是简单的拼贴或者复制,那么就无法通过该条检验,斯托里法官将此表述为"仅仅是替代原作品"。"如果被引用的部分被当作原材料,通过增加新信息、新审美、新知识、新见解,这就是合理使用规则为社会进步而意欲保护的活动类型。"②通过使用在先作品,新作品必须给原作品增加价值。转换性使用包括批评被引用的作品、解释原作品的角色、证明一个事实,或者是为了捍卫或者反驳原作品而概括它的思想。可能包括戏仿、象征、审美声明或者其他的使用方式。转换性使用是合理使用抗辩的必要条件,但并不是充分条件。"该要素正当性的强度必须在对比其他支持权利人的激励和权利的基础上予以衡量。"③因为如果不这样的话,传记作家或者批评家会主张不受节制的引用,而演绎作品的作者则会主张绝对的权利,因为演绎本身就是一种转换。毫无疑问,过分的借用会削弱创造的激励。"如果第二位使用者借用的程度超过了其所主张的正当性,那么使用者在第一因素下的主张就会被削弱。"④

对于合理使用的第二因素,"被使用的版权作品的性质",皮埃尔法官认为同样应该受到版权法目标的约束,应该解释为被使用版权作品需要版权激励的性质。据此,我们应该将注意力放在哪些作品创作需要版权的激励,哪些不需要版权的激励,并以此作为支持版权人的考量因素。"尽管所有的作品都可能从版权法中获益,但是版权法的核心在于意欲公开的材料,而不是那些旨在私下分享的私人备忘录或者私人谈话。版权法不是设计用来鼓励购物者撰写书面的购物清单,鼓励高管保留人事任命的清单,或者恋人写情书,更不是鼓励保护敲诈勒索的便条。"⑤简单地说,就是版权人受保护程

① Pierre N. Leval, Toward A Fair Use Standard, 103 Harv. L. Rev. 1105 (1990), p. 1111.

② Pierre N. Leval, Toward A Fair Use Standard, 103 Harv. L. Rev. 1105 (1990), p. 1111.

③ Pierre N. Leval, Toward A Fair Use Standard, 103 Harv. L. Rev. 1105 (1990), p. 1116.

④ Pierre N. Leval, Toward A Fair Use Standard, 103 Harv. L. Rev. 1105 (1990), p. 1112.

⑤ Pierre N. Leval, Toward A Fair Use Standard, 103 Harv. L. Rev. 1105 (1990), p. 1119.

度与需要版权激励的性质成正比，因此应该"探讨版权的性质或者讨论作品是否属于版权设计应予激励的类型，二次使用是否影响了原始作者的权利"。① 在此基础上，皮埃尔法官批评了美国司法实践中过度保护未出版作品的情形。在 New Era Publications Int'l v. Henry Holt & Co 案中，法官对于未出版的作品给予完全的保护，排除任何引用。② 美国第二巡回法院和联邦最高法院解释这么做的根本原因在于保护作者首次公开披露作品信息时的环境。皮埃尔法官认为法官这么做实际上违背了版权法的立法目标。同样是未出版的作品，皮埃尔法官确认为哈勃案的判决完全正确。③ 二者的区别不在于是否出版，而在于版权作品的性质，是为出版而创作的还是仅仅为私人目的而创作。关于美国司法界在第二个因素中经常涉及的作品是事实性的还是虚构性的，皮埃尔法官在其文章当中没有涉及，根据其思路，笔者认为这个问题应该转化为第一因素，因为如何使用权利人的作品要根据二次使用者具体的创作行为具体判断，单独从被告作品性质进行孤立判断是没有意义的。我国年轻学者何怀文在讨论著作权侵权判定的规则时，将第二因素理解为"创作空间"，实际上突出了使用他人作品的情境性质④，按照皮埃尔的分类应该归入第一因素。

关于第三因素，"使用的部分的质与量与版权作品作为一个整体的关系"，皮埃尔认为同样应该根据版权目标加以理解。首先，他讨论该因素判断的一般规则，即经验法则，借用的数量越大，质量越重要，那么侵占原作者利益的可能性越大，构成合理使用的可能性越低。其次，他讨论了第三因素与第一因素及第四因素的关系。他认为，相对于第一因素，一个重要的问题就是选择以及使用的数量相对于使用者所声称的正当性是否匹配。相对于第四因素，第三因素中的质量因素可能更为重要。在哈勃案中，尽管借用的数量比较少，但是质量关键，构成全书的核心，对原告作品市场构成严重损害。借用数量与市场影响之间关系比较复杂，有时候即使全部复制，也不会

---

① Pierre N. Leval, Toward A Fair Use Standard, 103 Harv. L. Rev. 1105（1990）, p. 1119.

② New Era Publications Int'l v. Henry Holt & Co. ,873 F. 2d 576（2d Cir. 1989）.

③ Harper & Row, Publishers, Inc. v. Nation Enterprises, 471 U. S. 539,（1985）.

④ 何怀文：《著作权侵权的判定规则研究》，知识产权出版社 2012 年版，第 101 页。

造成替代。如果奉行严格的数量限制,有时会造成严重的扭曲,因为如果谈话足够简洁,任何引用都会借用其绝大部分甚至全部内容。对此,使用者有足够的理由进行全部引用,而原作品权利人会争辩说二次使用者不仅拿走了关键部分而且拿走了全部受保护的作品。最后,他讨论第二因素与第三因素的关系。越需要版权激励的作品,借用的限制可能越大;而越不需要版权激励的作品,允许借用的尺度越大。总之,必须考虑二次使用的正当性以及对作者权利损害的现实风险。①

关于第四因素,实际上提出二次使用的市场影响问题。皮埃尔法官以使用的市场影响来确定是否允许使用的命题本身就意味着版权法不是自然法,应该服从于版权法的功利性目标,以二次使用是否以及何种程度上影响在先作者的激励来进行权衡。首先,由于任何使用都会对权利人的市场造成一定的损害,因此损害本身不是反对合理使用的理由,非实质性损害是允许存在的。其次,实质性损害应该依据对作者激励造成的影响来确定。当二次使用的作品被当作替代品服务于消费者,损害了权利人的创作激励,那么就应该反对合理使用。再次,如果二次使用尽管造成了损害,但是如果该损害与创作性激励无关,那么该损害就与合理使用的认定没有关系,比如借用他人作品揭露作者是个骗子而造成作者的社会形象受损就与版权的激励无关。最后,不同性质的作品市场影响是不同的,在合理使用的认定上也存在差别。一般而言,为私人目的而创作的作品往往不是为了公开出版,因此即使被使用,造成的损害有时候也与创作性激励没有关系。

除了上述四个因素之外,皮埃尔法官还讨论了其他可能的衡量因素,比如善意、艺术精神权利、隐私三个经常被讨论的因素。根据版权法的目标,皮埃尔法官认为这三个因素与合理使用的判断无关。

皮埃尔法官通过对转换性使用的强调意在从版权法目标的视角将容纳了太多因素的合理使用规则重新进行定位,突出著作权法的主要目标,将与著作权法主要目标无关的因素清除出去,"拒绝引进外来政策的冲动",②增

---

① Pierre N. Leval, Toward A Fair Use Standard, 103 Harv. L. Rev. 1105(1990), p. 1123–1124.

② Pierre N. Leval, Toward A Fair Use Standard, 103 Harv. L. Rev. 1105(1990), p. 1135.

加法院决定的一致性和可预测性。

皮埃尔通过转换性使用将版权法的焦点再次集中到激励创作和传播的核心问题上来,对于笔者正在讨论的重混创作的规制具有重要的意义。

第四节　转换性使用的司法实践与重混创作著作权规制

一、坎贝尔案:转换性使用理论的首次适用

转换性使用主要是从创作性使用他人作品的案件中总结出来的,因此首次也应用于创作性使用他人作品的案件。这就是联邦最高法院1994年判决的坎贝尔案。① 该案涉及一个商业性戏仿是否构成合理使用的问题。被告"二倍活力组"是一个乐队组合,在请求授权被拒绝的情况下,将被告阿库夫罗斯公司享有著作权的音乐作品《哦,漂亮女人》的乐曲改编成自己的版本,然后收录在自己的最新唱片中。权利人以音乐作品版权侵权为由提起诉讼。被告主张自己的创作构成了合理使用,但是依据美国版权法的合理使用规则,该案存在两个难点:一是被告的行为属于商业行为,与合理使用的第一要素的"非营利性"要求相悖;二是被告拿走了原告作品的"心脏部分"而不仅仅是非实质性部分。该案的审理一波三折,地方法院认为被告的创作是一个戏仿,其借用没有超出戏仿创作所必需的范围。由于被告的作品是一个戏仿,不对原作品的市场产生不利的影响,最后认定属于合理使用。原告提起了上诉,第六巡回法院撤销了地方法院的判决,以商业性使用和过度使用(借用了原告作品的心脏部分并使之成为新作品的心脏部分)为由判决被告的行为构成侵权。最后,官司打到了联邦最高法院。联邦最高法院运用转换性使用理论对107条的合理使用规则重新解释并据此做出了判决。关于第107条的规定,联邦最高法院将目光投向了引言部分,认为列举的六种情形证明了版权法的核心目的是考察新作品仅仅是替代目标作品还是为了进一步的目的或者不同的性质,增加了新的东西,通过"新表达、新意义、新信息改变了原作品";并认为"新作品越具有转换性,像商业性这样

---

① 　Campbell v. Acuff-Rose Music,510 U. S. 569(1994).

的反对合理使用的其他因素的作用就越小"。在具体运用四要素进行检验的过程中,关于第一因素,法院检验的重点不再是教育性或者非营利性,而是转换性,即"考察新作品是不是以及在何种程度上是转换性的。"被告的创作属于戏仿,无疑具有高度转换性。关于第二因素,法院采取了与皮埃尔法官同样的解释,认为有些作品相比另外一些作品更加接近版权保护的核心,当前者被复制,合理使用抗辩更加难以成立。显然原告的作品属于版权法重点保护的作品。但是法院认为这一点并不能帮助本案的原权利人,反而有助于在戏仿的案件中,"将合理使用的绵羊从侵权之船上分离出来,因为戏仿总是会复制公众所知的表达性作品"①。

关于第三因素,被告借用原告作品的"心脏部分"并使之成为新作的"心脏部分",巡回法院认定为过度借用。最高法院则运用"召唤测试"标准拯救了被告。法院认为:"戏仿的幽默或者其他的评论性要素都来自于通过目标对象的扭曲性模仿而产生的暗示,它的艺术性隐藏在已知的原创作品与戏仿的孪生子之间的紧张关系。当戏仿针对某个特定作品时,戏仿必须能够在最低程度上使原始作品成为智识上可以辨别的。"因此"戏仿者总会引用原作品中最具有区别性特征或者最值得记忆的特征,能够为观众所熟知的部分"②。与此同时,法院认为戏仿者的复制应该受到一定的限制。一方面,"复制的数量和价值总是与复制的目的有关",要得到第一因素"使用的性质和目的"的支持,"借用不能超过必要的限度"。另一方面,复制不能被当作原作品的市场替代或者损害原作品的演绎作品许可市场。因此不仅要看戏仿者复制了什么,还要询问戏仿者为偏离原作品做了什么。③ 在本案中,被告虽然复制了原告作品的第一句,但很快为了自己的意图而离开了权利人的歌词。在曲调上,被告虽然复制了原告作品的低音即兴小段并且重复了它,但是还创作了其他特色音,插入噪音,用不同要素的独奏与原音乐重合,修改了鼓点。因此,这不是一个实质性部分被逐字抄袭的案件,也不是一个对复制部分戏仿成分不够以至于要排除戏仿的案例。

关于第四因素,法院认为不仅要考察由被控侵权人的特定行为所引起

---

① Campbell v. Acuff-Rose Music,510 U. S. 569(1994),P. 586.

② Campbell v. Acuff-Rose Music,510 U. S. 569(1994),P. 588.

③ Campbell v. Acuff-Rose Music,510 U. S. 569(1994),P. 589.

的市场损害的程度,还需要考察被告未被限制和广泛传播的行为对原告潜在市场是否造成实质性不利影响。具体到本案,最高法院发表了如下几点意见:第一,商业用途的单纯复制与创作性使用他人作品的复制造成的损害存在区别。当二次使用是对原作品整体的单纯复制,它明显是替代性的。如果二次使用是转换性的,市场替代至少是不确定的,市场损害也就不能如此便利的进行推测。基于此点,法院拒绝必然造成损害的"推测式证明"。第二,法院对损害的含义进行厘清,认为损害是指对市场替代的损害,而不是别的什么损害。具体到本案,如果戏仿作品对原作品构成了市场替代,就导致了损害;如果仅仅因为发表批评,扼杀了原作品的市场需求,这不是著作权法意义上的损害。第三,法院承认市场分析的复杂性。这种复杂性一方面来源于被告作品的复杂性,另一方面来源于原告作品市场认定的复杂性。关于前者,法院认为通常的戏仿作品是"简单和纯粹"的,与原作品具有不同的市场功能,不可能构成替代。但是如果戏仿作品超出了这一性质,情况就复杂了。因为戏仿作品不仅是批评的舞台,也可能处在原作品的演绎作品市场。演绎作品市场是原作品著作权应该予以保护的,是产生创作激励的一个重要方面。具体到本案,被告的戏仿作品不仅是批评,也是 rap 音乐。法院认为 rap 音乐的演绎市场是一个合适关注点,如果发现了实质性损害将不利于合理使用的认定。

最后最高法院以上诉法院存在下列两点错误而取消上诉法院的判决:一是仅凭商业性使用就否定合理使用抗辩是错误的;二是鉴于戏仿的目的,上诉法院认定被告复制过度方面存在错误。最高法院虽然取消了上诉法院的侵权判决,但是由于拒绝做进一步的审理,从而使商业戏仿和转换性使用的命运悬而未决。

二、《飘》的戏仿案:转换性使用的尴尬

相对于坎贝尔案戏仿的"简单和纯粹",著名小说《飘》的戏仿案就更加复杂。① 在这个案件的判决过程中,最高法院担心的尴尬全部出现了,被告的命运也就此发生了变化。

---

① Suntrust Bank v. Houghton Mifflin Co.,268 F. 3d 1257(11th Cir. 2001).

该案就是太阳信托基金诉霍顿米弗林出版社案。① 原告太阳信托基金是米歇尔的信托管理人,拥有小说《随风飘逝》(以下简称《飘》)的著作权,非裔女作家爱丽丝·兰黛尔(Alice Randall)作为《飘》中关于美国南北战争以及奴隶制描写的批评者,在未经授权的情况下,创作了《风已飘逝》(以下简称《飘逝》),对《飘》进行了戏仿和颠覆性的改写。小说出版后,遭到了原告的起诉,要求赔偿和禁止出版。原告具体提出了四条指控:①前言中明确表示参照了原告作品;②借用了原告作品的主要角色、角色性格和人物关系;③复制和概括了原告作品的著名场景以及情节等其他因素;④逐字复制原告作品的对话和描述。② 对此,被告作者兰黛尔认为,基于对原告小说中有关奴隶制和南北战争期间南方描写的批评,才会在小说的前半部分挪用原告小说的角色、情节和主要场景。被告霍顿米弗林出版社没有反对原告的前三条指控,但是认为两部小说之间不存在实质性相似,或者说《飘逝》主要是一个戏仿,受合理使用规则保护。

由于戏仿享受的借用幅度比较大,再加上被告的创作方式与普通的戏仿行为不同,导致戏仿本身成为该案的一个关键问题。在进行戏仿的合理使用测验时,最高法院要求必须确保戏仿的特征是能够被明确感知的。而这一点严重依赖于对戏仿的界定。然而不幸的是,坎贝尔案对戏仿的界定并不是很清楚。最高法院首先检讨了戏仿在文学上的界定:"一种文学或者艺术作品,以追求喜剧效果或者嘲笑为目的,模仿一个作者或者作品的具有特色的风格。""散文创作或者诗歌创作,将一个作品或者作家群体标志性思想或者语词进行反转性模仿使其显得可笑。"③然后,根据版权法的目的,最高法院认为"在创作一个新作品的过程中对在先作品的某些成分进行使用,戏仿者主张的核心在于他至少在部分上对在先作者的作品进行一个评论。如果一个评论没有包含对在先作品的风格或者实体部分进行批评的含义,那么其使用仅仅是为了引起注意或者是在创造新的事物时避免付出辛劳,

---

① 关于该案的背景、审理经过、创作特点在前文有比较详细的介绍,可以与此处关于案件判决的分析相互参照。

② Suntrust Bank v. Houghton Mifflin Co. ,268 F. 3d 1257(11th Cir. 2001) ,p. 1259.

③ Campbell v. Acuff-Rose Music ,510 U. S. 569(1994) ,P. 580.

这样的借用的合理使用抗辩就相应的减弱,而其他比如商业使用的因素就会增强"①。由此可见,最高法院对戏仿的界定实际上是在"对原作品的批评性评论"和"追求喜剧效果或者嘲笑"之间摇摆。而在本案中,原告认为被告的作品一点也不好笑,被告霍顿米弗林出版社则认为体现了一种"黑人的幽默"。这让法官都开始怀疑自己的审理资格了。不过二审法院重新界定戏仿,从而解决了这个难题。法院认为"在合理使用的分析中,只要是通过借用原作品成分的方式在新的艺术作品(而不是学术、新闻报道作品)中对原作品进行评论或者批评就是戏仿"②。按照这个定义,二审法院认为被告的戏仿是明显的,它不是对南北战争时期美国南方的一般性评论,而是对《飘》中有关奴隶制以及黑人与白人关系描写的一个具体的批评和反驳。相对于普通的学术文章,被告以一部小说的形式显然更为有力。因此,我们不能剥夺被告有关戏仿的辩护。

但是戏仿并不是护身符,同样需要经过其他规则的检验。最高法院在坎贝尔案中认为"版权法没有任何证据显示对戏仿者表现出对被戏仿对象更多的偏好,没有任何可以运用的假设拒绝考虑下列事实:当戏仿者通过他自己的作品讽刺社会时就会从戏仿滑向了讽刺,或者一部作品同时包含戏仿成分和非戏仿的成分"③。当一个戏仿作品超越了"简单和纯粹",那么问题就变得复杂起来。当戏仿的对象是一首歌曲,那么检验起来就容易得多。当戏仿的对象是一部长篇小说,问题就变得很复杂。

首先二审法院通过实质性相似规则的检验,认定被告的作品与原告作品构成实质性相似。初审法院发现被告复制的成分远超过不受保护的成分,比如被告使用了原告的 15 个角色,这些角色都具有原作品所描述的物理特性、特殊习惯以及鲜明的特征,以及他们彼此之间的复杂关系……此外,原告作品中各种虚构的场所、环境、角色、主题、情节都像镜像一样摄入被告的作品中。二审法院表示同意,认为"尤其是被告作品的前半部分很大程度上就是利用原告作品受著作权保护的角色、故事线索以及环境作为新故事

---

① Campbell v. Acuff-Rose Music,510 U. S. 569(1994),P. 580.

② Suntrust Bank v. Houghton Mifflin Co. ,268 F. 3d 1257(11th Cir. 2001),p. 1268 - 1269.

③ Campbell v. Acuff-Rose Music,510 U. S. 569(1994),P. 581.

的调色板而重新进行了封装"①,从而否决了被告霍顿米弗林出版社不构成实质性相似的抗辩。被告认为自己的作品是对原告作品的颠倒性重述,从原作品中借用来的人物、场景以及角色被置于不同的灯光下,原作品中强势的角色被弱化,反之亦然,原作品赋予罗曼蒂克的组织和价值在新作中则堕落了。② 二审法院虽然同意被告关于原作品的角色、场景和情节在新作品中通过主人公辛德拉的视角赋予新的意义的观点,但是认为这并不能否认属于受版权保护的角色、环境和情节。

在认定构成实质性相似之后,法院在进行合理使用测试的过程中运用了转换性使用的理论。法院发现转换性使用其实是一把双刃剑,一方面辛德拉的故事以及通过她的视角对事件的陈述的确增加了"新的表达、新的意义和新的信息",但是另一方面,被告作品的成功在很大程度上依赖于借用原告作品的受到保护的成分去推动自己情节的发展。通过对被告借用的大量成分的分析,法院发现很难认为这些借用是被告为了避免自己的付出辛苦劳动而采取的取巧行为,如果没有大量的对原告享有版权要素的借用,就无法展开具体的批评或者评论。但是法院也发现不是所有的借用都明显是为了评论。原告认为被告的借用至少在边缘上超过了服务于戏仿功能所需要的程度。双方在诉讼中提出了很多具体的细节,比如一个黑人小孩被当作生日礼物送给一对双胞胎,被告兰黛尔认为这是为了评价白人对黑人的态度,但是原告指出描写双胞胎的红头发以及后来战死在葛底斯堡的情节与评论就没有关系;再比如斯嘉丽向艾希里扔瓶子时白瑞德躲在沙发上的情节也与评论没有关系。转换性测试对被告提出了极高的挑战,因为再高明的被告也无法保证每一个细节使用都能找到正当的理由,即使能够找到,也很可能是胡扯。最后,被告的作品被法院评价为有些借用过度。关于市场影响的测试,对被告来说是喜忧参半。市场影响包括原作品市场,也包括演绎作品市场。对于原作品的替代性分析,法院基于转换性认为不可能发生替代。对于演绎作品市场,法院没有深入进行分析,仅仅认为原告没能提出被告作品的出版是如何取代其演绎作品市场的根据。据此,法院认为被告有权获得合理使用的抗辩,但是并未做出属于合理使用的判断。

---

① Suntrust Bank v. Houghton Mifflin Co. ,268 F. 3d 1257(11th Cir. 2001) ,p. 1370.

② Suntrust Bank v. Houghton Mifflin Co. ,268 F. 3d 1257(11th Cir. 2001) ,p. 1267.

在进行完合理使用测试之后,法院就原告是否应该获得禁令救济进行分析。在禁令救济的分析中,法院改变了侵权认定成立自动引发禁令救济的习惯性做法。[1] 首先,法院重申了获得初步禁令救济的四个要素:①原告成功证明侵权行为存在的可能性;②如果不颁发禁令救济不可挽回损害会发生的实质性威胁;③原告受到威胁的损害超过了被告因为禁令颁发所遭受的损害;④禁令颁布不会损害公众利益。其次,法官对上述四个条件进行了分析,认为原告没有证明自己存在不可挽回的损害。

据此,二审法院基于以下两条理由,撤销原来的判决,发回重审。一是认为被告的创作构成戏仿,初审法院没有认真考虑合理使用的抗辩意见。二是原告没能证明被告的行为对其造成了不可挽回的损害。后来,原被告双方以和解的方式结案,原告允许被告的作品继续出版,原告同意将获得的收入捐助给慈善机构。

案子虽然解决了,但是问题依然存在,转换性使用理论能否成功解决创作性使用他人作品的问题依然悬而未决。问题依然集中于两点:一是如何认定转换性使用;二是如何看待演绎作品市场。演绎作品市场与转换性使用之间的关系,在坎贝尔案中被法院认为是一个值得关注的问题。在本案中,法官以原告没有提供证据证明演绎作品市场损害为由回避了这个问题。可见这是一个让法官讳莫如深的问题。在此处,笔者先不讨论该问题,只讨论转换性测试的问题。关于转换性使用如何测试,皮埃尔法官认为应该检验每一个受到挑战的片段而不能仅仅从被告作品整体上进行考察。[2] 并且认为这种细节性的探讨在历史、传记作品中特别重要,因为这些作品从信件、日记、公开的出版物中引用很多片段。如果仅仅从整体上去考察被控作品,很难判断这众多的引用到底是转换性使用还是替代。不过他同时承认反向测验也可能是正确的,因为如果低估被告作品整体的性质,那么可能会

---

① Pierre N. Leval, Toward A Fair Use Standard, 103 Harv. L. Rev. 1105 (1990), p. 1130–1135.

② Pierre N. Leval, Toward A Fair Use Standard, 103 Harv. L. Rev. 1105 (1990), p. 1112.

导致一些很正当的转换性使用误被判为缺乏转换性。①

关于测试法的应用,在坎贝尔案中,由于复制的表达数量较少,法院到底运用了何种测试方法不是很清楚,不过它同时测试了被告借用与原告作品相应内容的同与不同,法院认为不仅要看被告复制了什么,还要看被告为离开复制的部分做了什么。② 在《飘》的戏仿案件中,二审法院的运用非常有意义,在戏仿是否成立上,法院使用了整体判断标准,认为具有高度的转换性。在具体的判断过程中,要求每一个复制的成分都必须具有转换性,即构成一种对原作品的评论。具体言之,就是要求被告的任何借用必须有特殊理由。显然二审法院对测试法的应用是割裂的,主要采用了具体测试法,整体测试法没有发挥应有的作用。马库斯(Marcus)法官在提交的附和意见中,认为应该采取整体测试法,只要整体上是批评性的即可。具体而言,他认为为了整体上具有转换性,作者对所借用的片段的使用方式是不一样的,有的采取了变化,有的没有采取变化,但是无论是改变还是不改变,都是为了最后的整体效果。他认为,"为了创作一个成功的戏仿作品,作者在反转和夸张性使用其他变化性成分的时候,必须让一些特定成分保持一致(与原作)"。他还引用了波斯纳的话认为,"借用的和新成分之间总是存在一种不一致"。在兰黛尔的作品中,一致性的成分是很低的,而不一致的成分居多。显然马库斯法官意图通过整体性转换认定而消化具体认定带来的风险。但是我们是不是应该考察每一个借用的细节之于整体的关系呢?马库斯法官没有明示。因此马库斯法官的方法也不一定能完全解决问题。问题不在于具体测试还是整体测试,而在于我们如何看待被告无法通过测试的部分。

三、孔思案和苏斯案:讽刺性创作与转换性使用的滑铁卢

其实,利用转换性使用理论解决创作性使用他人作品问题的尴尬在坎贝尔案中已经埋下了祸根。最高法院将借用在先作品与创作目的与性质相联系,造成的一个结果就是我们必须根据具体的创作目的和创作方式来判断借用是否正当,以求将"引用限制在必要限度内"。因此在法院看来,滑稽

① Pierre N. Leval, Toward A Fair Use Standard, 103 Harv. L. Rev. 1105 (1990), p. 1113.

② Campbell v. Acuff-Rose Music, 510 U. S. 569 (1994), P. 580.

模仿和讽刺尽管都是批评,但是二者对在先作品使用的必要却大不一样。对于戏仿,引用特定作品的必要性很大;对于讽刺,使用特定作品很难找到合适的理由。① 由于讽刺针对的是普遍的社会现象或者第三方的人或者事,很难与特定的作品挂钩,很难找到特别的使用理由。因此在讽刺创作上,转换性使用的认定遭遇尴尬。我们先看 Rogers v. Koons 案。② 在该案中,原告拥有照片的著作权,该照片是一群幼犬和它们的主人在一起。艺术家孔思根据这张照片聘请公司制作了 4 个大型雕塑,起名《一群小狗》,并获得了可观的收入。孔思的雕塑与原告的照片几乎一模一样,孔思也要求工作室必须与照片相同。孔思仅仅是将原告的照片转换成一个大型的、上彩的雕塑而已。孔思认为自己的作品应该被看作一个讽刺性评论或者戏仿。他声称,通过将小狗及其主人放置于一个与原始照片不同的语境中,就是一种对政治经济制度发表的批评性评论。虽然没有对孔思的讽刺性评论的说法表示拒绝,但是法院认为"原告的照片的实质性部分几乎被完全复制了,即使该雕塑是对原告作品的一个戏仿,也大大超出了它必需的范围……事实上就是打着海盗的旗号"③。而在 Dr Seuss Enterprises v. Penguin Books 案中,被告根据原告儿童书风格的作品《猫在帽子里》,创作了《猫不在帽子里》。被告挪用了原告作品的主要角色以及视觉的、诗意的风格创作了关于辛普森谋杀案的讽刺故事。显然,被告对原作品进行了转换。尽管存在转换性内容,第九巡回法院却认定被告的作品不是转换性的,因为根据合理使用的目的,该作品是讽刺而不是戏仿。④

四、谷歌图书扫描案与索尼案:转换性使用的另类成功

与转换性使用适用于创作性使用案例所遇到的尴尬相比,转换性使用在复制性使用领域获得了巨大的成功。转换性使用适用于复制性使用领域的案件大都具有这样的特点:第一,被告对原告作品的使用是复制性的甚至是完全复制,与合理使用第三因素相悖;第二,被告将原告的作品用于不同

---

① Campbell v. Acuff-Rose Music,510 U. S. 569(1994),P. 581.

② Rogers v. Koons,960F. 2d 301(2 Cir. 1992).

③ Rogers v. Koons,960F. 2d 301,308(2d Cir. 1992).

④ Dr Seuss Enterprises v. Penguin Books,USA109F3d 1394(9th cir. 1997).

的用途而且大多数具有商业性,与合理使用的第一因素和第二因素严重相悖;第三,新的使用往往创造了不菲的价值,价值创造以对作品的复制为前提,但其主要价值不是来源于对作品的复制。在这种情况下,如果通过自愿交易授权使用,将会产生严重的寻租行为。如果适用传统的合理使用制度,又面临着某些困难。这时候,转换性使用就派上了用场。

有名的谷歌图书搜索案就是依据转换性使用理论进行的判决。[①] 2004年谷歌公司宣布了两个图书项目,其中之一是"图书馆计划(library project)",旨在扫描由合作图书馆提供的藏书并用于网络搜索、展示,涉及包括小说、自传、儿童书、参考书、教科书、论文、操作手册、烹饪书籍、字典、诗歌、回忆录在内的各类图书,其中大约7%属于虚构类作品,93%属于非虚构性作品;绝大部分属于绝版图书,也包括少量的再版图书。纸质版图书主要源于合作图书馆。根据合作协议,有的只允许谷歌公司复制处在公共领域的图书,有的还允许扫描处在版权保护期的图书。谷歌公司对纸质图书进行本书扫描,将其转换成可以用单词或者词组搜索的文本,存储在谷歌公司自己的服务器上,并以片段的形式用于在线搜索和展示。同时,根据协议,谷歌公司允许合作图书馆复制来自它们自身藏书的扫描件,制作它们自己的数据库。无论是扫描、制作数字件、存储、进行片段展示,还是允许合作图书馆复制数字件,谷歌公司既没有努力寻找权利人,也没有获得权利人的授权,更没有对自己的使用行为进行任何补偿。图书馆项目由于没有获得授权,2005年被美国作家协会、出版商协会以及作者、出版商告上法庭。原告认为谷歌公司未经授权扫描享有版权保护的图书应用于在线搜索、展示的行为构成侵权,谷歌则以合理使用进行抗辩。2013年11月14日,初审法院做出了合理使用的判决。从提起诉讼到合理使用的判决,经历了漫长的8年,主审法官也经历了思想上的巨变,从当初批准集体诉讼所暗示的侵权判断到最后作出合理使用判决的峰回路转,耐人寻味。由于该案与传统合理使用案件存在巨大差异,法院采用了转换性使用理论对被告的扫描和传播行为做了四要素测验。

关于第一要素,使用目的和性质。法官认为关键在于使用是否具有转

---

① Authors Guild,Inc. v. Google Inc. 954 F. Supp. 2d 282,(S. D. N. Y. 2013).

换性,而不在于营利与否。是否具有转换性就是考察被告的使用行为在原告作品的基础上添加了什么,而不是简单的替代性使用。谷歌的使用显然具有高度的转换性。第一,谷歌把图书数字化,将表达性的文本转化成全面的词汇索引,便于大家更容易找到图书。第二,谷歌允许使用者以词汇或者短语的形式进行图书本书搜索,进行片段性显示,有助于图书管理员判断是否属于自己感兴趣的图书,有助于研究人员核对引文的正确性。最后,谷歌将图书文本制作成数据库,为研究者开拓了数据挖掘和文本挖掘的新领域。研究者可以通过查询词汇的使用频率和使用趋势来挖掘某种具有实质意义的信息。谷歌图书搜索没有取代或者替代图书,它们不是阅读工具,而是以一种前所未有的方式使用,给原作增加了新的价值、允许新信息、新美学、新视野、新解释的产生。[①] 原告认为被告是一家商业机构,图书搜索项目在很大程度上是一项营利活动。法院则认为这一事实不具有决定性意义,商业动机作为使用的间接目的不影响合理使用的认定。在本案中,谷歌没有出售扫描件,也没有出售用于展示的作品片段,更没有在展示图书的网页上投放广告,其使用本身不具有商业目的。至于谷歌凭借着图书搜索的能力将使用者吸引到其网站,从而在商业上受益属于图书项目的间接目的。法官甚至断言,即使假设谷歌主要的动机就是牟利,也无法否认其图书搜索服务于好几个重要的教育目的,因此第一个要素的衡量倾向于强烈支持合理使用。

关于第二因素,被使用的版权作品的性质。法院认为本案所涉及的作品绝大多数是非虚构性、已出版的作品,对合理使用的认定比较有利。

关于第三因素,作品被使用部分的数量和质量。谷歌对图书的本书、逐词扫描复制对合理使用的认定是一个不利因素。但法院基于下列理由认为谷歌的本书复制行为依然可能构成合理使用:首先,鉴于谷歌提供本书本搜索,本书复制乃是达到该功能的必要条件,其复制没有超过必要的限度。其次,在回应使用者的查询时,谷歌严格限制了显示部分的数量,保护了版权人的利益。

关于第四因素,对版权作品的潜在市场或者价值的影响。法院认为这

---

① Pierre N. Leval,Toward a Fair Use Standard,103 Harv. L. Rev. 1105(1990),p. 1111.

一点对谷歌公司极为有利。首先,谷歌的使用行为没有给原告造成损害。谷歌没有出售扫描件,无法替代现有图书市场。谷歌虽然允许合作图书馆下载其扫描件,但是合作图书馆本来就拥有这些被扫描图书的原件,其拥有扫描件也符合版权法的规定。原告认为使用者可以经过反复搜索而拼凑出整个图书文本的说法是荒谬可笑的。因为谷歌对每次搜索显示的位置是固定的,无法上下滑动;对显示的片段数量进行了限制,列入黑名单的片段是无法显示的;对于多次搜索,所能得到的文本显示数量也有严格限制。因此,无论使用者如何搜索,都无法得到足够多的文本片段进行编辑;如果没有原件对照,甚至无法进行有序编排。其次,与原告主张相反,一个理智的调查者会发现谷歌不仅没有损害原告的潜在市场或者作品价值,而且还会提高出版商或者其他权利人的图书销售。因为如同传统书店的图书展示一样,谷歌图书搜索有助于使用者发现这些图书,有机会鉴定这些图书是否符合自己需要,从而增加潜在的读者。许多作者明确承认这一点。谷歌图书搜索提供的出版商链接能够使读者更方便的订购图书。毫无疑问,增加了解机会和订购渠道会提高图书销售。

根据版权法宗旨,综合权衡上述因素以及其他因素,法院判定谷歌图书搜索项目构成合理使用。谷歌提供了重要的公共利益。在促进艺术与科学发展进步的同时,又尊重了作者和其他权利人的权益,没有对版权人带来不利的影响。它成为价值无限的搜索工具,帮助学生、教师、图书管理员和其他人更有效率地鉴别和定位图书。它第一次给予学者这样的能力,可以对数以千万计的图书进行本书搜索。它保存图书,尤其是那些绝版书以及被遗忘在图书馆书架上的老书。它给这些书以新的生命。它给予那些无力印书的、偏远的或者无法享受到完善服务的人群更多接触图书的机会。它创造了新的受众,为作者或出版商创造了新的收入来源。事实上,全社会都受益了。其实,谷歌图书扫描案仅仅是美国法院利用转换性使用释放作品的商业价值的众多判决中的一个。比如法院曾经判决将图片制作成缩略图(thumbnail)[①],把音乐会海报制作成小图片作为纪事索引[②],构成合理使用。

① Perfect 10, Inc. v. Amazon. com, Inc. 487 F. 3d 701(9th Cir. 2007); Leslie A. Kelly, v. Arriba Soft Corp. 336 F. 3d 811(9th Cir. 2003).

② Bill Graham Archives v. Dorling Kindersley Ltd. ,448 F. 3d 605(2d Cir. 2006).

如果我们回顾一下转换性使用的先驱案例索尼案①,我们的感受会更加深刻。索尼案没有使用转换性使用的表达,而是使用了"productive use"的表述。20世纪70年代末,索尼公司开始在美国销售名为Bebamax的录像机。该录像机可以帮助观众通过电视机录制正在被观看的节目,也可以通过自带的接收器在观看一个频道时录制另一个频道的节目,还可以通过定时器自动按预先设定的时间对某一指定频道的节目进行录制。这极大地便利了消费者,受到消费者的欢迎。但是将电视节目从播放的情形中剥离出来,不仅会损害播放者的利益(去掉广告),更会影响著作权人的利益(在其他场合播放,从而减少收益)。美国环球电影制片公司和迪士尼制片公司于1976年提起诉讼,要求法院判断消费者的录制行为构成侵权,索尼公司构成帮助侵权,禁止销售该种录像机。索尼公司是否承担责任的关键在于录像机是否具有"实质性非侵权用途",用户使用录像机的行为定性成为问题的关键。消费者录制电视节目的主要目的用于异时观看,对于这种产生了时间迁移的复制行为究竟应该如何定性呢? 一审法院运用了商业化使用/非商业化使用(simple commercial/ noncommercial)进行分析,这也是当时法院经常采用的合理使用分析模式。上诉法院则独辟蹊径,创造了生产性使用/非生产性使用二分法(productive use/no-productive use),通过援引莱昂·苏达(Leon Seltzer)的观点,认为合理使用旨在处理第二位使用者利用权利人的作品创作新作品的问题,而不是纯粹的复制行为;并且通过强调合理使用规则的前言部分而引入这种分析。② 据此,上诉法院一方面认为合理使用规则并没有将便利、增加接触等列为增加价值的理由,另一方面认为节目录制只是简单的复制行为,会给权利人带来损害。

最高法院选择忽视生产性使用/非生产性使用二分法,将其放在脚注中进行处理,评论该区分在某些情况下是有意义的,但不可能是决定性的。与此同时,回归商业性使用/非商业性使用二分法,认为家庭录制是非商业性行为,只要没有从时间迁移中获得直接的商业收益,就构成合理使用。布莱

---

① Sony Corp. of Am. v. Universal City Studios,464 U. S. 417(1984).

② Universal City Studios,Inc v. Sony Corporation of Am. 659 F. 2d 963,P. 970(9th Cir. 1981).

克门法官提交的反对意见支持生产性/非生产性二分法。① 他的讨论不仅将生产性使用集中到新作品的创作上,而且假定任何非生产使用都不是生产性的。这将上述隐含的意义推进了一步。布莱克门认为如果不允许重复前人的研究,就没有作者能创作作品。在创作中,合理使用应该被视为一种补贴,允许后续作者为公众利益有限制的使用前人作品,合理使用列出的六种使用方式构成了生产性使用。与对在先作品的复制相比,生产性使用增加了社会公众的利益。单纯为使用者个人利益的复制没有增加公共利益,因此也就没有必要以牺牲权利人为代价为普通使用者提供合理使用的补贴。根据布莱克门法官的意见,生产性使用/非生产性使用实为创作性使用/非创作性使用。他的分析实际上是向传统的版权法实践回归,就像斯托里法官 1841 年所做的那样。②

上诉法院发明生产性使用/非生产性使用二分法旨在通过引入公共利益考量强调价值增加性使用。在具体判断的过程中将这种价值增加性使用限制为创作性使用。但是一旦人们意识到纯粹的复制性使用也可能增加公共利益时,情形就完全改变了。在索尼案中,人们从录像复制产生的时间迁移和设备转移中发现了公共利益的价值,生产性使用适用的对象就从创作性使用转移至复制性使用领域了。波斯纳等学者据此将生产性使用/非生产性使用改造为生产性使用/替代性使用③,此时的生产性使用既包括创作性使用又包括具有价值增加性质的复制性使用了。④ 就此,本来发明出来用来保护创作性使用的制度,如同合理使用制度化的命运一样,再次发生了逆转。

五、转换性使用司法实践的得与失

最高法院当初有意忽视生产性使用/非生产性使用二分法,但是该来的还是来了。皮埃尔法官在提出转换性使用理论的同时,所举出的例子都是

---

① Sony Corp. of Am. v. Universal City Studios, 464 U. S. 417, p. 495–497(1984).

② Folsom v. Marsh, 9 F. Cas. 342, 348(C. C. D. Mass. 1841)(No.4901).

③ 替代性使用也可以称为复制性使用,但是此处的复制性使用实际上是指只产生消费性效果的复制。

④ [美]威廉·M.兰德斯,理查德·A.波斯纳:《知识产权法的经济结构》,金海军译,北京大学出版社 2005 年版,第 155–156 页。

创作性使用他人的作品情形,有意地强调了创造性,但是也无法阻止这一情况的发生。那么究竟是什么原因导致了这种情况呢?首先,笔者认为转换性使用意在强调价值增加,而价值本身具有模糊性,容易发生流变。尽管皮埃尔法官有意强调了创造性价值,有意把其他社会价值清除出去。但在同一篇论文中,在讨论禁令的时候又不得不承认公共利益的考量。其次,著作权规制的是作品创作和传播问题,创作性使用和传播性使用(即为复制性使用)都为著作权法所关注,但是传播性使用在著作权规制中占据着最大的体量,创作性使用容易为传播性使用所淹没,受后者的影响。这也是合理使用规则一再发生异化的原因。公共利益能够很好地解释为价值增加,因此转换性使用作为替代性使用的对称,简直就是绝妙至极。依据合理使用衡量中使用的目的、性质与市场影响两个因素分析,使用上是转换的,市场上往往就是非替代的。随着数字技术的发展,作品的边缘价值被不断开发,转换性使用的理论正好派上了用场,因此转换性使用在复制性使用领域不断的攻城略地、不断地将生产性复制与替代性复制区分开。

然而,创作性使用本身的特殊性导致转换性使用理论在创作性使用案件中难以运用自如,甚至举步维艰。第一,使用他人作品进行创作,无论如何转换,终究还是在创作领域,新作品与在先作品终究是比较近的,因此很容易发生替代。在这种情况下,想通过转换性概念将这种替代效应进行区分,注定是一项难以完成的任务。第二,演绎作品市场的控制权是创作型转换性使用的噩梦。因为演绎也是一种转换,与创作型转换性使用一样同属于内容转换,我们想把两个基本类似的东西区分开基本是不可能的。前述两点理由基本可以解释为什么表面上支持商业性戏仿的坎贝尔案判决直接导致了美国商业性戏仿的凋零,也可以解释为什么坎贝尔案虽然引起轰动但在司法实践中又被悄悄抛弃了。提出转换性使用最大的意义在于为我们研究创作性使用打开了新的视角,如何将其转化为适当的制度设计,还有很长的路要走。

第五节 认知心理机制与演绎使用规则的独立地位

美国版权法针对创作性使用他人作品发展出了实质性相似规则与转换性使用规则[①],前者是对原被告作品相似性的判断,后者是对原被告作品差异性的判断。因此在创作性使用规制领域基本可以描述为判断相似性和判断差异性两组不同的制度安排。不过,这两组制度安排是非常不对称的,前者明显偏强而后者明显偏弱。这种制度安排格局是造成重混创作规制困境的重要原因。对此,本节将运用认知心理学关于相似性和差异性判断的研究成果对重混创作的制度安排进行探讨。

一、相似性与差异性判断的认知心理机制

相似性判断在感觉、知觉、记忆、分类、决策、推理等认知加工过程中都扮演着重要角色,是认知心理学的基本研究范畴。差异性判断最初被认为是相似性判断的反过程,差异性是相似性的对立镜像。但是更为深入的研究发现,差异性判断和相似性判断不是相反的认知过程,它们各自存在不同的认知机制。下面笔者简要介绍美国心理学家特维斯基的特征对比模型。[②]

1977 年特维斯基提出一个基于特征相似的对比模型。根据对比模型的描述,概念是以特征系列的形式呈现的。一对特征系列可以用初级系列加工的方式来比较。两实体之间的相似性是共有特征与区分性特征的有效函数。对比模型可用公式描述:$S(a,b) = \theta f(A \cap B) - \alpha f(A-B) - \beta f(B-A)$。其中 a 和 b 是两个要比较的概念,S 是两个概念之间的相似性,A 是概念 a 的属性集,而 B 是概念 b 的属性集,$A \cap B$ 表示两个对象之间的共有特征,A-B 表示区分概念 a 的特征,B-A 表示区分概念 b 的特征,θ、α 和 β 是加权系数,

---

① 转换性使用规则只是一种近似的说法,因为在具体的运用中,转换性使用仅仅作为合理使用第一因素来使用。不过这种使用对合理使用要素进行重新梳理和解释,改变了其具体的使用方式,相当于重塑了合理使用规则。在后文的论述中,我们将发现转换性使用具有超越合理使用制度的特性。

② Michael Eysenck, Mark T. Keane, Cognitive Psychology:A Student's Handbook 297 (6th ed. 2010)转引自 Kate Klonick, Comparing Cpples to Cpplejacks:Cognitive Science Concepts of Similarity Judgment and Derivative Works,60 JCPS 365(2013),p376–377.

反映了共有和区分性属性集的相对重要性。

特维斯基发现：①θ、α和β这些加权系数并不是固定不变的，函数关系可以根据属性的突出性和重要性而赋予权重，这些加权系数随着背景和判断任务变化而有所不同。②相似性判断具有不对称性，研究者已将发现a和b之间的相似性不等于b和a之间的相似性。因此谁当比较对象、谁充当被比较对象就很重要，一般来讲被比较对象越突出，就越容易发现相似性。[①]③人们在判断两个对象的相似性时，倾向于对共有特征赋予更高的权重；在判断差异性时对区分性特征赋予更高的权重。④随着共有特征数目增加以及区分性特征数目减少，两个对象变得更为相似。⑤一对具有许多共同特征和许多区分特征的个体要比另一对只有少许共同特征和少许不同特征的个体，不仅被判断为更为相似，而且也更为不同。[②]⑥特征和关系在相似性和差异性判断中所起的作用是不同的。此处的关系是指比较对象特征之间的关系。在特维斯基的特征对比模型中，被比较对象之间的关系特征是作为特征的附属出现，但是更为深入的研究发现，特征和关系的重要性与具体的判断任务有关。相似性判断赋予关系更高权重，差异性判断赋予特征更高权重。[③]该研究成果是对特维斯基特征模型的重要补充。[④]

二、演绎使用的认知心理学分析

认知心理机制通过制度的操控者会对制度实施产生很大的影响，这种影响反过来促使我们反思现有的制度设计。重混创作表现为对在先作品的

---

① 这个观点实际上原被告作品以及作者的知名度对诉讼结果有重要影响，原告作者越有名，作品越有名，被告败诉的可能性越大。反之亦然。J.K罗琳的诉讼经历就证明了这一点，我国最近判决的琼瑶诉余正案同样证明了这一点。

② 这个观点实际上意味着原被告作品的复杂程度对判断结果有重要影响。

③ 王敏：《图形的相似性判断与差异性判断的关系及机制的研究》，天津师范大学硕士论文，2007。

④ 值得注意的是，著作权司法实践关于实质性相似与转换性使用的判断既是一个法律问题，又是一个认知问题，心理上的认知过程构成了司法上关于实质性相似、转换性使用的基础，但是法律判断上的要求可能与心理认知规律契合，也可能不契合。这样心理认知规律可能会强化也可能会弱化法律制度实施的效果。因此法律制度设计必须考虑认知规律的影响，根据需要强化、弱化甚至推翻认知规律的影响，二者越是冲突时越需要有意识消除认知惯性带来的影响。

使用行为。对在先作品的使用涉及权利人与使用者之间的利益分割,而利益分割则需要相应的制度安排。目前有关权利人保障的制度多,而保障后续创作者的制度少。在很多情况下,需要通过保障权利人的制度来实现使用者的利益,这可能吗?笔者将运用上述的研究成果对此进行分析。

(一)实质性相似与非实质性相似

美国著作权法司法实践逐渐发展出"复制+侵占"的二阶层分析法,前者分析被告对原告的作品是否存在复制行为,后者分析这种复制是否构成了侵占。前者探讨的是原被告作品的"证据性相似",可以进行详细分析以及采纳专家证言。后者则以一般观察者的反映作为标准,详细分析和专家证言不是合适的证据。侵占分析以一般观察者的反映来验证被告是否侵占了原告的权益。

关于二者的关系,在阿恩斯坦诉波特案中,法院认为"有些案件中,原告和被告作品的相似如此显著,在这种情况下,无须更多的证据,就可以推断复制行为,并且证明侵占。但是,并不需要这种具有双重目的的证据,即假设以其他方式证明复制,就可以不需要能独立支持复制推断的相似性证据来证明侵占"①。阿恩斯坦诉波特案本身就是处理原被告作品"证据性相似"稀薄的案件。从该案件我们可以看出"复制+侵占"二阶层分析法本身是要为"证据性相似"不足提供补救措施。这种分析方法在麦当劳园地案中进一步发展为内部判断标准/外部判断标准,即主观判断标准/客观判断标。法院运用该标准判决被告"麦当劳园地"的广告侵犯了原告电视剧的著作权。②该案件的被告抄袭了原告的思想但是以自己独创性的表达予以再现,"证据性相似"严重不足。但是法院认为"当表达形式除了思想内容,没有提供任何新的其他含义时,表达形式与思想就重合了……表达形式的复杂性与艺

---

① Arnstein v. Poter,154F. 2d 464,p. 469. (2d Cir. 1946). 原文如下:"In some cases, the similarities between the plaintiff's and defendant's work are so extensive and striking as, without more, both to justify an inference of copying and to prove improper appropriation. But such double-purpose evidence is not required; that is, if copying is otherwise shown, proof of improper appropriation need not consist of similarities which, standing alone, would support an inference of copying. "

② Sid&Martykroff Television Production, Inc. v. McDonalds Corp. 562 F. 2d 1157(9th Cir. 1977).

术性,将使之与甚至最陈旧过时的思想相分离……本案不属于思想与表达形式不可分离的情况……H. R. Pufnstuff 的基本表达形式与它相对简单的思想表达内容明显不同,剧中每个人物都有着鲜明的个性及与他人和环境交往的独特方式。物质场景也有一些特征"①。因此,即便被告抄袭的是原告的"思想",但是只要不属于思想与表达完全不可分离的情形,那么就可能构成实质性相似。该案中被告没有抄袭原告的具体表达,因此几乎无法展开"复制分析",但是"侵占分析"却能够成立。被告通过自己的替换性表达侵占了原告的利益,如果我们还遵循比较严格的证据性相似(即复制性相似),那么将使被告的盗窃行为得逞。

通过考察实质性相似规则的发展,我们发现实质性相似规则实际上是沿着保护权利人的逻辑路径发展的。1930 年汉德法官在尼科尔案中提出"层层抽象法",1946 年在阿恩斯坦诉波特案中提出两阶层分析法(实为整体概念与感觉判断法的先驱),再到 1970 年在罗斯贺卡案中正式提出"整体概念与感觉",并且将其成功运用;1977 年的麦当劳园地案将其改为外在标准/内在标准(即客观标准/主观标准测)。我们发现"整体感念与感觉"测试法的提出,本身就是为了解决证据性相似稀薄的案件。简单说,如果客观的复制性证明证据不充分,那么我们就交给感觉来判断。如果连感觉上的相似也没有,那么只能判断为不相似了。所以尽管可以从实质性相似规则的实践中找到非实质性相似,那也是在穷尽了实质性相似的各种可能之后。在这种情况下,非实质性相似抑或差异性是作为实质性相似的反过程存在的。但是关于心理学的研究表明,实质性相似与差异性的判断并不是相反的过程,两个实体之间即使判断为相似,也并不意味着差异性不存在,或者不重要。此外,在具体的判断中,尽管既涉及共同特征,又涉及区别特征,但是由于受到判断任务的影响,会对不同的特征赋予不同的权重,从而导致不同结果的出现。在相似性判断中,会更容易注意到比较对象之间的共同特征,赋予更大的权重,而对于区别性特征,给予的注意力更少,赋予的权重也更低。而且在相似性的判断中,关系性特征得到更多的重视,"整体概念和

---

① Sid&Martykroff Television Production, Inc. v. McDonalds Corp. 562 F. 2d 1157, p. 1168–1169. (9th Cir. 1977). 该段翻译参照了[美]罗伯特·P. 墨杰斯等:《新技术时代的知识产权法》,齐筠等译,中国政法大学出版社 2003 年版,第 354 页。

感觉"测试法就是关系特征在相似性判断中得到照顾的反映。

作为上述结论的注脚，我们再来看看太阳基金会诉霍顿米弗林出版社关于《飘》的戏仿案。在该案中，被告认为自己的作品是对原告作品的颠覆性重述，从原作品中借用来的人物、场景以及角色被至于不同的灯光下，原作品中强势的角色被弱化，反之亦然，原作品赋予罗曼蒂克的组织和价值在新作中则堕落了。① 二审法院虽然同意被告关于原作品的角色、场景和情节在新作品中通过主人公辛德拉的视角赋予新的意义的观点，但是认为这并不能否认同样属于受版权保护的角色、环境和情节。法院和被告的观点完全符合特维斯基特征对比模型的预言，一对具有许多共同特征和许多区分特征的个体要比另一对只有少许共同特征和少许不同特征的个体，不仅被判断为更为相似，而且也更为不同。但是对于实质性相似规则的实践来说，它只能看到相似性的一面，而不能看到不相似的一面。由于判断任务的导向功能，一项制度实际上无法完成两项相反的工作。所以实质性相似规则，只能沿着保护权利人的逻辑前行，无法同时兼顾使用者的利益。从实践效果看，实质性相似的反推主要解决少量使用的问题。尽管如此，它也不能很好地完成任务。因为部分实质性相似阻碍了这一点。此外，由于法官受到判断规则价值的影响，会尽量扩张它所代表的价值。在 Bridgeport Music, Inc. v. Dimension Films 中，法官反对任何借用，甚至开创了数字采样本身侵犯版权的规则。② 对于更多的表达要素被借用的情形，法官只能发现更多的相似，而无法发现更多的不相似。

（二）合理使用制度与差异性判断的关系

美国皮埃尔法官在其论文《通往一种合理使用的标准》中认为，合理使用缺少一种判断的标准，对于使用者的借用，"何为可接受的，何为过分的，从来没有提供任何指南，也没有为是否能够引进其他考量因素留下线索"③。由于缺乏共识，法官们从未在合理使用的含义上达成一致，关于制度的定位

---

① Suntrust Bank v. Houghton Mifflin Co. ,268 F. 3d 1257(11th Cir. 2001) ,p. 1267.

② 阳贤文:《美国司法中实质性相似之判断与启示》,《中国版权》,2012 年第 5 期,第 48 页。

③ Pierre N. Leval, Toward A Fair Use Standard, 103 Harv. L. Rev. 1105 (1990), p. 1106.

也存在不同的分歧。目前关于合理使用性质的评述,主要存在侵权阻却说、权利限制说和使用者权利说三种。[①] 这三种学说实际上微妙的反映了学者们对使用者地位的不同界定。我们可以发现使用者在侵权阻却说地位最低,在权利限制说中稍高,在使用者权利说中最高。使用者地位随着解释视角的转换不断发生变化,同时也为制度发展带入不同的发展方向。使用者权利说的意图就是将依附于权利人的一项制度改造为一项对抗性制度,实现对使用者的独立保护,使之不再缩身于权利人的恩惠之下,从而实现"保护权利和协调利益"的结合。[②] 但事实上能不能达到这个目的呢?

大陆法系的"三步检验法",无疑是从权利人的角度进行的法律规定,而没有给使用者留下独立的空间,因此实现从权利限制到使用者权利的转变是很难的。对于美国版权法规定的四要素检验法,我们发现第一要素是从使用者的角度考虑的,其他三个要素是从权利人的角度考虑的,有意制造二者之间的平衡。第一要素的列举性部分采取了商业性使用/非商业性使用二分法为非商业性使用开了绿灯,而对于商业性使用则严加看管。具体来讲,这是以使用目的代替使用方式的分析模式。这样,我们对合理使用类型的划分主要集中在是否具有公共利益特性上了,具体的使用方式则被忽略了。在实践中将所有的使用都视为同质的复制进行处理。商业性使用/非商业性使用二分法更多地考虑了对权利人的商业影响而不是使用者使用的性质。在这种情况下,无法充分考察使用者使用的差异性。因此,合理使用制度只能被定性为跨越实质性相似。不过转换性使用的提出以及对第一因素的改造,则为差异性判断提供了机会和空间。因为转换性使用考察的是具体使用方式或者使用用途,并且将这种使用方式与权利人的使用进行比较。被告的使用越具有转换性,那么支持权利人的其他要素就越不具有重要性。[③] 皮埃尔法官甚至认为,第一因素是最重要的,反对将第四因素作为

---

① 吴汉东:《著作权合理使用制度研究》(修订版),中国政法大学出版社 2005 年版,第 130–143 页。

② 吴汉东:《著作权合理使用制度研究》(修订版),中国政法大学出版社 2005 年版,第 143 页。

③ Kate Klonick, Comparing Cpples to Cpplejacks: Cognitive Science Concepts of Similarity Judgment and Derivative Works, 60 JCPS 365(2013), p.373–374.

最重要的因素来看待。① 与此同时,皮埃尔法官对第二要素也进行改造,将其视为权利人需要著作权激励的程度。这样的话,第二因素起到了对权利人的限制作用。因此,转换性使用的提出突出了差异性,促使合理使用向使用者的方向偏转。但是这种偏转在创作性使用他人作品的领域只起到了有限的作用,坎贝尔案开创的通过转换性使用释放创作空间的做法在美国司法实践中并没有得到彻底贯彻。② 甚至有学者认为转换性使用是一个值得肯定但注定要失败的努力。③ 主要原因在于转换性使用依然是一个不确定的概念。甚至有人认为任何使用都具有转换性,演绎性创作也是转换性的。当演绎作品作为原权利人的市场时,转换性使用所起的作用在某种程度上就消失了。因此在创作性使用他人作品的场合,转换性使用并不是灵丹妙药。相反,在复制性使用的场合,转换性使用一旦成立,就意味着这种使用与原权利人的权利无涉。因此转换性使用在复制性使用领域得到了很好的发展,起到了在权利人和使用者之间分割利益的作用,但是在创作性使用的场合却受到了阻碍。其实这一点美国最高法院在坎贝尔案中已经看得很清楚,其判决书评论到,当戏仿是"简单和纯粹"的时候,戏仿能够将自己控制在适当的范围内,但是一旦超越了这个范围,问题就变得复杂了。"音乐既是批评,又是市场",特别提醒戏仿对演绎作品市场的影响。《飘》的戏仿案,二审法院强调了戏仿中使用的很多因素超越了必要的限度,最后弄得被告与原权利人只能和解,放弃所有的商业利益。这是对戏仿创作的沉重打击。转换性使用尽管最初被提出来主要用于解决创作性使用他人作品的问题,但是其本身依然无法回答皮埃尔提出的问题:使用者的何种使用是可以接受的,何种使用是不可接受的。其意义仅在于提出了考量使用者价值的新角度,在非营利使用、公共利益之外提出了解决使用他人作品的新角度。但是其不会也无法取代非商业性使用的视角。

由此,对于创作性使用他人作品,我们获得了两个评价的角度,一是非

---

① Pierre N. Leval, Toward A Fair Use Standard, 103 Harv. L. Rev. 1105 (1990), p. 1111-1112.

② Kate Klonick, Comparing Cpples to Cpplejacks: Cognitive Science Concepts of Similarity Judgment and Derivative Works, 60 JCPS 365(2013), p. 373.

③ Kate Klonick, Comparing Cpples to Cpplejacks: Cognitive Science Concepts of Similarity Judgment and Derivative Works, 60 JCPS 365(2013), p. 375.

商业性抑或公共利益的角度,二是转换性使用的角度,如果对他人作品的使用越具有转换性,那么反对使用者的其他要素就越不重要。值得注意的是,在合理使用中依靠转换性使用是无法完全解决创作性使用这个难题的。我们必须根据具体情况建立有关创作性使用他人作品的具体规则。

三、确立演绎使用规则的独立地位

创作性使用与复制性使用的差异意味着必须构建独立的创作性使用他人作品的制度序列。

首先,创作性使用他人作品的制度无法依附于保护权利人的制度。前述分析已经证明了以实质性相似规则为核心的权利制度是以保护权利人、扩张权利人的权利为逻辑依归的。依附这种制度,只能为使用人发展出非常有限的空间。少量使用规则随着实质性相似规则的扩展而日益萎缩,保护"部分内容相似"极大地压缩了少量使用规则的存在空间。"整体概念和感觉"的实质性相似判断规则将相似性比较的触角从特征相似拓展到关系相似,使得创作中的整体借鉴也无处遁逃。

其次,目前的合理使用制度基本是为复制性使用准备的,创作性使用被简单地视为复制进行处理。这种处理方式极少照顾到创作本身的规律,为创作留下应有的空间。因此在合理使用制度中,不那么具有创造性的创作有时可以依据公共利益得到有效保护,而极具创造性的创作反而在合理使用中无处容身。这也是戏仿这类创作方式在司法实践中获得高度关注的根本原因。在美国版权法中,创作性使用问题如此突出主要源于缺乏专门处理创作性使用的条款,不得不依赖于实质性相似或者主要服务于复制性使用的合理使用制度,结果导致创作性使用规制处处受限。

最后,认知心理学关于相似性与差异性判断属于不同心理过程的判断,为确立演绎使用规则的独立地位提供心理学上的支持。相似性判断和差异性判断不仅判断任务不同,而且在具体的判断过程中所涉及的特征、关系、权重都存在很大的差别。制度作为认知心理实现的通道,必须要与相应的心理认知规律相契合。相似性判断努力寻找权利人作品与使用者作品之间的相似之处,从而为权利人的保护提供依据;而差异性判断则努力寻找创作者的使用与权利人作品之间的差异性,为创作者的使用行为提供正当性。

相似性与差异性判断属于不同的认知过程意味着我们无法通过同一个制度实现两个不同的认知行为,因此必须在实质性相似规则之外建立差异性判断的制度体系。目前的演绎权规则、演绎作品的规定、侵权判断的规则都是以实质性相似为中心的规则,合理使用规则虽然试图平衡权利人与使用者的双方利益,但是囿于历史原因与司法实践惯性,仍然是以实质性相似为基础构建的。创作性使用不仅是一种复制行为,更是一种寻求差异性的创造性活动,为了充分展现创作性使用的另一面,我们有必要进行相应的制度设计。

第六节　从演绎权到演绎:演绎使用规则的构建

一、影响创作性使用的因素

转换性使用理论虽然没能很好地解决创作性使用他人作品的问题,但是以激励创造性为宗旨对合理使用四要素的重新解释却有效梳理了影响创作性使用他人作品的各种因素。我们现在来重温皮埃尔法官对合理使用四要素的分析。

在《通往一种合理使用标准》一文中,关于第一因素"使用的性质和目的",皮埃尔法官指出要重点考察使用是否具有转换性。这样他以转换性使用/非转换性使用分析代替了以往的商业性使用/非商业性使用分析,但是这种企图以创作性使用取代复制性使用的做法注定很难成功。事实上,这样做的结果就是逐步消解了转换性的意义,以至于任何使用都是转换性的。对此,笔者认为既然该因素的要义在于分析"使用的性质和目的",那么我们就应该尊重使用的实际形态。事实上,原有的商业性使用/非商业性使用是从复制性使用的角度进行分析,现有的转换性使用/非转换性使用分析是从创作性使用的角度进行的分析。由于这两种使用类型都是存在的,因此我们有必要让这两种分析方式并存而没有必要以一种方式取代另一种方式。这样的话,使用者就自己的使用,实际上可以获得两类因素的支持,一是使用上是否具有转换性,二是使用上是否具有公共利益属性。前者从使用行为的差异性进行分析,重视的是使用者与原权利人内部关系;后者则从社会

价值的角度进行分析,重视的是当事人与第三人之间的外部关系。[1]　因此,第一因素基本上可以视为使用行为本身的一个全面分析。

第二因素关于被作品的性质,皮埃尔法官将此解释为权利人需要著作权激励的程度,属于对原权利人著作权地位的考察。皮埃尔法官将该因素从虚构性/事实性作品等创作空间问题的讨论中转移到更为宽广,更为重要的领域。目前实行的自动保护、无手续主义将著作权保护对象扩展到几乎无所不包的境地。但不是所有的作品都极度需要著作权的保护。事实上,文化生产具有不同的生产激励机制,有的需要财产性激励,有的则不太需要财产性激励。对于不需要财产性激励的作品,如果仍然施以同等的保护,会造成很多问题。一方面,这些著作权人对自己作品的著作权不甚爱惜,他们的著作权信息更难以获取;另一方面,如果他人对这些作品的使用产生了经济价值,或者被利用,那么他们利用著作权法的规定套利的动机就会很强。因此,我们依据权利人作品对著作权保护的需求强度给予不同处理是一种非常明智的做法。具体的做法就是对那些不太需要著作权保护的作品类型予以适当的隔离或者限制,从而降低使用者使用的成本。

第三因素与第一与第四因素密切相关,没有太多独立的价值。这个事实反映了使用行为本身的复杂性以及作品商业价值的复杂性。在哈勃案中,使用者从不明途径获得了前总统福特回忆录的手稿,从中摘录了2000多字进行发表,其中逐字逐句抄录的只有300多字,结果被最高法院判定为侵权。其原因在于其使用者的行为对原权利人作品价值的严重影响(导致出版社取消合同)。[2]　在有的情况下,即使创作者大量使用在先作品,对权利人也损害甚微,甚至会产生积极影响。

第四因素是"对版权作品潜在市场或价值产生的影响。"本质上是关于使用者行为对权利人作品市场影响的分析。美国立法和司法实践将市场分为已有市场与潜在市场;原作品市场与演绎作品市场,涵盖相当广泛。由于权利人的市场是以假定作为前提的,所以损害在很大程度上也是假定的,无

---

①　该处提出两个分析角度并存的观点可以有效解释创作性使用与复制性使用规则之间的关系,为此甚至可以将使用者的使用分为创作性使用、复制性使用以及中间形态使用三种类型,关于中间形态使用在第五章有具体论述。

②　Harper & Row, Publishers, Inc. v. Nation Enterprises, 471 U. S. 539, (1985).

法以直接的证据来证实。关于损害程度,皮埃尔认为使用者的使用行为本身就意味着损害,因此市场影响分析实际上是关于影响程度的分析。何种程度是可以接受的,何种程度是不可接受的呢? 由于合理使用是跨越相似性,因此笔者以为合理使用中所能够承受的损害程度应该比实质性相似中损害的最低标准更高才对。不过,由于损害本身的推测性导致了损害程度分析也在很大程度上失去了意义。在实践中关于损害的推测主要是基于原被告的作品之间的关系是替代性还是非替代性的,从而用替代性分析/非替代性分析取代实质性的市场影响分析。也正是在这一点上,复制性使用与创作性使用的区别开始显现。在坎贝尔案中,最高法院认为:"如果一个商业性使用仅仅是在整体上复制了原作,这显然是取代了原作,并且有可能造成对原作市场的损害。但是如果相反,使用人的使用是转换性的,那么对市场的替代就不是很明确,因此不能轻易推断市场损害。事实上,在考虑后续创作者的作品是否取代原作品的要素方面,作为纯粹的戏仿,被告的作品更有可能不会影响原作品的市场。因为戏仿和原作品通常在市场上发挥着不同的功能。"[1]创作性使用与复制性使用在市场影响上的区分导致司法实践要求权利人在创作性使用中对市场损害进行证明,而不仅仅限于推测,从而释放出创作性使用他人作品的空间。

尽管如此,现有市场影响的分析还是单向分析,只分析了使用者的行为对原告作品的影响,而没有分析权利人的救济行为对使用者行为的影响。这种单向分析有时是不符合效率要求的。科斯在其著名论文《社会成本分析》中开篇就提到了问题的交互性。[2] 也就是说,在确定调整规则的时候,我

---

① Campbell v. Acuff-Rose Music,510 U. S. 569(1994),P. 591.

② 在本著作中,针对某工厂的烟尘给临近的财产所有者带来了有害影响的案例,科斯发现现有分析往往是从工厂的私人产品与社会产品之间的分歧开始,结论一般是要求工厂主对烟尘引起的损害进行赔偿、征税或者要求工厂迁出居民区。对此,科斯认为:"传统的方法掩盖了不得不做出的选择的实质。人们一般将该问题视为甲给乙造成了损害,因而要决定的是:如何制止甲? 但这是错误的。我们正在分析的问题具有交互性质,即避免对乙的损害将会使甲遭受损害,必须决定的真正问题是:是允许甲损害乙还是允许乙损害甲? 关键问题在于避免较严重的损害。"(参见[美]罗纳德·哈里·科斯:《社会成本问题》,龚柏华,张乃根译,载[美]罗纳德·哈里·科斯:《企业、市场与法律》,盛洪,陈郁译校,格致出版社,上海三联书店,上海人民出版社2009年版,第96~97页。)

们不仅要考虑权利人的交易成本,还要考虑使用人的交易成本,只有这样才能做出符合效率要求的分析。高交易成本对规制规则影响巨大,美国司法实践主要通过禁令救济做法的调整来达到规则本身调整的目的。

　　关于禁令救济,皮埃尔法官注意到法院颁发禁令的自动化趋势,即只要使用者的使用行为不被评价为合理使用,那么禁令救济就会如影随形。但是 1976 年版权法并没有表现出对禁令救济的特殊偏好,仅仅是要求法院"按其认为合理的条件发布临时或者最终禁令,以防止或者制止侵犯版权的行为"①。在实践中,禁令之所以与侵权如影随形,很大程度上是由著作权司法实践的惯性所致。绝大多数的版权侵权都是简单的盗版,侵权者没有承担任何开发成本、广告费用,只是简单的搭便车,侵占权利人作为创作者应该获取的回报。如果允许这些行为会严重损害作者的创作积极性和剥夺公众福利。因此几乎无须证明就能知晓损害的存在,因此"不可挽回的损害"条件从要求证明变成了假设和推测,侵权到禁令之间的障碍被拆除了。当这一切变成一种习惯之后,关于禁令救济的思想就会被遗忘,从复制性使用案件延伸到创作性使用案件也变得自然。不过随着转换性使用理论的提出,创作性使用和复制性使用的差异开始凸显,法院逐渐意识到禁令救济的自动化趋势会损害公众的利益以及二次使用者的利益②,开始重申禁令救济的条件。在《飘》的戏仿案中,法院就重申了禁令救济的适用条件,不仅要求原告证明损害存在,而且要求证明损害的不可挽回,以及对权利人的利益与使用者的利益进行比较,从而基于权利人、使用者以及公共利益作出是否颁发禁令的救济。"禁止书籍的公开发行不是能轻易做出的,禁令的批准或者拒绝都是一个开放的问题,需要仔细权衡各种相关的因素才能做出"③。这样通过改变禁令救济在创作性使用案件上的自动适用,突出了创作性使用与复制性使用的差异。禁令救济审查在很大程度上改变了演绎权的规则,将演绎权从一项财产权规则变成了责任规则,从而适度填补了授权使用到

---

①　《美国版权法》502 条(a)。

②　Pierre N. Leval, Toward A Fair Use Standard, 103 Harv. L. Rev. 1105(1990), p. 1131.

③　New Era Publications Int'l v. Henry Holt & Co. , 873 F. 2d 576, p. 596(2d Cir. 1989).

合理使用之间过宽的鸿沟。历史学家、传记作家、批评家、学者以及新闻报道者都是有规律的从享有版权的材料中进行引用,以匹配他们的有教育意义的行为。① 他们的借用是否符合合理使用很难被预测,广泛依赖于不同法官的变化多端的感觉。然而,二次作品的出版或许存在非常强烈的公共利益,即使侵权行为被发现,权利人的利益或许通过损害补偿就足够了。②

通过对上述影响创作性使用因素的梳理,我们可以初步得到如下结论:①创作性使用他人作品的正当性可以从转换性和公共利益两个角度去考量。②权利人创作性质对作品的使用有影响,主要通过著作权激励机制创作的作品理应得到更多的保护,主要通过非著作权激励机制创作的作品需要著作权保护的程度更低。③对于创作性使用影响的分析应该是一个两阶层分析,首先分析使用者的行为对权利人的影响,决定其可接受程度;其次,要分析权利人的救济措施对创作者的影响,然后给予不同的救济措施。创作性使用他人作品本身复杂性需要区分具体的类型,然后根据具体的利益衡量设立相应的制度,不能指望单一的制度能够解决问题。

二、从演绎权规定到演绎使用规则

如果将在先作品视为一块蛋糕,在原权利人和后续创作者进行分配,鉴于二者的对抗关系以及分配属性的模糊性,那么我们应该在原权利人与后续创作者之间建立对应的制度。也就是说,在创作性使用方面,对于原权利人有什么保护制度,那么后续创作者可以建立相应的匹配制度。或者说,我们依据后续创作者主要的利用形式建立相关的制度。③

权利人对创作性使用享有的权利主要包括复制权和演绎权,前者主要控制字面表达的复制,必要时才会延伸到非字面表达要素的复制(改写性复制)。后者主要控制利用原作品进行演绎创作的行为。如果从侵权判断的

---

① Pierre N. Leval, Toward A Fair Use Standard, 103 Harv. L. Rev. 1105 (1990), p. 1132.

② Pierre N. Leval, Toward A Fair Use Standard, 103 Harv. L. Rev. 1105 (1990), p. 1132.

③ 由于著作权保护制度实际上是依据后续作者的使用方式确立的,因此上述这两种说法并不存在太大的差别。

角度分析,无论是原样复制还是改写性复制,都可以构成实质性相似。根据创作者的使用方式,可以分为字面表达的使用、非字面表达的使用以及复合形态的使用。[①] 从创作性使用与原作品著作权保护的关系进行划分,创作性使用可以分为与著作权保护无关的使用与落入著作权保护范围的使用。

那么如何才能建立创作性使用制度呢? 根据前面的思路,我们可以从复制和演绎两个不同的角度进行。从复制的角度出发,创作性使用制度的构建往往不需要考虑创作本身的特殊性,只考虑利益配置即可。从演绎的角度出发,需要考虑演绎形态对双方利益配置的影响。前者形成"复制—引用"制度组合,后者目前存在"演绎权—演绎作品"制度组合。"复制—引用"分别从著作权人和使用者的角度进行规定,在二者之间进行了利益配置,属于对抗性的制度组合。该制度组合具有自己的特殊性,笔者准备在下一章专门展开研究,在此不再赘述。与"复制—引用"制度组合不同,"演绎权—演绎作品"制度组合没有相应的对抗性。演绎权规则将创作演绎作品的控制权赋予著作权人,演绎作品规则将演绎作品的著作权赋予演绎作者,二者之间呈现出线性关系,缺乏对抗性。利用特定作品创作新作品的利益如何配置,我们需要考虑在什么情况下将权益分配给著作权人,在什么情况下将权益分配给创作者。目前的演绎权规则只规定了归属于著作权人的情形,没有规定归属于创作者的情形。因此,使用者自由演绎创作的情形缺失。在缺少保护使用者相关利益的制度时,保护著作权人的演绎权规则就会随意进行扩张,侵蚀本属于使用者的利益,从而造成双方利益的失衡。由于演绎权规则本身的模糊性,在实践中往往通过实质性相似规则实现其利益扩张,转换性使用的提出则在有限范围内对抗演绎权的扩张。为了避免这种因为产权安排不清晰而导致的战争,我们有必要重新构建演绎使用规则,根据利益衡量结果对双方的利益重新配置,实现从演绎权规则到演绎使用规则的转变。影响创作性使用的各种因素则给我们提供了演绎使用规则构建的要素和工具。据此,笔者将演绎使用规则分为自由演绎制度、超越自由演绎补偿制度和替代性演绎禁止制度。具体而言,就是根据相似性与差异性呈现方式将原有的演绎权规则一分为三,以期实现对著作权人和创作

---

① 何怀文:《著作权侵权的判定规则研究》,知识产权出版社 2012 年版,第 126 页。

者利益的合理配置(表3-1)。

表3-1　三项规则的关系

制度	判断对象	判断方法	创造性因素比较		著作权人市场受影响程度	法律后果
			创作者	原作者		
自由演绎	借用部分	整体比对	突出	不突出	不大	不禁止
超越自由演绎	被借用部分	整体比对	突出	突出	可能影响演绎作品市场	不禁止、补偿
替代性演绎	被借用部分	整体比对	不突出	突出	影响原作品、演绎作品市场	禁止、赔偿

值得注意的是,这里的整体比对不是指把借用的部分与作者新增的部分相比较,而是指将借用部分新增的创造性与被借用部分保留的创造性进行比较,而创造性本身的比较既包括细节比较,也包括将借用部分置入原作者、新作者作品的整体中进行比较。此外,市场影响因素在具体的判断中一般是存而不用,只有创造性因素比较结果与市场影响因素明显背离时才会考虑市场影响因素。因此市场影响因素属于辅助性判断因素。

三、自由演绎制度

《德国著作权法》规定了自由演绎制度。该法第24条规定:"(1)对他人著作进行与著作权无关的利用创作的独立著作,得不经被利用的著作的著作人许可,予以发表或者使用。(2)前款规定不适用于旋律明显取自另一部音乐著作,并成为新著作的基础的利用。"[1]它对作品的演绎创作与自由使用做出了区分。[2] 对于作品的演绎创作,仍然受到著作权人的控制;而自由演绎脱离了著作权人的控制,因此该条款本质上属于试图对著作权的保护范

---

① 许超译:《德国著作权法》,载《十二国著作权法》,清华大学出版社2011年版,第152页。在本著作中,外国著作权法的引用,没有特别说明外,均引自《十二国著作权法》,以下不再一一注明。

② [德]M.雷炳德:《著作权法》(第13版),张恩民译,法律出版社2005年版,第257页。

围从创作的角度进行界定,对"社会公众在文化进步方面所享有的利益以及作者本人在其作品上所享有的排他性财产权的利益之间做出权衡"。① 该条款赋予后续作者对他人作品进行与"与他人的著作权无关"的使用,初看该条款似乎是一个累赘条款,因为既然无关他人著作权,后续作者自然可以自由使用,为什么还要进行规定呢? 那么,为什么呢? 该条款以这种看似矛盾的方式提醒大家注意著作权保护是有边界的,从而引导大家尝试对著作权保护的边界进行界定。与此同时,给定了划分的视角,是从创作、创作者的角度进行划分。在这一点上,显示了德国著作权法与美国版权法的差别,美国版权法关于实质性相似的判断是一个权利人保护的视角,较少考虑创作的需要。

创作性使用角度划分权利保护范围必然与独创性密切相关。在德国著作权法中,独创性既决定了保护的条件,也决定了保护的范围。因此与原作品独创性无关的使用,都可以视为与原作品的著作权无关;而在美国版权法中,作品的保护条件与保护范围的判断是割裂的。不过值得指出的是,与原作品的独创性完全无关是不太可能的,因为使用在先作品,必然会让读者感觉到原作品的存在,必然遗留有原作品独创性的印记。据此,自由演绎的构成需要满足两个条件:①使用者的劳动投入需要满足作品的全部构成要件。②被使用作品的独创性隐含在新作品中,并且与新作品的独创性相比已经黯然失色了。② 第一个条件是所有创作必须满足的普遍性条件。第二个条件是特殊条件,将自由演绎与演绎创作区分开。在演绎创作中,演绎作者对原作品的独创性予以接受的同时体现出某种独创性;而在自由演绎中,在先作品的独创性经过创作者的转换,已经成为新作品灵感的来源或者被新作品掩盖。雷炳德认为自由演绎的标准应该体现为新作品在文化方面的进步性。当然这种进步性不是指美学或者科学方面的进步价值,而是指独创性方面所表现出来差异。一方面,只有带有独创性的作品才能体现出文化进步;另一方面,这种独创性只能属于后续作者所创造。演绎作品与自由演绎

---

① ［德］M.雷炳德:《著作权法》(第 13 版),张恩民译,法律出版社 2005 年版,第 258 页。

② ［德］M.雷炳德:《著作权法》(第 13 版),张恩民译,法律出版社 2005 年版,第 258 页。

作品的差异主要是前者表现出增量创造性,而后者表现出独立的创造性,这是"淡化理论"的本质所在。① 具体而言,演绎作品的创造性主要表现在接受原作品创造性之后新增加的创造性,二者呈现出线性关系;而自由演绎作品的创造性体现在对原作品创造性的改变上,表现为后续作者对借用材料进行改造之后所体现出来的差异性,二者的创造性呈现出竞争关系。

自由演绎作品与原作品的独创性比较主要体现为整体独创性的比较。因为如果将比较的范围缩小到足够小的部分,无论是原作品的独创性还是新作品的独创性,我们都无法观察到,因为这时我们看到的仅仅是表达自身。具体的表达只有置身于具体的语境中才会有含义,因此在判断作品的独创性时,我们不仅要看到特征对比,更要看到特征之间的关系对比。正因为这样,自由演绎对在先作品使用数量的多少在判断是否构成自由演绎时并不具有绝对性意义。有趣的是,自由演绎的判断方式与认知心理学关于相似性和差异性的认知机制有些冲突。因为根据现有的研究结果,相似性判断往往更注意关系,而差异性判断更注意特征,而自由演绎作品与原作品独创性比较显然属于差异性判断的范畴。因此该处比较要根据判断任务对判断的认知机制做适当的调整。皮埃尔法官提出了整体比较和个别比较两种方式,所谓个别比较就是针对具体特征的比较,整体比较就是将个别特征置入整体环境中进行比较。他认为任何一种单独的比较方法可能都会得出错误的结论。② 著作权法关于相似性与差异性的判断不仅是一个认知问题,更是一个法律判断问题,二者可能是契合的,也可能是冲突的,如果是契合的,那么认知规律会强化法律判断过程;如果二者是冲突的,那么就应该建立相应的法律判断规则主动消除这一影响。皮埃尔法官提出的个别比较和整体比较相结合的方法是一种更细致的考察方法,能够有效避免认知判断的某些盲区,更能实现公正的效果,笔者以为值得提倡。

---

① Eugen Ulmer, Urheber- und Verlagsrecht, 3. Aufl., Berlin 1980, S. 275. 转引自罗莉:《谐仿的著作权法边界——从〈一个馒头引发的血案〉说起》,载《法学》2006 年第 3 期,第 63 页。根据德国著作权法专家 Ulmer 的意见,要构成合理引用必须对原作品的人格特征元素进行淡化。

② Pierre N. Leval, Toward A Fair Use Standard, 103 Harv. L. Rev. 1105 (1990), p. 1111-1116.

自由演绎制度重点关注的是后续作品的独创性,那么后续作品的独创性与在先作品独创性的关系直接关系到自由演绎是否成立。如果新作品的独创性与原作品的独创性没有关系,那么肯定构成自由演绎;如果新作品的独创性很强,但是依赖于与原作品的对比凸显出来,那么原作品的独创性并没有隐去,在这种情况下新作品的独创性实际上不具有独立价值,是否构成自由演绎是存在着很大的疑问的。这种情况与戏仿、讽刺等创作方式密切相关。在坎贝尔案中,二审法院发现被告的戏仿作品"拿走了原作品的心脏部分并使之成为新作品的心脏部分",原作品的独创性在新作品并没有黯然失色,因此戏仿等创作方式很难通过自由演绎的"淡化测试"。[①] 德国法院在司法实践中为了解决戏仿等创作问题,抛弃了"淡化标准",而转向"区别标准"。[②] 之所以如此,主要原因在于德国著作权法采用了演绎使用规则的两分法,结果只能在自由演绎中涵盖两种不同的演绎创作。笔者则采用了演绎使用三分法,分别采取不同的规制规则。这是笔者的自由演绎制度与德国法相关规定的区别之处,不可不察。

下面我们来看看德国法院的一个判决。艺术家乔治·普罗申科在一幅绘画作品中,借用了几个艺术家的创作,包括摄影师赫尔穆特·牛顿的一幅照片中的一个裸体轮廓、伊夫·克莱因一张单色画中一个独特而明亮的蓝色背景以及齐米尔·马列维奇一幅画中的一个黄色的小正方形,后两个艺术家的继承人没有反对借用,而牛顿提出了反对,向法院提起诉讼,要求销毁该画。普罗申科认为他创作的是一幅独一无二的绘画,借用原告的仅仅是一张照片的轮廓而不是整张照片,并且已经通过添加公共领域的材料以及改变载体的方式将照片进行了转换。同时他认为这是后现代绘画中一种非常重要的创作方式,是一种引用。德国法院也认为原告的绘画是一种自

---

① 罗莉:《谐仿的著作权法边界——从〈一个馒头引发的血案〉说起》,载《法学》2006年第3期,第63-64页。

② "根据'区别'理论,谐仿对原作品的引用可以让消费者辨认出原作品,但谐仿必须与原作品保持内在的区别,构成一个独立的作品。谐仿作品的主题相对原作品而言应当是反命题的。"参见罗莉:《谐仿的著作权法边界——从〈一个馒头引发的血案〉说起》,载《法学》2006年第3期,第64页。

由演绎,因此不构成侵权。① 根本原因在于新作品的作者仅仅将原作品的部分表达当作素材创造出新的独创性,而原作品的独创性完全没有传达出来。波斯纳将上述案例的判决视为转换性使用判断的典范,不过前述论述已经证明运用转换性使用能够解决戏仿,但无法有效规制自由演绎。这证明二者存在某些关键性的差别。自由演绎制度与上述案例的契合证明了该制度特别适合处理部分拼贴类型的重混创作。

四、超越自由演绎补偿制度

(一)超越自由演绎的创作问题

自由演绎制度适于处理在先作品的独创性在新作品中隐去或者淡化的情形,对于新作品与在先作品独创性均很鲜明的情形就难以处理。从认知心理学的角度讲,一对具有许多共同特征和许多区分特征的个体要比另一对只有少许共同特征和少许不同特征的个体,不仅容易被判断为更为相似,也容易被判断为更为不同。也就是说,当创作性使用涉及的是篇幅较长的作品时,越具有转换性的作品越有可能被判定为演绎作品。在《飘》的戏仿案中,法官注意到后续创作的高转换性与新旧作品构成实质性相似并不矛盾。② 在坎贝尔案中,法官注意到,被告拿走了"权利人作品的心脏部分并使之成为新作品的心脏部分",也就是说,被告的创造性很突出,而原告作品的创造性同样很突出。因此在借用的材料上,原作者的独创性与新作者的创造性都很突出的情形不仅在心理认知规律上是存在的,实践中的案例也屡屡证明这一点。这种情形的出现与戏仿、滑稽模仿等特殊的创作方式有关。"戏仿的幽默或者其他的评论性要素都来自于通过目标对象的扭曲性模仿而产生的暗示,它的艺术性隐藏在已知的原创作品与戏仿的孪生子之间的紧张关系。当戏仿针对某个特定作品时,戏仿必须能够在最低程度上使原始作品成为智识上可以辨别的。"③因此,"戏仿者总会引用原作品中最具有

---

① [美]威廉·M.兰德斯,理查德·A.波斯纳:《知识产权法的经济结构》,金海军译,北京大学出版社 2005 年版,第 339 页。

② Suntrust Bank v. Houghton Mifflin Co. ,268 F. 3d 1257(11th Cir. 2001).

③ Campbell v. Acuff-Rose Music ,510 U. S. 569(1994),P. 588.

区别性特征或者最值得记忆的特征,能够为观众所熟知的部分"①。

(二)演绎权控制合理性的质疑

自由演绎制度之所以要求原作品的独创性在新作品中淡化,主要原因在于努力降低创作者对在先作品创造性的侵占,降低创作者对在先作者商业利益的侵占,在为创作者创造自由空间的同时,尽量保护著作权人的利益。然而当转换性使用越过了自由演绎的界限,是不是就应该落入传统演绎权的控制范围呢? 这样做是否合理呢? 我们有必要对权利人演绎权控制的合理性进行研究。

各国关于演绎权的规定主要有两点:一是作者享有演绎权,二是使用者使用演绎权必须经过作者的事先授权,否则构成侵权。演绎权获得了与复制权一样的效力。但是演绎权的经济分析表明赋予作者演绎权的理由并不是那么充分。

首先,演绎权对原作品著作权的激励是值得怀疑的。如果说授予作者著作权,可以保障其收回表达成本,演绎作品则与此无关。因为如果原作品无法获得成功,那么我们几乎无法预期作者会创作相应的演绎版本。演绎权只有在原作品获得成功之后才有意义,演绎权控制的是原作品的衍生收益,其功能在于保证作者自己收获原作品的衍生利益以及控制他人搭原作品的便车。当然也有一些例外,兰德斯、波斯纳认为"如果没有从演绎作品中获得收益的预期,有一些作品是不会被创作出来的"。② 在这种情况下,演绎作品才是重点,原作品是作为创作演绎作品的前奏存在的,比如为摄制电影而创作的剧本。

其次,演绎作品相对于原作品,是一种不完全替代,有时不构成任何替代,有时甚至构成互补关系。③ 比如根据一本小说拍摄一部电影,可能会减少书的销量,但是扩大其需求的可能性更大。在《无极》热播期间,《一个馒头引发的血案》爆红网络到底是增加了还是减少了《无极》的观影人数,无法

---

① Campbell v. Acuff-Rose Music,510 U. S. 569(1994),P. 588.

② [美]威廉·M. 兰德斯,理查德·A. 波斯纳:《知识产权法的经济结构》,金海军译,北京大学出版社 2005 年版,第 139 页。

③ [美]威廉·M. 兰德斯,理查德·A. 波斯纳:《知识产权法的经济结构》,金海军译,北京大学出版社 2005 年版,第 138 页。

得出确定的结论。有些时候,原作品与演绎作品的需求市场是相互独立的,比如一本书的中文版和英文版面对的是不同市场的读者,这时原作品与演绎作品的著作权彼此独立的。因此从激励的角度出发解释作者的演绎权控制存在相当大的困难。

不过,作者的演绎权控制还存在其他有益的作用。首先,演绎权控制意味着原作品的作者可以完全控制作品的使用,可以按照自己的节奏对作品进行商业开发,而不必担心其他人会抢先对其作品进行演绎性开发。如果没有演绎控制权,对于以演绎市场开发为目标的原著作权人来说,他可能会推迟发表原作品,从而扭曲了原作品的商业开发市场,使作者失去了检验市场的机会。如果没有演绎权控制,原著作权人可能会面对演绎市场的无序开发,甚至出现外部性拥塞的风险,这种负的外部性最终会破坏原作品市场。假设原作品和演绎作品构成一个生态系统,如果他们之间完全不协调,就会向消费者释放出混乱的信息,最终被消费者抛弃。其次,如果没有演绎权控制,对于演绎作品开发者来说也不一定是件好事。比如某本英文版的畅销书一夜之间可能会出现很多种中文版本,这对于其中任何一个翻译者来说都是一种灾难,因为他无法保证自己可以收回成本。在存在演绎权控制的情况下,翻译者虽然需要获得原作品著作权人的许可并支付报酬,但是却避免了第三人的无序竞争。如果没有原作品演绎权帮助,演绎者即使能够获得其演绎作品的著作权,他的著作权也必然是不完整的,无法有效控制其他人复制其演绎版本。最后,如果没有演绎权控制,那么产权交易成本将不能承受之重。因为任何演绎作品均包含原始作品的著作权,当我们对演绎作品进行交易时,还必须取得原著作权人的同意,这时就会出现钳制情况。如果在演绎前就获得了许可,对后续使用做出安排,就可以消灭潜在的钳制效应。[①] 因此演绎权具有降低交易成本的作用。

演绎权控制与复制权控制的原理并不相同,复制权的赋予具有很强的激励功能,而演绎权只有在个别情况下才具有激励创作的功能。演绎权控制的主要原因在于节省交易成本、维护市场秩序。演绎权的作用也就非常

---

① 这里不是指具体的法律规定,而是指实践操作,演绎作者一般会根据使用范围预先取得原作者的授权。

复杂。一方面,演绎权控制提高了他人创作性使用的成本,降低了创作激励。另一方面,演绎权控制可能会带来严重的寻租行为,不仅没有降低交易成本,反而极大地提升了交易成本。寻租行为极易发生在转换性使用的场合。由于作品属性复杂,具有极强的易变性,有时候没有商业价值或者商业价值很低的作品或者作品片段,经过创造性使用之后,突然涌现出意想不到的经济价值。这会极大地刺激原权利人,他们会试图通过演绎权控制获取后续创作者创造的商业利益,从而产生寻租行为。① 更有甚者,鉴于法律规定的高法律责任而对任何使用者进行寻租,从事所谓的"钓鱼式经营"。

　　也许有人认为使用者的境遇是咎由自取,既然进行演绎性创作,为什么不事先寻求授权?重混创作的复杂性有时会阻止著作权授权交易。这种情况尤其容易出现在业余作者、个体作者或者小的传媒公司身上。创作者的经济实力微弱以及创作收益极大的不确定性经常导致著作权授权成为一种奢望。②

(三)从拒绝禁令救济到超越自由演绎补偿制度

　　基于事先授权的困境,有必要在平衡权利人与使用者利益的基础上对演绎权进行适当的调整。这种调整包括两种方式,一种是美国式的司法个别调整模式,二是彻底改变演绎权规则。

　　笔者先介绍美国式的个别调整的做法。在太阳基金会诉霍顿米弗林出版社一案中,法院首先发现被告的创作性使用行为值得合理使用的抗辩,其次通过重申禁令救济的条件,提高权利人的证明责任,取消了地方法院的初步禁令救济。这样,美国法院创造出一种新制度,就是对高转换性的演绎创作拒绝禁令救济,只给予补偿救济。在该案中,上诉法院拒绝禁令救济迫使当事人双方进行和解,即原告允许被告的作品继续出版,被告则将获得的收益捐给慈善机构。在坎贝尔案中,法院基于同样的理由撤销了下级法院的初步禁令。在这之前的塞林格案中,巡回法院基于同样的理由维持了初级

---

① 在写作这一段话的时候,笔者突然想到琼瑶诉于正剽窃案(于正的《宫锁连城》剽窃琼瑶的《梅花烙》)在北京第三中级人民法院审理,索赔金额高达 2000 万,不过琼瑶表示将把判赔金额捐赠给慈善机构。
② 关于重混创作使用他人作品的授权困境,笔者将在后面的章节详细讨论。

法院拒绝禁令的判决。① 在谷歌图书扫描案中，上诉法院同样要求地方法院在发布初步禁令之前，对被告很可能存在的合理使用抗辩进行审理。可以肯定的是，合理使用的存在是阻止禁令的一个重要条件，但是不清楚法院是否承认超越合理使用的情形存在，换言之就是使用者虽然享有合理使用抗辩，但是使用可能过度了。皮埃尔法官发现，法官一旦觉得不应该发布禁令，那么就会努力将被告的行为论证为合理使用。这样虽然维持了禁令与侵权认定的统一性，但是也否认了中间状态的存在。对于大部分简单的复制性侵权来说，这样做是合理的，但是对于创作性使用就不是这样了。历史学家、传记作家、批评家、学者以及新闻报道者都是有规律地从享有版权的材料中进行引用，以匹配他们的有教育意义的行为。② 他们的借用是否符合合理使用很难被预测，如果只依赖于不同法官的变化多端的感觉，将会对创作性使用造成不可避免的伤害。因此，应该重新梳理合理使用、侵权和禁令救济之间的关系。当法官拒绝合理使用的辩护后，就应该根据情节确定合适的救济方式，而不是简单地将禁令的适用当作侵权判断的机械式反应。③是否颁布禁令应该按照禁令的标准进行审查。"禁止书籍的公开发行不是能轻易做出的，禁令的批准或者拒绝都是一个开放的问题，需要仔细权衡各种相关的因素才能做出。"④具体而言，包括原告、被告以及公共利益之间的衡量。如果创作性使用存在非常强烈的公共利益，即使侵权行为被发现，权利人的利益或许通过损害补偿就足够了。⑤ 皮埃尔法官则认为根据版权目的进行判断，如果侵权很可能损害创作激励，那么法院就应该颁布禁令。另一方面，如果原作品的创作仅仅是为私人目的而不是为了公开传播而创作，即使拒绝颁发禁令，也不会严重损害创作激励。皮埃尔法官提出了创造性

---

① New Era Publications International, v. Henry Holt, 873 F. 2d 576 (2d Cir. 1989).

② Pierre N. Leval, Toward A Fair Use Standard, 103 Harv. L. Rev. 1105 (1990), p. 1132.

③ Pierre N. Leval, Toward A Fair Use Standard, 103 Harv. L. Rev. 1105 (1990), p. 1133.

④ New Era Publications Int'l v. Henry Holt & Co., 873 F. 2d 576, p. 596 (2d Cir. 1989).

⑤ Pierre N. Leval, Toward A Fair Use Standard, 103 Harv. L. Rev. 1105 (1990), p. 1132.

因素在禁令救济衡量中的重要性,它和公共利益一起共同构成了禁令救济考量的重要因素,而它们往往涵盖在合理使用制度中。因此,拒绝禁令救济必须含有合理使用的因素,使用的性质和目的具有正当性,如果没有正当性,必然会适用禁令。

在具备合理使用基本因素的前提下,需要进一步依据超过的程度来决定禁令是否适用,笔者以为这时应该同时考虑公共利益和创造性因素。就创造性因素而言,需要考虑双方对新作品创造性贡献的程度。不过值得注意的是,双方贡献程度的比较主要集中在对原告作品借用的部分上,而不是被告自己另行新增的部分。兰陵笑笑生创作《金瓶梅》,是在借用《水浒传》武松杀嫂故事的基础上铺陈而来,那么我们考察的不是与武松杀嫂无关的故事,而是从《水浒传》借用的部分,考察双方对此的贡献,考察兰陵笑笑生的转换性使用与施耐庵的作品保留下来的独创性。比较结果可能存在三种情形,即前者突出,后者弱化;前者突出,后者也很突出;前者不突出,后者突出。第一种情形属于自由演绎;第三种情形属于侵权,因为使用者增加的创造性太小,主要侵占了权利人的创造性,可能产生替代性市场效果。第二种情形属于超越自由演绎的类型,对此应该拒绝禁令救济。因为如果给予禁令救济,就会造成权利人的寻租。皮埃尔法官根据版权目的从保护权利人的角度给出了应该颁发禁令的情形;笔者则从创作的角度,给出了拒绝给予禁令救济的情形。根据认知心理学的观点,二者实际上是存在差别的,因为针对的主体不同,考察的视角、考虑的因素自然存在较大的差别。对于这种情况,笔者认为这是皮埃尔法官视角偏差造成的失误。因为他的主要目的在于创造一种合理使用的新标准,为后续使用者释放创作空间,对此他应该论述不应给予禁令救济的问题才对。但愿我的解读能够纠正他小小的失误。

笔者根据美国司法实践以及学者观点正式提出超越自由演绎补偿制度。该制度应该具有以下三个条件:①使用者的劳动投入需要满足作品创作的全部构成要件;②使用者的使用具有高转换性;③使用者的创造性与原作品的创造性都很突出。符合上述三个条件,使用者可以不经著作权人同意而使用,但是应该给予著作权人适当的补偿。该制度的建立能够有效解决坎贝尔案的遗留问题。坎贝尔案中,被告拿走了"权利人作品的心脏部分

并使之成为新作品的心脏部分",也就是说被告的创造性很突出,而原告作品的创造性同样很突出。在这种情况下,使用者创造了巨大的额外价值,具有很强的正当性,与此同时他又的确在搭原作品的便车,利用原作品的声誉进行营销,很可能侵占了原作品的演绎市场。因为使用者的高转换性允许其创作,因为他利用了原作品的创造性责令他对著作权人进行补偿。该补偿应该根据著作权人对新作品的贡献度来计算。通过将财产规则调整为责任规则,能够有效避免权利人的寻租行为,同时又能促进、丰富创造性,与著作权法的宗旨相吻合。超越自由演绎补偿制度的引入可以有效解决坎贝尔案以及《飘》的戏仿案判决存在的尴尬。与拒绝颁发禁令的司法个别调整模式相比,超越自由演绎创作的补偿制度有自己独特的优势:第一,通过该制度能够有效填补自由演绎与演绎权之间的鸿沟,构建完整的演绎使用规则体系,增加法律的明晰性和确定性。在美国司法实践中,尽管法院会因为潜在的合理使用抗辩而拒绝颁发禁令,但是禁令救济与侵权之间的关系并不是很明确,当事人往往会寻找折中的解决方案,从而使超越自由演绎创作的法律效果不明,无法对这类创作提供清晰的行为指引。超越自由演绎补偿制度完全改变了这种状况。第二,超越自由演绎补偿制度实施成本更低。禁令救济往往是在更宽广的背景中适用,无法有效考虑到创作性使用的特殊性,具体适用会带有更大的随意性。禁令救济本身需要通过程序来展现,耗费大量的资源,超越自由演绎补偿制度通过明确规定其适用条件和法律效果,省去了禁令救济的实施成本,直接进入补偿程序,无疑节省了大量的实施成本。

五、替代性演绎禁止制度

演绎性使用的第三类规则是替代性演绎禁止制度。所谓替代性演绎作品是指那些与权利人竞争,对原权利人的市场产生明显产生替代效应的演绎作品。替代性演绎作品的构成要件包括:①使用者的劳动投入满足作品创作的全部构成要件;②被借用作品遗留的创造性比使用者的创造性更加突出;③使用者的作品产生了替代效应。

如果沿着传统演绎作品构成的下限和上限进行的区分,在下限范围以下的作品属于替代性作品(实际上属于原作品的复制件),在下限范围内越

靠近下限的部分越可能属于替代性演绎作品,超越上限的部分属于自由演绎作品,在上限范围以内接近上限的属于超越自由演绎作品。上述作品类别之间彼此的界限很难划定,主要源于下列因素:①创作性使用本身的复杂性;②因创作性使用而产生的利益分配的复杂性;③使用的质和量与实际利益分配有时候并不匹配。创作因素和利益因素共同支配着演绎作品概念的界定,二者错综复杂的关系造成了传统演绎作品内涵和外延的模糊性。

笔者关于演绎使用规则三分法同样需要考虑支配演绎作品界定中的两类不同因素以及彼此之间的关系。对此,笔者以创作性因素为主,以利益配置因素为辅。这与著作权法激励创作的宗旨是一致的。在上述替代性演绎概念的界定中,前两个条件考虑的是创作性因素,第三个条件考虑的是利益配置因素,只有同时满足了上述三个条件,才会构成替代性演绎或者替代性演绎作品。

对于替代性演绎或者替代性演绎作品,控制权赋予著作权人,即未经著作权人许可,使用者不能进行替代性演绎,否则著作权人有权禁止使用者的演绎行为。显然替代性演绎禁止制度与传统的演绎权规则是一致的。二者最大的不同在于从传统的演绎作品中抽出了自由演绎作品和超越自由演绎作品,从而缩小了传统演绎作品的外延,相应的更加严格的界定了它的内涵。

六、演绎使用规则三分法的内在关系

演绎使用规则三分法是从现有的"演绎权—演绎作品"规则发展而来,主要建立在原作者与演绎者贡献对比组合类型化的基础之上。比较原作品与演绎作品,相似性往往代表了原作者的贡献或者说演绎者从原作品中复制的内容,差异性代表着演绎者的贡献或者说在借用的表达上新增的内容。相似性与差异性的组合可以比较清晰地显示演绎作品中双方具体的贡献对比。演绎使用规则将演绎中双方贡献的对比与相应的法律效果结合起来与著作权法的宗旨是一致的。

我国学者对演绎作品的界定一般给出了两个条件:同一性和新增创造性,前者是对相似性的要求,后者是对差异性的要求。该思路与本著作基本是相通的,不同之处有两点:一是他们将此作为区分演绎作品与非演绎作品

界限的考量因素,笔者则将其作为划分演绎使用规则类型的依据。二是他们对这两个要素的使用是孤立的,笔者则将这两个因素相结合以对比的形式进行运用。如此运用的好处在于最大限度地打通了演绎性使用中创造性因素与利益配置因素的关系。当然基于创造性因素与利益配置因素之间的复杂关系,笔者并没有完全摒弃利益配置因素,而将其作为分类中的辅助因素使用。

根据原作者与演绎者贡献结合的程度以及替代性因素的考虑,自由演绎是指两部作品差异性明显,相似性不明显,演绎者的创造性突出,原作者的创造性淡化,没有替代效果的创作类型,演绎者可以自由演绎,无须原作者授权或者支付补偿。超越自由演绎是指两部作品差异性明显,相似性也很明显,演绎者和原作者的创造性都很突出,在演绎作品市场可能产生替代性效果的创作类型。这时,演绎者无须原作者授权就能进行演绎,但是需要向原作者支付相应的补偿。替代性演绎是指两部作品的相似性很强,差异性较弱,原作者创造性大于演绎者的创造性,产生了替代性市场效果的创作类型。对于替代性演绎,演绎者必须取得著作权人授权才能演绎。

七、演绎使用规则与现有学者观点异同

(一)独创性三分法与演绎使用规则异同

独创性三分法首次于《论独创性》(Gideon Parchomovsky, Alex Stein, 2009)一文中提出,该方法试图使著作权保护与独创性程度高低成正比,消灭目前所有作品同一保护带来的副作用[①]。他们将独创性分为高、中、低三个级别,分别对应"非等同物原则""价值增加原则"和"同一性原则"。非等同物原则对应的是具有特殊独创性的作品的版权冲突。在此情况下,权利人可以得到最好的保护,能够避免作者对其他作品著作权人承担侵权责任。"价值增加原则"对应的是具有普通或平均独创性程度作品的版权冲突。在诉讼中,法院将侵权作品与原作品的相关独创性进行比较,如果法院认为被告作品的独创性贡献等于或者大于原告作品,原告会被拒绝法律禁令的救济,但是会获得相应的补偿。"同一性原则"针对是那些仅具有较低独创性

---

① Gideon Parchomovsky, Alex Stein, Originality, 95 Va. L. Rev. 1505 (2009).

程度或不具有独创性作品的版权冲突,被告必须通过证明独立创作或者涉嫌使用的部分不具有独创性才能免责。两位教授关于独创性三分法的版权保护制度设计与笔者的制度设计具有很大的相似之处,分别对应于笔者的自由演绎、超越自由演绎和替代性演绎,法律效果也基本相同,前者无责任、中者补偿责任、后者承担普通侵权责任。对于三分法,有学者认为存在独创性标准不明确、判断主体以及与合理使用的关系不明确等问题。[①] 上述问题,对于笔者来说,基本是不存在的。首先,笔者的制度构建是从现有制度的分析中推导出来的,它们与实质性相似、合理使用、甚至演绎权规则本身的关系都是很明确的。其次,在笔者具体的制度构建中,每一具体制度构建都是借助现有的制度和实践经验进行的操作,不存在难以操作的问题。再次,独创性三分法并不能解决所有的创作性使用问题,需要与其他制度进行配合,笔者的制度设计则清晰地显示了该制度系列与其他相关制度之间的关系。最后,笔者认为我国学者对原作者的论述可能存在误解。因为独创性三分法实际上改变了目前要么侵权要么合理使用的二分法,使法官无法对中间状况作出有效的处理,而三分法消除了这一点,能够有效解决目前合理使用制度适用的混乱情况。

(二)二次作品三分法与演绎使用规则异同

在美国司法实践的基础上,迈克尔·A.艾因霍恩提出了二次作品三分法,即替代作品、演绎作品和变形作品。替代作品是指"为了真正的销售或已有的许可机会而对某些作品进行直接的再现或者表演。"变形作品是指"在原有受版权法保护的内容中增加新内涵的作品。变形作品包括那些为已有人物和情节加入实质性新含义的讽刺作品、滑稽作品、批评、评论、书评、课堂资料、实事文章、研究和续集以及改写"[②]。演绎作品则依然采用现有版权法的概念。上述三分法主要是根据二次作品的市场影响所做出的分类,二次作品与原作品之间的创作关系处在相对次要的位置上。正如作者所说:"当两部作品实质上相似而发现有侵权可能性的时候,最终关于替代

---

① 刘辉:《作品独创性程度"三分法"理论评析》,《知识产权》,2011年第4期,第69页。

② [美]迈克尔·A.艾因霍恩:《媒体、技术和版权:经济与法律的融合》,赵启彬译,北京大学出版社2012年版,第28页。

性的判断必须依据可预见的购买者的行为做出。"①换言之,只要发生了替代,就构成替代作品,至于新作品对原作品的具体使用方式不在考察之列,因为有时候最少的借用,也可能发生替代。至于演绎作品,该学者认为不一定会替代原作品的销售,反而偶尔会促进其销售,"演绎作品实质性采用了版权作品的核心内容而且可能会影响到原作者自己进入一个新市场的权利"②,"演绎作品可能减少可预期许可的机会"③,对于演绎作品的规则,尽管有所质疑,但是基本认可目前的规则,特别提到了建立数字化许可使用机制的可能性。关于变形作品,作者认为"建立在在先作品的基础上,并构建出一套明显可意会的场景,借此创作者可以更有力地批判或者赞同某种社会观念或者制度",与原作品具有显著的差别。鉴于变形作品不太可能取代原作品市场或者演绎许可的机会,而且潜在的交易成本太高,现有的合理使用制度无法满足变形作品创作的需要,因此建议美国国会修改第 107 条,采用责任规则,即变形作品在无法满足合理使用条件时适用该规则。

二次作品三分法与笔者演绎使用规则三分法既存在想通之处,也存在重要的差别。相通之处在于二者分别提出变形作品和自由演绎作品的概念,试图填补创作性使用中从合理使用到授权使用之间的断裂。差别之处在于艾因霍恩的三分法是建立在所有的二次作品的基础之上(甚至包括复制性作品),而笔者的三分法建立在演绎作品的概念之上,不包括复制性作品,同时增加了自由演绎作品。

(三)创造性例外与演绎使用规则异同

自从皮埃尔法官提出转换性使用理论之后,美国法院就将之运用于司法实践解决创作性使用问题。坎贝尔案是转换性使用运用于创作性使用问题的首次尝试。在该案中,法院一方面认为,使用者的转换性越强,其他反对合理使用认定的因素就越不重要。另一方面,又将使用的目的限于评论、

---

① 〔美〕迈克尔·A. 艾因霍恩:《媒体、技术和版权:经济与法律的融合》,赵启彬译,北京大学出版社 2012 年版,第 29 页。

② 〔美〕迈克尔·A. 艾因霍恩:《媒体、技术和版权:经济与法律的融合》,赵启彬译,北京大学出版社 2012 年版,第 30 页。

③ 〔美〕迈克尔·A. 艾因霍恩:《媒体、技术和版权:经济与法律的融合》,赵启彬译,北京大学出版社 2012 年版,第 35 页。

批评的需要。为了保证二者的统一,法院将戏仿作为批评、评论的一种特定方式,淡化其特殊性。在 1997 年判决的 Dr Seuss Enterprises v. Penguin Books 案,被告挪用了原告作品的主要角色以及视觉的、诗意的风格创作了关于辛普森谋杀案的讽刺故事。尽管被告的使用具有转换性,但依然被法院认定为侵权。① 该案与坎贝尔案的区别主要在于讽刺和戏仿的区别。转换性使用就此失去了应有的意义,法院又回到了合理使用适用原有的位置。2001 年判决的太阳基金会诉霍顿米弗林出版社情况更为复杂。首先,被告的行为是不是戏仿本身就成为争议,法院通过澄清戏仿的定义之后,认可被告的创作行为在整体上属于戏仿,然后进行了细节检验,发现有些细节不是评论所需要,超出了必要的范围。这个案子实际回到了坎贝尔案的位置。② 这种徘徊不前的局面在 2006 年的"尼亚加拉"案件中取得了突破。③ 该案涉及挪用艺术家孔思创作的一幅名为《尼亚加拉》的拼贴画。该画上有四双女人的小腿和脚,悬挂于甜点之上,背后是尼亚加拉大瀑布和草地的背景。其中一双小腿原封不动地照搬了原告的摄影作品《古琦丝凉鞋》。原告的摄影作品表现的是一位女士优美的小腿和穿着古琦牌凉鞋的脚。被告承认自己使用了原告摄影的作品,但是认为自己的作品是对大众传媒的一个社会的、感性的评论。原告的作品是作为评论现象的代表被选中的。显然这是一个讽刺。尽管意识到了戏仿与讽刺的区别,但是法院认为坎贝尔案表现出来的原则不应该仅仅局限于戏仿的案例。通过应用转换性使用理论,法院发现被告对"丝凉鞋"的使用代表了一种完全不同的意义和目的,最后认为"允许被告的使用总比禁止更好",从而支持了被告的主张。在该案中,法院开始跳出具体创作方式考察的巢窠,以转换性作为考察创作性使用的主要视角,重点考量被告使用与原告使用的差异性。在 2013 年判决的卡里乌诉普林斯案中,针对地方法院(纽约南区法院)的意见:被告的创作性使用要构成合理使用,必须是针对"原告作者、原告作品或者与原告紧密相关的流行文化方

①　Dr Seuss Enterprises v. Penguin Books,109 F. 3d 1394. (9th Cir. 1997).

②　Suntrust Bank v. Houghton Mifflin Co. ,268 F. 3d 1257(11th Cir. 2001),p. 1268 - 1269.

③　Blanch v. Koons,467 F. 3d 244(2d Cir. 2006).

面的评论"①,二审法院明确表示这是一个错误的标准,进而强调"法律没有要求后续创作性使用必须针对原作者、原作品或者流行文化进行评论"②,至此,法院彻底放弃了特定目的的要求,开始转向对后续创作者创作本身的考察,要求后续创作者的使用必须增加新的东西以及与原作品呈现出不同的性质。③ 在这个标志性的案例中,终于展现了与德国著作权法自由演绎制度完全相同的考察视角,不过美国的转换性使用司法实践还是呈现出与自由演绎制度不同的风貌。自由演绎制度要求原作品的独创性与新作品的独创性相比黯然失色,这导致自由演绎制度只能在比较窄的范围内适用,因为对在先作品的转换不一定导致其独创性的弱化。特征对比模型表明两个对象之间有时可以同时判定为更为相似和更为不同,也就是说新作品的独创性和原作品的独创性可以在新作品中同时彰显。对于这种情况,自由演绎制度是无能为力的。我国学者罗莉在介绍德国著作权法第 24 条解释变化的时候,提到了从"淡化理论"到"区别理论"的变化。不知何故,雷炳德的著作依然保留着淡化理论的痕迹。鉴于罗莉的论文写于 2006 年,笔者又特意查找了德国著作权法,注意到其著作权法 2008 年修改时新增了引用条款。是不是意识到自由演绎条款的内在缺陷,2008 年特意增加了引用条款,从而将创作性使用分解为两个不同的制度予以解决。④

与自由演绎相比,转换性使用具有更大的灵活性。2013 年卡里乌诉普林斯的标志性判决使转换性使用理论在解决创作性使用的问题上焕发出新的生机,开辟了新的天地。这个关键的变化在于美国司法实践在采纳转换性使用的过程中最终抛弃了特定目的的视角,从复制性使用的立场完全转向了创作性使用的立场。这一变化导致了创作性例外的提出不可避免。从这一点上讲,卡里乌诉普林斯案的确是一个里程碑。

Khanuengnit Khaosaeng 提出了创造性例外应该具备三个条件:①后续创作者在新作品中增加了新的创造性,与原作品相比,新作品有着不同的功能

① Patrick Cariou, v. Richard Prince, 784 F. Supp. 2d 337, 349 (S. D. N. Y. 2011).

② Patrick Cariou, v. Richard Prince, 714 F. 3d 694, 698. (2d Cir. 2013).

③ Khanuengnit Khaosaeng, Wand, Sandals and Wind: creativity as a copyright exception, Europwan Intellectual Property Review, p. 238–248, (2014-04).

④ 笔者由于不懂德语,只能够从得到的有限信息进行推测,不一定准确。

或者目的,这样新作品不会取代原作品;②后续创作者为了创作新作品有一定程度的必要性去复制在先作品;③后续作品不会与原作品发生市场竞争或者导致对原作品的不利经济影响。① 第一个条件是对新作品差异性要求,第三个条件是市场影响的要求。与原有的合理使用条件相比,第一因素强调了转换性因素,而有意忽视了商业性因素。创造性例外的提出是转换性使用理论在创作性使用领域涌现出来的一个具体成果。关于第二个条件借用的理由与传统合理使用的要求相比,也发生了很大的变化。作者将借用的理由分为三个等级,绝对需要、绝对不需要和可需要,认为需要的程度与合理使用的认定成正比,也就是说需要的程度越高,越有可能认定为合理使用。在挪用艺术中,由于后续作者的创作对象与在先作品之间不存在绝对的联系,需要借用的程度低;而在粉丝小说的创作中,鉴于粉丝作品与原作品之间的关系,借用就是绝对必要的。

也许我们会感觉到奇怪,为什么在传统的合理使用制度中,必要性因素成为后续创作的束缚,而在创作性例外中,借用的必要性因素反而成为对后续作者有利的因素? 答案在于视角的转换,如果从著作权人的角度,考察借用的必要性,那么该条件自然成为创作自由的灾难;如果从创作,从后续创作者的角度进行考察,借用理由的考察就成为使用者的幸福之旅,因为创作的需要决定了借用的尺度。对于借用理由的考察,我们发现该条件会排除掉那些没有创作上理由的借用,这与创造性例外的宗旨是一致的。创造性例外通过借用理由的条件不仅没妨碍创作的自由借鉴,而且还悄悄打通了与传统的合理使用制度之间的联系,从而建立从中间形态使用②、特定类型创作性使用到自由演绎使用之间的通道,使得我们对创作性使用问题的考察,既可以从公共利益的视角进行考察,又可以从创造性的视角进行考察。从转换性使用理论的提出,到创作性例外的出现,创作性使用的制度终于从传统的合理使用制度中破茧而出,取得了自己的独立地位。

---

① Khanuengnit Khaosaeng,Wand,Sandals and Wind:creativity as a copyright exception,Europwan Intellectual Property Review,p.238-248,245(2014-04).

② 这是笔者创造的一个概念,用来描述创作性使用与复制性使用的中间形态,主要是指没有创作目的,结果却产生了作品的使用行为。比如为课堂教学制作的课件就属于这种类型。关于中间形态的使用在下文将有适当的阐述。

与自由演绎相比,创造性例外既存在自己的优势也存在自己的劣势。其优势在于其覆盖面广,与美国传统的合理使用制度能够很好地衔接,对于特定关系下的创作性使用(比如戏仿、批评、同人创作)的解释具有特殊的优势。它的劣势在于该种解释与市场影响的解释之间可能存在冲突。根据认知心理学,在两个对象具有很多共同特征和区别特征的情况下,不仅可以判断为更为相似,也可能判断为更为不同;当借用的因素增多,那么新作品与原作品可能变得更为相似,当原作者的市场包括演绎作品时,市场评价应该会对后续创作者不利。这导致它在第二个条件测试中取得的优势荡然无存。因此创作性例外尽管很巧妙,但是依然存在自己的问题。创造性例外没能弥补从侵权使用到合理使用之间的鸿沟,缺乏过渡性的制度形态,必然导致现有司法实践一样的难题。

小　结

演绎权、演绎作品规则无法在创作性使用的合法性判断中有效发挥作用,实质性相似规则充当了合法性判断的主要工具。但是实质性相似规则囿于保护著作权人的制度功能无法为重混创作开拓必要的自由空间。合理使用制度将创作性使用视为复制性使用的规则结构与司法实践同样无法为重混创作提供必要的支持。基于创作性激励的著作权法宗旨,皮埃尔法官提出转换性使用理论对合理使用判断标准进行改造,在司法实践中,由于无法有效区分转换性程度以及原有的司法实践惯性导致转换性使用在开拓创作自由空间方面存在较大的局限。认知心理学关于相似性与差异性判断属于不同的认知心理过程的研究成果有助于将转换性使用从合理使用制度的约束中解放出来,从而确立创作性使用规则的独立地位。基于转换性使用程度(实为创造性程度)建立的自由演绎规则、超越自由演绎补偿规则以及替代性演绎禁止规则,能够有效平衡创作者与著作权人之间的利益关系、保障重混创作的健康发展。

第四章

引用规则与重混创作著作权规制

演绎使用规则的适用不仅需要深入考察创作性使用的具体形态,还需要考察具体使用形态对著作权人和创作者利益配置的影响,涉及的因素比较多,制度实施成本比较高。相对而言,引用规则对创作性使用提供了一种低成本的解决方案。不过传统的合理引用规则能否适当开拓重混创作的自由空间,这是存在疑问的,本章拟对此展开研究。

第一节　引用规则概述

一、引用的概念

"引用"是一个看似简单实则复杂的概念。在英国的判例法中,真实而合理地摘录他人作品,最初被称为"合理节略"(fair abridgement),后来法官又创设了"合理引用"(fair quotation)概念,反对简单的复制,以强调对在先作品使用的创造性。[1] 应该说版权法系对引用概念的理解与其合理使用制度的发展史如出一辙,建立在"改写"的基础之上。与此不同,作者权法系对引用的理解主要建立在借用字面表达的基础之上。比如,日本最高法院在

---

[1]　吴汉东:《著作权合理使用制度研究》(修订版),中国政法大学出版社 2005 年版,第 174 页。

"模仿作品显著特征"一案的判决中写道:"应当认为所谓的'引用'就是在介绍、参照、评论及其他目的范围内,原则上由引用人在自己的作品摘录他人作品的一部分。因此,为达上述之引用,在包括引用部分的作品的表达形式上,引用、利用一方的作品和被引用、被利用一方面的作品之间可以发现它们之间存在明显的区别,并且在两部作品中,应该说必须承认以前者为主,后者为从的关系。"①突出强调了引用的方式是摘录,引用的内容与作者创作的内容之间是明显可区别的,以及引用内容的附属性。无论是引用方式还是引用呈现出来的特征都主要指向字面表达。我国学者基本采取同样的见解,比如吴汉东教授认为"引用,即为了介绍、评论某一作品或者说明某一问题,在作品中适当引用他人享有著作权的作品"。②

在本著作中,笔者将引用界定为"在作品中借用他人作品表达的行为"。该定义与吴汉东教授的定义相比,存在比较大的差别,具体表现为:第一,省略了引用目的。之所以如此主要是考虑到"介绍、评论某一作品或者说明某一问题"并不能完全概括引用的全部目的,强调引用目的有时会徒增烦恼。第二,将引用的对象界定为字面表达,比吴汉东教授的界定更具有针对性;同时可以与演绎使用规则相区别。作品表达可以分为字面表达和非字面表达,字面表达无论是直接引用还是改写后引用,都具有原来的特征。而非字面表达要素如果不充实其他的表达要素是无法独立存在的,因此对于非字面表达要素的使用往往需要考虑其创作性的一面。这与引用规则功能是相悖的,因此笔者将引用的对象直接界定为字面表达以突出这层含义。

二、引用的性质

关于引用的性质,吴汉东教授认为是一种特殊的复制,主要表现为:引用构成对复制权的限制;不仅包括印刷出版物的引用,还包括对其他媒介作

---

① 最判昭和 58.3.28 民集 34 卷 3 号,转引自[日]田村善之:《日本知识产权法》(第 4 版),周超等译,知识产权出版社 2011 年版,第 465–466 页。
② 吴汉东:《著作权合理使用制度研究》(修订版),中国政法大学出版社 2005 年版,第 174 页。

品的引用;引用是为了创作新作品的需要。[①] 笔者在赞同吴汉东教授观点的基础上,提出几点自己的看法:首先,引用是创作性使用,与"复制权"有区别,这源于引用与复制权制度功能的差别。其次,引用被视为一种复制,与创作性使用有别。创作性使用既是一种复制,又是一种创作,前者强调借用部分的相似性特征,后者强调了借用部分在新作品中的差异性特征。引用规则一般不考虑引用部分在新作品中产生的差异性特征,不考虑这种差异性所具有的法律含义。这是引用规则与演绎使用规则最大的差别,这种差别给引用规则既带来了优势,也带来了劣势,同时也意味着引用规则与演绎使用规则的互补性。

三、引用与演绎使用的区别

引用与演绎性使用都是在创作中借用他人作品的行为,但是二者也存在比较大的差别,主要表现在以下几方面。

第一,使用目的和功能不同。演绎性使用(包括自由演绎、超越自由演绎、替代性演绎)是指在他人作品基础之上创作新作品的行为。引用则是"为创作一部受到著作权保护的作品并且为自己的相关论述提供证据或者自己与他人的思想、美学方面的论断有争议为目的制作出来的带有某种艺术构成的东西"[②]。在演绎创作中,在先作品是作为演绎者创作的基础而存在的,二者具有比较强的继承关系。从自由演绎到替代性演绎,在他人作品的基础上借用的成分越来越多,而自己创作的成分相对减少;反之则是继承的成分少,创新的成分多。在引用中,引用的部分是作为论据或者争议的靶子存在的,作者创作的部分与引用的部分具有很强的主从关系。

第二,呈现的形式有别。在演绎使用中,由于被演绎的作品是作为新作品的基础存在的,因此借用的成分与演绎者自己创作的成分融为一体。在引用中,引用的部分与作者自己创作的部分具有很强的区别性特征[③],在具

---

① 吴汉东:《著作权合理使用制度研究》(修订版),中国政法大学出版社 2005 年版,第 175 页。

② [德]M.雷炳德:《著作权法》(第 13 版),张恩民译,法律出版社 2005 年版,第 325 页。

③ [日]田村善之:《日本知识产权法》(第 4 版),周超等译,知识产权出版社 2011 年版,第 466 页。

体的表达中能够很容易区别出来。这种区别一方面源于引用部分对作者创作的主体部分的补充功能①,另一方面源于引用特有的学术规范。

第三,对在先作品的使用要素存在区别。演绎性使用是将在先作品作为新作品创作的基础,只要能够成为新作品基础的各种表达要素都可以使用,既包括字面表达要素,也包括非字面表达要素。不过这两种要素所起的作用通常存在比较大的差别,非字面表达要素往往能在演绎使用中发挥主导作用,而字面表达要素的作用要小得多,演绎者可以对原作品的各种抽象的表达要素按照自己的构思进行自由组合,然后再加上自己的表达即可形成新的作品;然而字面表达的使用则受到较大的限制,无法随意驱使。对于引用而言,情形正好相反,以字面表达为主,几乎不涉及非字面表达要素。在引用中,由于作品的主体部分是自己创作的,引用只能作为论据或者争议的靶子在局部使用,简短的字面表达或者某些内容的简短概括成为合适的引用对象;非字面表达的抽象因素通常是无法使用的。

第四,适应的作品类别存在差异。演绎使用具在文学艺术作品中更为常见,学术类作品则比较少见。对于文学艺术作品而言,通过对各种表达要素进行重组后,很容易呈现出新的内容或者审美风格。对于学术作品而言,主要以传达特定的科学知识,而科学知识具有确定性的特点,对各种要素进行重组传达新知识的可能性比较低。因此,在学术创作领域演绎使用相对较少。引用在文学艺术创作领域比较少见,在学术创作领域则广泛存在。由于学术研究具有很强的系统性,学术作品创作建立在参照、对话的基础之上,引用成为常态,无论是强化自己的观点还是批驳他人的观点都需要引用。而文学艺术作品创作在很大程度上是一种个人体验的传达,虽然也存在强化自己观点或者批驳他人的观点的需要,但要少得多。尽管有学者认为艺术创作是一种对话,但往往建立在非字面表达要素的借鉴之上。

第五,使用的限制不同。由于引用是作为创作的补充存在的,"如果引用人不想自己进行有关的论述或者想通过他人的论述来替代",法律是不允

---

① [德]M.雷炳德:《著作权法》(第13版),张恩民译,法律出版社2005年版,第325页。

许的。① 此外,法律也不允许引用行为对被引用的作品的正常使用制造障碍。② 而演绎使用是在原作品的基础上创作新作品,这种使用有时会构成替代,有时则不会。二者是否会发生市场替代的机制存在较大的差别。

四、引用规则和演绎使用规则的关系

虽然引用和演绎使用各自的核心部分之间是泾渭分明的,但是各自的边缘部分存在较大的灰色地带,并且有可能相互重叠。原因如下:第一,无论是演绎性使用还是引用,都涉及对在先作品的借用,因此只要适当放宽概念的内涵,其外延可能就会有很大的拓展,导致二者的外延相互重叠。无论是演绎使用还是引用,它们的概念从来都不是很清晰。版权法系引用概念甚至是指非字面表达的借用。③ 第二,作品的字面表达要素和非字面表达要素本来就交织在一起,无法截然分开,源于生活的法律概念最终还要回应生活,规范对象的复杂性和交织性自然导致这两个概念的外延交叉重叠。第三,很多国家的著作权法往往只规定了引用规则,而演绎使用规则相对缺失;德国曾经只规定了自由演绎规则,而没有规定引用规则;美国甚至只规定了更为抽象的合理使用规则,规则体系不完整,必然带来相应规则的扩张。比如美国司法实践承认"部分内容相似",德国和日本都将引用规则从学术作品创作领域延伸到文学艺术作品创作领域。

引用规则和演绎使用规则的交织必然导致适用的规则选择问题。笔者认为主要存在两个问题:一是有无必要同时存在两类会交叉的规则,能不能用一类规则取代另一类规则? 二是如果不能相互取代的话,那么究竟应该如何设计和适用它们? 有无必要尽量消灭它们之间的重叠现象?

先回答第一个问题。笔者可以非常肯定地说无法以一类规则取代另一类规则。原因如下:第一,各国的司法实践证明同时需要两类规则。日本只

---

① ［德］M.雷炳德:《著作权法》(第13版),张恩民译,法律出版社2005年版,第325页。

② ［德］M.雷炳德:《著作权法》(第13版),张恩民译,法律出版社2005年版,第325页。

③ 这可能源于各自不同的法律传统。在版权法系,引用的概念源于司法实践,是从文学艺术作品的案件中抽象出来的;而作者权法系是制定法,法学学者自然会从学术作品创作经验出发制定引用规则,确定引用概念。

规定了合理引用制度,司法实践则通过"类似性规则"发展自由演绎制度。[①]德国原来只规定了自由演绎制度,2008 年新增了合理引用条款。美国既没有规定自由演绎制度也没有规定合理引用制度,但在司法实践中区分出片段性字面表达侵权和综合性非字面表达侵权的类型,通过实质性相似规则的反推发展出"少量使用规则",通过转换性使用理论保障某些演绎性创作。第二,两类规则交叉但并不完全重合的适用范围也证明了其中任何一类规则都无法完全覆盖另一类规则,尽管任何一类规则都可以扩张,但是扩张适用的同时也逐步失掉制度固有的稳定性,甚至最终会瓦解制度本身。版权法系用"quotation"区别于复制性使用,但是 quotation 的问题在司法实践中实质上还是通过不同的裁判规则解决的。[②] 第三,如果强行以一类规则取代另一类规则,削足适履造成的结果,要么是对本应规范的现实视而不见,要么是解决效果不理想,要么是为追求正当的司法效果耗费更大的司法成本。美国式的制度设计实际上是仰赖于高效运作的司法体系作为前提的,以判例法作为制定法的补充。这种条件不是每一个国家都具备的。保留两类规则有利于应对创作性使用中的复杂情况。

在确定保留两类规则的前提下,我们也没有必要消灭两类规则之间的重叠现象。首先,笔者认为创作性使用的复杂性决定了我们无法完全消除二者之间的重叠现象。无论是引用还是演绎性使用都是游走在事实和规范之间的概念,属于类型化的概念,无法做到完全精确。[③] 其次,消灭重叠现象既不经济,也没有必要。引用规则和演绎性规则是从不同角度对创作性使用进行的考察,它们各有自己能够有效解决的对象,也有自己不太擅长解决的对象,因此彼此能够互补。使用者可以根据自己的需要选择合适的制度,比如引用制度对于少量使用、原样复制使用具有特殊的优势,而演绎性规则对于某部作品的大量使用,改写性复制使用具有特殊的优势。如果同一部

---

① [日]田村善之:《日本知识产权法》(第 4 版),周超等译,知识产权出版社 2011 年版,第 430–438 页。

② 美国版权法规定了合理使用的一般条款,既包括复制性使用,也包括创作性使用(quotation),但是早已通过司法实践实现了类型化,形成了更细致的裁判规则,这些不同的裁判规则意味着同一个制度实际上包含了一组制度。

③ [德]卡尔·拉伦茨:《法学方法论》,陈爱娥译,商务印书馆 2003 年版,第 340 页。

作品中同时存在上述两种情形,两种制度都能够派上用场,这样做才能最大限度地节省成本。

任何制度设计都要兼确定性与灵活性[1],确定性可以保证制度的顺利运作,增加实施的可预测性;灵活性可以保障制度适度回应现实的能力。当两类规则要配合适用的时候,就更是如此。为此,我们有必要分析这两类制度的特性,以及它们各自擅长的领域、需要解决的主要问题、扩张时可能遇到的问题等。

引用和演绎性使用的各自特性可以在相互比较中得到证明。创作性使用既是一种复制,又是一种创作,复制意味着从在先作品中借用了某些表达性要素,创作意味着对这些借用的要素做了某些创造性处理,从而区别于纯粹的复制。引用规则将引用视为单纯的复制进行处理,它不考虑使用者为了创作的需要对借用的部分做了哪些改变,因此原样引用和改写后引用是没有区别的,引用规则主要考虑引用的必要性以及对著作权人的影响。演绎使用规则主要将借用视为一种创作,强调了使用者在现有作品的基础上又做了哪些工作,使其与原作品相区别,这种新增的创造性能够给演绎者的使用提供正当性证明。相对于引用规则,演绎使用规则比较复杂,其适用需要深入创作性使用的内部进行详细的考察,需要收集更多的信息,做更多的利益考量。因此,演绎使用规则适用成本更高,引用规则适用成本更低。由于演绎使用规则强调创造性,更适合于对借用的材料做了更多改变或者转换的情形;引用规则倾向于忽视这些,因此更适合字面表达的使用,少量的使用。由于引用规则倾向于表面考察,而演绎使用规则倾向于深层考察,因此引用规则更适合于明显需要引用的场合,演绎使用规则适合于比较复杂的创作行为。引用规则是以处理字面表达的借用为中心的制度,而演绎使用规则是以处理非字面表达要素的借用或者字面表达要素与非字面表达要素的综合借用为中心的制度。因此引用规则和演绎性规则分别是从作品的字面表达要素和非字面表达要素出发构建的制度,前者擅长解决字面表达的借用问题,后者擅长解决非字面表达要素的借用或者综合借用问题;相

---

[1]　[美]E.博登海默:《法理学、法律哲学与法律方法》(修订版),邓正来译,中国政法大学出版社2004年版,第339-343页。

反,引用规则对于非字面表达要素的借用,演绎使用规则对字面表达要素的借用则存在困难。

第二节　合理引用规则的立法例

一、美国式合理引用制度

美国版权法只规定了合理使用的一般条款,针对所有的使用情形,既包括复制性使用,又包括创作性使用。使用者的引用在很大程度上依赖于合理使用制度和实质性相似规则的反面推定。这种立法模式及具体的司法实践带来了很多问题。①由于没有明确的合理引用规则,引用会受到著作权保护规则的挤压,对引用者来说很不利。②美国的"少量使用规则"是由实质性相似规则反推而来,与作者权法系的合理引用规则存在很大的差别。少量使用是由于不符合侵权行为判断而允许创作者自由使用,合理引用则属于侵权但由于法律的规定而予以豁免的情形,显然前者的要求更严,后者的要求更松。其次,少量使用规则由实质性规则反推,在判断的时候,考虑的因素更少,而且是从著作权人的角度进行考量,显然不利于引用者。合理引用规则可以根据引用者的需要进行特别设计,赋予引用者更大的引用自由。③美国合理使用规则针对所有类型的使用,将创作性使用视为普通的复制性使用,结果连创作性使用都忽视了,更别提区分演绎使用和引用了。远离具体使用方式的立法模式导致美国合理使用制度适用的高成本。这种高成本对于引用者来说非常不利,因为引用的潜在收益与潜在法律责任风险以及证明成本完全不成比例。④为了弥补美国式引用规则的不确定性,需要很多非正式的规则予以补充。因此,美国很多高校都制定了《学生论文引用指南》之类的规范。① 尽管如此,引用自由仍然受到很多挑战,著作权实践中任何对部分引用做出的新判决都可能改变既有的引用规则。因此,引用规则不明确是造成重混创作规制举步维艰的重要原因。

---

① 朱理:《著作权边界:信息社会著作权的限制与例外研究》,北京大学出版社 2011年版,第229-237页。

二、其他国家合理引用的规定

鉴于引用他人作品的必要性,几乎所有的国家对引用都做了规定,按照其适用的对象范围,存在以下几种情况:第一,不限制引用的范围,只要有正当的目的和理由即可。换言之,引用不必以创作作为前提条件,在其他场合进行引用也是可以的。这种规定以《德国著作权法》为代表,它的规定包括创作之外的引用,创作上的引用既包括在独立的著作中引用他人作品的简短片段,也包括在特定的作品中收录他人已经发表的特定作品。[①] 第二种情况将引用限制在创作范围内,但是对创作中的使用目的不做任何限制。这种方式以巴西为代表,该国著作权法允许在创作中对他人作品进行简短摘录。第三种情形是引用限制在创作中的某些范围内。比如《日本著作权法》第 32 条第 1 款规定:"已经发表的作品可以通过引用而加以使用。但是必须符合公正的惯例,而且必须在报道、批评、研究目的的正当范围内。"《法国知识产权法典》第 122−5 条规定由使用引文的作品的评论、论战、教育、科学或者情报性质所决定的分析以及简短引用构成合理使用。[②]《印度著作权法》第 25 条规定,对目标作品或者其他任何作品进行批评或者评论构成合理使用。[③]《意大利著作权法》第 70 条规定为了进行评论或讨论,摘录、引用他人作品片段或者部分章节并向公众传播,但要求不得与该作品的经济使用权构成竞争。不过值得注意的是,相当多的国家立法在将引用的目的限制在某些特定目的范围内时,并没有明确将引用行为限于创作,这造成了与第一类的重合,所不同的是列举了具体的引用目的。上述三类引用规定中,第一类和第二类实际上包含了创作性使用他人作品的一般性规定,第三类则包含了特定创作类型中的引用问题。综上,引用不限于创作。但是创作中的引用与其他类型的引用还是存在比较大的差别,基于本著作的研究目的,我们将探讨的范围限制在创作的范围内。吴汉东教授认为使用人基于创新目

---

① 《十二国著作权法》第 162 页。
② 《十二国著作权法》第 70 页。
③ 《十二国著作权法》第 248 页。

的而引用他人作品是引用与一般复制的根本区别所在。①

第三节　合理引用标准与重混创作著作权规制

一、重混创作的合理引用规制困境

合理引用规则作为创作性使用的两种基本规制手段之一,对重混创作自然具有很强的适用性,对拼贴型的重混创作好像尤其如此。下面我们对此展开分析。

拼贴型重混创作具备合理引用规则适用的某些条件。①拼贴型重混创作大都截取在先作品的微小片段进行创作。这些片段属于字面表达,数量也比较小,与寻常的引用规则针对的表达要素的特性相似。②在具体的使用上,截取的片段具有很明显的区别性特征,我们很容易把它与作者自己创作的部分区分开。③由于截取的作品片段比较小而且重混作品构思往往与在先作品不同,因此很难替代在先作品。

不过拼贴型重混创作也存在某些不适于引用规则的因素:①在引用规则中,一般不允许出现以他人作品片段代替自己创作表述的情形存在②,但是重混创作正好是这种类型,重混创作者"将手从艺术品中拿走而把脑袋放入其中"③,通过他人作品表达再现自己的创意。②引用一般是"为了介绍、评论某一作品或者说明某一问题"④,为自己的作品提供论据或者与他人的思想、美学问题进行争论⑤,但是重混创作借用在先作品片段通常不是为了评论或者争论,而是为了自己的创作,借用理由与一般引用的理由大相径

① 吴汉东:《著作权合理使用制度研究》(修订版),中国政法大学出版社2005年版,第175页。
② [德]M.雷炳德:《著作权法》(第13版),张恩民译,法律出版社2005年版,第325页。
③ [美]威廉·M.兰德斯,理查德·A.波斯纳:《知识产权法的经济结构》,金海军译,北京大学出版社2005年版,第330页。
④ 吴汉东:《著作权合理使用制度研究》(修订版),中国政法大学出版社2005年版,第174页。
⑤ [德]M.雷炳德:《著作权法》(第13版),张恩民译,法律出版社2005年版,第325页。

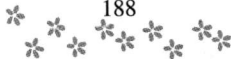

庭。③引用一般发生于学术作品创作领域,但是重混创作绝大部分都属于文学艺术作品,缺少引用的必要性。④引用部分一般不能构成一部作品的主体,相对于作者自己创作的部分属于次要的位置,重混创作则不同,尽管截取的每一个作品可能都比较少,但是往往截取了很多在先作品的片段,这些片段构成了重混作品的主体,有时候我们甚至在一部作品都找不到作者自己创作的片段。

正是由于上述因素,我们发现现有的合理引用规则适用于拼贴型重混创作存在一定的困难。日本知识产权专家田村善之讨论的两个案子有助于我们理解重混创作合理引用规制的困境。第一个案件是日本最高法院判决的"模仿作品显著特征案"①。基本案情是:原告对刊载于保险公司广告日历的一幅彩色风景照片享有著作权,被告未经许可将其复制成黑白照片,进行部分切割,添加轮胎后作为自己的作品发表了。原告提起侵权之诉。二审法院判决属于合理引用,但日本最高法院以不符合"明显区别性和附属性"的引用条件否决了该判决。② 显然被告的作品属于典型的重混作品。但是与一般的引用不同,被告的创作行为旨在"被引用的作品与自己的表达一体化",显然很难满足"明显区别性"要件。但是这种"如出一手"的艺术效果是很多重混创作者努力追求的艺术境界,否则重混创作只能停留于搞笑、娱乐的层次上。我国古代集句诗的发展史就经历了从"调笑"到"如出一手"的历程,最终赢得人们的尊重,成为一种重要的诗歌创作方式。因此,引用的"明显区别性"条件与重混艺术的创作规律是不一致的。无论是具有"明显区别性"还是"如出一手"在重混创作中都是存在的,都有自己存在的必要性,现有的合理引用规则与此冲突。

此外"附属性"要件或者"补充功能"对重混创作中的借用同样构成了障碍。在上面的案例中,被告截取了原告作品的绝大部分,然后添加了轮胎,很难区分引用部分与被告自己创作部分的主从关系。要求自己创作部分与引用部分构成主从关系,与重混创作的实际情形相差甚远。古罗马的集锦诗、我国古代的集句诗都是拼贴他人成句完成,没有自己的创作成分。田村

---

① 田村善之讨论的第二个案例在下一段中讨论。

② ［日］田村善之:《日本知识产权法》(第4版),周超等译,知识产权出版社2011年版,第465-466页。

善之也认为附属性条件会对引用构成不适当的限制。① 为此,他举了另一个案例。为了批判"洛克希德事件",创作者采用了一幅内阁成员在舞台上整齐排列的照片,但是用"花生"(受贿时用的隐语)遮住了内阁官员的脸,批判其受贿的行为。在该作品中,显然借用的成分多,自己创作的成分少,但是没有超出使用目的的必要范围。与此同时,田村善之认为还必须满足不存在其他的替代措施、只能给著作权人在经济上带来很小的利益,这种拼贴型的引用才有承认的可能。因此,前述的"模仿作品显著特征案"是很难符合这个条件的。如果执行比较严格的引用规则,重混创作在合理引用规则中同样无法得到有效处理。

二、合理引用标准

(一)影响合理引用规则的因素

影响合理引用规则设计的结构性要素主要包括:①引用理由或者目的;②引用量的限制(包括数量和质量,主要是数量);③对著作权人和引用人的影响。前两组是创作性因素,第三组是利益配置因素。纵观各国的合理引用规则,引用目的具体表现为要求特定目的、创作性目的或者无目的限制。创作目的的有无限制以及何种限制,对于引用规则适用的作品类型有很大的影响,要求特定创作目的与学术类作品创作关系密切,只要求创作目的或者无目的限制一般可以适用于任何类型的作品创作。关于引用量限制与当事人之间的利益分配关系密切,一般而言,引用的越多,对著作权人影响越大,引用人避免辛苦的可能性越大。关于引用量的限制方法,有的将其与限制在创作目的所需要的范围内;有的进行具体数量限制;②有的仅做出"简短""部分片段""部分章节"等比较模糊的要求。关于引用的影响,严格来讲包括对经济性权利的影响和精神权利的影响。对于精神权利的影响,版权法系对此拒绝考虑,作者权法系往往也避而不谈。在合理引用规则中通常是将引用视为复制,引用部分与引用人自己创作的部分具有明显区别性,

---

① [日]田村善之:《日本知识产权法》(第4版),周超等译,知识产权出版社2011年版,第467页。

② 参见吴汉东:《著作权合理使用制度研究》(修订版),中国政法大学出版社2005年版,第209-210页。他列举了一些国家关于引用数量要求的具体做法。

通常假设引用不会对精神权利造成损害,不过随着引用部分与引用人创作部分的融合,精神权利的问题实际上是存在。[①] 引用的经济影响,到底是只考虑对著作权人的单方影响,还是一并考虑对著作权人和引用人的双方影响,各国的做法存在一些差异。比如美国的合理使用制度一般只考虑对著作权人的影响,巴西著作权却同时考虑对著作权人和引用人双方的影响。[②]

(二)合理引用的两种标准

在考虑上述因素的基础上,纵观各国规定,合理引用存在两种标准,一是目的标准,二是市场影响标准。下面分别予以介绍。

1. 目的标准

目前各国普遍采用所谓的"目的标准",具体包括两层含义,一是引用必须具有正当的目的,二是引用量必须与引用目的相适应。比如《伯尔尼公约》第 10 条第 1 款规定:"从一部合法向公众发表的作品中摘出引文,包括以报刊摘要形式摘引报纸期刊的文章,只要符合善良习惯,并在为达到正当目的所需要范围内,就属合法。"《日本著作权法》第 32 条第 1 款规定:"已经发表的作品可以通过引用加以使用。但引用必须符合公正的惯例,而且必须是在报道、批评、研究目的的正当范围内。"[③]《韩国著作权法》第 28 条规定:"在新闻报道,批评、教育、研究等合理范围内,可以以符合合理惯例的方式引用已经发表的作品。"[④]特定目的与必要性匹配共同构成了引用的实际标准,鉴于必要性不是很清楚,上述法律规定往往以"善良习惯"或者"公正惯例"作为补充,所谓善良习惯或者惯例实际上就是指现代以来形成的反对剽窃的文化观念。实际上,在很多国家反对剽窃的文化观念对使用他人作

---

① 关于这个问题,笔者将在后面的章节讨论。

② 《十二国著作权法》翻译组:《十二国著作权法》,清华大学出版社 2011 年版,第 15 页。

③ 《十二国著作权法》翻译组:《十二国著作权法》,清华大学出版社 2011 年版,第 377 页。

④ 《十二国著作权法》翻译组:《十二国著作权法》,清华大学出版社 2011 年版,第 516 页。

品的要求甚至比法律更为苛刻。① 特定的使用目的主要限于参考性的创作性活动,包括学术、科研、新闻报道等。而且在这些领域范围内,作品往往不具有很高的商业价值。比如科斯创作的《社会成本问题》开创了新制度经济学学派,但是我们很难讲它具有多高的商业价值。

上述的规定模式带有很大的局限,相比之下,《德国著作权法》规定更为科学,其中第51条规定:"为引用之目的,只要在此特殊目的范围内利用已经发表的著作有正当理由,本法允许复制、发行与公开再现之。本法尤其允许:①为说明内容而在独立的科学著作中收录已经出版的单独的著作,②在独立的语言著作中引用已经发表的著作的片段;③在独立的音乐著作中已经出版的音乐著作的片段。"②首先,德国的规定相对于上述规定,虽然也提到了引用目的,但是没有进行列举,换言之,只要具有正当的创作目的即可。这样的话,引用的范围实际上可以从知识类作品扩展到文学艺术类作品。其次,在具体的列举性规定中,选取了科学作品、语言作品以及音乐作品,涉及不同的类别。针对科学作品,规定了超越一般创作目的的引用,建立起"大引用规则",对于语言和音乐作品,则建立起"小引用规则"③,小引用还可以拓展到电影作品④。与此同时,德国著作权法实践也允许存在某些例外。比如:"如果从作品的上下文以及相应的氛围来看对作品的引用具有特别意义,那么法律也允许人们在作品中大段落的引用他人的作品。""在满足了某些前提条件的例外情况下——如果被引用的作品本身范围很小,或者从作品的特征来看有必要,而断章取义的进行引用并不能再现被引用作品

---

① 具体可以参见[美]理查德·A.波斯纳:《论剽窃》,沈明译,北京大学出版社2010年版,第86页。波斯纳发现了原创性与版权制度之间的互动关系。版权法通过限制创造性模仿的空间而对原创性文化观念产生影响,反过来这种强化后的原创性观念对版权制度提供正当性支持。总的来说,对原创性的要求是一个依附于时代和地域的经济文化现象。

② 《十二国著作权法》编译组:《十二国著作权法》,清华大学出版社2011年版,第162页。

③ [德]M.雷炳德:《著作权法》(第13版),张恩民译,法律出版社2005年版,第326页。

④ [德]M.雷炳德:《著作权法》(第13版),张恩民译,法律出版社2005年版,第327页。

的全部的意义的话——在小引用的框架下对某个作品的全部进行引用也是合法的。"①从而建立起所谓"小的大引用规则"。德国法的规定和实践既考虑被使用作品著作权保护的需要，同时又充分考虑创作本身的需要，因此较好地兼顾了双方的需要。

2. 市场影响标准

与"目的标准"不同，市场影响标准不计较引用目的与引用幅度的匹配性问题，而是重点考虑引用对利益配置的影响，并将此作为是否允许引用的标准。与目的标准相比，市场影响标准考虑的因素更少，基本放弃了对引用具体形态的考察，具有更宽的适用性，更少的实施成本。目前，采用市场影响标准的立法主要有《意大利著作权法》和《巴西著作权法》，下面分别予以介绍。

《意大利著作权法》的规定呈现出从目的标准到市场影响标准过渡的形态。该法第70条规定为了进行评论或讨论，可以摘录、引用他人作品片段或者部分章节并向公众传播，但要求不得与该作品的经济使用权构成竞争。它一方面将引用限制在"评论或讨论"范围内，另一方面仅仅要求不与原作品的经济使用权构成竞争，虽然没有放弃对引用目的的要求，但是隔断了引用目的与引用数量之间的关系，不再以引用目的的必要性来决定引用量，而是以引用的市场影响作为引用量的约束标准，从而给予创作更大的宽容。意大利的做法呈现出与目的标准不同的特色，改变了引用规则的内在标准。

《巴西著作权法》的做法更进一步，其1998年的著作权法第46条第8项规定："在作品中对任何性质的已有作品进行简短摘录，或者对立体艺术作品进行全部复制，只要复制本身不构成新作品的主要内容，且不与被复制作品的正常利用相冲突，也不致无故侵害作者的合法利益"②，构成合理使用。该规定呈现出全新的面貌：第一，它放弃引用目的标准，对创作中的引用不附加任何条件。对创作中利用他人作品表达的目的没有限制，对于使用的作品类别也没有任何限制，不限于知识型作品的创作，也不再像德国著作权

---

① ［德］M.雷炳德：《著作权法》（第13版），张恩民译，法律出版社2005年版，第327页。

② 《十二国著作权法》翻译组：《十二国著作权法》，清华大学出版社2011年版，第15页。

法那样根据作品类型进行相应的区分,从根本上放弃了对引用本身形态的判断。第二,在引用量上,仅仅要求简短,对立体艺术作品则可以全部复制。第三,在引用量的约束上,以市场影响为准,即不构成新作品的主要内容;不与原作品的正常利用相冲突,不无故侵害原作者的利益即可。与意大利著作权法的单方影响要求相比,巴西著作权法对双方的影响都做了规定。

三、重混创作视野下合理引用规则的完善

(一)影响重混创作合理引用规制的因素

能否利用合理引用规则对重混创作进行有效规制,主要取决于以下几个因素:①学术作品创作引用与文学艺术作品创作引用的差异。目前的引用规则主要是以学术作品创作为典型对象设计的,而重混创作主要针对文学艺术作品,那么如何将源于学术作品创作的引用规则适用于文学艺术作品创作将是考虑的重点。②如何处理创作性使用因素与利益分配因素的关系。创作性使用因素与利益分配因素的关系是演绎使用规则设计考虑的重点,同样也会影响合理引用规则的设计。与演绎使用规则重点考虑创作性使用因素不同,合理引用规则需要适度回避创作性使用因素,只有这样才能降低合理引用规则的执行成本,与演绎使用规则相互配合。因此如何简化创作性使用因素成为合理引用规则设计的关键。③引用者与著作权人的利益配置关系。对在先作品的使用必然会侵占著作权人的利益,引用的存在就是对著作权的限制。限制的程度必然影响双方利益的分配,也会影响规制因素的选择。④演绎使用规则与合理引用规则的关系。演绎使用规则与引用规则既有区别又有联系,既要洞悉各自的制度特性,又要知晓彼此之间的协同关系。我们不能指望通过引用规则解决所有的创作性使用问题。

(二)重混创作合理引用规制的选择分析

结合上述要素,笔者对重混创作合理引用规制选择进行简要分析。

第一,引用目的与重混创作规制的关系。引用目的对引用规则的适用范围会产生很大的影响,特殊的引用目的往往与学术类作品创作有关,仅要求有正当的引用目的对引用规则的作品类型没有影响,无引用目的的要求更是如此。重混创作虽然可能涉及各种作品类型,但是文学艺术类创作无疑占了主流,因此特殊的引用目的要求对其是不合适的。那么后两种要求哪

一种更合适呢？无引用目的要求赋予引用者最大的自由，正当引用目的对引用者进行适当的约束。与特定目的相比，它不限定目的的范围、类型，有助于充分尊重创作本身的规律，同时又能排除以替代为目的的创作和粗制滥造式的创作，可以有效平衡双方利益。

第二，引用量的约束标准。引用量的约束标准包括目的标准和市场影响标准，如果选择目的标准，我们就必须对引用的具体情形进行考察，需要太多的信息，这是包括法官在内的第三人所无法胜任的。当年美国法官詹姆斯极力摆脱艺术性的判断在很大程度上就是出于法官判断能力和判断成本的考虑，现在的法官也没有必要纠缠于对具体引用方式的评价而无法自拔。如果当年詹姆斯无法胜任的，那么现在的法官同样也无法胜任。正当引用目的的要求是对引用整体上的要求，不与引用量的约束挂钩，这样既能对引用者进行适当的约束又能避免对使用必要性的考察，在促进著作权目标的同时又能有效降低实施成本。在排除目的标准之后，我们可以采纳市场影响标准，那么到底是采取单方影响标准还是采取双方影响标准呢？如果采取双方影响标准，那么对重混性创作可能不利，因为在重混创作中引用的表达可能构成重混作品的全部表达或者大部分表达，尽管这些表达来自于不同的作品。采取对著作权人市场影响的单方标准则可以避免这种情况。

第三，实施成本因素。我们虽然通过放弃目的标准而避免对引用的具体形态进行考察，从而节省了制度实施成本。但是市场影响标准相当模糊，如果严格操作会耗费大量的信息成本，甚至比目的标准有过之而无不及；如果不严格操作结果又形同虚设。[①] 为了避免这种情况，有必要采用替代性的数量标准。尽管数量标准不是很准确，但与通常的经验还是吻合的。与此同时，市场影响标准作为最终的标准，在双方对引用量有分歧时可以用于最终的审查。

综合上述分析，适于重混创作规制的合理引用规则必须具备以下三个特点：①具有正当的引用目的；②引用的在先作品表达的数量是简短的；

---

① 如果说艺术创作考察因为其主观性导致考察的高成本，那么市场影响则因市场的复杂性导致考察的高成本。尽管导致高成本的原因不同，但是结果都会导致制度实施困难。为了降低成本，司法实践中有关市场影响的分析有时候沦为一种主观推测。

③不与著作权人构成经济竞争或者没有不正当的损害著作权人的经济利益。

第四节　两项特殊引用规则与重混创作著作权规制

一、演绎性引用规则①

尽管通过松动合理引用规则可以对重混创作进行有效规制,但是重混创作对在先作品的使用毕竟与普通的引用存在相当的差别,这种区别主要体现在借用的作品表达被置入重混创作者的整体构思之后,其整体意蕴有时会发生相当的变化,但是在表面上借用的在先作品片段却没有发生任何变化。引用规则通常也不考虑这种变化,将所有的引用都视为复制,虽然降低了信息成本,但是这种忽视重混创作本身特殊性有时可能会对重混创作不利。同时由于对单篇在先作品借用的片段数量又比较小,通过演绎使用规则来解决也是有困难的。

在前述的规制中,主要是通过一般引用规则条件的松动,使其能够接纳重混创作,但是这种松动毕竟是有限的,因此在普通的引用规则之外,建立重混创作的特殊引用规则也是一个可行的选择。《巴西著作权法》就建立了这样一项制度。《巴西著作权法》第47条直接规定:"拼凑模仿和讽刺模仿并非对原作的实际复制,也未以任何方式对其造成损害的,则允许自由进行。"该项制度包括三项条件:①属于拼凑模仿(pastiches)或者讽刺模仿,即重混创作中的拼贴式创作;②创作中的借用不是对原作品的实际复制,该条件强调了重混创作引用的特殊性;③没有对著作权人造成损害。在此采用了市场影响标准作为重混创作使用的约束。与该法第46条第8项规定的引用规则相比,舍弃对引用在先作品数量的要求,将双方市场影响标准改为单方市场影响标准;增加重混创作使用特殊性的条件。从制度结构要素来看,该制度既不是单纯的演绎使用规则,也不是单纯的合理引用规则,而是结合

---

①　该术语为笔者创造,旨在说明该类引用规制结合了演绎性使用规则的某些要素,属于混合性引用规则。

了这两类规则某些要素而形成的一项混合性制度,最大限度地契合了重混创作的实际状况。

二、附随使用规则

(一)记录式创作方式的发展与重混创作

随着表现技术的发展,创作方式以及作品的表现形式发生了很大的变化,对重混创作产生了很大的影响。

1. 从变形性创作到记录式创作

在照相等模拟技术诞生之前,人类的创作方式主要是通过自己的手对自然界、人类社会或者他人作品进行模拟。对自然界、人类社会的人工模拟必然要经过较大的变形,对他人作品的使用有时可以直接进行符号复制,有时也必须经过变形。这种手工模拟产生的作品与原来的表现对象具有较大的差别,具有很强的精神性内容。但是机器模拟技术出现后,人的手在某种程度上已经从表现对象身上移开。因此对于照相是不是创作,照片是不是作品,人们曾经产生过很大的疑问。尽管美国1865年的版权法修改明确将照片与底片列为著作权的保护对象,但是疑问仍然没有解除。在20年后的奥斯卡·王尔德案中,被告提出"一张照片不过是把某个自然物品或者人物的特征复制在纸上,并非由某一位作者所产生的作品"[①]。照片是利用机器对现实的纯粹反射,照相者并没有直接参与照片画面的形成,他没有为照片添加任何一根线条,而任何一张寻常的绘画作品都是画家用自己的笔一点一点勾画出来的。这的确迥异于寻常的创作,本质上就是记录。为了解释照片属于作品,法官将目光从寻常的创作方式本身移开,而探讨照片所具有的创造性,认为原告已经让照片"完全出自他自己独特的精神观念,并且通过以下种种方式赋予这种观念以视觉可感知的形式:让奥斯卡·王尔德在照相机前摆好姿势,选择与布置服装、帷帐以及他在照片中的各种各样的附属物品、安排拍摄主体以使之呈现出优雅的轮廓,对光与影进行安排与处理,建议并且引导对方做出其所意图的表情,并且,正是从这些完全由原告

---

① [美]保罗·戈斯汀著,金海军译:《著作权之道:从古登堡到数字点播机》,北京大学出版社2008年版,第49页。

所做的处理、安排或者表现中,才产生出这样涉讼的照片"①。从手工模拟到机器模拟,作者的手不再直接参与作品表达本身的形成,创作成为选择和记录的组合,通过选择要表现的对象然后通过机器将其记录下来,作者的创造性主要表现在对欲表现对象的选择和控制上。照相技术的出现预示着创作方式的巨大转变,影视作品的形成应该是照相技术更为深入的发展,通过拍摄自己搭建、营造或者选择的场景,然后进行后期的剪辑和编辑,形成一部包括声音、图像的连续活动影像。仔细考察创作过程我们可以发现影视作品创作的典型过程是一个选择、记录、编辑和合成的过程。

2. 无意的重混创作

在创作方式变化的同时,作品的表现形式也发生了从文字符号到场景的变化。文字符号完全是人工产生的,不依傍于任何现实事物,但是场景却来源于现实,而现实本身就是由各种不同事物组成的,创作就是对场景中所包含的各种不同事物的记录。如果这些不同的事物中包含有他人的作品,那么该种创作实际上就包含了对他人作品的复制。该作品可能来自于在先作品,也可能来自于参与场景中的人产生的各种内容。因此,用户产生内容并不是数字时代才产生的新鲜事物,在我们能够记录他人言行时就存在了②;不仅在手工模拟时代存在,在机器模拟时代存在,而且随着记录技术的发达,这种现象越来越普遍,比如报纸刊登的新闻篇章包含着大量的受众访谈的内容;影视节目充斥着各种现场表演。即使是封闭场景中拍摄的电影、电视剧有时也包含着他人的作品,比如剧中人物引用某首现代诗歌、哼唱几句歌词,某个场景中出现挂在墙壁上的风景画、享有著作权保护的藤椅、有创意的盆景、享有著作权的雕塑。创作的场景化带来了他人作品的大量渗入和对他人作品的拼贴式使用。记录式创作的广泛存在,导致媒介式作品的大量产生,这些作品很大程度上是对场景的记录、剪辑,那么随场景拍摄而记录下来的含有他人著作权的作品不在少数。这是一种特有的重混创作,它是由创作方式本身的特性带来的,而不是由创作者本身有意选定的。

---

① [美]保罗·戈斯汀著,金海军译:《著作权之道:从古登堡到数字点播机》,北京大学出版社 2008 年版,第 49 页。

② Player-Authors Project Research Team, The Player-Authors Project Summary Report of Research Findings, p. 9. http://player-authors. camden. rutgers. edu/ ,2015-02-06 visited.

正是由于这个原因,我们几乎感受不到它是重混创作。

(二)引进附随使用规则

前述重混创作所产生的借用与普通的引用既存在相同之处,也存在重要的不同之处。相同之处在于:①该借用通常表现为对在先作品表达的使用;②该借用往往不构成新作品的主要组成部分;③作者新创作的成分与借用的成分可以具有明显的区别性;④该借用通常不与被借用的作品构成竞争。不同之处在于:①创作者的借用是随意的,没有很强的创作目的;②对在先作品的借用往往涉及较长的作品片段或者整个作品。相同之处证明该借用能够满足引用的实质条件;不同之处揭示了该借用无法满足引用的全部条件。该借用最大的问题在于其源于创作的记录化、场景化方式,源于现实的复杂性。由于使用者通常不是有意为之,因此通常无法事先交易;由于是无意为之,因此避免的成本很高。由于在创作中意义不大,对新作品价值的贡献非常有限,该借用也没有什么交易价值。该借用存在明显的市场失灵,应该由合理使用来规制。

鉴于与普通的合理引用存在重要差别,因此有些国家就设计了附随使用规则。比如《英国版权法》第 31 条规定,对艺术作品、录音制品、电影或广播之附随性使用不构成版权之侵权,对于含有前述内容的复制品的公开发行,或者播放、放映或向公众传播,皆不构成侵权。音乐作品、随音乐口述与演唱的文字,或者此种包含有音乐作品或此类文字的录音制品或广播,若是故意被其他作品所包含的,则不应该被视为附随性使用。[①] 英国主要按照不同的作品类型规定了附随使用。德国著作权法和司法实践同样允许将作品作为辅助物进行创作性使用的行为。[②] 法国知识产权法典也规定了一种特殊的附随使用行为,即以提供实时信息为目的,通过平面、视听和在线媒体对平面、立体或建筑作品进行的全部或部分的复制或表演。[③] 在不要求固定

---

① 《十二国著作权法》翻译组:《十二国著作权法》,清华大学出版社 2011 年版,第 583 页。

② [德]M.雷炳德:《著作权法》(第 13 版),张恩民译,法律出版社 2005 年版,第 322 页。

③ 《十二国著作权法》翻译组:《十二国著作权法》,清华大学出版社 2011 年版,第 71 页。

的前提,这种实时信息复制或者表演实际上构成了创作或者准创作。记录式传播的性质决定了附随使用不可避免,①因此有必要引入附随使用规则进行特殊规制。

第五节　重混创作著作权规制的测试

演绎使用规则与引用规则共同构成了创作性使用的规则体系。该规则体系的正当性取决于它能否有效、合理的解决相应的问题。对此笔者将选择一些重混创作案例对该规则体系进行测试。

一、基于单部作品的重混创作案例测试

我们先看《长胡子的蒙娜丽莎》与《新清明上河图》这两件作品,前者是著名艺术家达利创作的。他在达·芬奇的传世之作《蒙娜丽莎》的一件复制品上面给画中的女人添上了胡子,并且取名《长胡子的蒙娜丽莎》。在原作品复制件的基础上进行新的添加,显然他对原作品的使用是百分之百,但是通过添加胡子和重新命名,将一个健康、闪烁着神秘微笑的蒙娜丽莎变成了一个堕落、放荡的蒙娜丽莎,使得文艺复时代的精神画像变成了现代西方社会物欲横流的精神堕落的象征。达利的重混行为应该如何定性呢?达利没有对达·芬奇或者他的画作进行嘲弄或者批评,因此不是戏仿。但它的确是对原文本的一个戏仿,不过针对的是社会现象,因此属于讽刺或者评论。讽刺或者评论的内容虽然不是很明确,但很容易猜测,无非是讽刺以蒙娜丽莎为象征的社会文化、女性特征或者艺术精神在现代社会的堕落。如果发出一个感慨,那就是"现在,连蒙娜丽莎都堕落了"。作为一种文化、艺术或者女性特征的典型代表,蒙娜丽莎不幸"中枪",成为作者选用的靶子。作者想要表达的思想是通过制造新作品与原作品的紧张关系而流露出来,无疑具有高度的创造性;将蒙娜丽莎置于一个完全不同的语境中,因此具有高度的转换性。但是要构成合理使用,必须解决两个问题:一是使用的必要性,

---

① 　[德]M.雷炳德:《著作权法》(第13版),张恩民译,法律出版社2005年版,第322页。

二是使用的限度。关于第一个问题,蒙娜丽莎已经成为一种文化象征,因此成为文化或者社会批判的靶子是合适的。关于使用的限度,《蒙娜丽莎》作为单幅画作,为了完整表现这种文化象征似乎也是必要的,但不是很确定。最后评价一下市场影响,《长胡子的蒙娜丽莎》与《蒙娜丽莎》是完全不同风格的作品,消费群体肯定不同,因此通常情况下不会产生市场损害。根据上述判断,《长胡子的蒙娜丽莎》构成合理使用。不过如果进一步分析,我们发现上述结论与其说是一种合理分析的结果,不如说是一种结果决定论证过程的游戏,因为它忽视了很多东西。比如著作权人的市场不仅包括原作品市场,也包括演绎作品市场。关于原作品市场的损害,尽管达利没有非法复制,但是在新作品流传过程中,是否会产生替代呢? 这不好讲,因为新作品毕竟完整地再现了原作品,如果我们仅仅是想了解一下《蒙娜丽莎》,通过观念上剥离达利添加的部分,我们就能获得对达·芬奇画作的完整印象,因此是可以产生替代效应的。对于演绎作品市场,创作一个堕落的蒙娜丽莎也是原作品演绎的一种形式,法律并没有给戏仿或者讽刺优待,但是让蒙娜丽莎演绎作品的讽刺版本获得合理使用庇护打破了这一点。也许有人认为,这种以损害的方式对原作品进行运用,权利人肯定不会同意。其实这也慢慢地成为一个伪命题。因为随着文化观念的变迁,权利人对讽刺的创作方式的抗拒越来越少。因此美国版权法实践的犹豫是有道理的。而在笔者设计的制度群中,该案例实际上可以运用超越自由演绎补偿制度来解决。该制度针对的情形是"将原作品的心脏部分拿过来变成新作品的关键部分"①,即原作品的创造性和新作品的创造性都很突出的情形。与美国版权法现有的转换性合理使用制度相比,它抛弃了创作性使用必要性和限度的具体判断,而采用整体判断的方法节省信息成本,同时又以补偿的方式平衡双方的利益,从而超越了依据具体创作方式对每一个被使用要素——衡量的做法。不过需要指出的是,双方创造性的判断均是针对与借用有关的部分,创作者通过创作而增添的与借用部分无关的创造性是排除在外的。美国最高法院判决的坎贝尔案,尽管以转换性使用的名义撤销二审法院的侵权判决,但是该案的判决却直接导致了商业性戏仿的凋零,主要原因在就在于法院没能

---

① Campbell v. Acuff-Rose Music, 510 U. S. 569, 574. (1994).

处理好"商业与戏仿"之间的关系,有关戏仿对原作品演绎市场影响的焦虑使得戏仿者看到了潜在的法律风险,使著作权人看到了反败为胜的机会。

现在我们来看我国网上热炒的《新清明上河图》。该作品主要是通过摆拍的形式再现《清明上河图》中的情境,将诸如"我爸是李钢""美女求包养"等当下热点事件置入古代市井之中,产生了亦真亦幻的艺术效果,将市井繁华与丑恶现象联系在一起将激发我们思考繁华背后到底是什么,古代与现代夹杂使我们的思考增加了时空的视角。该作品对《清明上河图》应用是讽刺吗?那么这种讽刺从何而来?是评论吗?到底在评论什么?作者对《清明上河图》的应用仅仅是自己叙事的一个元素,或者说故事展开的背景,然后在这个背景之下做自己想做的事情。因此它的艺术美感或者创造性不是来自于新旧作品之间的紧张关系,反而来自于新旧作品之间建立起来的连续性,还有或多或少借助二者之间呈现出来的不协调性。在这种符号的连续性与不确定之间涌现出非凡的创造性。在太阳信托基金诉霍顿米弗林出版社的案件中,就被告的《风已飘逝》对《飘》的戏仿,二审法院的判决强烈暗示被告的创作性使用超出了必要的限度。马库斯法官的附和意见试图通过整体转换性的观点消解这种看法。[①] 他认为,为了取得整体转换性效果,创作者对借用材料的处理有的与原作保持一致,有的表现出差异,一致性使用和差异性使用都是整体性转换所需要,而具体转换性的考察则无法看到这一点,因此他愿意在原判决的基础上再往前走一步。对此,Gideon Parchomovsky 和 Alex Stein 教授在"独创性三分法"提出了"非等同物"的概念,认为该情况下创作者应受到完全的保护,排除权利人救济。所谓"非等同物"概念实际上就是整体转换性的对等表达。不过整体转换性或者非等同物的概念缺乏对原权利人贡献的考察,可能会对原权利构成不公平,因此需要进行约束。给予补偿还是不给予补偿需要我们观察被借用作品的创造性在新作品中是否突出。《风已飘逝》的前半部分借用了原作品诸多的要素,既存在转换性使用,也存在一致性使用,但是衡量原作品的创造性时,通过对所有借用的要素的综合分析,我们看看原作品的创造性在新作品中是

---

① SunTrust Bank v. Houghton Mifflin Co., 268 F. 3d 1257 (11th Cir. 2001), p. 1277 – 1280.

否突出,如果突出的话,那么就应该进行补偿,如果不突出就无须进行补偿。在抗辩中,被告认为自己借用了原告作品的要素,但是进行了反向处理,构成了对原作品的颠覆性重述。然而作为原作品的"负版",并不能很好地掩盖原作品的创造性,因此《风已飘逝》其实属于原作者和新作者的独创性均很突出的情形,应该适用超越自由演绎补偿制度。通过该分析,可以发现笔者的观点与"非等同物"的观点出现了分歧,在法律效果设计上分道扬镳。①对于《新清明上河图》,创作者通过摆拍的方式,原样的借用比较多,因此原作的创造性比较突出,如果《清明上河图》还存在着作权保护的话,在这种情况下也应该适用超越自由演绎补偿制度。与此相反,《大话西游》的创作者则无须向《西游记》的权利人支付补偿金,因为《西游记》的创造性在《大话西游》中已经淡化,尽管我们还是能感受到《大话西游》与《西游记》之间的紧密关系,但是这种关系不是通过在《大话西游》中彰显原作品的创造性来实现的,而是借助了我们对《西游记》本身的印象。

二、基于多部作品的重混创作案例测试

有些重混作品借用了多部作品,比如 Girtalk 的重混音乐一般会由上百条甚至几百条在先作品音乐作品片段组成,每一个片段短则 1～2 秒,长则5～6 秒。视频作品的拼贴片段会更大一些,因为借用在先影视作品的画面讲故事,必须以场景为中心,需要一定的连续性,如果变化太多,让人不知所云。文字作品的拼贴则比较自由,有比较大的片段的拼贴,也会有比较小的片段的拼贴。艾略特的长诗《荒原》就借用了很多在先诗歌的片段和场景。《一个馒头引发的血案》是我国著作权法研究者最为熟悉的重混作品,胡戈借鉴的材料共有几十条,其中使用的音乐材料至少包括 12 部不同的电影插曲、流行歌曲、游戏音乐作品的片段,大多比较短小;借用的画面材料,如上海马戏团的演出画报、爱因斯坦照片、飘影啫喱水图片和其他一些单幅的图片,基本是整幅使用。对于电影《无极》,胡戈以场景的形式进行多处摘录,构成了胡戈所讲故事的主要画面,约占所用画面材料的 90% 以上。《中国法制报道》的材料同样多处出现,提供了胡戈讲故事的主要框架和结构,他将

---

①　Gideon Parchomovsky, Alex Stein, Originality, 95 Va. L. Rev. 1505(2009).

自己所讲的故事以《中国法治报道》的形式展现。在具体创作上,胡戈对两种主要材料《无极》和《中国法治报道》的使用存在区别,对前者的使用是故意制造出不和谐,而对后者的使用则力求一致,制造逼真的效果,至于其他的材料则比较随意地穿插在这两种材料之中。

对于源于多部作品表达的重混创作规制,有合理引用和演绎使用规则可以选择。相对而言,合理引用规则擅长处理简短片段的使用,而演绎使用规则擅长处理大片段的使用。合理引用规则适用成本较低,而演绎使用规则的适用成本比较高。演绎性引用规则是对这两类规则某些要素的结合,兼顾二者的优点,但是也带有自己的弱点,那就是对于超大片段引用可能是无能为力的。

具体而言,对于重混创作中的微小片段的使用,最好适用合理引用规则,无论是 Girtalk 的重混音乐还是胡戈的视频重混作品都是如此。对于大片段的引用或者由来自同一部作品大量小片段拼凑出的大片段,笔者认为可以适用演绎性引用规则,如果演绎性引用规则还无法解决问题,那么可以考虑适用演绎使用规则。比如胡戈对《无极》的使用,由于使用的量很大,无法适用合理引用规则和演绎性引用规则,因此应该适用演绎使用规则,但是属于哪一种情形,尚需要具体判断。笔者认为符合超越自由演绎补偿的适用条件,首先,高度的转换性是没有问题的,其次《无极》的创造性在胡戈的作品中还是比较明显的,因此胡戈应该对《无极》的权利人进行补偿。关于对《中国法制报道》的使用,其转换性似乎不如对《无极》的使用那么明显。经过仔细分析,我们发现其实不然。因为这种转换性实际上是通过《法制报道》极度严肃性与故事本身的荒诞不经的对比来实现的,报道越做得煞有介事,越逼真,那么喜剧效果越强。也正因为这一点,对《中国法制报道》的使用创造性异常突出,因此胡戈也必须进行补偿。现在比较有疑问的是,爱因斯坦肖像图片、马戏团广告等是否构成合理使用,因为从使用的数量来看,属于全部引用,那么是否过量呢? 如果过量的话,能否得到转换性使用的支持呢? 由于是图片,从引用的角度讲,无法部分引用,整体引用是有理由的。但是否会构成替代呢? 由于是完整图片,肯定会构成某种替代的,但是没有多少人为了看爱因斯坦的图片而专门用视频来代替的,因此替代效果不明显。此外,对爱因斯坦图片的使用具有一定的转换性,因为爱因斯坦在思考

一个与其研究似乎有关但又荒诞不经的问题。这时可以依据演绎性引用规则认定构成合理使用。相比之下，马戏团的广告图片的转换性使用似乎稍弱一些，但是演绎性引用规则依然可以适用。

我们再看《围住神经猫》的案例。该游戏是由南京泥巴怪公司开发，借助现成的游戏引擎、日本漫画中的猫咪形象、已有的游戏规则、时下的流行评语合成的一款游戏，然后借助微信公众号推广，没想到短时间内迅速走红。对于游戏引擎，本来就是用来开发游戏的，只要来源正当，许可协议应该包含创作许可。关于猫咪形象，来自于日本动画《全是猫》，除了颜色不同外，其他几乎无差异，构成了实质性相似。那么应该如何处理呢？从引用的角度看，使用了整幅形象，而且又属于在先作品的重要角色，无疑属于引用过量。那么能不能适用演绎性引用规则呢？那么该使用是否具有转换性使用的理由，将动画中的小猫形象请入游戏的角色中，作为受虐的对象，这是有转换性的，"围住神经猫"这个名称就体现了创作者的创意，与原作品有很大的不同。那么会不会影响著作权人的市场呢？从动画到游戏，无疑属于关系很密切的关联市场，著作权人的演绎市场是真实存在的，使用者的使用会损害著作权人的利益，因此尽管具有转换性，但是演绎性引用规则是无法适用的。这时可以考虑演绎使用规则，由于原作品的创造性很突出，因此不符合自由演绎要件。同时使用者又极富创意，极大地改变了原作品的角色形象，因此也不属于替代性演绎。超越自由演绎补偿制度的适用可以有效平衡著作权人和使用者的利益。该制度的适用能够将那些具有良好创意但是创作能力稍显不足的创作者从著作权保护的重压中解救出来。胡戈作为个人作者在现有著作权制度下陷入困境，而泥巴怪公司作为一家小的商业公司，在著作权问题上同样束手无策，超越自由演绎补偿制度能够帮助这些有创造力的个体作者或者小型创意公司，从而有效缓解高版权保护带来的问题，促进创造。

小　结

重新构建的合理引用规则只保留了正当引用目的、引用内容简短和不对原作品构成经济竞争三个条件，放弃了创作目的与引用必要性之间的考

量,第三个条件只有在发生争议时才会启用。该设计使得引用在学术类作品创作和文学艺术类作品创作都能平等适用,扩大了引用规则的适用范围;对引用的限制更少,有利于引用自由;避免对引用本身的具体分析,必要时才会启动引用的市场影响分析,最大限度地节省了制度实施成本。相对于演绎使用规则,合理引用规则是一项低成本的制度选择,可以有效解决重混创作中大量的片段性使用问题。对于重混创作中稍微过量的引用可以援用演绎性引用规则;对于无正当引用目的引用,特殊情况下可以援用附随使用规则。合理引用规则与演绎使用规则共同构成了创作性使用的规则体系,能够有效合理地解决重混创作的问题。

第五章

影响重混创作著作权规制的其他因素

演绎使用规则和合理引用规则虽然构成了重混创作著作权规制的基本制度体系,但是除此之外著作权制度中还有一些规定与重混创作规制密切相关,它们与演绎使用规则、合理引用规则一起共同致力于降低重混创作的成本。与演绎使用规则、合理引用规则主要关注创作性使用本身不同,这些规则关注创作行为之外的因素,主要包括被使用作品的特性、创作者身份、创作行为的其他社会属性对创作性使用规制的影响。这些因素对著作权人与使用者之间利益配置关系产生了重要影响。除此之外,精神权利的保护对重混创作也会产生重要影响,因此也纳入本章的研究范围。

第一节　被使用作品特性与重混创作著作权规制

被使用作品的特性对创作性使用合法性的影响得到了广泛承认,比如美国合理使用的第二因素就要求考察被使用作品的性质对合理使用的影响。除了作品事实性/虚构性、发表/未发表两组因素对创作性使用合法性产生影响之外,皮埃尔法官讨论了意欲公开/不意欲公开因素对创作性使用的影响。本节笔者将沿着皮埃尔法官开辟的道路继续走下去,考察被使用作品的特性对创作性使用规制的影响。任何因被使用作品特性而产生的著作权限制或者排除都是对重混创作自由的鼓励。

一、口头作品著作权规则与重混创作著作权规制

(一)口头作品著作权保护的立法例

口头作品是著作权法上一个非常有趣的问题,这主要源于口头作品的特殊性。首先,无论是课堂讲授、群众集会上的演讲,还是接受记者采访,口头作品的创作者与记录者往往是不同的,而书面作品的创作者与记录者同一。如何处理创作者与记录者的分离是口头作品特有的法律问题。其次,口头作品很少是为了单方的创作目的而产生,更多的是为了面对面的交流而产生的,因此承载着与普通创作不同的目的。这种目的往往导致口头作品以不同于书面的形式被利用。最后,保护口头作品与著作权的宗旨有时是背道而驰的。因为口头作品通常主要不是为创作目的,创作上的财产激励对其并没有太大的意义,二者之间存在较大的背离。

基于上述原因,口头作品的著作权出现了两种不同的立法例,一种是拒绝承认口头作品的著作权,另一种是承认口头作品的著作权地位。前者以《美国版权法》为代表。《美国版权法》要求作品的著作权保护必须符合固定的要件,否则不予保护,但是口头作品没有被固定,因此排除了口头作品受联邦版权法保护的可能性。将口头作品排除在著作权保护范围之外,实际上是将其置于公共领域,为他人使用口头作品创造了便利。后者承认口头作品的著作权地位,那么就有必要回应作者与记录者分离产生的著作权问题。比如《巴西著作权法》第46条第4款规定:"教学对象在教学机构的课堂上做笔记,但未经授课人同意,不得出版该笔记的全部或者部分内容。"①《英国版权法》规定,在报告时事新闻,或者向公众传播作品的全部或者部分的时候,在满足一定条件的情况下通过书面或其他方式对口述文字进行记录或者使用,不侵犯口述作品的著作权。具体条件包括:该记录是对口述文字的直接记录,而不是取自已有记录或者广播;讲话者未禁止制作该记录,并且该口头作品未侵犯其他作品的著作权;对口头作品的记录没有被讲话

---

① 《十二国著作权法》翻译组:《十二国著作权法》,清华大学出版社2011年版,第14页。

者或者著作权人所禁止；该使用是由合法持有该记录之人或经其授权的人所实施的。① 相比之下，我国虽然承认口头作品的著作权地位，却没有为口头作品设置任何特殊条款。

（二）口头作品的著作权规定对重混创作著作权规制的影响

如何处理口头作品作者与记录者分离的问题对重混创作著作权规制具有特别的意义。首先，口头作品通常不为创作目的，而是为交流等其他目的而产生，因此从其诞生之时就具有情境性的特点，如果这种情境具有公共性，那么就有可能被结合到他人创作的作品之中，比如接受访谈的内容被记者记录在访谈的文章当中，课堂讲授则被学生根据自己的理解结合到自己的笔记中。笔记实际上是一种再创作的行为，既包含着讲课人的劳动，也包含着做笔记者的创造性劳动。即使是同一人所讲，也没有两个学生的笔记是完全相同的。如果口头作品没有被记录，只能被"雨打风吹去"，不会留下任何著作权问题。因此，口头作品通常伴随着重混创作的问题。美国式不予承认的做法是力图做减法，消除创作中的"噪音"，从而简化创作的著作权问题。英国式给予限制的做法同样保证了重混创作的顺利进行。我国既给予著作权保护又不关注其特殊性的做法实际蕴含着比较大的法律风险，是一种不负责任的做法。目前之所以很少发生口头作品著作权的纠纷主要原因在于传媒工业的强势地位和著作权人对其作品著作权的忽视。

二、公共场所艺术作品著作权限制与重混创作著作权规制

对置于公共场所的艺术作品进行著作权限制是各国普遍的做法。如《英国版法》第 62 条、《德国著作权法》第 59 条、《日本著作权法》第 46 条、《韩国著作权法》第 35 条、《巴西著作权法》第 48 条、《印度著作权法》第 52 条等都做出了明确的规定，允许对置于公共场所的艺术作品进行使用，允许使用的方式各国存在一些差别，但是基本都允许对公共场所的艺术作品以临摹、绘画、摄影、录像等方式进行使用。这些非接触性使用基本都构成了创作。

---

① 《十二国著作权法》翻译组：《十二国著作权法》，清华大学出版社 2011 年版，第 601-602 页。

　　对置于公共场所的艺术作品进行著作权限制的理由很多,笔者认为其中最重要的有两点,一是使用者规避成本高;二是著作权人的默示许可。将艺术作品置于公共场所,成为公共环境的组成部分,那么他人在公共场所活动时,难免会接触到这些置于公共场所的艺术作品。① 这时如果对这些艺术作品进行完全的著作权保护,就会对使用者的行为造成不便。因为使用者如果不想寻求许可或者支付费用的话,他就必须要将享有著作权的作品与没有著作权的事物区分开,无疑会增加其活动成本。即使它能够将其区分开,但是如果这些艺术作品与周围其他事物融为一体,强行区分会失去了对艺术作品所在场景进行创作性使用的意义。因此,如果实施完全的著作权保护,就会因为著作权人自身的行为给社会公众造成不便,这是对社会公众的一种损害。著作权人其实很清楚,一旦将其作品置于公共场所,那么无论是有意还是无意,总是会被很多人进行非接触性使用,而且这些人不会为此付费;如果强行对这些使用进行授权或者收费,无异于对公众进行绑架。因此,艺术作品著作权人将其作品置于公共场所的行为应视为默许社会公众对其作品进行非接触性使用,这种使用的范围由社会公众的日常行为方式决定。为了确定著作权人的部分放弃著作权的意思,很多国家都要求这些艺术作品是"永久"置于公共场所的。

　　允许对置于公共场所的艺术作品进行非接触性使用对于重混创作具有重要的意义。因为随着记录式、场景式创作的出现,将现存的艺术作品的图片、影像作为素材并入新作品之中非常普遍。这对于多媒体作品、视频作品的创作具有重要意义。允许对置于公共场所艺术作品进行非接触性使用的规则与附随性使用规则也有密切关系,不过二者规定的角度不同,前者是从著作权人的角度进行规定,因著作权人对其作品特定的使用行为而对其权利进行限制,后者则从使用者的角度进行规定,因为使用者特定的使用行为而对著作权人的权利进行限制。

---

　　① 李萍:《作品后续使用研究——兼评〈著作权法〉修改草案第42条第(十)项》,《河北法学》,2014年第2期,第104页。

第二节　创作者身份与重混创作著作权规制

作者身份会对重混创作的规制产生重要的影响。职业作者重混创作与业余爱好者重混创作的区分构成了重混创作规制的重要基础。不过这个问题不属于本节研究的对象,本节主要研究作者对自己在先作品的创作性使用所产生的著作权问题。如果作者享有自己在先作品的著作权,那么后续的创作性使用不会产生任何问题,但是如果自己作品的著作权发生了转让,那么对在先作品的创作性使用就会影响到著作权人的利益,二者就会发生冲突,那么创作者的身份是否会对创作性使用的规制产生影响呢?

一、创作者使用自己作品的必然性

无论是学术性作品创作还是文学艺术类作品创作,作者对自己在先作品的创作都具有一定的必然性,这主要源于个人创作活动的延续性。

对于学术研究活动而言,个人学术活动具有一定的延续性,研究总是在已有的基础上进行;学术思想也是动态发展的,新的学术观点往往是对原有学术观点的深化、反思或者触类旁通。学术作品同样是在原有作品的基础上产生的,介绍、评价原有的观点、方法,利用原有材料,甚至利用原有表达,都具有一定的合理性。这是因为在梳理学术观点时,如果自己的学术观点尚未发生变化,直接借用已有表达,不但可以强化观点,还能节省精力;即使学术观点已经发生变化,利用原作的表达有时也是必要的。学术活动具有延续性意味着研究者利用自己的作品具有合理性。①

对于文学艺术创作而言,同样具有很强的延续性,因为一个人创作的题材、主题、思想、观点、创作方式以及表述习惯等都具有很强的延续性,这种延续性会在后续的创作中不断表现出来。具体而言主要包括以下几种方式:第一,作家会营造自己的精神家园,创造系列作品。这些系列作品会具有很多共同要素,比如故事背景、环境、人物、人物关系、主要情节等,作品家族成员彼此之间总会有很多共同点或者相似点,比如我国作家莫言创作的

① 许辉猛:《论自我剽窃的法律规制》,《科技与出版》,2012年第2期,第47页。

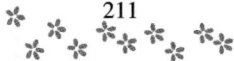

"红高粱系列";美国作家威廉·福克纳创作了"约克纳帕塔法世系"小说,世系中共600多个有名有姓的人物,这些人物在其创作的各个长篇、短篇小说中穿插交替出现。法国画家莫奈对同一堆草垛,在同一位置上,在不同时间、不同的光照下,所作的组画多达15幅。第二,很多作家有修订强迫症,对同一部作品进行新的演绎,创作出不同的版本,比如英国湖畔诗人柯勒·律治先后创作的《古舟子咏》达数十篇之多。第三,兰德斯、波斯纳发现艺术家在创作的过程中经常会回归其早期重复过的主题。[①] 主题的重复必然带来新旧作品内容的相似。

二、创作者使用自己作品的著作权规制

作者利用自己的在先作品进行创作,如果著作权在自己手中,其后续创作就不存在著作权障碍;如果著作权不在自己手中,作者利用在先作品的表达要素进行创作,就会存在著作权障碍。如果从利益配置的角度讲,允许作者对自己视为在先作品的使用有足够的正当性,但是禁止作者对在先作品的使用也是有道理的,因为作者对在先作品的复制必然会产生替代效应,复制得越多,那么替代效果越强。因此创作者对自己作品创作性使用的著作权规制应该合理平衡双方的利益。不过这种利益平衡随着作品类型不同,使用的内容不同以及读者的消费习惯而有着很大的差别,最终形成了以下不同的处理方式。

1. 开设雇佣作品著作权归属例外规则

美国雇佣作品理论中有一个重要的例外,就是教授和其他类似的雇员有权拒绝向其所在的大学转让其作品的著作权。[②] 但是1976年版权法却找不到相关的规定。一些法院和学者认为该法实际上废除了该例外条款,尽管如此,美国判例法还是承认教师例外条款的。[③] 显然,允许教师等研究人

---

① [美]威廉·M.兰德斯,理查德·A.波斯纳:《知识产权法的经济结构》,金海军译,北京大学出版社2005年版,第342页。

② [美]罗伯特·P.墨杰斯等:《新技术时代的知识产权法》,齐筠等译,中国政法大学出版社2003年版,第334页。

③ 李响:《美国版权法:原则、案例和材料》,中国政法大学出版社2004年版,第87页。

员拥有自己作品的著作权主要是考虑到研究人员研究和创作的延续性。教师的研究工作具有高度个体化的特点,与雇佣机构的经营业务通常没有必然的联系,因此学校等机构对教师等研究人员的作品通常不享有经营上的利益。因此教师的雇佣及工作与普通的雇佣工作存在很大的差别,开设著作权归属的例外与教师雇佣的特殊性是相吻合的。波斯纳也认为"相反"的结论会破坏学术机构的一贯做法,雇佣作品学说的原则与学术创作条件不符。[①]

2. 对作品角色提高保护门槛,便利作者创作性使用

作品角色往往构成创作延续性的关键所在,没有福尔摩斯和华生的侦破小说无法成为神探福尔摩斯作品系列;对福尔摩斯以及华生的人物性格以及关系作出全新的阐述,虽然能够满足创造性的要求,但是不符合读者的阅读习惯。角色延续性意味着创作者在使用中不能对其做太大的改动。迪士尼公司对动画角色的修改从来都是微小的,既要与时俱进,同时又不能让观众觉得这是一个新的角色。人物角色对于后续创作的重要性以及观众的欣赏习惯意味着作者对人物角色使用既是必然的,同时又是同质的,因此很容易被判定为实质性相似。为了拓展人物角色的自由使用空间,司法实践往往拒绝对人物角色进行著作权保护或者大幅度提高人物角色著作权保护标准。在马耳他猎隼案中,作者利用在先作品的角色进行创作,遭到著作权人的起诉,法院提出了"构成被叙述故事"的测试标准否决了对作品角色的保护。[②] 因此,提高作品角色的保护标准,有利于重混创作,尤其是同人作品创作。不过,提高作品角色的保护标准可能只对文字作品角色的开放是有效的,对于漫画等视觉艺术作品的人物角色的利用就不是那么有效。因为视觉艺术作品的人物角色往往表现为美术作品,这样人物角色保护就转换为美术作品著作权保护,从而逃离了作品角色著作权保护的特殊标准。

3. 通过微调实质性相似的认定标准来扩大作者对自己作品的利用空间

美国司法实践认为同一作者创作的两部作品可以拥有更大的相似性而

---

①　[美]罗伯特·P. 墨杰斯等:《新技术时代的知识产权法》,齐筠等译,中国政法大学出版社 2003 年版,第 334 页。

②　Warner Bros. ,Inc. v. Columbia B roadcasting System,Inc. ,216 F. 2d 945(9 th C ir. 1954).

不被判定为实质性相似。① 在 Schiller & Schmidt, Inc. v. Nordisco Corp. 中,法官说:"如果塞尚画了两幅《圣维克多山》的图画,我们就将期望它们看起来比假若由马蒂斯(Matisse)来画第二幅而更像,即便塞尚是根据实物而不是根据第一幅画来创作第二幅画。"②法律实践通过对艺术创作实践的考量而扩大了艺术家后续创作对自己在先作品的借用尺度,艺术家获得了某种合理使用免责的特权。

4. 独立进行法律规定

《英国版权法》第 64 条规定:"同一艺术家之后续作品之制作——在艺术作品之作者不是版权所有人的情况下,其在制作另一艺术作品对先前艺术作品的复制只要不是重复或者模仿该先前作品之主要设计,则该复制行为不构成对版权的侵犯。"③兰德斯、波斯纳也含蓄的表明了赋予同一艺术家利用在先作品进行演绎创作的权利的可能性,分析设立与否的利弊。他们认为设立该制度的好处在于可以帮助法院摆脱判断的困境:艺术家创作的一个新作品到底是对在先作品的复制还是仅仅因为出于同一人之手而更为相似? 设立该制度的弊端在于可能会减损著作权人所享有的被转让作品的市场价值。④ 因此,简单依靠实质性相似的司法实践是难以解决问题的。英国版权法的规定比较好的平衡了双方的利益,既允许对自己作品的使用,同时又要求不能重复或者模仿先前作品的核心部分。显然作者对自己作品的使用可以获得比别的作者更好的待遇,但是又不至于剥夺著作权人的主要利益。

---

① 〔美〕威廉・M. 兰德斯,理查德・A. 波斯纳:《知识产权法的经济结构》,金海军译,北京大学出版社 2005 年版,第 343 页。

② Schiller & Schmidt, Inc. v. Nordisco Corp. ,969 F. 2d 410,413(7th Cir. 1992). 转引自〔美〕威廉・M. 兰德斯,理查德・A. 波斯纳:《知识产权法的经济结构》,金海军译,北京大学出版社 2005 年版,第 343 页。

③ 《十二国著作权法》翻译组:《十二国著作权法》,清华大学出版社 2011 年版,第 603 页。

④ 〔美〕威廉・M. 兰德斯,理查德・A. 波斯纳:《知识产权法的经济结构》,金海军译,北京大学出版社 2005 年版,第 342-343 页。

第三节　中间形态使用与重混创作著作权规制

一、中间形态使用的界定

著作权法通过赋予权利人对自己作品的排他权而禁止他人未经授权的使用。以是否用于创作为依据,可以划分为创作性使用、非创作性使用(复制性使用)以及中间形态使用,前者将他人作品用于创作出新的作品,中者属于纯粹的复制性使用,没有产生新的作品。后者兼具创作性使用和非创作性使用的双重特点。中间形态使用与创作性使用的最大差别在于中间形态使用兼具非创作目的和创作行为,具体言之,就是指该种使用具有突出的某种社会目的,比如新闻报道、教育、行使公务,但是使用却是以某种程度的创作方式进行,结果产生了作品。譬如制作课件,主要目的是为了教学,但是课件最终会形成一个作品。中间形态使用主要不为创作目的,其对在先作品的使用主要体现为大量复制,而创作性使用要根据创作的目的对在先作品进行某种形式的加工;这种加工因不同的作品类型、题材、使用目的而有较大的差别。一般而言,创作性使用的创造性比较高,中间形态使用创造性比较低,前者主要体现为内容转换,后者大多体现为用途转换,通常是非创作性使用的性质盖过了创作的性质,在该种行为的评价中占据着主导地位。由于这种差异,创作性使用与中间形态使用要处理的核心问题实际上存在差别,创作性使用规制主要是作品创作的代际均衡问题,而非创作性使用规制主要是著作权保护与非创作性使用所指涉的公共利益、社会利益的均衡问题。由于传统合理使用制度的特殊制度结构,中间形态使用得到了很好的处理,成为合理使用制度中最为典型的形态。

二、中间形态使用与重混创作的关系

中间形态使用兼具非创作性使用与创作性使用的双重特性,常以非创作性使用所指涉的公共利益、社会利益来维护其大量借用在先作品的行为,让我们忽视了其创作中大量借用在先作品所具有的另一层含义。重混创作与中间形态使用相比,共同之处在于创作中都借用量过大;不同之处在于中

间形态使用具有很强的公共利益属性,其使用方式与公共利益相关,而普通的重混创作通常无法解释出强公共利益属性。

中间形态使用的著作权限制规定对重混创作规制具有如下意义:①重混创作规制与传统合理使用思路既有区别又有联系。区别在于重混创作规制主要是从创作性使用的角度证明使用他人作品的正当性,而传统的合理使用制度主要从使用的社会属性的角度证明使用他人作品的正当性。联系在于中间形态使用的规定展示了以社会属性促进创作性使用的可能性。那么创造性、公共利益可以同时成为创作性使用正当性证明的两类因素,我们没有必要因为其中一种因素而放弃另一种因素。②中间形态使用揭示了传统合理制度能够处理创作性使用问题的秘密,那就是通过对外在价值的强调,将创作性使用降格为复制性使用也能够解决相当多的创作性使用问题。③中间形态使用的公共利益属性往往与特定行业、特定领域、特定部门、特定群体密切相关,其著作权限制规定主要就是为保护这些特殊情形所体现的公共利益。那么重混创作也可能发生在这些特殊领域,也可能没有发生在这些特殊领域,发生在这些领域的重混创作能够得到优待,反之则无法得到优待,因此对重混创作的规制会产生不平衡的效果。与特定领域无关的创作者往往是个人作者、业余爱好者,因此中间形态使用规则有利于特殊的行业、特殊的创作群体,不利于普通的作者。由于特殊行业、特定部门、特定群体的利益已经得到了照顾,他们反过来有可能成为重混创作规制改革的阻碍力量,但这是不公平的。④中间形态使用概念的提出使我们注意到重混创作本身的复杂性以及解决途径的多样性。在后面的章节中,我们会发现其规制思路会在业余爱好者重混创作的规制中重现。①

三、中间形态使用的主要类型

(一)基于课堂教学以及研究目的的中间形态使用

为教育和学术研究目的,有时涉及对他人作品的使用,这种使用既涉及非创作性使用,也会涉及创作性使用,还会涉及中间形态的使用。对于课堂

---

① 对于笔者而言,中间形态使用概念的提出,对于提出本著作主要观点、打通重混创作规制与现有著作权规制手段之间的关系具有非常重要的意义。

教学而言,通常是不以创作为目的的,但是编撰教材、制作课件、制作考试卷、制作讲义的行为都会涉及对他人作品的创作性使用,包括将他人的篇幅短小的作品、作品片段进行摘录、编辑,融会到教材、讲义、课件之中,形成了汇编作品的一部分。有时为了教学的需要,还会产生对所使用作品的翻译、改写、评论、注释等行为。如果汇编不是典型的创作行为,那么翻译、改写、评论、注释则是典型的衍生性创作行为。在学术研究中,为研究目的将已经发表的作品片段、小篇幅的作品以及从报纸、杂志上摘录下来的个别稿件插入到自己的学术著作当中,都是比较常见的行为。为了课堂教学和学术研究能够顺利进行,各国著作权法对在先作品的著作权进行了一定的限制。比如《法国知识产权法典》[第122-5(3)(e)款]规定,为了教研中的说明目的,可以对作品摘要进行表演或复制。① 《德国著作权法》对教学和学术研究中的使用提供了比较大便利,第52条a规定为教学或者科研目的可以向特定范围的参与课堂教学者或者特定范围研究人员,公开提供已经发表作品的短小部分、短小篇幅的著作以及个别的报刊文章。第51条为科学著作的创作提供了较大幅度的合理引用,不仅允许在独立的语言著作中引用已经发表的著作的片段,而且允许在独立的科学著作中收录已经出版的相关作品。② 德国司法实践确立了学术作品创作的大引用规则,文学和音乐作品创作的小引用原则,还有所谓的"小的大引用规则"。③ 按照大引用原则,法律不仅允许人们对图书中的某些章节进行引用,也允许把某些论文纳入到一部科学的专著之中。④ 日本著作权法明确区分了纯粹复制性使用与创作性使用、复制性使用与通过翻译、改编等的使用。⑤ 承认在个人使用、科学研

---

① 《法国知识产权法法典》,第122-5(3)(e)款,《十二国著作权法》第70页。

② 《十二国著作权法》翻译组:《十二国著作权法》,清华大学出版社2011年版,第162页。

③ [德]M.雷炳德:《著作权法》(第13版),张恩民译,法律出版社2005年版,第326-327页。

④ 《十二国著作权法》翻译组:《十二国著作权法》,清华大学出版社2011年版,第326页。

⑤ 《十二国著作权法》翻译组:《十二国著作权法》,清华大学出版社2011年版,第382页。

究、课堂教学、视觉听觉障碍者使用等使用中对他人作品进行创作性使用。[①]
不过日本著作权法对创作性使用和非创作性使用的区别规定造成了一些问题:在复制性使用的基础上规定创作性使用规则冲淡了创作性使用的独立意义;相较于复制性使用,创作性使用被进一步限制。这与创作本身的价值背道而驰。因为无论如何,创作性使用都拉大了创作后的作品与原作品的距离,呈现出更大的差异性,理应受到更大的优待而不是更大的限制。

(二)基于时事报道的中间形态使用

新闻传媒为了让社会公众迅速、完整的获取信息,对公共集会上的讲话以及有关宗教、政治、经济的评论文章的著作权进行限制,允许新闻传媒对这些著作权作品进行传播。与此同时,为报道时事新闻的需要,各国著作权法允许媒介工业在进行新闻报道时,可以对他人的作品进行使用。《德国著作权法》第50条、《法国知识产权法典》第122-5条、《日本著作权法》第41条、《埃及知识产权保护法(著作权部分)》第172条都作出了这样的规定。[②]我国也进行了类似的规定。

时事报道是否构成创作,在版权法系中的答案毫无疑问是肯定的,在作者权法系中也许存在疑问,但是至少是一种准创作。时事报道的性质不会影响其重混创作的性质,不会影响其对他人作品使用的事实。从创作的角度看,时事报道形成的作品往往采用了重混创作方法,通常由新闻媒介自己

---

① 《十二国著作权法》翻译组:《十二国著作权法》,清华大学出版社2011年版,第382-383页。

② 《德国著作权法》第50条规定:"本法允许,为通过广播电视,或者类似的技术手段和以报道时事为主的报纸、期刊和其他印刷品,或者其他数据载体,以及电影中制作有关时事的报道,在目的需要的范围内,复制、发行与公开再现在报导过程中可以被感觉到的著作。"《法国知识产权法典》第122-5条规定:"作为新闻报道,通过报纸或者远程传送,对在政治、行政、司法或学术大会及政治性公共集会和官方庆典上面向公众发表的讲话,进行播放甚至本书播放。""在公开拍卖前仅为描述展览作品之需,由公务或司法助理人员在法国进行的公开拍卖名册中,收列平面或立体艺术品全部或者部分的复制品。"《日本著作权法》第41条规定"通过摄影、电影、播放或者其他方法报道时事事件时,构成该事件的作品,或者在该事件中看到或者听到的作品,在报道目的的正当范围内,可以进行复制并在报道该事件时进行使用。"《埃及知识产权保护法(著作权部分)》第172条规定"在报道时事新闻所需的范围内,对于已近向公众提供的音频、视频或者视听作品出版其节选"。

创作的叙述性、评论性内容和体现这些内容的事件场景、人物采访或者作品内容等组成。人物谈话可能构成口头作品,美术作品、摄影、电影片段也是作品,他人享有著作权的作品、作品片段都作为新闻作品的组成片段而存在。对这些使用,各国往往从公众知情权的角度赋予其正当性[①],获得了超越创作的意义,彰显其正当性。重混创作是传媒行业制作时事报道所必须采取的方式,公众知情权在为其提供正当理由的同时,也为其降低了创作成本。

中间形态使用由于其突出的公共利益在传统的合理使用制度中得到了有效处理,而创作性使用反而成为一个难以处理的问题。当我们开始从创作的角度观察问题之后,那么中间形态使用开始变成了创作性使用中的边缘形态。中间形态的存在恰恰显示了重混创作形态的复杂性,说明创作具有多重意义,既是一个创作问题,同时也与特定的社会功能有关。对创作的规制,既可以从创作本身出发进行规制,也可以从其负载的特定社会功能出发进行规制,两种规制思路不能偏废。在上一章关于引用规则的讨论中,我们发现其总是受制于特定的创作目的,实际上就是公共利益视角影响的结果。将引用的考察限于创作目的本身的主要用意就是将创作性使用问题的考察从公共利益的视角中解放出来。

不过值得注意的是,公共利益衡量尽管能够给创作性使用更多的优待,但是成也萧何败也萧何,中间形态使用的范围同样受制于特定的公共利益。当作品使用的情境与特定公共利益关系不是那么密切的时候,问题就随之而来。比如我们为课堂教学制作课件可以按照合理使用的规定使用他人作品,但当将这些课件上传至网络,甚至举行公开的讲座,该行为是不是合理使用就成为一个很大的问题。美国网络法专家劳伦斯·莱斯格将含有两幅他人图片的作品的讲座课件上传至网络就引发了是否构成合理使用的争议。[②]

---

① ［德］M. 雷炳德:《著作权法》(第 13 版),张恩民译,法律出版社 2005 年版,第 332 页。

② 佚名:在线讲座招致版权之争,http://www.gzwhzf.gov.cn/Info/lwt/zxsd/201392326804747.html,2015 年 2 月 10 日访问。

第四节　精神权利限制与重混创作著作权规制①

一、精神权利保护概述

　　著作权法不仅保护作者在利用作品方面的财产利益,还保护作者与作品之间存在的人格与精神利益。②《保护文学艺术的伯尔尼公约》第 6 条规定:"作者对作品的署名权以及反对歪曲、删减、篡改或其他任何污蔑作品的行为的权利,这是对作者荣誉和名望的损害,这些权利将独立于作者经济权利并在作者对经济权利实施转让后仍然存在的。"由于公约的广泛影响,现在几乎所有的国家都对作者人格权提供某些保护,就连版权法系的美国在抵制了很长时间之后,为了加入《伯尔尼公约》,也制定了《视觉艺术家权利法》,保护作者人格权。作者权法系是作品人格理论的发源地,也是作者精神权利保护的始作俑者和忠实实践者。作品人格权理论认为,作品是作者人格的再现,精神权利就是作者对作品所享有的以精神利益为内容的权利。那么作者对作品享有哪些精神权利呢? 作品的精神权利应从维护作者与作品关系正当性的角度来理解。首先,就是要表明作品是作者创作的,即署名权。署名权用于指明作品与作者的关系,既可以从作者与作品关系的视角来理解,也可以从作者的视角来理解。就作者与作品关系的视角来说,署名指明了作品的来源,作品是某一个作者创作的,这类似于商标。由于作品的质量往往难以判断,指明作者有利于判断作品的质量。与此同时,作者的魅力、人格、形象也可能增加作品的魅力,作品与作者的这种关系与商标的功能极为相似。作者对其与作品之间的这种关系有处分权,即有权决定是否署名、署什么名,以何种方式署名。这是作者的署名与商标不同的地方。其次,作者有权保护作品不受歪曲、篡改,维护作品与作者正确的人格与精神

---

　　① 精神权利是否属于影响重混创作的特殊因素,应该说存在争议。本著作之所以如此处理,一方面出于结构安排的便利性和篇幅的考虑,另一方面也基于精神权利保护的特殊性。精神权利保护对于作者权法系来说具有普遍性,而对于版权法系来说则具有特殊性,比如美国版权法只保护视觉艺术作品的精神权利。

　　② ［德］M. 雷炳德:《著作权法》(第 13 版),张恩民译,法律出版社 2005 年版,第235 页。

联系,因为如果作品使用不当或者内容遭到篡改,与作者意欲表达的主题、意蕴、精神不一致,甚至背道而驰,那么作者与作品之间的这种联系就被破坏了。署名权和保持作品完整权应该是作者最重要的精神权利,前者维持作者与作品之间的表面联系,后者维持作品与作者之间的内在联系。表面的联系有助于建立作者声誉,有利于消费者正确识别作品的来源。内在的联系有助于通过作品塑造作者的形象。

除了上述两项最重要的权利之外,作者还有一些其他的精神权利。对此各国规定并不相同。除上述权利外,《德国著作权法》还规定了发表权、作者接触作品原件或者复制件的权利,因作品使用者不行使利用权或者因作者观点改变而产生的收回权等。我国则规定了发表权、修改权,其中修改权实际是从保持作品完整权之中分离出去的,有学者认为修改权与保持作品完整权是一枚硬币的两面。作品的完整性不仅包括其表现形式的完整性,也包括其内容、情节和主题思想的完整性,还包括作品的标题和作品之间的联系以及作品中的一部分和另一部分的联系,甚至及于作品的外包装和使用环境。① 一般认为保护作品完整权与修改权同属一种权利的积极与消极两方面,作者拥有决定其作品最终面貌的权利,他可以主动地自己修改或者授权他人修改其作品,或者被动地制止他人修改、歪曲和毁损。因此,将两个方面的权利(修改权和保护作品完整权)合并为一项权利是合适的。②

作者的精神权利,不同于普通的人身权。普通的人身权是人之为人的权利,是自然人存续和尊严的所在,随着出生而享有,不得转让、抛弃,没有特别重大的理由,不得加以限制。而作者的精神权利,不是自然人所固有的,产生于自然人的创作行为,其宗旨在于维护作者与作品的人格关系。二者旨趣相差甚远,不过早期的作者精神权利理论没有区分作者的精神权利和自然人的人身权,只是直觉的认识到人的权利、作者的人格和作品之间的内在的和天然的联系。直到1824年,作者的主观权利和作者人格相联系的概念才被首次明确提出,到19世纪后期,这一概念扩展到作品和作者之间的一般联系。"作品—作者联系说"的建立,揭示了保护作者精神权利本质之

---

① 韦之:《著作权法原理》,北京大学出版社1998年版,第62页。
② [德]阿道夫·迪茨:《迪茨教授关于修改中国著作权法的报告草案》,载《知识产权研究》(第10卷),中国方正出版社2000年版,第202页。

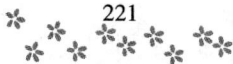

所在,把精神权利和一般人格权区别开来。"一般人格权只指向自然人的人身而且依附于其人身,精神权利则指向作者和作品之间的联系,若作者身份越真实、作品保存越完整、作品内容和作者的内心信念越一致,则作者和作品间的联系越强烈。一切剽窃、损毁、割裂、盗用的行为意味着作者人格被扭曲,从而导致作者和作品之间联系的中断或减弱。"①因此,作者精神权利的实质就是维系作者和作品之间神圣的精神联系。②

在"作品—作者联系说"的基础上,学者们进一步讨论作品的精神权利和经济性权利的关系,提出了作品精神权利和经济性权利的一元论和二元论学说,前者认为作品是作者个性特点的流露,属于作者自我人格领域的一部分;个人的创作和在创作的基础上作者对创作物所能支配的范围均具有人格权的性质,著作权就是基于创作所生的人格权;作品上的财产利益只是作者人格的反射而已,被作者的人格所吸收。后者则认为作品是具有人格化的财产,其中投射着作者的人格,作者同时享有作品的财产性权利和精神权利,作者放弃或丧失其著作权不影响其精神权利,作者有权要求任何人不得分享其人格,并要求他人尊重作者的内心情感和个性特质,作者不得为违背其意志的作品承担责任。③ 可见一元论强调作品的精神性特征,而二元论在强调作品精神权利和经济性权利分离的基础上,同样重视精神权利永归作者的特性,而且强调了精神权利对作品经济性权利的影响。一元论和二元论在实践中各有追随者,德国是采纳一元论的代表,而法国则是采纳二元论的代表。

作者精神权利对作品的使用施加了强大的影响。德国著作权法专家雷炳德认为:"著作权法对作者人格权的规定比《民法典》(德国)第823条关于一般人格权的规定要宽泛得多,一般人格权仅仅为作者的名誉与荣誉方面的利益提供各方面的保护,而作者人格权在发生某种篡改行为而损害了作

---

① 张建邦:《精神权利保护的一种法哲学解释》,《法制与社会发展》2006年第1期,第34页。

② 张建邦:《精神权利保护的一种法哲学解释》,《法制与社会发展》2006年第1期,第34页。

③ 一元论和二元论的代表分别是吉尔克和科勒,参见张建邦:《精神权利保护的一种法哲学解释》,载《法制与社会发展》2006年第1期。

者精神利益但不一定牵连作者本人的情况下也会对作者的利益提供保护。"①换言之,作者人格权虽然没有一般人格权所涉的范围宽,但是在作者本人与其特定作品的精神联系方面却能提供力度更大、更有效的保护,而且这种保护可以延续到作者死后。如果把作品比作"风筝",作者精神权利就是作者及其继承人手中的"线",无论"风筝"飘到哪里,作者及其继承人都可以通过这根"线"对作品进行控制,这对作品的使用产生了巨大的控制力。

二、精神权利保护对重混创作的影响

对于重混创作来说,作者精神权利就是噩梦,二者在本质上是不相容的。首先,重混创作在很大程度上受后现代主义文化驱动,以解构主义作为精神圭臬,以对在先文本的复制、剪辑和拼贴的方式来进行创作,摧毁旧的经典文本,消解在先文本的意义,从而呈现出新的含义。这种创作方式无疑是对在先作者的嘲弄,破坏了作者与其文本之间的精神联系。换言之,重混创作者就是通过这种破坏显示其自身存在的。这与作者精神权利正好是相悖的。作者精神权利本质上就是维系作者和作品之间神圣的精神联系,重混创作恰好是反其道而为之。保持作品完整权是对付重混创作这种解构式使用的利器。因此,如果不对保持作品完整权进行适度的限制,绝大部分重混创作都构成侵权。对于胡戈来说,《一个馒头引发的血案》最大的法律风险就是侵犯《无极》的保持作品完整权。即使学者们认为胡戈的行为构成合理使用,但是合理使用是不是同时构成对作者精神权利的限制也是未知的。对于重混作者来说,不仅修改性使用受到保持作品完整权的控制,而且即便是片段性复制、甚至没有复制的使用同样受控于保持作品完整权,因为保持作品完整权的核心是维护作者与作品之间正常的精神联系,而不管使用者具体的使用方式。它采用的是结果标准,而不是行为标准。所以保持作品完整权事实上可以在著作权财产权控制之外独立的发挥作用。

除了保持作品完整权对重混创作造成困扰之外,署名权的保护往往也是一个问题。根据我国的著作权法规定,如果说保持作品完整权在合理使用制度是不明确的话,那么保护作者的署名权则是法律明确要求的。注明

① [德]M. 雷炳德:《著作权法》(第 13 版),张恩民译,法律出版社 2005 年版,第267 页。

出处不仅要求保护作者的署名权,还要求保护出版商的标示利益。但是在创作中并不是所有的作品创作都形成了相应的标示来源的规范。对于历史、科学、学术等作品来说,他们的创作活动基本上属于参考性的①,形成了相应的标示来源的规范。对于文学艺术创作来说,在创作中对借用的表达进行注释还是相当罕见的,因为这不符合文学艺术作品的创作习惯。艾略特在创作长篇叙事诗《荒原》的时候只是马马虎虎的交代了几个来源,与其借用的对象的数量相比,简直不成比例,而且他的交代相当笼统,而不是像学术著作那样详尽无疑。在美国引起了广泛争议的"二倍活力组"创作了戏仿音乐《哦,漂亮女人》,在其出版的专辑上明确交代了被参考的音乐以及相应的版权人。实践中建立音乐博物馆(比如哈佛大学建立的数字 Hip-hop Archive),对 Hip-hop 等音乐进行收录、登记、确认前人的贡献。② 还有学者主张在嘻哈音乐的创作中,形成类似于法学作品的引用习惯,直接把引用的作品及作者嵌入嘻哈音乐作品之中,确认引用的作者以及作品,促进创造。③ 波斯纳也提到了引用的问题,他认为通俗的历史作品不是考证,没有多少读者对事件的真实性感兴趣,是否标注引用没有多少读者会感兴趣。④

不过,对笔者来说,在通俗历史作品创作中如果标示引用,可能会造成混乱,让读者怀疑这到底是通俗历史作品还是严谨的学术研究? 此外,如果严格引用规范,那么读者是否应该相信作者所写是真实的还是虚构的呢? 我们可以试想一下,如果罗贯中在写作《三国演义》的时候不断进行注释,那么不仅会打断我们的阅读兴趣,而且会让我们感到无所适从,我们到底是在看小说还是看学术著作呢? 因此,不是所有的作品都适合引用,也不是所有的读者都关心引用。无论是署名权引申出来的标示来源的义务还是合理使用制度引申出来的标示来源的义务,都与丰富、复杂的创作性使用实践不

---

① Pierre N. Leval, Toward A Fair Use Standard, 103 Harv. L. Rev. 1105(1990), p. 1109.

② Kim D. Chanbonpin, Legal Writing, the Remix: Plagiarism and Hip Hop Ethics, 63 Mercer L. Rev. 597, espcially p. 624-631. (2012).

③ Kim D. Chanbonpin, Legal Writing, the Remix: Plagiarism and Hip Hop Ethics, 63 Mercer L. Rev. 597, 628. (2012).

④ [美]理查德·A. 波斯纳:《论剽窃》,沈明译,北京大学出版社 2010 年版,第101-103 页。

符。一刀切的要求只会抹杀社会生活本身的丰富性、复杂性,造成了法律对社会生活的过度干预,造成了不必要的成本。

三、精神权利限制的必要性

精神权利的保护以作者与作品之间的正确联系作为保护的基准,从而超越了作品的具体方式,使其具有广泛的适用性,能够有效保护作者的人格利益。不过精神权利保护对作者人格利益的强调,使其能够对各种利用进行监督,遏制对其不利的使用。作者与作品之间的联系既包括外在联系,也包括内在的精神联系。外在的联系主要是通过署名权及其规范进行调整,内在联系则具有很强的主观性特点,鉴于作品复杂的属性,几乎没有人能够清楚的阐述一部作品与其作者之间内在的精神联系,因此精神权利赋予作者至上的审查权,对不满意的使用进行干预。巴泽尔认为:"接受资产产生的收入流的权利,只是资产产权的一部分。其他人越是倾向于影响某人资产的收入流而又不需要承担他们行动的全部成本,该资产的价值也就越低。"①对于作者来说,凭借着精神权利,他就是能够对作品的收入产生影响而不必承担行动后果的人,这对作品的利用产生了非常消极的影响。雷炳德承认,支撑著作权人格权的理论对实际生活考虑较少。"在通常情况下,对作者与文化经济来所,钱财方面的利益要摆在中心地位。对作者人格的保护应该放在次要地位。"②因此,我们需要对作者精神权利进行重新诠释达到平衡作者与使用者利益的目的。"作品应该慢慢地与创作人的人格分离开来而演变成独立的精神作品,并且在经济生活中作为交易的标的起着独特的作用……著作权法必须首先考虑作品的有用性和可交易性。"③"资产净值的最大化需要能最有效地约束无补偿利用的所有权或所有权型式。这种

---

① [美]Y.巴泽尔:《产权的经济分析》,费方域,段毅才译,格致出版社,上海三联书店,上海人民出版社 1997 年版,第 9 页。
② [德]M.雷炳德:《著作权法》(第 13 版),张恩民译,法律出版社 2005 年版,第 25 页。
③ [德]M.雷炳德:《著作权法》(第 13 版),张恩民译,法律出版社 2005 年版,第 25 页。

所有权型式的出现取决于这种资产的易变性。"①作品属于典型的易变性资产,开放作品易变性的空间对于创造作品价值来说是至关重要的,因此需要改变作者对作品使用的不当干预。

四、署名、注明出处的双重规制与协同②

署名权对于使用者影响甚小,但是对于作者或者著作权人却意义非凡。作者通过署名规范可以在作品传播的过程中建立其与作品的联系,从而为其积累声誉。声誉对于作者而言是非常有用的财产。不存在著作权保护的年代里,作者主要就是通过标示作品作者的社会规范,不但满足自己受尊重的精神需要,而且通过声誉的积累间接获取经济利益。署名对于使用者来说,所付出的成本很小,与自己使用作品的收益相比是微不足道的,因此作者与作品之间的对应关系对其是有利的。而且标明来源对整个社会来说也是有利的,因为读者能够正确地识别知识的来源,保证知识传播的正确性。因此,即使在没有法律规制的社会环境中,尊重作者身份也能够成为普遍的社会规范。在存在著作权法的情况下,尊重作者身份具有法律调整和社会规范调整的双重规范意义。不过在有些情况下,署名成为一个难题,法律规范的强制性有时未能考虑署名的复杂情形。波斯纳注意到说明来源别扭的情况。③ 有的情况下,由于众多周知的原因,无须署名。有的情况下,由于创作的性质造成了署名的别扭。比如在美术创作中对借用的部分进行署名或者注明来源就显得不可理喻。音乐主要用于演唱,嘻哈音乐如果每一次演唱都要介绍引用的来源,简直无法想象。在法律规定标示来源的规则后,对很多类型的创作性使用会造成困扰,造成了不必要的成本。如果将标示来源交由社会规范调整,可能就会避免这些尴尬。存在标示来源的法律规范

---

① 〔美〕Y.巴泽尔:《产权的经济分析》,费方域,段毅才译,格致出版社,上海三联书店,上海人民出版社1997年版,第10页。

② 署名与注明出处是存在一些差别的。本著作是在著作权机制和非著作权机制协同的背景下讨论这些问题,所以笔者有意忽视了署名与注明出处之间的一些差别。关于署名与注明出处的关系可以参见牛强:《论著作权法中的"注明出处"——兼评我国〈著作权法(第三次修订草案)〉相关条款》,载《知识产权》2014年第5期,第15-22页。

③ 〔美〕理查德·A.波斯纳:《论剽窃》,沈明译,北京大学出版社2010年版,第75-78页。

的情况下,则有必要缓和法律规定,使其与相应的行业惯例接轨。

五、保持作品完整权的限制

(一)"声誉损害"标准

保持作品完整权直接与作品的具体使用相关,因此对后续创作者的使用影响巨大。如果我们严格以作者原意为标准,对作品的任何创作性使用都可能会影响保持作品完整权。[①] 因此我们必须对保持作品完整权进行适当的限制。依据《伯尔尼公约》第 6 条之 2 的规定,作者有权反对任何人对其作品所进行的,有损其声誉的歪曲、割裂或者其他更改。以是否有损作者声誉作为限制性标准,有助于开放善意使用的空间,阻止作者权利滥用。[②] 声誉的限制性标准有助于将保持作品完整权的判断从作者的主观判断转变为社会的客观评价,由对具体创作行为的评判转变为对使用者使用效果的评价,实质性摆脱了作者依据自己作品内容、创作原意进行干预的可能性,使该标准更容易操作,更具有确定性。不过值得指出的是,有些对作品的使用虽然有损作者声誉,却是社会所需要的,比如对在先作品的批评,尽管可能导致作者声誉的下降,但是符合社会公共利益。胡戈通过《一个馒头引发的血案》无疑会降低大家对导演陈凯歌的评价,造成其声誉受损,而这种声誉受损又是通过对其作品的戏仿完成的。如果禁止这种批评方式,那么无疑会极大减少公共利益,因此世界各国基本都允许戏仿这种特殊的批评方式。

(二)"声誉损害标准"的经济学分析

声誉损害的限制性标准是平衡作者与使用者利益的重要措施,有效开放了作品的使用空间。这也符合增加经济效用的总趋势。在作品使用通常只具有正外部性的情况下,声誉损害标准实际上就是对作品使用中出现的负外部性的处理,就是所谓的外部性拥塞的情形。精神权利能够在艺术领

---

① 李明德:《知识产权法》,法律出版社 2008 年版,第 46 页。

② 李明德,许超:《著作权法》,法律出版社 2009 年版,63 页。

域扮演一种有用的角色,"特别是控制声誉的外部性"。① 出现外部拥塞性就是法律应该干预之时。② 当然声誉损害限制性标准还只是考虑作者的单方情况,即作者是否受到声誉损害。由批评所导致的声誉损害例外考虑的情形则由作者单方扩展到使用者利益以及社会利益,显然这是在更全面的分析之后做出的决策。这就是所谓的"净效益分析方法"。净效益分析主要考察法律规则变化与激励效应,以便去解决公共物品的最低获利成本而不是产生激励效应的问题,因此净效益分析实际上是一种增值观或者获利观的方法。③ 它考量规则变化带来的整体福利效果,著作权法在某种程度上可以看作是"激励与接触的交换",那么在某个具体的问题上,是增加激励(赋予权利)还是增加接触(权利限制),取决于净效益分析的结果。在创作问题上,比较的对象应该是信息生产所产生的创造性收益。如果增加激励产生的创造性收益超出获取量减少所造成的损失的时候,那么增加权利就是合理的。如果增加获取产生的创造性收益大于因降低激励所造成的创造性收益损失时,那么增加获取就是合理的。

与声誉损害限制相比,净效益分析能够在中立的立场上考虑问题,因此可以为声誉损害提供更为全面的解释,可以合理解释声誉损害例外问题。兰德斯、波斯纳将净效益分析运用于作品拥塞外部性的分析,认为如果使用者的使用行为造成了外部性拥塞,那么就可能造成社会整体效益的减少,因此应该予以限制。他们甚至认为即使著作权保护到期后,基于外部性拥塞的可能性,仍然有必要对使用者的行为予以适当限制。④ 更有意思的是,由于美国版权法对作者精神权利的保护非常有限,兰德斯、波斯纳注意到法官往往运用实质性相似规则来达到禁止外部性拥塞的目的。在迪士尼米老鼠

---

① 亨瑞·汉斯曼,马瑞纳·桑梯利:《作家和艺术家的道德权利:一个比较视角的法律经济学分析》,转引自牛悦译,[美]威特曼编:《法律经济学文献精选》,苏力等译,法律出版社2006年版,第170页。
② [美]威廉·M.兰德斯,理查德·A.波斯纳:《知识产权法的经济结构》,金海军译,北京大学出版社2005年版,第284-299页。
③ 肖文荣等:《知识产权的部分非竞争性特征研究》,载《科技管理研究》,2013年第7期,第160页。
④ [美]威廉·M.兰德斯,理查德·A.波斯纳:《知识产权法的经济结构》,金海军译,北京大学出版社2005年版,第284-299页。

案中,被告根据大众熟知的米老鼠的特征,在成人杂志上制作了很多米老鼠的搞笑的插图。但是不同于迪士尼动画中的那个单纯而快乐的米老鼠,这个米老鼠有诸多恶习,满嘴脏话。但原告迪士尼却无法从自己享有版权的众多卡通漫画当中找到一幅与被告插图相同或者近似的图画,最后迪士尼只得主张对米老鼠这个角色享有著作权,被告创造的角色与它的米老鼠构成实质性相似。① 实际上,由于原告作品与被告作品之间的复制性相似很少,但实际上又能够让大家联想到米老鼠,法官通过认定构成实质性相似达到了保护米老鼠这个角色形象的目的。兰德斯、波斯纳认为实质性相似规则在这一点上达到了精神权利保护同样的功能,"随着某些作者将他(米老鼠)描写成一个浪荡公子、另一些作者将之描写为猫食,另外的作者则将他写成一个动物权利的倡导者,还有其他的作者将他写成米妮的妻管严丈夫"②,米老鼠的形象就会遭到污损甚至玷污。如果米老鼠的形象变得模糊不清,那么迪士尼公司也就不再有兴趣对其进行继续投资,从而造成效益损失。在美国司法实践中通过实质性相似反对不太符合主流价值观的案例还有很多。比如在 Dr Seuss Enterprises v. Penguin Books 一案,被告借用了原告作品的主要角色以及视觉的、诗意的风格创作了关于辛普森(O. J. Simpson)谋杀案的讽刺故事,我们可以发现被告复制的成分很少,但是法院依然认定构成了实质性相似,同时否认其转换性,判定侵权。

通过上述两个案子,我们可以发现,原告的作品都是儿童作品,对于严重背离儿童作品形象的使用法官甚至有意忽视法律规则真正的含义而进行处置。在"复制+侵占"侵权判定模式中,对于复制性相似很少的作品,法官要辅以侵占性判断,即产生了明显的替代效果才会认定为实质性相似,比如麦当劳园地案,尽管原被告的作品复制性相似很少,但是产生了非常明显的替代效果,因此才被认定为实质性相似。③ 但是上述两个案件并没有产生侵

---

　　①　Walt Disney Productions v. Air Pirates,581 F. 2d 751(9th cir. 1978)。

　　②　[美]威廉・M. 兰德斯,理查德・A. 波斯纳:《知识产权法的经济结构》,金海军译,北京大学出版社 2005 年版,第 288—289 页。

　　③　Sid&Martykroff Television production, Inc. v. McDonalds Corp. 562 F. 2d 1157(9th Cir. 1977)。

占效果。"两件产品中的真正的竞争取决于消费者替代它们的意愿"[1]，迪士尼米老鼠案中，被告创作的是成人作品，在 Dr Seuss Enterprises v. Penguin Books 案中，被告创作的《猫不在帽子里》同样与儿童无关，被告针对的销售对象都不是原来的读者，而且也没有证据发现因为被告的作品而导致原告作品的美誉度下降的情况。[2] 因此，严格来讲，上述的两个案件都无法构成实质性相似，因此只能算作是借用实质性相似规则保护精神权利或者抑制可能的负外部性的产生。从美国的司法实践我们可以发现精神权利与创作性使用的复杂关系，因此需要谨慎处理。

小　结

重混创作规制中，演绎使用规则和引用规则是基础性规则，主要涉及创作性使用中一般性因素的处理。创作性使用之外的其他因素则不具有普遍性，不能适用于所有的重混创作，相关规则应该属于特殊规则或者附属性规则。无论是基于被使用作品特性、创作者特殊身份、使用行为的社会价值属性都具有这个特点，这些规则扩大了对口头作品、置于公共场所的艺术作品的使用自由，扩大了创作者对自己作品的使用自由，基于公共利益扩大了特定情形下对在先作品的使用自由。对精神权利的限制同样有助于重混创作自由。

---

① ［美］迈克尔·A.艾因霍恩：《媒体、技术和版权：经济与法律的融合》，赵启彬译，北京大学出版社 2012 年版，第 31 页。
② ［美］迈克尔·A.艾因霍恩：《媒体、技术和版权：经济与法律的融合》，赵启彬译，北京大学出版社 2012 年版，第 32 页。

第六章

业余爱好者重混创作的特殊规制

与职业作者的重混创作(以下简称职业重混创作,标题除外)不同,业余爱好者的重混创作(以下简称业余重混创作,标题除外)通常是低创造性与低商业性的残酷组合,特殊的作者身份、特殊的传播渠道和获益方式在加剧著作权人维权成本的同时也重新塑造了他们之间的利益配置关系。业余爱好者重混创作的特殊性决定了其规制的特殊性,对职业作者有效的规则体系对业余爱好者不一定有效。学术研究和司法实践都已经慢慢意识到业余爱好者重混创作规制的特殊性。如果说职业作者重混创作规制的研究尚不成熟,那么业余爱好者重混创作规制的研究就更是如此。本章拟从业余爱好者重混创作的特殊性出发对其规制做尝试性探讨。

第一节　业余爱好者重混创作的特殊性与规制选择

对业余重混创作和职业重混创作的划分实际上存在两个不同因素:一是作者身份,是职业作者还是业余爱好者;二是创作动机,是不是旨在追究商业利益。通常来讲,职业作者的创作通常都要追求商业利益,而业余爱好者的创作不以商业利益为主要追求。因此在大部分情况下,这两个因素的匹配关系是稳定的,但是不排除例外情况,即职业作者有时不追求商业利益,而业余爱好者有时则以追求商业利益为主要动机。此外,是不是追求商业利益有时也处在变化之中。在创作之时没有商业动机,但是随着作品的

成功,逐渐萌生商业动机是常有的。因此,业余重混创作和职业重混创作既是对生活现实的一种大致描述,使其规制各得其所;同时也是对重混创作进行类型化规制,提供不同的规制通道供重混创作者选择。身份的互换性既取决于创作能力,也取决于创作者的意愿,是客观约束与个人意愿结合的结果。

一、业余爱好者重混创作的特殊性

业余重混创作的特殊性在和职业重混创作的比较中能够得到鲜明的体现。笔者将职业重混创作与业余重混创作进行对比,得出以下几个不同点。

1. 主体身份不同

前者多是职业作者,他们以此为职业或者以此获取收入,而后者大多数属于业余爱好者。他们层次参差不齐,水平不一,通常没有很好的掌握写作技巧。不过,后者中也有具有职业水平的作者,有时职业作者基于玩票的心理也会加入其中。职业作者参与业余重混创作具有多方面的含义:首先,他的这种创作往往在职业创作中的环境中难以实现。其次,他的这种参与往往具有创作探索的意味。一个职业作者以业余作者的身份参与重混创作往往是想进行新的艺术形式探索或者满足其他需求。因此,职业作者的参与行为不仅能够提高业余重混创作的水平,而且也昭示了后者具有与前者不同的价值。

2. 创作动机不同

前者以取得商业利益为主要诉求,商业利益是其进行创作的内在动力。对于个人作者来说,进行创作除了赚取利润之外,还可能具有个人价值实现的动机。但是对于传媒工业来说,参与、投资职业创作纯粹是为了获取商业利润。因此创作什么,如何创作主要是一个商业化决定。赚取利润的动机对创作产生了巨大的影响。在电影、电视等投资比较大的作品类型中,我们可以发现比较严重的跟风现象,其原因在于赚取利润的需求。对于新的题材、新的创作手法,没有经过市场的检验,传媒产业往往不愿意尝试,因为一旦失败就意味着血本无归。因此普遍的规律就是,某一类型的电影、电视剧、电视节目火了,其他的传媒企业开始模仿,进行深层次的复制,从而产生了所谓的类型片、类型化作品。由于借鉴的要素属于著作权法不保护的那

些要素,基本可以归结为原创创作,不过这种创作的创造性却很低。赚取利润的需求同样激发了职业创作中重混创作的需要。好莱坞的电影公司经常给叫座的影片、电视剧拍摄续集,或者翻拍已经成功的电视剧,或者模仿成功电影中的经典桥段。我们在周星驰的电影中经常会发现这样的桥段。《无极》其实也借鉴了《狮子王》《蜘蛛巢城》等电影中的经典桥段。职业创作中的模仿以及重混创作现象主要源于对观众欣赏口味的依赖。利用观众熟悉的题材、唤起观众已有的观影体验,更有利于提升票房。业余创作具有多样化的动机,具体而言,可能包括:实现自我的愿望、娱乐的需要、寻求尊敬或者希望引起潜在雇主的关注、实现参与社区交流的欲望。当然也包括潜在的商业化欲望,但是商业化动机往往排在靠后的位置,多数抱着试试看的态度,并不一定非要产生经济效益。①

就拿《一个馒头引发的血案》来说,胡戈之所以制作这个视频主要是因为上电影院观看《无极》感到失落。作为一个电脑音乐人,剪辑配音是他的拿手好戏,因此产生调侃这部片子的冲动。视频的爆红使他一夜成名,获得声誉。尽管视频极为流行,但是他依然没有收费,原因可能一方面在于收费着实不易,另一方面是因为这部视频当时处于侵权的风口浪尖,如果收费不仅会给著作权人以商业使用的口实,而且也会得罪力挺他的网友们。不过,《一个馒头引发的血案》为胡戈带来了声誉,也带来了资金,他后来受资助拍摄了《鸟笼山剿匪记》等原创视频。胡戈的商业化尝试在某种意义上就是《一个馒头引发的血案》的余波。我国著名的视频搞笑贴吧——胥渡吧采用了商业化运营的方式。当然有些重混创作社区是坚决拒绝商业化的,不仅社区作者拒绝商业化,就连社区本身也拒绝商业化,比如国外的某些耽美小说社区。所以业余爱好者创作动机多种多样,是否具有商业化动机情况复杂。

3.利用现有作品的态度不同

在职业创作中,重混创作不仅是一个创作问题,也是一个商业问题。避免潜在的法律纠纷成为职业作者非常重要的考量,对于公司来说尤其如此。

---

① Erez Reuveni:Authorship in the Age of the Conducer,Journal,Copyright Society of the U. S. A,p. 1801—1859,Electronic copy available at:http://ssrn. com/abstract = 11113491, 2015-02-10 visited.

对于以追求利润为主的传媒公司来说，如何既要充分利用观众的已有的知识体验，又能避免侵权就是最好的。这种追求导致公司偏好于某些类型的重混创作。通常会采取如下一些做法：第一，如果需要利用他人作品，那么最好采用深层借用的方式；实在不行，就尽量取得授权。比如电影《满城尽带黄金甲》模仿《雷雨》的人物关系结构，就购买了《雷雨》的改编权。① 不过这种购买行为实际上也是借着《雷雨》的名气给该片的上映做广告，跟周恩来总理向外国人介绍《梁山伯与祝英台》的戏剧用了"中国版的《罗密欧与朱丽叶》"广告词是同一个手法。第二，借用公共领域的经典作品，周星驰的《大话西游》《西游降魔》都是如此。第三，向自己享有著作权的作品借鉴，比如给叫座电影拍续集，给畅销的小说写续集。不过独立的艺术家往往不是这样，对重混艺术的探索激情吸引他们不顾其中的法律风险而贸然进行重混创作实验。他们不同于传媒公司，传媒公司有律师对他们的商业项目把关，而艺术家则沉浸在艺术的梦想中。传媒公司重商业利润而轻艺术探索，独立的艺术家往往重艺术探索轻商业利益。因此独立的艺术家近于业余爱好者而远离传媒公司。达利给蒙娜丽莎贴上胡子的艺术开启了艺术范式的新革命，但是无法给他带来更多的利润。艺术追求与商业利润之间实际上存在紧张的冲突。当然经过一代代重混艺术家的努力，人们逐渐接受之后就会慢慢显露其商业价值。美国挪用艺术家孔思屡次被诉很大程度就源于他的重混艺术作品带来了丰厚的商业利润。独立艺术家进行重混艺术探索，除了冒着法律风险之外，他们还冒着反剽窃的社会规范带来的风险。每一个重混艺术家都提出了自己的艺术主张，努力与剽窃划清界限。因此重混艺术的产生和发展实际上是原创艺术观念受到后现代主义的冲击而产生的一种新的艺术思潮。

与传媒工业和独立艺术家不同，业余爱好者利用作品的态度要超脱得多。首先，他们不是艺术家，不属于职业作者群体，职业作者圈子的清规戒律对他们来说没有任何意义。他们不需要给自己贴上重混艺术家的标签，提出艺术主张，努力跟剽窃划清界限。他们是一群自由人，不存在剽窃的观

① 这个事实也证明了对于非字面表达要素的保护往往成为著作权法保护考虑的重点问题，这是实质性相似规则非常发达的原因所在。

念。现在的视频合成爱好者,无论是如何使用在先作品,都不会有一丝的愧疚。事实上,美国有关实证研究证明,在某些与艺术创作有关的信息分享平台上,可以列入侵权范围的作品比例高达90%以上。① 其次,他们也不是商人,既不考虑如何才能盈利,也不考虑潜在法律风险可能带来的损失。在美国大公司针对个人非法下载者的大规模诉讼行为收效甚微,很少起到吓阻消费者的作用②,对于具有正当性支持的重混创作,业余爱好者更没有什么理由恐惧。

4.解决问题的能力不同

对于重混创作的侵权风险,不同的作者解决问题的能力差别很大。对于职业重混创作而言,传统的传媒企业如果想解决授权问题,那么他们就能够解决。实际上到目前为止,各国传媒产业相当集中,大的传媒巨头们手中拥有海量的著作权,如果他们愿意进行重混创作,他们可以利用作品库的作品自由地进行重混创作,或者与别的巨头公司达成协议,从而获得所需要的著作权。著作权的障碍对于传媒工业工头来说不是问题。对于独立艺术家来说,他们有解决著作权问题的意愿,但是却没有相应的能力。就拿Girltalk来说,他曾经尝试取得授权,但是很快发现每使用一个小的音乐片段,被著作权人索取数万美元,而他的一部作品常常需要截取200个以上的片段,如此计算光著作权费用就需要数百万甚至数十亿美元以上,耗费50年的时光进行谈判③,总的成本非常巨大,即使其作品能取得不菲的收益,但还是入不敷出。因此想通过授权的方式解决重混创作使用的著作权问题,无疑就是一场梦。

业余爱好者解决版权问题的能力更加低下。他们没有什么商业动机,他们的作品也没有什么商业价值,因此通过授权解决著作权问题的能力为零。实际上,即使他们有解决著作权问题的愿望和能力,传媒巨头也没有合

---

① Player-Authors Project Research Team,The Player-Authors Project Summary Report of Research Findings,p. 41. http://player-authors. camden. rutgers. edu/,2015-02-06 visited.

② The Department of Commerce Internet Policy Task Force,Copyright Policy,Creativity, and Innovation in the Digital Economy,2013,p. 47.

③ Kerri Eble,This Is A Remix:Remixing Music Copyright to Better Protect Mashup Artists,2013 U. Ill. L. Rev. 661,P. 687.

作的动力。对于传媒巨头来说,首要策略是强力保护著作权,吓退任何可能的侵犯者是上上之策。只有这样,才能获取最高的收益。其次,要严格控制作品的使用,防止损害作品商业价值的情形发生。而重混创作对作品片段的使用方式和产生的效果是事先无法预知的,出于对风险的考虑,现有著作权的大公司绝不会为了这点蝇头小利而这个潘多拉魔盒的。重混创作授权决绝不仅仅是许可费的事,使用的性质、数量和后果对授权行为有非常深刻的影响。

5. 传播与获利方式不同

职业重混创作与业余重混创作在分发渠道和是否获利上比较大的差别。前者在本质上与其他职业创作一样,以谋取利润为目的,作者与消费者原则上是分离的,著作权人通过向消费者销售作品的复制件而获取利润,而这往往是通过传统的分发渠道来实现。而业余重混创作由于下列原因往往很难进入传统的分发渠道:①低质量导致商业前景较差。大多数的业余重混创作质量较低,盈利能力弱,属于信息长尾的末端,对于只关注长尾大头的传统传媒产业来说,属于被忽视的部分。[①] ②著作权人的极力反对。如果重混作品与原作品的消费者是相同的,二者呈现出竞争关系,重混创作者就窃取了原作品著作权人的利益;如果二者没有直接竞争关系,重混创作实际上也在利用原作品在读者当中的知名度为自己开拓市场。这种搭便车的行为容易被著作权人反对。③业余重混创作较大的法律风险促使传统的传媒产业谨慎对待其发行。④传统传媒产业之间的"潜规则"也会影响业余爱好者重混作品出版。由于传统传媒产业的数量比较少,发行同类作品的企业基本都是同行,如果没有重大的商业机会,这些企业之间一般是不会挖他人

①　"长尾"(The Long Tail)这一概念是由《连线》杂志主编 Chris Anderson 在 2004 年提出的,用来描述诸如亚马逊和 Netflix 之类网站的商业和经济模式。描述了这样一种经济现象,即当商品储存流通展示的场地和渠道足够宽广,商品生产成本急剧下降以至于个人都可以进行生产,并且商品的销售成本急剧降低时,几乎任何以前看似需求极低的产品,只要有卖,都会有人买。这些需求和销量不高的产品所占据的共同市场份额,可以和主流产品的市场份额相当,甚至更大。"长尾理论"被认为是对传统的"二八定律"的彻底叛逆。(具体参见 http://baike. baidu. com/link? url = dUaQoyP4K - czILAvvsUWILPpE8n5Fkumw9gzhPv - Wmx - uDhPqhSpD - E2qONt7ZnXZ5w2USsA76fDH _ ev3j60dEYQe4yzFTR9WEfPWZy4Dpi,2015 年 2 月 11 日最后访问。)

墙角的,同行间的约束强有力抑制了出版重混作品的冲动。

不过,业余重混创作的主要价值也不在于向社会公众提供高质量的作品,而在于同行之间的交流。业余爱好者的创作具有"小众化"的特点,这种小众化形成了新的传播渠道和传播生态。①业余爱好者主要是凭借兴趣而创作,通常是围绕某个经典、流行的作品、影视角色或者某个社会事件所触发。具有同样兴趣、爱好的人成为潜在的读者群,作者和读者同一①,构成一个独立的创作、传播与消费群体。他们之间因兴趣结合在一起,主要目的在于交流,而不是谋取利润。但是在传统的创作中,作者与读者是分离的,作者提供作品,读者通过支付报酬取得作品。业余重混创作与传播机制与职业作者的创作与传播机制完全不同。②基于某部作品、某个角色或者某个作家而形成的业余爱好者群体通常比较小,热衷于深入交流者更少,因此业余重混创作与消费往往具有"小众化"的特点,属于信息长尾部分。此外,相对较差的创作质量也是难以吸引社会公众的原因。③业余重混创作"小众化"的特点意味着通过传统渠道发行和传播通常是无利可图的,他们必须发展自己的传播渠道。在数字时代之前,由于创作技术和传播技术的限制,业余重混创作和传播只能在非常狭小的范围内存在,只有极少数具有较多爱好者的重混创作类型才会凸现出来。比如在日本,动漫产业的流行促生了大量的业余爱好者,他们拥有自己的同人杂志,甚至定期开展同人漫画展。在美国,自20世纪60年代开始,乔治·卢卡斯拍摄了系列有关星球探险的电影、电视剧,培养了大批的星球探险影视迷,他们拼贴剪辑有关星球探险的片子,创建同人杂志。到了数字时代,网络为业余爱好者的创作和交流提供了廉价便利的虚拟空间,各种规模的业余重混创作社区开始出现。有的重混创作社区很大,比如随着《哈利波特》的风行形成在线社区张贴上百万份同人作品,被不计其数的粉丝浏览、传阅。② 有的社区可能很小,比如某些

---

① Erez Reuveni, Authorship in the age of the conducer, Journal, Copyright Society of the U. S. A. , Electronic copy available at:http://ssrn. com/abstract=11113491. 该文中作者杜撰了 conducer 一词就是由 consumer 和 producer 合成,专门用来指称数字时代消费者和生产者合一的现象。

② Player-Authors Project Research Team, The Player-Authors Project Summary Report of Research Findings, p. 118-124. http://player-authors. camden. rutgers. edu/, 2015-02-06 visited.

耽美小说在线社区,极其隐蔽,只为极少数有特殊喜好的人才会知晓。④信息分享平台的出现与发展为业余重混创作发展注入了新的活力。在传统条件下,尽管业余爱好者可以采取与传统传媒产业一样的传播形式,比如创办发行同人杂志,但是需要比较大的成本,如果粉丝群体不够大,杂志很难生存。如果仅凭业余爱好者们之间的现场互动交流,又只能停留在非常小的圈子里。但是数字技术能够将业余爱好者之间的互动交流与信息分享平台的商业化完美结合在一起。首先,通过信息分享平台,业余爱好者们能够顺利找到彼此,创建社区,进行在线交流。其次,信息分享平台凭借业余爱好者提供的内容,吸引公众的注意力,通过第三方支付或者延迟收益的方式取得收入。业余爱好者因为信息分享平台的帮助而获得交流的空间,而信息分享平台因为业余爱好者们提供的内容而降低了经营上的投入,双方形成一种互利互惠的关系。不过这种互利互惠并不对等,因而有人将信息分享平台的这种商业模式称为剥削机制。① ⑤数字技术不仅为信息分享平台带来了商业机会,而且为业余爱好者也带来了商业机会。如果说信息分享平台凭借着众多业余爱好者集聚的规模效应而赚取利润,那么高水平的重混创作者也能为自己赢得获利的机会,比如国内胥渡吧、叫兽小星就是如此。他们通过自己作品的广泛传播而积累大量人气,进而与信息分享平台合作,分享广告分成,或者凭借自己的声誉效应寻找新的商业机会。美国的重混音乐家 Girltalk 一方面通过网络免费发行自己的音乐作品,另一方面通过巡回演唱会获取商业收入。⑥数字技术促进业余重混创作与传播的多样化。首先,在数字技术出现之前,以主流文化中的某部经典作品为背景进行同人作品创作是主要形式,因为这种重混创作往往最容易找到同好。但是数字技术的出现促使借用多数来源的重混创作兴起。这种重混创作摆脱了对单篇作品的依赖,更容易形成自己的特色,具有更广阔的发展前景,无论在艺术价值还是商业价值上都更胜一筹。胥渡吧、叫兽小星皆如此,也具有较高的商业价值。其次,重混创作传播生态多样化。除了线下传统的重混作品传播模式继续存在之外,网络上重混创作模式更加多样化,从封闭的重混

---

① Player-Authors Project Research Team, The Player-Authors Project Summary Report of Research Findings, p. 22 - 23. http://player-authors. camden. rutgers. edu/, 2015 - 02 - 06 visited.

创作社区到不同程度的重混创作开放社区都是存在的。

二、业余爱好者重混创作的规制模式

(一)职业作者重混创作规则与业余爱好者重混创作的冲突

业余重混创作与职业重混创作的巨大差异意味着职业重混创作的规则体系无法很好地运用于业余重混创作的规制,主要体现如下。

第一,著作权激励机制主要通过授予作品财产权的方式激励作者创作,而财产激励对于业余爱好者往往并不重要,是一种多余[①],在有些情况下甚至是毒药。[②] 所以业余重混创作规制的核心问题是如何将其从著作权规制中解放出来,这与职业重混创作的规制思路有别。

第二,业余重混创作的非营利性与著作权保护之间的鸿沟加剧了问题解决的难度。业余爱好者不属于职业作者圈,对在先作品的使用无所顾忌,增加了侵权风险,另一方面它又不以营利为目的,零获利与巨大的侵权成本之间的巨大落差增加问题解决的难度,在著作权制度内会形成一个死结。

第三,创造性的神话对业余重混创作是一个巨大的挑战。重混创作的创造性通常是重混创作合法化或者减少著作权人责难的重要理由。不过实证研究表明,最受业余爱好者欢迎的创作往往是那些参照性使用原作品的重混作品,而不是那些富有高度创造性的重混作品。以创造性高低来厘定业余重混创作的法律地位,可能既与业余爱好者的创作能力不符,也与业余重混作品消费情况不符。因此,在创造性之外,我们还必须探讨业余重混创作的其他逻辑。

第四,业余重混创作商业化的可能性加剧其规制的难度,如何允许业余重混创作能够从非营利性向商业性移动是一项复杂的制度设计。业余重混作品的低创造性与低商业价值组合、业余爱好者、信息分享平台和著作权人之间独特的利益配置与职业重混作品有很大的不同。

---

① Player-Authors Project Research Team, The Player-Authors Project Summary Report of Research Findings, p. 16. http://player-authors. camden. rutgers. edu/, 2015 - 02 - 06 visited.

② Lawrence Lessig, Remix: Making Art and Commerce Thrive in the Hybrid Economy, New York: The Penguin Press, 2009, p. 119.

第五，职业重混创作规制主要由演绎使用规则与合理引用规则构成，都由创作性因素和商业性因素构成，具体制度构成上前者以创作性因素为主，商业性因素为辅；后者以商业性因素为主，创作性因素为辅。业余重混创作的低创造性、低商业价值特点决定了它无法很好的适用演绎使用规则。业余重混创作的大借用量使其无法很好地满足合理引用规则要求。

（二）寻找业余爱好者重混创作的规制思路

调整对象的"事物结构"内在的决定规制的思路，我们必须从业余重混创作的特殊性中寻找规制的思路和逻辑。笔者认为主要表现为以下几点。

第一，业余重混创作的正当性。业余重混创作的主要目的不在于创作而在于交流和自我教育，因此以创造性高低来衡量其价值是错误的。交流、自我教育价值的实现方式与创造性的实现方式是不同的，后者建立在原创创作的基础之上，而交流需要共同的话题，而自我教育建立在模仿的基础之上，无论是交流还是自我教育都与借用在先作品密切相关，因此对在先作品的参照性使用是业余重混创作的基本途径。

第二，交流因素与商业性因素应该成为业余重混创作规制的两类因素。职业重混创作规制的创作性因素主要考量创造性因素，但是这一因素对于业余重混创作来说并不重要，相反交流因素成为重要的考量。交流的结构性因素应该以某种方式进入业余爱好者规制的制度设计之中。商业性因素是著作权法存在的根本原因，但是不同的创作与传播结构对具体利益配置有重要影响。因此，我们应该研究业余重混创作与传播中具体的利益配置，并将其与交流因素结合起来，完成制度设计。

第三，业余重混创作的文化生产机制与其规制组合之间的协同关系。业余重混作品主要是通过非著作权激励机制生产出来的，但是著作权法的扩张压缩了非著作权激励机制的生存空间。如何通过著作权制度调整正确恢复著作权激励机制和非著作权激励在业余重混创作中的作用是业余重混创作规制中的主要问题。

第四，虽然与职业重混创作规制一样，业余重混创作规制也主要是通过著作权限制的方式实现，但是如何限制却存在很大的差别。业余重混创作规制研究的核心就在于寻找如何限制的钥匙。

第二节 合理使用与业余爱好者重混创作规制

业余重混创作是最大胆的借用与最小的解决能力的残酷组合,与职业重混创作相比,面临着更大的侵权风险,更弱的自愿取得授权的能力。如果说职业重混创作在这两个问题上尚且面临着巨大的障碍,对业余重混创作来说简直就是不可逾越的。那么业余重混创作是否构成合理使用呢? 如果构成了合理使用,业余重混创作的规制难题就迎刃而解了。

一、版权法系的合理使用规则与业余爱好者重混创作规制

(一)美国合理使用规定的特性

《美国版权法》的合理使用制度在调整业余重混创作方面具有特别的优势。[①] 第一,美国版权法的合理使用制度仅仅列出了合理使用认定中需要考虑的要素,同时也不排斥其他因素的引入,这为业余重混创作证明自己的正当性提供了最大的便利。业余重混创作的特殊性因素可以借此进入合理使用权衡的要素之中。第二,是否构成合理使用没有明确的判断标准,法官需要在衡量个别因素的基础上进行综合权衡。美国法院拒绝在侵权与合理使用之间划上明晰的分界线,认为合理使用判断具有事实与法律交叉的性质,将判断建立个案衡量的基础上,这有利于法院根据事实需要对合理使用制度重新诠释。业余重混创作的特质可以在这种制度中得到最充分的考虑。第三,美国合理使用制度虽然源于创作性使用的案例,但是由于没有区分创作性使用和复制性使用,将所有的使用均视为复制,缺乏创造性在该制度中

---

① 《美国版权法》第 107 条规定:"专有权的限制:合理使用,虽有第 106 条及第 106 条之 2 的规定,为了批评、评论、新闻报道、教学(包括用于课堂的多件复制品)、学术或研究之目的而使用版权作品的,包括制作复制品、录音制品或以该条规定的其他方法使用作品,系合理使用,不视为侵犯版权的行为。任何特定案件中判断对作品的使用是否属于合理使用时,应予考虑的因素包括:①该使用的目的与特性,包括该使用是否具有商业性质,或是为了非营利的教育目的;②该版权作品的性质;③所使用的部分的质与量与版权作品作为一个整体的关系;④该使用对版权作品之潜在市场或价值所产生的影响。作品未曾发表这一事实本身不应妨碍对合理使用的认定,如果该认定系考虑到上述所有因素而作出的。"

不至于成为一个明显的弱点。

(二)业余爱好者重混创作的合理使用检验

现在开始运用四要素检验法对业余重混创作进行检验。关于第一因素,初看起来对业余重混创作特别有利,但仔细研究发现情况颇为复杂。第一因素一般采取了商业性使用/非商业性使用二分法,大部分业余重混创作往往处在有利的非商业使用的一端。也正是这一点把业余重混创作与职业重混创作区别开来。职业重混创作具有很强的商业性,业余重混创作则比较特殊,大部分不追求商业化,但是有的不介意商业化;还有少部分强烈追求商业化,不过实现方式却与职业作品不同。因此在该因素中的衡量上,法院面临着更为复杂的情况,不仅商业性判断是如此,非商业性的判断也是如此。在坎贝尔案中,二审法院认为"任何对版权材料的商业性使用都不是合理使用",否决了商业性戏仿的合法性,尽管该认识后来被最高法院推翻,但是严格控制商业性使用却是不争的事实。[1] 但是,何谓商业性呢?在坎贝尔案中,这一点是明显的,商业性乐队、戏仿唱片的商业发行都证明了这一点。但是在哈勃案中,情况就变得复杂了。[2] 该案的被告是一家政论性杂志,在《时代杂志》发表有关水门事件以及尼克松道歉的关键文字之前,从不明来源获得了前总统福特回忆录的手稿,从中摘录了2000多字,其中包括逐字抄袭的300多字抢先对有关内容进行发表,结果导致《时代杂志》取消了原定的出版计划。关于被告使用行为的性质,被告认为自己的使用是出于新闻报道的目的,属于非商业性使用。但法院认为"商业性使用和非商业使用的界限,不在于使用的动机是否是为了获得金钱,而在于使用者是否利用著作权材料获得了利润,同时又没有支付相应的报酬"[3],从而拓展了商业性的含义,不仅包括利用版权材料直接获得商业利益的情形,也包括间接获取商业利益的行为。使用者具有商业动机或者获取实质性商业利益,都可以认定为具有商业性。[4] 这样商业性的认定就跨越了使用行为的具体属性,商业性

---

① Campbell v. Acuff-Rose Music,510 U. S. 569(1994).

② Harper & Row,Publishers,Inc. v. Nation Enterprises,471 U. S. 539,(1985).

③ 李明德:《美国知识产权法》,法律出版社 2014 年版,第 385 页。

④ 吴汉东:《著作权合理使用制度研究》(修订版),中国政法大学出版社 2005 年版,第 202-203 页。

和非商业性不再是对立的,一个使用行为既可以是商业性的,也可以是非商业性的。在谷歌图书扫描案中,法官明确肯定了这一点,甚至断言即使假设谷歌主要的动机就是牟利,也无法否认其图书搜索服务于好几个重要的教育目的。① 商业性与非商业性的混合使得商业性使用/非商业性使用的判断在第一因素中的地位开始下降,转换性使用的地位开始上升。尽管如此,商业性判断仍然是第一因素权衡中的重要考量因素。即使在谷歌图书扫描案中,法官也不敢怠慢,所能做的就是尽量弱化商业性使用带来的影响。法官认为谷歌没有出售扫描件,也没有出售用于展示的作品片段,更没有在展示图书的网页上投放广告,其使用本身不具有商业性。至于谷歌凭借着图书搜索的能力将使用者吸引到其网站而在商业上受益,属于图书项目的间接目的。通过区分直接目的和间接目的,法官淡化商业性因素。与此同时,法官通过转换性使用突出了谷歌图书扫描项目的公共利益属性,突出了谷歌使用的正当性。商业性认定实践的变迁源于商业模式的变迁以及获利方式的变化。使用者通过去产权化的方式鼓励信息传播,然后通过第三方支付和交叉补贴的方式获取延迟收益,从而改变了过去那种直接获利的方式。② 因此商业性使用认定的扩张具有必然性,否则我们就无法判断何为商业性使用,何为非商业性使用。与此同时,非商业性使用也获得扩张,开始从与商业性使用对立的领域扩展到商业性使用的领域,二者开始交叉。在哈勃案中,法官没有否认被告行为具有提供新闻事实的特性;谷歌图书扫描案中,法官在肯定商业性使用的同时承认好几个重要的教育目的的存在。③ 商业性使用与非商业性使用的共存能够较好的解释业余重混创作对商业化的

---

① 许辉猛:《谷歌图书扫描项目合法化判决的产业化意义与数字图书产业的未来》,载《科技与出版》,2014 年第 6 期。该文对谷歌案的判决进行了比较详尽的分析。

② "所谓延迟收益,是指收益方式从直接通过作品许可转变为间接通过交叉补贴或第三方支付。交叉补贴表现为一旦用户达到特定规模,权利人即可从衍生产品或后续服务中获取收益。例如,软件服务商通过提供免费游戏软件吸引用户加入,但在游戏过程中通过向用户提供增值服务而收取额外费用;第三方支付表现为网络服务商在代替用户向著作权人支付作品使用费后,再根据用户浏览或点击网页广告的次数向广告商收取费用。"以上的解释来自于熊琦:《互联网产业驱动下的著作权规则变革》,《中国法学》,2013 年第 6 期,第 82-83 页。

③ Authors Guild, Inc. v. Google Inc. 954 F. Supp. 2d 282, (S. D. N. Y. 2013).

态度。判断业余重混创作的商业性,不仅要看是否具有商业动机,还要看是否获得了商业利益,具有商业动机或者获得了实质性利益,就可以认定具有商业性。据此,大部分的业余重混创作不具有商业性,少部分业余重混创作具有商业性。总体而言,是否具有商业性的判断对业余重混创作是有利的。其实,对于业余重混创作的考察最为困难的是对其非商业性的考察。在商业性与非商业性使用相互竞争的情况下,使用者必须证明自己的非商业性使用,才能获得正当性。使用者正当性主要是通过转换性使用来彰显的。但在业余重混创作中,这样的非商业目的有时不是很突出。劳伦斯·莱斯格认为业余重混创作具有教育和交流两大目的[①]。但是这两大价值无法很好的证明使用行为的正当性。首先,教育目的只能证明作者可以在私人空间进行创作性使用;交流通常也只能限于私人空间,无法有效证明网络公共空间传播的正当性。如果认为交流也包括公共交流的话,那么任何作品都具有交流目的。吴汉东教授认为使用结果的公益性与商业性认定无关[②],那么笔者认为,使用结果的公益性与非商业性认定也是无关的。合理使用适用的特殊性在于要对使用他人作品的某些行为进行特定限制,防止其过度损害权利人的利益。而业余重混创作与传播在很多情况下都超出了应有的范围。尽管业余重混创作所释放的公共利益可以提升其正当性,但是泛泛而论的非商业性目的并不能使其在第一要素的衡量中占据多大的优势。

关于第二因素被使用作品的性质,通常不会因为使用者的具体使用方式不同而有所变化,与使用者身份不同而产生的规制差异通常没有关联。不过业余爱好者的使用行为有时能够折射出被使用作品的某些特性。鉴于业余重混创作主要是用于交流,所以他往往选用流行的、出名的作品或者题材进行创作。被使用作品的知名度、流行性影响着业余爱好者的选择。当然,有人可能认为职业重混创作也有这个特点,不过职业作者也有从生僻的

---

① Lawrence Lessig, Remix: Making Art and Commerce Thrive in the Hybrid Economy, New York: The Penguin Press, 2009, p. 76-82.

② 吴汉东:《著作权合理使用制度研究》(修订版),中国政法大学出版社 2005 年版,第 203 页。

作家和作品里借用的习惯。① 对知名度高的作品到底是赋予更高水平的保护还是低一些水平的保护呢？按理说，越有名的作品应该赋予越多的保护，就像驰名商标一样，这样作家才能出创作更好的作品。然而，作品与商标毕竟存在很大的差别，商标的高保护带来的副作用比较少；而作品越有知名度就越容易成为某类文化的象征或者代表，成为交流的对象。高保护会带来交流的不便。那么过量借用是否带来损害呢？尤其是淡化呢？商标淡化现象要求对造成淡化或者污损的情形进行额外的保护。但是作品、商标的属性差异以及受众的消费习惯决定业余爱好者的过量借用不会造成淡化问题。商标首先具有指示来源的功能，其次具有塑造产品文化价值的功能。对于前者，如果一个标识过多的指示其他商品来源，指示原商标权人的功能就会减弱。商标塑造出来的文化价值通过移情作用能对消费者产生影响，因此具有财产意义。而这种价值是外在的、附加上去的，因此很容易失去。此外，商标的文化价值通常单纯而独特，观众往往很容易接受这种定位，过多地使用会模糊这种定位。不过，作品是完全不同的商品。首先，作品具有很多属性，其内容、意义是多元的；其次，作品的文化价值来源于自身，不会因为他人的使用而丧失；最后，读者往往接受作品是复杂商品，具有多义性的事实，甚至欢迎对作品的重新诠释。"一千个读者的眼里就有一千个哈姆雷特"，没有共同一致的意义存在，哪有什么淡化呢？因此笔者认为对作品应该允许各种各样的创作性使用。作品越有名，越应该允许创作性使用，过度使用的危险通常是不存在的，《红楼梦》或者《西游记》从来没有因为各种创作性使用而减损其价值，出现所谓的淡化现象。如果有例外的话，那就是儿童作品可能需要特别保护。儿童作品往往比较单纯，信息单一；儿童的消费习惯使其很难注意到作品的多义性，对儿童作品的反叛性使用，可能会干扰儿童的认知。因此对于儿童作品应该给予更多的保护。笔者注意到美国法院以构成实质性相似之名行精神权利保护之实的几个案件的共性就是原告的作品属于儿童作品，比如军号男孩音乐戏仿案② 、迪士尼米老鼠案戏仿

---

① ［美］理查德·A.波斯纳：《论剽窃》，沈明译，北京大学出版社2010年版，第66页。

② MCG v. Wilson,677 F.2d 180,185 (2d Cir. 1981).

案①、《猫不在帽子里》的戏仿案②都是如此。因此,除了儿童作品,笔者认为作品的知名度应该与他人的自由使用程度成正比,而不是成反比。这与驰名商标是不同的。这一点对于业余重混创作可能具有特别的意义,因为业余重混创作通常借用的都是流行的、知名度高的作品。

关于第三因素"所使用的部分的质与量相对于作品整体的关系",对于业余重混创作往往是不利的。皮埃尔法官认为第三因素中使用量与第一因素密切相关,使用的质往往与第四因素密切相关。使用的数量越多,那么越需要转换性,否则的话就不存在使用的理由。日常生活中引起关注的往往是那些具有高度转换性的作品。不过借用的数量大,转换性程度比较低才是业余重混创作的常态。主要原因在于大部分业余爱好者并不具备很好的创作才华或者仅仅处在创作的初期,只会简单的拼贴或者复制加简单的修改。对业余爱好者的使用,往往很难从创作的角度进行讨论。至于使用的质量,业余爱好者基于交流的需要,对在先作品有分量的部分自然也不会客气。根据"复制+占用"的模式进行分析,通常无须走到占用分析这一步就已经构成侵权了。

关于第四因素市场影响的分析,情况比较复杂。我们先看劳伦斯·莱斯格在其著作《重混:让商业和艺术更繁荣》中举的一个例子。一位年轻的母亲将18个月大的儿子随着歌曲跳舞的动作进行录像,然后上传到Youtube上,歌曲权利人通知删除,遭了孩子母亲反对,被诉至法院。就这个案子而言,如果孩子能够按照完整的歌曲跳舞的话,我想孩子的母亲肯定会全部录制下来。因此,我们可以假设借用的部分为100%(实际上在29秒的视频中能够辨别音乐存在的时长是20秒)。这种借用对权利人的市场有什么影响?消费者在观看舞蹈视频的时候肯定会顺便欣赏该音乐,这对于该音乐作品的市场构成了某种替代。在谷歌图书扫描案中,原告为了证明被告行为的市场影响,甚至提出了拼凑说,认为读者可以通过谷歌搜索展示的不同片段而最终拼凑出整部作品。③ 法院通过检验后认为这是不可能的,从而否定了市场替代损害。在业余重混创作中,证明替代性损害的存在要容易得

---

① Walt Disney Productions v. Air Pirates 581 F. 2d 751(9th cir. 1978).
② Dr Seuss Enterprises v. Penguin Books,109 F. 3d 1394. (9th Cir. 1997).
③ Authors Guild,Inc. v. Google Inc. 954 F. Supp. 2d 282,(S. D. N. Y. 2013).

多,因为读者能够从大量借用本身得到原作品比较完整的信息,业余重混创作质量差不仅不能成为替代性损害的免责事由,反而成为替代性损害发生的有力证据,因为业余重混作品越差,意味着与原作品越近,读者越能够从中找到原作品的内容。不过,是否真的会发生替代效应,不仅仅取决于作品之间的相似性程度,更取决于读者的替代意愿。对于舞蹈视频而言,即使制作再精良,也不会有多少人为了听音乐而通过观看视频的方式来满足。更糟的是,如果以质量高低来决定是否产生替代效果,那么是不是意味着质量很差的盗版就可以免责,因为没有什么人为了少支付点价金而购买错误很多的作品。我们甚至可以论证说,相对于原作者的定价,这部分读者出价低,因此本来就在原权利人的预期市场之外。如果是这样的话,使用者盗版的行为也就没有任何替代性损害了。显然这种分析是错误的。我们对市场影响的分析,首先要界定市场,权利人的市场既包括原作品市场,也包括演绎作品市场;既包括现有市场,也包括潜在市场。使用者的使用行为如果落入上述市场范围之内,就可以视为产生了损害。业余爱好者的行为,如果在原作者的市场之外,除了使用者本身使用之外,没有产生损害;如果使用行为在原作者的市场范围之内,就会产生损害,这种损害既可以表现为原作品市场损害,也可以是演绎市场损害。利用原权利人的音乐制作舞蹈视频,这既可能关系到原作品市场的替代,也可能关系到演绎作品市场的替代。对于前者,其他使用者能够从使用者的舞蹈视频中欣赏原音乐;对于后者,实际上关系到权利人音乐作品演绎市场的许可机会。接下来有必要分析这种损害是否会达到实质性程度。对于音乐作品市场而言,由于舞蹈视频与音乐作品不属于同一个市场,彼此之间很少产生替代,因此使用者的使用无论质量高低,一般都不会产生很强的替代作用,有时甚至会产生互补性,也就是说好的舞蹈视频能够促进原作品的销售。对于音乐作品的演绎市场而言,舞蹈视频的质量就很重要了,如果舞蹈视频的质量很高,那么会对权利人的许可市场产生重要影响,因为被许可人会因为使用者的舞蹈视频而无法开拓这个市场;如果舞蹈质量很低,观看的人数很少,基本不会影响原权利人的演绎许可市场。根据上述分析,我们可以发现业余重混创作大量的借用行为一定会产生一定的替代性损害,至于损害程度在原作品市场与演绎作品市场的表现可能存在差别。

我们再考察一个例子。比如最近火爆网络的《新清明上河图》，通过摆拍与后期制作相结合的方式将现代社会热点事件融入《清明上河图》的景象之中，以"我爸是李刚""城管打人""征爹求包养""拆迁与天价别墅"等剧情取代了汴河两岸的自然风光和繁荣集市，产生了超现实的效果，令人印象深刻。那么该使用是否会对《清明上河图》的市场产生不利的影响呢？我们很难想象有人会认为对该画的戏仿会降低原作品的艺术价值，有损其艺术市场。那么会不会因为这幅画而损害《清明上河图》的复制品市场呢？的确有读者可以从新《清明上河图》中找到该画的内容，如果该读者无法从其他途径获得《清明上河图》的内容，那么该作品也可以作为一种获取的途径。但究竟有多少人会这么做，是非常值得怀疑的。替代性损害取决于使用者的使用方式，但是更取决于消费者的意愿。如果原作品复制件的价格比较低，这种市场替代几乎是不可能发生。那么该使用会不会影响《清明上河图》的演绎作品市场呢？笔者认为可能会，因为摄影师这么使用《清明上河图》之后，其他摄影师再这么使用的可能性就比较低了，因此产生了很强的替代作用。不过《清明上河图》的权利人（如果张择端今天还享有著作权的话）也可能从中受益很多，因为使用者的使用帮助他找到了《清明上河图》新的使用方式，新市场的大门打开了。

由此我们发现，成功的创作性使用对演绎市场施加了巨大的影响，对权利人来说是好处与坏处并行。不成功的创作性使用虽然给权利人带来的损害小，但是权利人也无法获得更多的潜在收益。因此，使用者的创作质量高低对权利人的影响是以不同的方式进行的。业余爱好者的使用对于权利人的市场影响非常复杂，任何简单的分析都是以一种假设代替事物本身的复杂性。劳伦斯·莱斯格认为业余重混创作通常创作质量很低，但我们不能因此而否认高质量作品出现的可能性。质量高低与是否产生替代作用的关系也不是线性的，有的质量低但是产生了很强的替代作用，有的质量高却没有产生替代作用。

（三）业余爱好者重混创作与职业作者重混创作的合理使用规制差异

通过四要素的检验，我们发现业余重混创作与职业重混创作在合理使用适用上遇到的问题实际上是不一样的。尽管都是以合理使用的名义来解决，但是考虑的重点却有所差异。正如合理使用制度无法完全解决职业重混创作的问题一样,合理使用制度也无法完全解决业余重混创作的问题。其实,美国合理使用制度只是提供了一个解决问题的框架,而没有提供解决问题的具体标准,不同的问题都可以通过这个框架予以解决,但是这些不同的问题在运用该制度时是有所选择的,具体形成了不同的类型。从这个意义上讲,美国的合理使用规则实际上是新规则不断产生的温床。在前几章的研究中,我们通过对合理使用制度的重新诠释而重新构建职业重混创作的规则体系。业余爱好者可以援用这些规则。但是业余重混创作有自己的特殊性,光援用这些规则是不够的。在前述分析中,我们运用合理使用四要素对业余重混创作进行测验,结果发现业余创作是否构成合理使用是不太确定的。美国很多学者对此也意见不一,比如劳伦斯·莱斯格建议将业余重混创作规定为自由使用(free use),显然他认为是构成侵权的。① 但是一位反对他的学者认为,版权法并没有使孩子们变成罪犯,而是可以享受合理使用的庇护。② 由于业余重混创作的复杂性,这种争论在很大程度上都是根据自己的喜好,强调业余重混创作不同的侧面,因此有学者怀疑这种泛泛的研究到底有多少意义。③ 笔者赞同这种观点,笼统的研究业余重混创作到底是构成合理使用还是不构成合理使用实际上没有什么意义了,根源就在于业余重混创作本身的丰富性令这种简单的结论足以失去意义。研究要做的就是,现有的合理使用认定框架会对业余重混创作产生哪些影响? 哪些业余重混创作能够构成合理使用? 哪些不能构成合理使用? 如果不能构成合理使用,应该采用什么规则处理? 是采纳现有的侵权规则,还是采纳某些职业

---

① Lawrence Lessig, Remix: Making Art and Commerce Thrive in the Hybrid Economy, New York: The Penguin Press, 2009, p. 119. 莱斯格教授认为自由使用与合理使用是存在差别的,合理使用需要平衡双方利益,而自由使用则完全解除了法律的控制,实为一种更为特殊的合理使用。不过莱斯格教授同时承认在社会范围内的重混作品如果公开进行传播,那么就触动了版权义务,需要对版权人进行补偿(通过针对社区的一揽子许可协议)。本著作中笔者的建议与莱斯格教授的建议有相似之处。具体参见莱斯格教授前述著作第254–259页。

② Steven A. Hetcher, Using Social Norms to Regulate Fan Fiction And Remix Culture, 157 U. Pa. L. Rev. 1869(2009), p. 1899.

③ Player–Authors Project Research Team, The Player–Authors Project Summary Report of Research Findings, p. 25–26. http://player–authors. camden. rutgers. edu/, 2015–02–06 visited.

重混创作的规则？抑或另行构建一些新的规则？

二、作者权法系的合理使用规则与业余爱好者重混创作规制

(一)概述

作者权法系对合理制度的规定一般采取了具体列举与抽象标准相结合方式。抽象标准就是"三步检验法"，即第一步是将合理使用限于"某些特殊情形"，第二步是"不与作品的正常使用相冲突"，第三步是"没有不合理的损害权利人的正当利益。"具体列举可能与第一步有关，也可能与三步都有关系。《伯尔尼公约》第九条之二规定"本同盟成员国法律得允许在某些特殊情况下复制上述作品，只要这种复制不损害作品的正常使用也不致无故侵害作者的合法利益"。该规定也被《TRIPS 协定》以及世界知识产权组织《版权公约》所继承。世界知识产权组织的《版权条约》第 10 条的"限制与例外"规定："(1)缔约各方在某些不与作品的正常利用相抵触、也不无理地损害作者合法利益的特殊情况下，可在其国内立法中对依本条约授予文学和艺术作品作者的权利规定限制或例外。(2)缔约各方在适用《伯尔尼公约》时，应将对该公约所规定权利的任何限制或例外限于某些不与作品的正常利用相抵触、也不无理地损害作者合法利益的特殊情况。"《版权条约》分为两款分别对合理使用立法和司法适用进行了规定，这实际上意味着三步检验既是立法标准，也是司法适用标准。所有的合理使用规定都得接受"三步检验法"的检验，所有的具体司法适用也得接受"三步检验法"的检验。根据该精神，我们可以确定，法律上列举的具体情形与抽象标准应该重叠适用，[1]欧盟的"著作权指令"就是列举了具体情形之后要求接受检验法的检验。[2] 有的立法在具体情形的列举中就将三步检验法的具体内容涵盖进去。这种重叠适用有助于保证作者的权利不受到减损。[3] 这样，对业余重混创作的规制，既可以从具体类型出发进行讨论，也可以直接运用三步检验法进行检验。

---

① 朱理:《著作权边界:信息社会著作权的限制与例外研究》，北京大学出版社 2011 年版，第 76 页。

② 《欧盟信息社会著作权指令》第 5 条，Directive 2001/29/EC。

③ 朱理:《著作权边界:信息社会著作权的限制与例外研究》，北京大学大学出版社 2011 年版，第 81 页。

需要讨论的是,三步检验法第一步的"某些特殊情形"不是必须有法律的明确规定才行。因为三步检验法既适用于立法授权,又适用于司法解释。在立法授权的场合,无具体规定可言;只有在司法适用的场合,才可能存在法律规定的具体情形。三步检验法双重含义本身就意味着三步检验法第一步并不限于法律有明确的规定,应该是既包括法律有明确列举的类型,也包括法律虽然没有明确列举但是符合第一步条件的某些情形。现在我们从两个方面对业余重混创作是否属于合理使用进行检验。

(二)合理使用的具体类型与业余爱好者重混创作规制

在具体列举的情形中,与业余重混创作有关的具体情形包括个人使用、合理引用以及基于公共利益的使用三种类型。合理引用制度对业余重混创作帮助相当有限,因为业余爱好者由于创作水平的关系以及非创作目的经常导致其引用过量。基于公共利益的合理使用是合理使用制度中列举最多的情形,但是基于公共利益的合理使用往往与特定的行业或者特定的公共利益相联系,比如教学、科研、新闻报道等,普通的业余重混创作即使与此有关系,但是关系往往也不密切。比如业余重混创作与教育目的有关,但是著作权法规定的教育并不包括业余爱好者通过创作而进行的自我教育。业余爱好者截取、拼贴他人的新闻报道图片虽然具有提供新闻事实的含义,但是并非专业的新闻报道。因此,我们也许可以列举与业余重混创作有关的公共利益,但是我们无法将其限制在某些具体的特别的情形上,因此基于公共利益的使用对于业余爱好者通常是看起来很美,但实际上指望不上。

鉴于业余爱好者的个人身份,个人使用的规定对其倒是有很大的适用空间。我国学者李杨在其博士论文《著作权法个人使用问题研究》中通过对个人使用立法、学者观点的梳理,将其界定为:"自然人出于不具有商业性的本人目的及与关系密切的亲友在家庭或者类似家庭范围内的使用为目的,对作品实施的复制行为以及翻译、改编等演绎行为。"[①]据此,个人使用主体是自然人,延伸至与本人关系密切的亲属、朋友。使用空间限于前述的人际关系形成的私域范围。私域应该比非公开的范围更小,是根据个人的亲密

---

① 李杨:《著作权法个人使用问题研究:以数字环境为中心》,社会科学文献出版社2014年版,第53页。

交往原则在特定身份联系的人之间建立的,一般限于"本人、家庭或者其他类似的有限范围"。使用目的限于非商业性目的。至于使用的类型,包括个人复制和个人演绎两种类型(排除掉传播权,不符合私域的限制),一般以个人复制为主。① 业余重混创作应该归类于个人演绎类别。个人使用在著作权法的早期发展史上并没有引起什么注意,这主要源于个人复制能力的欠缺以及个人使用对著作权人商业利益的影响几乎可以忽略不计。相关的规定也比较少,1876 年的德国著作权法确定"允许对作品不构成商业目的的个人复制",承认私人自由使用。在国际立法层面上,1967 年的《伯尔尼公约》斯德哥尔摩修订会议筹备工作以及后来工作组起草的草案都研究和起草了私人使用的例外条款,然而在正式会议期间由于各方争议没能就该项例外达成一致,主要原因在于当时大规模的私人复制现象已经出现。大规模私人复制的出现以及对权利人收益潜在的巨大影响导致个人使用规则在国际公约中的确立困难重重,后来的《伯尔尼公约》历次修订、《TRIPS 协定》和世界知识产权组织的《版权条约》都未能就这个问题达成协议。由于国际公约上对这个问题没有做出明确的规定,个人使用就成为地区间立法以及国家立法的任意选项。欧盟 2001 年的《著作权指令》作为将个人使用作为可选择性例外被规定在第 5 条第 2 款中。② 就国家层面的立法而言,《德国著作权法》第 53 条详细规定了个人使用,主要要点有:①自然人为私人使用,不得有直接或者间接的营利目的,②复制的样本有合法来源,不是明显公开违法制作或者提供的;③制作必须符合个人使用目的,比如科研、归档、了解时事、课堂教学、考试等;④复制件既不得发行,也不能公开再现,否则应该取得著作人许可。③《日本著作权法》第 30 条规定为个人、家庭或者其他类似有限的范围内使用而复制著作权材料构成合理使用,但进行 4 项限制,不得使用供公众使用的自动复制机器进行复制;不得避开他人采取的技术措施

---

① 李杨:《著作权法个人使用问题研究:以数字环境为中心》,社会科学文献出版社 2014 年版,第 53—59 页。

② 《欧盟信息社会著作权指令》第 5 条第 2 款规定:"自然人为了个人使用,在任何介质上进行复制,自始没有直接或者间接的商业目的,而权利人无论是否根据第 6 条的规定对作品或者邻接权客体采取了技术措施,都有权获得合理的补偿。"

③ 《十二国著作权法》翻译组:《十二国著作权法》,清华大学出版社 2011 年版,第 163—164 页。

进行限制;不得对明知属于侵权著作权公开传播的材料进行复制;使用政令规定的具有数字化录音、录像功能的机器进行复制的,必须向权利人支付合理的补偿金。从上述分析来看,我们发现个人使用主要限于复制类使用,很少涉及创作性使用;其次使用范围限于私人领域,严禁公开传播,因此目前有关个人使用的规定、关注的主要问题与业余重混创作没有什么关系。个人创作没有出现在该制度的视野中。目前业余重混创作的典型特点是个人创作、公开传播,而个人使用规则是基于复制性使用设置的;它假设个人使用会造成比较严重的替代效应,因此对个人使用从使用者、使用目的、使用对象、使用尺度、传播范围等方面进行限制,努力在公共领域与私人领域之间划出清晰的界限,将个人使用限于权利人无法满足的项目上,将其作为著作权失灵的补充。因此个人使用规则实为个人使用限制规则。与国外规定相比,我国规定了一个更为笼统的个人使用条款,"为个人学习、研究或者欣赏,使用他人已经发表的作品"构成合理使用。[①] 与国外的规定相比,我国个人使用规定除了限于非营利目的之外,几乎再无其他限制,不仅包括复制性使用而且也可以包括创作性使用,具备比较大的弹性空间可供调整。当初胡戈面对陈凯歌的指责,就祭出这一条作为抗辩。如果胡戈面对德国式的具体规定,他可能会慨叹:这么多的规定,居然没有一款适合自己。

(三)"三步检验法"与业余爱好者重混创作规制

现在我们来考察业余爱好者重混创作是否符合三步检验法。由于三步检验法过于抽象,而且在立法授权和司法适用两个层面运用,相当复杂。2000 年世界贸易组织争端仲裁专家组对美国版权法第 110(5)条有关公开表演和广播权家庭性例外和商业性例外是否违反《伯尼尔公约》做出的裁决对三步检验法的含义和适用做出了具体解释[②]。第一步将合理使用限于"某些特殊情形"(certain special cases),由于涉及立法授权,因此不是指存在法律的明确规定。专家组认为"情形"是指事件、事情和事实,"特殊"是指"独特的或者有限的适用或者目的","某些"是指"被知晓或者特别的,但不是特

---

① 《中华人民共和国著作权法》第 22 条第 1 款第 1 项。

② United States – Section 110(5) Of Us Copyright Act,WT/DS160/R(1999).该部分参考了朱理:《著作权的边界:信息社会著作权的限制与例外研究》,北京大学出版社2011 年版,第 98–104 页。

别清楚的",合起来就是指被合理使用规定的使用行为必须是特别的,能够被清晰界定的。显然,该因素主要是考察使用的特性的,包括使用者范围、被使用的作品、涉及的权利、权限等一系列能够对"使用"进行界定的因素。这一因素确定了例外或者限制受益的范围,包括从质和量两个方面进行界定。就业余重混创作而言,涉及全体的个人使用者,范围很大;涉及的行为包括所有的利用他人作品进行创作的行为,至于使用的数量和质量无法进行有效界定,因此仅仅规定业余重混创作构成合理使用肯定是无法通过第一步的检验的。在这一点其实与个人使用的命运是一样的。个人使用的特殊性体现在两个方面。一是主体,二是使用目的,但是由于无法将个人使用中的具体情形进行区分,而这些区分往往在利益平衡上又具有重要意义。正是由于这个原因,个人使用在国际上很难达成协议。各国有关个人使用的规定实际上都是有选择的进行了细化,规定了更加详细具体的条件。

关于第二步"不与作品的正常利用相冲突"。专家组认为是指著作权人通过作品的专有权获取经济价值的行为。正常的判断要考虑经验因素和规范因素。前者包括行使权利的实际范围、现状等,但不是决定性因素。后者具有动态的含义,除了考虑当前已经产生的重要性或者切实可收入的因素之外,还需要考虑能够获得相当的经济或者实际价值的利用方式大的可能性及其程度。对作者有价值而且有可能实现的利用方式都属于正常利用,使用者的使用不得与之竞争。对于任何作品来说,演绎权都是作者享有的权利。演绎权虽然不具有获益的绝对必要性,但是我们也无法否认其存在经济意义,当然演绎权也有实现的可能性,只要有人申请而权利人又愿意许可,就可以获得收益。演绎权属于所谓的大权利,不需要通过专门的集体管理组织行使,业余爱好者重混创作对他人作品的演绎性使用无疑与作品的正常使用相冲突。

关于第三因素"没有不合理的损害权利人的正当利益",对于"正当利益"专家组认为"不限于实际的或者潜在的经济价值或者损失"。所谓"不合理",专家组实际上也无法准确把握。因此该判断实际上落入了比美国版权法合理使用第四要素更加尴尬的境地。对于该案涉及的商业性例外和家庭型例外,专家组注意到对于家庭型例外,没有人申请许可,也没有人寻求许可,因此不存在不合理的损害。不过,该论证比较勉强。对于业余重混创作

来说,权利人通过通知删除规则维权的事实就足以证明权利人有意收获这方面的利益。此外,有些版权企业自己也开始制作重混作品,因此业余爱好者重混创作是无法通过这一步的检验的。

因此业余重混创作在作者权法系的合理使用制度中面临着更大的规制困境,无论是通过列举具体合理使用类型,还是通过抽象的三步检验法都是如此。这主要源于作者权法系合理使用制度无法更细致的回应业余重混创作的特殊性所致。

三、业余爱好者重混创作合理使用规制困境的破解

(一)业余爱好者重混创作规制的困境

通过对版权法系和作者权法系的合理使用制度的适用进行研究,我们发现业余重混创作与合理使用的关系非常复杂。在作者权法系,可能绝大部分业余重混创作都无法构成合理使用。大量的借用以及公开传播使得业余重混创作既不符合合理引用的规则,也不符合个人使用规则;同时业余重混创作与特定的公共利益没有紧密的联系,导致其很难适用基于公共利益的合理使用规则。即使利用抽象的三步检验法进行测验,业余重混创作本身也很难通过测验。就某个具体的业余重混创作行为而言,能否通过三步检验法的测验,同样面临很大的困难,因为三步检验法主要是一种单向分析,无法有效衡量对使用者有利的因素。

美国的合理使用制度虽然能够有效考虑使用者的因素,但是这种适用却导致逆淘汰现象的出现。逆淘汰体现为对商业化的遏制和对创造性的遏制。合理使用将商业性作为合理使用认定的不利因素,为了争取非商业性使用的优待,使用者纷纷放弃商业性使用行为,从而导致商业化机会的丧失。谷歌图书扫描项目被诉至法院之后,谷歌公司为了塑造自己非商业性使用的形象,停止了在展示图书扫描项目的页面上投放广告的做法;为了让这一做法更加彻底,甚至将停止投放广告的范围扩展到取得权利人授权的"伙伴关系项目"所涉及的图书上。在判决中法院据此认为谷歌公司没有获取商业利益的直接目的,弱化了商业性使用这一不利因素。该因素导致谷歌丧失了重要的商业化机会,从而使谷歌图书项目失去了驱动力。为了争取非商业性利用的抗辩,很多业余爱好者在作品的扉页上做出了非商业性

使用以及放弃版权的声明,希望通过这一声明使自己免受权利人的追究。[1]
尽管如此,这一声明的效力也是值得怀疑的,因为商业性使用的范围目前已
经扩展到间接获得经济利益的场合。比如胡戈尽管免费传播《一个馒头引
发的血案》,但是他凭借声誉鹊起,获得了拍摄《鸟笼山剿匪记》等的资金,这
也是一种商业获益。对于信息分享平台,他们也得小心翼翼地维护自己的
非商业性使用的印象,至少不能直接从重混作品中获益。YouTube 尽管根据
上传协议获得了业余爱好者作品的版权,但是它从未进行再许可,因为潜在
的版权纠纷遏制了其商业化的欲望。[2] 目前大多数的信息分享平台在将其
巨量的消费注意力转化为真实的商业能力方面存在困境,主要原因之一就
是版权困境。非商业性使用在为使用者、传播者提供庇护的同时,也给他们
套上了紧箍咒。

合理使用制度还对业余重混创作产生了创造性的遏制。在学者们有关
业余重混创作正当性的论证中,普遍认为业余爱好者们创作的低质量让这
些重混创作无法产生替代性损害。这固然为孩子们的重混创作争取了空
间,但是对于孩子们提升自己的创造性却是不利的。因为这无异于说,质量
越高,得到的注意力越多,侵权风险越大。对于业余爱好者们来说,由于处
于创作的初始阶段,我们无法以职业作者的水平要求他们,职业重混创作的
规则他们往往无法满足。但是目前合理使用提供的规则与他们提升创造性
的努力又背道而驰。这实际上造就了特殊的"夹层"现象,处在这部分水平
的业余爱好者既得不到职业重混创作规则的照顾,也得不到业余爱好者合
理使用规则的照顾,处境尴尬。

非商业性与低质量理由组合为业余重混创作打造的合理使用制度固然
可以拉开权利人市场与业余爱好者创作空间之间的距离,尽量减少它们之
间的干扰,但是这样做的结果就是将业余重混创作压缩在低质量无价值的
空间范围内,从而遏制了业余重混创作的良性发展。导致权利人作品市场

① Player-Authors Project Research Team, The Player-Authors Project Summary Report
of Research Findings, p. 122-123. http://player-authors. camden. rutgers. edu/, 2015-02-06
visited.

② CarmitSoliman, Remixing Sharing: Sharing Platforms As A Tool For Advancement of
UGC Sharing, 22 Alb. L. J. Sci. & Tech. 279(2012), p. 294.

与处于底层的业余重混创作之间存在宽阔的灰色地带。对于这灰色地带的业余重混创作,法律规制出现了空白。

(二)业余爱好者重混创作规制的新思路

为了更好地对业余重混创作进行规制,笔者认为应该依据创造性、交流、商业化的组合情况对业余重混创作的具体形态进行划分,在此基础上寻找规制手段。

(1)准职业重混创作。该类型作者创作水平比较高,能够根据创作需要选择和加工题材;作品具有较高的商业价值;作者有商业化的动机。与职业重混创作的最大区别就在于获利的方式有别,它不是通过作品的传播控制获利,而是通过建立声誉、第三方支付或者延迟收益等方式获利。目前活跃在网络上,引起大家广泛关注的业余重混创作大都属于这种类型。比如胡戈、胥渡吧、叫兽小星就是如此,他们有专业的创作技巧,但是显然又不属于传统的传媒工业群体;他们虽然想积极追求商业利益,但是却缺少解决版权问题的能力以及进入传统销售渠道的能力。因此,他们一方面开放版权,另一方面又试图获取商业利益。

(2)依爱好进行的重混创作。这类作者往往具有一定的创作兴趣,但处于尝试创作的阶段。虽有一定的创作技巧,但是不能很好的根据创作需要对他人作品进行处理。没有太多的商业化动机,但是也不拒绝商业化。作品的商业化价值通常较低,但是能够吸引观众。

(3)纯粹为交流而进行重混创作,这类创作往往拒绝商业化,在比较小的范围内传播。上文提到的劳伦斯·莱斯格介绍的一位年轻母亲录制儿子跳舞的视频,就属于这种情形。这位母亲将儿子跳舞的视频上传到网站之后,将网址告诉了自己的几位亲朋好友,与他们分享孩子成长的喜悦。他们根本不关心作品质量的高低。耽美小说群体也大致属于这种类型,她们的创作只为交流,没有公开传播的动机。

上述三类仅是简略的划分,他们之间也可能存在转化。我们发现依据商业动机,第一类具有较强的商业动机,第二类次之,第三类没有商业动机;就创造性而言,第一类创造性比较强,第二类次之,第三类则不一定,有的可能具有很强的创造性,有的则较弱。交流的因素与创造性因素往往成反比关系,二者共同决定着重混作品的传播范围。就传播范围的控制而言,第一

类没有控制,可能流传于多个社区;第二类可能存在于特定的社区;第三类往往存在封闭的社区内。不过,即使是封闭的网络社区,往往也超越了传统的私人空间。依据合理使用的标准,能不能很好的规制这三种类型呢?第三种类型属于合理使用的可能性比较大,非商业性以及有限的传播范围,导致其对原作品的影响范围比较小。对于第二类,合理使用制度可能是最纠结的,有创造性但是不具有高度转换性;有商业性,但是程度较低。而这可能属于业余重混创作的典型状态。对于第一类,则有可能比较顺利的向职业重混创作过渡。之所以目前没有完成向职业重混创作的过渡,主要原因在于交易成本太高。为了避免法律风险,这些重混创作者放弃了版权,通过声誉赚取收入。对于这类创作,可以经由调整后的职业重混创作规则进行调整,尤其是超越自由演绎补偿制度。因此我们只需为第二类和第三类重混创作构建新的规则。

四、业余爱好者重混创作的合理使用规则:以"社区"为视角

(一)社区性例外规则的提出

根据上面的分析,我们发现即使是美国式的最宽松的合理使用制度,只能够勉强解决业余重混创作的第一类和第三类的情况,中间的最可能代表着业余重混创作现象的部分难以解决。为了更好地解决业余重混创作的问题,我们有必要再次考察业余重混创作和传播的生态。业余重混创作与传播的最典型特征就是创作与消费同一。[①] 业余重混创作往往是以社区的形式进行,在这社区里面,创作者往往是消费者,消费者也往往是创作者。[②] 在传统情况下,创作者、传播者与消费者是分离的,权利人通过向不特定的消费者销售作品而取得收入,著作权成为他们之间的纽带。而在业余重混创作中,创作者和消费者往往是同一批人,传播网络相对封闭,这些作品的价值往往也体现在这些特殊的消费群体身上。不过业余爱好者之间通常是忌

---

① Erez Reuveni, Authorship In The Age of the Conducer, Journal, Copyright Society of the U. S. A. , Electronic copy available at: http://ssrn. com/abstract = 11113491, 2015－02－08 最后访问.

② 熊琦:《Web 2.0 时代的著作权法:问题、争议与应对》,《政法论坛》,2014 年第 4 期,第 86 页。

讳直接进行收费的,因为这样会破坏社区的气氛。劳伦斯·莱斯格认为在业余重混文化中金钱是毒药。[①] 当然也存在例外,比如在虚拟社区当中,玩家之间是可以进行交易的。因此业余爱好者之间是否适合于交易不能一概而论,主要取决于粉丝之间是合作关系还是竞争关系,如果是合作关系,谈钱伤感情;如果是竞争关系,那么交易正合适。[②] 这些特殊消费群体与原权利人的关系上,表现为这些消费者往往是原作品的粉丝。因此特定社区形成、业余爱好者重混创作往往不会对原作品的销售造成影响。对于原作品的演绎市场也不会造成影响,因为粉丝们总是盼望新的演绎作品出现。相对于普通读者,这些人实际上是一群资深读者,是一群"迷",是特殊的消费群体。他们有着很大消费需求,而且会通过自己的消费行为影响一般读者。因此业余重混创作通常情况下与原作品并不是相互竞争的关系。通过抽象的三步检验法或者四要素检验法往往难以有效的展现这些关系,因此需要类型化。类型化的最大好处就在于量身定做,无论是美国式的合理使用制度还是作者权法系的合理使用制度,在规定抽象规则之余,都需要适当的类型化。《美国版权法》在107条规定了合理使用的一般规则之外,108到112条还规定了其他具体类型的合理使用或责任限制制度。相对于抽象规则,类型化可以更好地适应具体情形,改变构成条件,降低证明难度。业余重混创作在抽象的合理使用标准之下无法有效运作,因此应该构建适合于业余重混创作的合理使用规则。通过上面的分析,我们发现,无论是从创作的角度还是从公共利益的角度,都很难构建业余重混创作的规制规则。但是从主体以及业余重混作品传播的角度,可以发现"社区"可能是一个合适的起点。社区性创作与传播是业余重混创作的主要特性,也是其展现价值、实现价值的主要载体。对于原权利人来说,社区可以有效区分业余重混作品传播的范围与原作品的市场范围,平衡双方利益。业余重混创作与传播呈现出明显的社区性、群落性的特点,社区性越强,社区内的人关系越紧密,创作者与消费者越趋向于同一,对原权利人的影响也就越小;作品越具有商业性,那么超越社区的可能性也越大。从文化的角度讲,业余重混创作群体往

---

① Lawrence Lessig, Remix: Making Art and Commerce Thrive in the Hybrid Economy, New York: The Penguin Press, 2009, p. 119.

② 在竞争性的游戏社区广泛存在。

往属于所谓的亚文化群体。亚文化群体由于其市场狭小,往往溢出在主流市场之外;随着数字技术发展,信息传播成本降低,这些亚文化群体借助于网络形成社区,形成自己独特的市场。由于业余重混创作与传播的上述特点,社区性标准是完全可行的。也许有很多学者认为,网络属于公共空间。但这是不对的,互联网可分为具有不同性质的私人和公共空间,分享不同的需求。①

互联网可以通过技术措施塑造出类似于物理空间的情形。以"社区"为标准,笔者提出合理使用制度适用于业余重混创作的合理使用规则。在业余重混创作中,如果业余爱好者将其创作与传播限制在特定的社区范围内或者实际停留在特定的社区范围内,构成合理使用。该建议包括以下要点:①创作者是业余爱好者。该条件明确了适用的主体是个人、自然人,不包括组织。②业余爱好者使用他人作品的行为符合作品的条件。是不是构成作品适用著作权法现有标准。该条件将复制性使用与创作性使用区分开。复制性使用会产生明显的替代效果,创作性使用与它存在明显的区别,即使最差劲的业余重混作品也很少产生替代性效果。因为重混创作增加的内容会需要消费者识别和区分,影响消费体验,提升消费成本。③业余重混作品传播被限制在特定社区范围内或者实际停留于特定社区。该要素包括使用者主动采取措施构建相对封闭的社区,或者使用者的行为导致其只能停留在特定社区。这条件实际暗示着,业余重混创作越失去其独特性,越应该采取相应的限制措施。

(二)社区性例外规则的特征

与现有的合理使用规则相比,"社区性例外"至少存在以下优势:①证明成本低。社区性标准有效回避了合理使用那些难于证明的条件,选择简单的易于证明的外在标准,从而能够有效降低规则的实施难度。②具有可控性和流动性。业余爱好者可以通过自己行为的简单调整而有效控制法律后果,从而避免了高度不确定的法律风险。业余爱好者适当的时候,可以逃离

---

① Carol M. Rose:The Several Futures of Property:of Cyberspace and Folk Tales,Emission Trades and Ecosystems,Minn. L. Rev. 83,154(1998). 转引自[美]Mark A Lemley:"财产权、知识产权与搭便车",杜颖,兰振国译,《私法》,2012年第1期,第157页。

该规则的保护,因此其适用具有很强的流动性。

那么该规则是否存在很大的不确定性呢？笔者认为所谓的不确定性主要是指对社区封闭和开放程度的拿捏有时存在困难。因为如果对社区封闭性要求很高,那么将提高业余爱好者的搜寻和进入成本;如果对封闭性要求较低,那么又可能使社区标准形同虚设,以社区标准之名行公开传播之实。笔者以为社区标准的主要功能在于将业余爱好者与普通的社会公众区分开。这种区分涉及多个因素,统一的技术要求恐怕是不合适的,但是技术因素显然应该与其受关注度成正比的。越独特、业余爱好者越少的社区需要的技术性措施越少,反之亦然。在社区内部,对于个别作品也应该采取相应的技术措施(比如禁止下载或者需要相应的下载权限),否则的话,很容易造成公开传播。技术要求的灵活性有助于在实践中发展出最佳操作规范。尽管存在不确定性,但是该不确定性是可控的,甚至可以说是有意保留的。

(三)社区性例外规则的三个理论来源

上述规则设计不是笔者的突发奇想。它一方面来源于笔者对业余重混创作特性的分析,另一方面也来源于其他学者理论的启示。对于业余重混创作特性的分析,在本书中很多地方都是存在的,这里不再赘述。对于其他学者的理论启发,笔者在此介绍三个来源:

1. 转换性与读者反应

Heymann 教授认为转换性使用的问题不是作者增加了什么,而是相对于原作品,使用者的作品是否创造了一个不同的社区,围绕新作品产生了一个讨论和解释的新空间。[①] 而 Xiyin Tang 受此启发,针对后现代艺术的规制,提出了一个所谓清除四要素的合理使用规则,即如果演绎性创作通过转换性使用以至于创造了一个离散性社区,就构成合理使用。[②] 上述建议最大的特点就是把问题从作者的意图上移开转而关注读者的反应,开辟空间关注后现代主义者的创作方式,从而避开了替代性判断造成的负面影响。但是该建议的广泛适用会颠覆目前合理使用的制度格局,因此被完全接受的可

① Laura A. Heymann, Everything is transformative : fair use and reader response, 31 COLUM. J. L. &ARTS 445(2008).

② Xiyin Tang:The old thing,copyright:reconciling the postmodern paradox in the digital age,AIPLA Q. J. Vol.39:71,93(2011).

能性极小。其次,这是一种典型的二分法思维,而世界上很少有非白即黑的情况,即使被采纳也无法完全解决后现代艺术创作的问题。不过该思路对于业余重混创作的规制是有启发的。因为业余重混创作与在先作品一般不产生竞争,这可能源于业余重混创作与在先作品的旨趣不同,也可能源于业余重混创作的低质量,还可能源于业余爱好者的特殊身份以及相应的传播与消费特性。业余重混创作的非竞争特性尽管与转换性使用及读者反应有关,但是涉及的因素更多,二者非竞争的特点更具结构性。而后现代艺术尽管具有转换性,产生不同的市场,但是随着公众艺术观念的转变,权利人也可能将制作后现代特色的版本纳入其商业范围,比如美国音乐家 Jay-Z 就自己发行的音乐专辑制作相应的重混版音乐。在这种情况下二者是直接竞争关系。根据认知心理学,我们也会发现更为相似的也可能同时被判断为更为不同的,因此所谓的转换性与读者反映测验有时并不是很可靠,上述制度建议用在职业重混创作中是过于简略的,但其思路对于业余重混创作却是合适的。这个思路就是转换视角,从读者或者使用者的角度去观察和解决问题。

2. 社会交往例外

我国学者刘文杰在研究微博上作品传播与利用现象时提出了社会交往例外规则,认为构成一项社会交往例外,需要具备三个条件:行为发生在明显的对话语境;对他人作品的利用具有服务于自身日常交往的工具性;他人作品不是用以营利、营业的客体。① 社会交往例外实际上源于日常交流中对他人作品的使用行为,在非数字时代这些使用往往是以口头的形式进行,不会产生重大的著作权问题,但在数字时代一切皆书面的情形下就会产生新的问题,因此作者提出了社会交往例外规则。随着数字技术的发展,社会交往例外从一项从来不用说起的"潜规则"变成了一条"明规则"。社会交往例外提出的最大意义在于通过对交往的强调而走出了个人使用的范围,可以随交际圈而拓展;同时通过交往的强调彰显其非商业性的特征,将社会交往的使用与商业性使用区分开。这对于笔者是有启示意义的,但是业余重混创作并非仅仅是对话,也并非没有商业性。如果仔细深究的话,社会交往例

① 刘文杰:《微博平台上的著作权》,《法学研究》,2012 年第 6 期,第 126 页。

外的几个要件是存在问题的。首先,发微博者旨在通过微博吸引粉丝,具有很明显的商业企图;所谓的对话语境,实际上是不明确的,如果同时对话的对象很多,那么已经接近于公开传播了。微博与其形成的转发环境已经构成了一个所谓的社区,这个社区往往是博主和粉丝有意营造的,在这个圈子里他们彼此愿意放弃部分著作权。这与对话性、非商业性都没有关系,重要的是圈子,是社区。业余重混创作如果是粉丝创作,那么其本质就是崇拜者帮助偶像建立的社区;如果为了学习、兴趣而结成的社区,对他人作品的使用就变成了著作权保护与社区所形成的公共利益的平衡问题。如果说个别的业余重混创作与特定的公共利益关系不大,那么个别重混创作的集聚则产生了很明显的特定公共利益。社区是公共利益的承载者,使得业余创作者的使用有了公共利益的理由。

3. 个人使用例外

个人使用例外规则尽管在国际公约中没有达成共识,但在很多国家的著作权法中一直是存在的。个人使用例外的界定可以从使用方式和所涉的"圈子"两个角度进行界定,就前者而言,通常关注的是复制行为;就后者而言,通常关注的使用的空间与主体。将个人使用限定在个人、家庭或者亲朋好友范围内,在私域空间的使用。业余重混创作的起点也是一种个人使用,但不属于复制。其次,业余重混创作流传的圈子不限于个人或者家庭,它往往需要一个更大圈子。这是由创作的特性决定的,创作只有通过传播才能建立价值。从上述的区别,我们发现个人使用关注复制而疏忽了创作性使用是有其内在原因的。在数字时代,个人使用开始超出了家庭等物理空间,更入到更宽广的空间,那么个人使用规则应该如何变化呢? 个人例外规则的演变能够给业余重混创作规制带来某些启示。不过有趣的是,这些启示往往是从反面进行的。如果说在数字时代,个人使用例外需要个人使用者努力证明自己超出所处的现实物理空间的使用行为不具有公开属性,[1]那么业余重混创作则需要努力证明自己的传播范围与被使用作品传播范围的异质性。因此对于个人使用例外为何难于适用于业余重混创作的思考帮助笔

---

① 李杨:《著作权法个人使用问题研究:以数字环境为中心》,社会科学文献出版社2014 年版,第 221 页。

者厘清了业余重混创作的特质。

（四）社区性例外规则的适用

根据该标准，我们发现第三类业余重混创作构成了合理使用，第二类业余重混创作只要采取了相应的措施，可以构成合理使用。第三类由于超越了特定社区，无法依据该标准构成合理使用，但是其可以享受职业重混创作规则的保护。也就是说，第一类的业余爱好者可以进行选择，要么使其停留在第二类或者第三类的情形中，通过牺牲传播范围而享受业余重混创作合理使用规则的保护，要么跨越特定的社区，通过职业重混创作规则进行保护。该规则与寻常的合理使用规则相比，最大的优势在于它给了业余爱好者选择余地，业余爱好者可以通过控制自己的传播行为而控制自己的行为后果。相对而言，尽管可能会牺牲一些传播和商业化的机会，但是能够最大限度地控制自己行为的后果。如果技术措施可以作为权利人保护自己的手段，对其经营行为进行控制，那么在该规则之下，使用者同样可以通过技术措施保护自己免受权利人的攻击。与此同时，又可以通过提升自己的创作水平，适时脱离业余创作者合理使用规则的保护。从这个角度讲，笔者认为以社区性例外规则能够与职业重混创作的规则进行顺利衔接。

第三节　通知删除规则与业余爱好者重混创作规制

网络空间的著作权侵权行为具有匿名性、多发性、分散性等特点，面对海量的侵权行为，权利人面临着信息搜寻、诉讼以及执行上的高成本。为了节省维权成本，权利人往往以间接侵权的名义起诉网络服务提供者，要求其承担间接侵权责任。为了平衡用户、互联服务提供者以及著作权人的利益，在直接侵权责任与间接侵权责任规则的基础上，法律对互联网服务提供者的责任进行了重新规定，形成了避风港规则、通知删除规则以及红旗规则三大规则，它们相互配合，共同塑造了信息分享平台上著作权侵权治理秩序，其中通知删除规则既充当了互联网服务提供者是否违反义务的判断工具，又充当着网络侵权治理的执行工具发挥作用，从而在网络著作权治理中占据着核心地位。这种巧妙的设计将主观过错认定与侵权执行措施结合起来，有效地降低了网络著作权侵权治理的成本，但是也不可避免的带来了问

题,造成了权利人、用户以及互联网服务提供者之间利益分配的失衡,尤其是用户利益的损害。鉴于本著作研究目的,笔者在正式探讨之前,对研究的范围进行必要的界定。互联网服务提供者的提供服务可以分为四类:网络接入服务、网络内容服务、主机服务和搜索引擎服务。① 业余爱好者将重混作品上传到网络,网络服务商提供存储空间,属于上述的主机服务。所谓主机服务是指互联网服务提供者为网络用户提供存储空间,允许其上传信息,以供其他用户浏览和下载。② 它与网络内容服务的区别就在于内容来源不同,主机服务的内容来自于第三人,内容服务的提供者是网络服务提供者本人。本著作将此类服务提供者以及提供的存储空间统称为信息分享平台,因此信息分享平台既是一个空间的概念也是一个主体的概念。③ 此外,在信息分享平台上大家关注的通常是复制性使用行为,而笔者关注的则是创作性使用行为。本节我们将分析业余爱好者重混的特殊性对通知删除侵权治理结构的影响,进行分析和评价。

一、信息分享平台的著作权侵权治理结构

信息分享平台往往接受业余爱好者的上传,在其网站上进行展示。如果上传的内容涉嫌构成侵权,上传的业余爱好者构成直接侵权,而信息分享平台有可能构成间接侵权,承担间接责任。关于著作权的间接侵权,我国学者王迁区分了间接侵权与间接责任。他认为,"各国一般侵权法规则中均有一项基本原则,教唆、引诱他人进行侵权,或者明知他人行为构成侵权,仍然给予实质性帮助的,应当对侵权后果承担责任。"④据此,王迁所谓的间接侵

---

① 王迁:《网络版权法》,中国人民大学出版社 2008 年版,第 133-134 页。
② 王迁:《网络版权法》,中国人民大学出版社 2008 年版,第 134 页。
③ 这种用法应该不会造成混淆,因为信息分享平台是作为物理空间还是网络服务提供者在具体的表述之中是很容易区分的。笔者之所以这样用,主要目的在于将主机服务提供商与其他的网络服务提供区分开(主体);同时意在突出主机服务提供商与其他主体之间的关系(平台,共同活动的场所)。
④ 王迁:《网络版权法》,中国人民大学出版社 2008 年版,第 143 页。

权包括帮助侵权和引诱侵权两种情形,排除了替代责任的情形。① 李明德教授则采纳了广义的间接侵权视角,统称为第三人责任,是指"第三人虽然没有直接侵犯他人的著作权,但由于他协助了第二人的侵权,或者由于他与第二人存在某种特殊关系,应当由他承担一定的侵权责任",具体涵盖协助侵权和替代责任。具体而言,前者是指"第三人通过引诱、教唆和提供物质手段的方式,促使第二人侵权他人的著作权",实际上包括帮助侵权和引诱侵权两种具体情形。后者是指"在某种特殊的关系中,第三人应该为第二人的行为承担责任"。② 不过采纳狭义间接侵权概念的王迁教授发现,著作权法间接侵权责任出现了扩张现象,③包括了替代责任的法定化。④ 因此,两位学者意见实际上是趋同的,即著作权侵权的间接侵权(或者间接责任)包括帮助侵权、引诱侵权和替代侵权(责任)三种具体情形。对此笔者不区分间接侵权或者间接责任,统称为间接侵权。

美国 1998 年的千禧年数字版权法中首次规定了互联网服务提供者的间接侵权责任。欧盟的《电子商务指令》进行了类似的规定,我国也逐步引入了相关的规则。

对信息分享平台,《美国数字千禧版权法》512 条以免责条款的形式为其提供了"避风港"。信息分享平台因执行用户的指令在其经营的网络系统中存储内容而侵犯版权的,具备下列三个条件可以免责:①信息分享平台不知存储在其网络系统中的内容是侵权的;也不存在明显的应该知晓侵权行为存在的情形。在知晓或意识到侵权内容之后,迅速移除侵权内容或屏蔽对其访问。②具有控制侵权行为的权利和能力时,信息分享平台没有从侵权行为中直接获得经济利益。③信息分享平台得到侵权通知后,迅速移除被指称侵权的内容或屏蔽对其访问。美国版权法以免责条款的形式对信息分享平台提供避风港时,回避了信息分享平台涉嫌侵权行为性质的判断,不过从其免责条件来看,主要是以间接责任为基础重新规定的。

---

① 不过在著作中,王迁教授将这两种侵权行为统称为帮助侵权。李明德教授则将帮助侵权和引诱侵权合称为协助侵权。参见李明德:《知识产权法》,法律出版社 2008 年版,第 85 页。

② 李明德:《知识产权法》,法律出版社 2008 年版,第 85 页。

③ 王迁:《网络版权法》,中国人民大学出版社 2008 年版,第 132 页。

④ 王迁:《论版权"间接侵权"及其规则的法定化》,《法学》,2015 年第 1 期。

上述三个条件分别对注意义务、控制和收益以及执行措施作出了要求。对于是否违反注意义务，具有主观过错的判断可以分为以下几种情况：①明知，是指信息分享平台已经知晓侵权情况存在的情形，需要权利人用证据证明。②明知的推定，即红旗规则。由于明知是一种主观的心理状态，如果没有非常明确的客观证据，权利人很难证明信息分享平台的明知。为了避免这种情况，美国立法采取了红旗标准。即当侵权行为像红旗一样在信息分享平台面前飘扬时，可以推定其"知晓"侵权行为存在。红旗标准使得信息分享平台主观过错的证明变得更容易一些，但是比其他推定"知晓"的标准要严格。③"通知"式证明。鉴于"明知"证明的困难，法律特设以通知的方式进行证明。权利人发现侵权行为后，可以向信息分享平台提出侵权行为存在的通知，如果接到符合要求的通知后，信息分享平台仍然不采取删除行动；如果在事后的诉讼中被证明侵权行为存在，那么信息分享平台就要为通知之后的行为承担责任。因此通知既是权利人维权（制止用户的侵权行为）的形式，也是证明信息分享平台存在主观过错的方式，追究信息分享平台间接侵权责任的形式。

关于控制和收益条件的规定，《美国版权法》明确规定，信息分享平台在具有控制侵权行为的权利和能力的情况下，没有从侵权行为中直接获得经济利益是免责的条件之一。由于美国立法没有明确避风港规则的适用前提，因此不清楚该条件到底狭义的间接侵权免责的条件之一，还是构成了独立的替代责任条款。如果是前者，那么首先要判定帮助侵权行为的存在，其次运用该条件进行检验是否符合免责条件。不过笔者认为美国版权法的规定并不是对第三人责任的完整规定，也无意改变美国的司法实践，该条件可以视为帮助侵权与替代责任的叠加适用。至于替代责任能否在信息分享平台中适用，笔者认为这种可能是存在的。替代责任与帮助侵权在具体的认定上存在差异。替代责任主要从雇用责任中发展出来的，主要考察两类因素：一类是第三人有无能力制止侵权行为，一类是第三人是否从侵权行为中获得直接的经济利益。如果同时具备这两类因素，那么被认定为承担替代责任的可能性就很大。在夏皮罗案件中，法官区分了两类案件，"房东-房客"类案件和"舞厅"类案件。尽管都获得利益，但是对于前一类案件，房东无法知晓房客的侵权行为，也无法对房屋内的情形进行控制，因此无需对房

客的侵权行为负责。对于后一类案件,管理者可以对舞厅的情况进行监控,因而应当承担替代责任。夏皮罗案件本身是典型的版权侵权替代责任案例。该案被告根据承租者的录音制品的销售额抽取一定比例的收益,当承租者销售侵权的录音制品时,被告符合上述两个条件,被判承担替代责任。[①]尽管替代责任与协助侵权责任都是处理第三人责任的,但是他们之间并不存在逻辑上的关联,仅仅是处理相似问题(第三人是否承担责任)两种不同的制度。它们在处理第三人是否承担责任的问题时,考察的要素存在差别,因此适应各自不同的情境。

为了了解如何适用这些制度,笔者以米高梅制片公司等诉 Grokster 公司等为例进行阐释[②]。该案是 P2P 分享软件侵权的著名案例。该案的被告开发了一种点对点文档网络共享软件,该软件的根本特点就是没有中央服务器,用户可以直接利用软件相互之间进行通讯,传输文件,Grokster 公司免费向用户提供软件,然后通过出售广告位来获得费用,他们将广告传播给那些使用其软件的用户。该案件裁决的困难之处在于:被告没有中央服务器,没有提供文件目录,无法对用户的行为进行监督和控制;被告没有对用户直接收费,也就没有从用户的直接侵权行为中获益。被告的软件尽管客观上帮助客户侵权,但是具有“非实质性侵权用途”,依据索尼案确立的规则,不构成帮助侵权。因此这个案件在初审和二审法院都判决被告胜诉,最后原告上诉到最高法院,最高法院以引诱侵权的理由撤销原判决,因为本案中的被告以明确的语言教唆、引诱用户侵权。但是如果被告没有引诱行为,那么美国司法实践要制止这种行为,就可能面临着危机。因此,美国国会试图制定《引诱版权侵权法案》。[③] 通过上述分析,我们发现替代责任和协助侵权(帮助侵权、引诱侵权)各有其相应的适用条件,彼此之间有重叠的地方但是并不完全相同,因此各有其适用的空间。权利人可以根据具体需要选用合适的责任类型进行诉讼,既可以单一选择,也可以叠加选择。对于信息分享平台而言,由于它不可能像 P2P 软件那样取消中央服务器,因此对其规制不会

---

① Shapiro,Bernstein and Co. v. H. L. Green Co. 316F. 2d 304(2d Cir. 1963). 关于这个案件的具体介绍可以参见李明德:《知识产权法》,法律出版社 2008 年版,第 86 页。

② Metro-Goldwyn-Mayer Studios Inc. V. Grokster,LTD. 545 U. S. 913 (2005).

③ 王迁:《网络版权法》,中国人民大学出版社 2008 年版,第 268 页。

走到将法律逼到山穷水尽的程度，三种间接侵权行为类型对信息分享平台都有适用的空间，因此免责条件可以针对这三种不同的间接侵权责任适用。

关于侵权内容删除的条件，美国法律要求，在收到侵权通知后，必须及时删除涉嫌侵权的内容，否则如果事后被认定为侵权，信息分享平台就要承担责任。可见及时删除涉嫌侵权内容或者断开相关链接是信息分享平台获得安全港保护的重要条件之一（明知或者明知推定的情形除外）。信息分享平台收到侵权通知后，可以有三种选择，一是对是否侵权进行判断，如果认为不构成侵权，那么冒着丧失避风港保护的风险，拒绝删除。二是进行形势判断，对符合形势要求的，立即移除被控侵权内容并及时转交通知；在收到用户的反通知后，转反通知并恢复服务。三是不进行任何判断，完全例行公事。把自己当作传声筒，对于权利人可能滥发通知的行为和用户滥发反通知的行为视而不见。

为了平衡用户和权利人的利益，法律构建了一个完整的通知删除程序。权利人通知信息分享平台，信息分享平台收到通知后，删除侵权内容同时转通知。如果用户发出反通知，信息分享平台向权利人转反通知，同时告知权利人将回复删除的内容，但是权利人及时向法院提起诉讼除外。通知删除与反通知恢复的程序为用户和权利人构建一个诉讼前的侵权快速治理程序，对于降低侵权治理成本具有重要意义。

二、通知删除规则下业余爱好者重混创作的利益配置

通知删除规则通过间接侵权责任的法定化对信息分享平台、著作权人和业余爱好者的利益进行了具体配置。这种基于侵权治理的权利义务分配，虽然能够缓解网络侵权治理的难题，但是也存在很多问题。下面笔者对该规则下三方得失进行具体的描述。

（一）著作权人的得失

在通知删除规则下，权利人获得了网络维权的新武器，使侵权材料能够从网络中迅速删除。[①] 相对于法院诉讼，这是一种便捷低成本的维权方式。

---

　　① 梁志文：《论通知删除制度——基于公共政策视角的批判性研究》，《北大法律评论》，2007 第 8 卷第 1 辑，第 168 页。

这种维权模式借助信息分享平台能够控制用户的文档传输和展示,凭借技术手段进行私人治理。由于责任激励,信息分享平台往往会配合权利人完成侵权治理。与法院诉讼付出的高昂成本相比,权利人只需要付出侵权信息搜寻、固定、通知以及个别情况下的诉讼成本就可以了。而且随着查找技术的专业化,单个侵权行为的维权成本会越来越低。

尽管如此权利人也有自己的烦恼。首先,尽管通知删除的成本较低,但是权利人同样放弃了损害赔偿,无法通过维权取得收入,因此付出的是净成本。在这种情况下,权利人往往从减少损失的角度考虑问题,如果某些侵权行为带来的损害很少,那么通过通知删除的渠道进行维权也是不值得的。成本收益依然制约着权利人的行动。其次,权利人的维权活动与信息分享平台、使用人之间日益演变成一场猫鼠游戏,使用者规避能力日渐提高,信息分享平台采取睁一眼闭一眼的"鸵鸟政策",逐步提高通知删除的维权成本。信息分享平台往往会打着公正的旗号要求权利人提供完善的通知,否则视为不合格的通知。通知的要求实际上代表着权利人需要付出的成本。权利人如果存在完善的著作权管理,那么证明权利人身份或许不是难事,但在我国著作权管理不完善的情况下,要求提供完善的权利人资格证明相当困难。因此,即使在美国也有要求降低通知要求的呼声。[1] 使用者为了避免被发现则采取相应的规避行为,规避行为不仅提高了权利人的搜索成本,而且可能造成其他损失。比如改变作品名称、删除原作者姓名等,这些行为导致原权利人本可以通过传播而收获的声誉被阻断。所以对于权利人而言,维权有时候实际上是在著作权激励和非著作权激励之间进行的两难选择。这也是某些学术性作品权利人维权不积极的重要因素,因为通知删除式的维权得不到任何收入,还导致声誉损失。

(二)信息分享平台的得失

在通知删除机制下基于下列因素信息分享平台可以获得最大的利益蛋糕。①信息分享平台被免除主动监视网络活动和寻找侵权行为的义务,扫除了其经营的最大障碍。在以大数规则为圭臬的经营模式中,任何事先的

---

① The Department of Commerce Internet Policy Task Force, Copyright Policy, Creativity, and Innovation in the Digital Economy, 2013, p. 56.

审查往往都是不能承受之重。因为事先的审查会降低信息的传播速度,阻碍经营规模的壮大。免除事先审查义务之后,信息分享平台是否采取监控措施一般不影响注意义务的认定。②注意义务与通知规则的结合使其获得了明确的是否违反注意义务的判断标准。红旗规则使得对信息分享平台的应知的推定比对其他主体应知的推定更难,从而也使得通知式的证明更为普遍。③通知与删除,反通知与恢复的结合使得信息分享平台既能对权利人免责,又能对用户免责,只要信息分享平台及时应通知删除涉嫌侵权内容或者及时应反通知回复被删除的内容,就无须为用户侵权、权利人通知错误和用户反通知错误造成的损失承担责任。④信息分享平台可以充分利用著作权人与用户维权游戏的空当收获商业收益。信息分享平台可以收获用户上传与权利人通知之间的时间差、权利人放弃维权、用户放弃著作权等遗留的利益。

不过信息分享平台也并非万事大吉,虽然通知删除规则使其在权利人与用户的权利纷争中超脱出来,但在商业上就不是这么回事。①用户内容是信息分享平台经营的基础。如果没有用户上传的内容,就没有经营,因此用户内容是其生命线。对于信息分享平台来说,在经营初期,由于经营规模小,没有受到权利人过度关注时,往往对用户呵护有加,放任可能存在的侵权;当经营达到一定规模,单个用户的价值下降,为了降低来自权利人的日益增大的风险,可能会更多地执行权利人的通知。由于这种经营模式与权利人维权的积极性存在很大的关系,而权利人维权的积极性又与其受到的威胁有关,导致那些对权利人传统市场产生严重替代作用的信息分享平台很难发展起来。在美国,Napster 是一个显著的案例,它创造了一个音乐分享市场,对于传统音乐市场有着很强替代作用,因此被权利人积极维权,随着通知删除的不断实施,最后几乎没有什么作品可以在上面传输,加上权利人建立起替代的在线许可市场,致其用户不断流失,最后没有等到官司了结,它自己就破产的了。① ②信息分享平台享受避风港的保护存在很多限制性条件,这些限制性条件对其经营造成了很大的影响。首先,信息分享平台享

---

① [美]保罗·戈斯汀:《著作权之道:从古登堡到数字点播机》,金海军译,北京大学出版社 2008 年版,第 168 页。

受避风港保护以间接侵权作为前提,如果信息分享平台越过了界限,对用户的内容进行编辑或者其他干预,就可能构成直接侵权,无法享受避风港保护。著作权直接侵权是指未经权利人许可实施了著作权专有权利控制的行为而又没有特定免责事由的情形。① 如果信息分享平台对用户上传的内容进行了干预,比如进行审查、修改甚至再次上传,就可能构成直接侵权行为。不过我们对内容越不进行审查和干预,就越有可能远离经营的宗旨。其次,即使在间接侵权行为的范围内,如果信息分享平台对用户上传的内容进行二次加工,比如按照某种标准进行审查、进行推荐、推送,或者其他运用的行为,在此过程中,信息分享平台就有可能发现侵权内容,如果应该发现而没有发现或者视而不见,就可能满足过错的条件而承担责任。因此如果想获得避风港的保护,信息分享平台在经营上不能有引诱侵权之意,其提供的工具条件必须具有"实质性非侵权用途",尽量远离用户上传的内容,以使自己没有合理发现侵权内容的机会。这对于其进一步展开经营造成了很大的影响。③信息分享平台获得经济利益的渠道与对用户内容的控制和运用密切相关。对于上传的用户内容,信息分享平台可以通过很多方式获益,比如通过下载收费、会员收费、加播广告、在显示用户内容的页面上投放广告或者进行其他的商业性许可等。避风港保护的限制条件对这些收益方式是否存在影响呢?上述的商业性收费行为一般不涉及对用户内容的审查,因此通常不会影响注意义务的认定。不过如果信息分享平台如果个别定价、个别授权,那么可能会接触到内容,有构成侵权的嫌疑。信息分享平台如果要进一步商业推广,比如推荐、设立专区,进行推送,尽管不涉及著作权专有权利,但是可能涉及对用户内容进行审查,这时候会影响对注意义务的认定。②

①　王迁:《网络版权法》,中国人民大学出版社 2008 年版,第 80 页。
②　在我国,对于用户上传的视频等内容,网站按照国家相关法律规定进行之后才能播出。尽管按照国家法律的要求,审查的内容与是否侵犯著作权无关。但审查的同时会接触到具体内容,如果发现存在大量借用他人作品的行为,这时能不能视为"明知",从而排除避风港原则适用?我国有学者认为这种审查与侵权审查没有关系,不影响注意义务的认定。但是笔者以为这种观点似乎有些牵强,因为是否违反注意义务实际上取决于认知环境,任何对上传内容的编辑、查看或者其他接触都会改变认知环境。重混视频作为一类高侵权风险的作品,任何审查都会注意到这类作品的特殊性质,从而可能改变注意义务的具体认定。

此外,如果考虑到替代责任的话,那么上述获取商业利益的行为就会存在更大的差异。替代责任构成一般需要满足两个条件,一是责任人对他人行为有权和有能力控制,二是从他人的侵权行为中直接获取经济利益。对于第二个条件,会员收费、任意投放广告与具体的用户内容无关,直接获取经济利益的认定有些困难,但是对于下载收费、加播广告就不同了,因为它们是与具体的用户内容是联系在一起,无疑是直接获取经济利益。

关于第一个条件,如何判断信息分享平台"有权和有能力控制侵权行为"呢?尽管法律没有规定信息分享平台必须承担主动监管的义务,但是当其有能力监督侵权行为时,那么就不能随意放弃监管的义务。否则,信息分享平台就会努力发展既回避审查同时又能最大限度地攫取用户内容商业价值的技术,从而不断提高通知删除模式的侵权治理成本。避风港仅仅是为信息分享平台提供经营的最低保障,而不是鼓励其利用避风港采取侵权性的经营模式。在 Grokster 案中,被告以软件免费收取广告费的方式追逐商业利益,同时又以对用户的行为无控制能力为由使得替代责任无法适用,美国最高法院最后尚以引诱侵权判决被告败诉。该案件说明了美国法院并没有鼓励侵权式经营的意图。因此在成本允许的范围内,不影响信息流通自由的前提下,信息分享平台"有能力控制侵权行为"而没有去做,那么就可以视为符合该条件。目前信息分享平台通过播放器自动加播广告的行为尽管满足直接获得商业利益的条件,但是与是否第一个条件没有关系。但是当信息分享平台获取商业利益的技术涉及对具体内容选择的时候,那么它就应该具备对个别内容进行监督的能力。

美国学者还发现,几乎所有的信息分享平台在与用户签订的协议中,都要求获取用户作品的部分著作权以及再许可的权利,但是信息分享平台几乎从未行使这些权利,一个最大的阻碍就是著作权风险,因为一旦信息分享平台主动对这些作品进行著作权交易或者控制,那么它就可能要承担直接侵权的责任。[①]

因此避风港、通知删除以及红旗规则尽管能够保证信息分享平台基本

---

① CarmitSoliman, Remixing Sharing: Sharing Platforms As A Tool For Advancement of UGC Sharing, 22 Alb. L. J. Sci. & Tech. 279(2012) ,p. 295.

的经营自由,但是对于用户内容的商业开发,信息分享平台承担着如下成本:通知删除成本、用户内容无法进行有效的商业性应用造成的损失、无法以这些作品为基础进一步进行演绎开发创造更活跃社区的损失。这些损失是在现有条件下无法解决的。

(三)业余爱好者的得失

对于业余爱好者而言,通知删除使其获益了。首先,免除了损害赔偿尤其是法定赔偿的威胁。尽管权利人还保留着继续追究损害赔偿责任的可能性,但是在满足了主要需求之后,权利人继续追究的动力就减小了。其次,使用者如果认为自己不侵权,他可以选择发出反通知,等候权利人的诉讼或者主动提起诉讼。因此,通知删除制度给使用者提供了反击权利人滥发通知的手段。与此同时,反通知成本是比较低的,法律并没有迫使使用者提起不侵权之诉,由其先支付诉讼成本。

不过,使用者也会有一些损失。首先,业余重混创作由于更容易被删除,那么业余爱好者从中获取商业收益和声誉收益的机会减少了。对于那些比较成功的业余爱好者来说更是如此。其次,通知删除机制减缓了潜在的制度改革的动力。业余重混创作依据现有的法律规则调整存在很多问题,这个问题越突出,那么解决的动力就越大,但是通知删除规则由于能够有效缓解各方的剧烈冲突,那么作为一种有效的选择,进一步改善的动力就减少了许多。

综上可知,通知删除规则实际是法律采取的权宜之计。这种权宜之计能够暂时性满足各方的利益需求,但是也造成了社会福利的损失。著作权人根据成本收益放弃某些维权行为,信息分享平台可以利用用户上传的内容赚取商业利润,但是无法对著作权进行有效开发。业余爱好者可以避免被直接起诉,但是也无法有效行使自己作品的著作权,进行相应的商业开发。对于国家而言,通过私人执行,减少了法院直接面对大规模的针对业余爱好者的诉讼;立法也避免了马上对这个问题作出相应的判断,可以静观事态的发展再做决断。但是无论是权利人、使用者还是信息分享平台都无法从该制度中实现利益最大化,业余重混创作的商业潜力与其他社会利益在一定程度上被遏制。

第四节 业余爱好者重混创作的社会规范调整

一、从著作权规制到社会规范调整

业余爱好者尽管能够利用他人的作品进行重混创作,但是传播文化产品的渠道要么掌握在传统服务商的手中,要么掌握在信息分享平台手中。传统媒介一般不接受这种产品,信息分享平台则免费提供这种传播服务。但是天底下没有免费的午餐。信息分享平台在提供服务的时候,通过合同确定自己与业余爱好者之间的关系,经过其同意才能上传,只要符合约定的条款就能被删除。信息分享平台往往会制定对自己有利的条款,尽量避免与权利人对抗,这样信息分享平台实际上可以掌握超越法律的删除权。对于信息分享平台而言,基于大数原则,因此没有足够的动力去捍卫业余爱好者的权利,往往会迁就原权利人的要求。在这种情况下,原权利人往往是根据自己的喜好而不是完全根据法律发出是否删除的通知,法律上是否合法的判断转化为权利人是否能够容忍的判断。① 但是法律上是否合法与权利人是否能够容忍不是一回事。社会规范的执行往往将法律的模糊地带转化成社会规范控制的地带。

鉴于创作性使用与复制性使用的巨大差别,权利人决策时就会出现差别。复制性使用一般会产生很强的替代性效应,对权利人影响很大。因此对于 P2P 这样的文档共享软件,就像 Groskter 案,无论面临着多大的法律风险,版权人都必须进行战斗,因为如果不战斗就会丢掉大批的市场。但是创作性使用,几乎很难产生替代效应,有时可能还会产生互补效应,因此权利人有时很难作出决策。这种决策困难与合理使用规定的模糊性也存在很大的关系。美国合理使用制度具有很大的弹性空间,四要素衡量中会仔细考虑业余重混创作的特殊性,更增加了法律判断的困难。增大的法律风险与降低的收益匹配相组合,有时会阻止权利人执法。因此,权利人有时会表现

---

① Mathias Klang & Jan Nolin, Tolerance is Law: Remixing Homage, Parodying Plagiarism, Scripted, Volume 9, Issue 2, August 2012, p. 154-176, 173, Electronic copy available at http://ssrn. com/abstract=213058, 2015-02-06 visited.

出对业余爱好者行为的容忍,使用者可以根据对权利人采取行动策略规律的预测,采取相应的措施。权利人与使用者之间的相互回应有可能形成一种比较稳定的社会关系,从而替代法律发挥作用。因此有学者戏称:容忍是法律。①

二、业余爱好者重混创作的社会规范调整

(一)从粉丝创作的社会规范到信息分享平台的社会规范

Steven A. Hetcher 教授通过研究粉丝小说,发现了规制业余重混创作的三个普遍性社会规范:①社会接受或者鼓励业余爱好者从事粉丝小说创作;②反对粉丝小说商业化;③容忍非商业使用的竞争。②

关于粉丝小说创作的容忍和鼓励规范是很容易证明的。首先,从现象上来讲,粉丝小说、粉丝小说社区的蓬勃发展,数量如此之多与权利人的救济行为如此之少的反差就可以推测出来。其次,权利人和业余爱好者的态度也可以看出来。比如《哈利波特》的盛行引发了大量的同人作品,建立了几个相应的哈利波特同人作品网络社区,不仅没有受到权利人 J•K 罗琳的禁止,甚至受到了鼓励,其中一个粉丝社区的管理人甚至受到了罗琳本人的接见,他们合影的照片就贴在网页的显眼位置上。业余爱好者们也没有觉得有什么不妥,有的作者甚至理所当然地认为对创作出来的同人作品享有权利。③ 当然,也有些作者没有这么自信,他们有的甚至声明放弃著作权。④再次,双方的利益关系也支持该规则。业余爱好者往往是原作品的粉丝,同人作品可以促进原作品的传播。粉丝作者是读者群中重要的亚群体,他们

---

① Mathias Klang & Jan Nolin, Tolerance is Law: Remixing Homage, Parodying Plagiarism, Scripted, Volume 9, Issue 2, August 2012, p. 154 – 176, 156, Electronic copy available at: http://ssrn.com/abstract=213058, 2015-02-06 visited.

② Steven A. Hetcher, Using Social Norms to Regulate Fan Fiction And Remix Culture, 157 U. Pa. L. Rev. 1869(2009), p. 1880.

③ Steven A. Hetcher, Using Social Norms to Regulate Fan Fiction And Remix Culture, 157 U. Pa. L. Rev. 1869(2009), p. 1880.

④ Player-Authors Project Research Team, The Player-Authors Project Summary Report of Research Findings, p. 123. http://player-authors.camden.rutgers.edu/, 2015-02-06 visited.

人数虽少,但是却能产生比普通读者更大的影响力。最后,粉丝创作以及粉丝社区所释放出来的社会利益使原权利人相当忌惮,即使有些权利人不喜欢粉丝创作,但是也不敢冒着得罪粉丝和公众的风险。

关于业余爱好者反对粉丝小说商业化的社会规范也是存在的。对于业余爱好者而言,他们很清楚公开的商业化应用会导致权利人越来越多的注意,因此反对商业化应用对粉丝社区来说是更好的集体选择。其次,他们也拥有惩罚背叛者的手段。由于粉丝团体之间是紧密联系的,粉丝小说的读者也是这一批人,因此这个团体就拥有了约束个人行动的能力,比如威胁开除出团体等。[①]

著作权人容忍非商业化使用竞争的规范主要是指权利人之间就容忍业余爱好者的非商业化使用存在默契。目前,权利人之间已经出现了一些调整权利人、粉丝以及消费者关系的倡议,这些规范试图在遏制侵权的情况下鼓励业余爱好者创作。对于权利人说,是否维权主要取决于成本收益分析。对于业余重混创作,权利人目前很难证明其作品被使用给他们带来了什么损失,但是维权成本的支付却是直接的可见的,成本收益制约着他们的行动。但是他们又很担心,如果反对非商业使用的底线失守,可能导致商业化使用现象的增多。此外他们有强烈保护作品角色的需要。对于权利人而言,简约成本收益约束,他们总会放弃一些维权行动。但是出于对业余爱好者攻城略地的担心,总会有一些权利人积极维权。还有一些权利人基于声誉的考虑,甚至鼓励权利人的使用。因此在权利人群体中,自然人作者与组织性权利人之间出现了分歧,自然人作者凭借着作品的传播积累声誉,而对于组织性权利人来说,它们还可以通过别的途径建立声誉。总的来说对于业余重混创作,作者群体更为宽容而组织性权利人更为苛刻。

上述三条规范中,第一条容忍和鼓励粉丝小说创作是社会的整体规范,同时得到了权利人和业余爱好者的认同。但是第二条规范和第三条规范,相对来说要脆弱得多。对于粉丝们反对商业化的规范,一般来说粉丝社区关系越紧密,交流的兴趣越独特,那么该套规范坚持的越好。如果粉丝社区

---

① Steven A. Hetcher, Using Social Norms to Regulate Fan Fiction And Remix Culture, 157 U. Pa. L. Rev. 1869(2009), p. 1886.

的关系不够紧密,那么反对商业化的可能性越小,实际上随着业余爱好者创作动机的多样化,该规范估计会进一步解体。[①] 第三条规范更加脆弱,因为权利人本身就是一个很松散的群体,他们的行动很大程度上受成本收益制约,而不是共同规范。成本收益与互利关系共同制约权利人的行动,因此最终可能会导致权利人越来越明显的选择性维权。显然在重混文化背景之下,业余重混创作正在悄然发生社会规范的转换。[②]

(二)信息分享平台上的社会规范

我们来看斯蒂芬妮·伦茨诉环球音乐公司的案例。[③] 该案的基本案情如下:2007 年 2 月,斯蒂芬妮·伦茨 13 个月大的儿子在全国家看超级碗的时候,随着播放的音乐"让我们一起疯狂"的节奏跳舞。后来她就用便捷式相机录下了孩子跳舞的珍贵画面,一共 29 秒;她用该歌曲作为背景,共有 20 秒能够辨识歌曲。然后她将视频上传到 Youtube 网站,将地址告诉了她的亲戚朋友,大家在网站上观看小孩的跳舞视频。4 个月后,这段视频被环球音乐公司的一名工作人员发现。环球音乐公司以执行版权强硬而著称,因此向 YouTube 网站发出了删除通知,后者照做了,同时给斯蒂芬妮·伦茨转发了通知。斯蒂芬妮·伦茨被激怒了,她觉得音乐公司的做法太过分了,开始了寻求帮助,最后在电子前沿基金的帮助下发出了反通知,坚持没有侵犯环球音乐公司的任何权利,自己有权利展示自己孩子的跳舞视频。依据美国版权法,斯蒂芬妮·伦茨如果被判侵权,将面临 15 万美元的赔偿。[④] 冒着巨大的风险,2007 年 7 月底,斯蒂芬妮·伦茨向加利福尼亚北区地方法院提起诉讼,依据版权法 512(f)条认为全球音乐公司滥发通知的行为构成不实陈述,干扰了她和信息分享平台的合同关系,同时寻求其视频不侵权的判决,后来将诉讼请求减少为不实陈述责任,不再寻求其视频制作不构成侵权的

---

① Steven A. Hetcher, Using Social Norms to Regulate Fan Fiction And Remix Culture, 157 U. Pa. L. Rev. 1869(2009), p. 1892.

② Steven A. Hetcher, Using Social Norms to Regulate Fan Fiction And Remix Culture, 157 U. Pa. L. Rev. 1869(2009), p. 1892.

③ Lenz v. Universal Music Corp. ,572 F. Supp. 2d 1150,1153 (N. D. Cal. 2008).

④ Lawrence Lessig, Remix: Making Art and Commerce Thrive in the Hybrid Economy, New York: The Penguin Press,2009, p. 1-3.

判决。美国版权法 512(f) 条的规定,任何人如果对某资料或行为侵权做出重大不实陈述,或者某资料或活动因错误或错误标识而被删除或者屏蔽。被控侵权人、版权人或者版权授权的被许可人,如果因前述行为而导致信赖该不实陈述而删除或者屏蔽被控侵权资料或者活动,或者替代已被删除的资料,或者解除其屏蔽而遭受的损害(包括律师费)的服务提供者应该承担赔偿责任。① 对于如何判断不实陈述,原告认为合理使用属于法律授权的使用,被告在发出通知之前应该就针对的行为是否构成合理使用本着善意的态度进行判断。被告在发出通知前没有进行善意的判断,仅仅是为了满足原作者清除网上一切使用其作品的行为的要求,构成不实陈述。被告做出以下抗辩:①合理使用是侵权行为的豁免事项,不是法律授权或者权利人授权使用。②512(3)(A)关于权利人通知的条款根本就没有提到合理使用,就不用说要求权利人善意做出涉嫌侵权行为是否构成合理使用的判断了。即使要做出合理使用的判断,也应该是权利人受到反通知和考虑诉讼的时候才需要。③要求权利人善意的就合理使用做出判断损害权利人就侵权行为做出快速反应的能力,因为合理使用是事实紧密型判断。对于被告的上述观点,法院作出了如下判断:①合理使用属于法律授权的使用。尽管在千禧年数字版权法(DMCA)没有明确提到合理使用,但是合理使用依然是著作权法中有用的平衡。如果权利人发出通知前不考虑合理使用,仅凭权利人的资格就发出通知,那么该平衡就失去了意义,这不是立法的原意。②被告关于通知前作出合理使用判断会损害其迅速行动能力的说法是夸大其词。尽管有时会出现复杂事实难以判断的情形,但是这种情形比较少。此外,这里的判断是一种表面事实判断,而不是深度观察后的判断。因此法院认为权利人发出通知前应该就使用行为是否构成合理使用做出善意的判断。③通知前是否考虑合理使用构成不实陈述责任判断的一部分。如果不考虑合理使用会对公众接触时间敏感和批判性内容造成重大损害,这不是反通知

---

① 《美国版权法》512(f):"不实陈述——任何故意做出如下重大不实陈述的:①某资料或行为侵权;②某资料或活动因错误或错误标识而被删除或者屏蔽。依据本条,的被控侵权人、版权人或者版权授权的被许可人,如果因前述行为而导致信赖该不实陈述而删除或者屏蔽被控侵权资料或者活动,或者替代已被删除的资料,或者解除其屏蔽而遭受的损害(包括律师费)的服务提供者应该承担赔偿责任。"

就能弥补的。要求考虑合理使用有助于网络效率继续提高,多样化服务继续拓展。因此它与版权法的目标是一致的。④尽管如此,法院也没有认可原告的要求,512(f)提供救济的前提是恶意,法院怀疑原告是否能够证明被告的恶意。最后法院驳回了被告要求撤销案件的请求,仅仅对法律条文做了有限的澄清,而对于当事人之间的争议没有做出具体的审理。该案件被双方交叉上诉到第九巡回法院,目前还没有最终结果。①

在该案件中,法院为了防止权利人滥发通知,通过对通知条件的解释要求权利人发出通知前善意的就合理使用进行判断,实质上是对权利人提出了正当性的要求。不过该项要求并没有与512(f)不实陈述责任规定直接联系起来。因为对于512(f)的不实陈述责任,要求是"故意做出重大不实陈述",法律要求"恶意标准"。这样,权利人可能违反善意标准,但是不一定能达到不实陈述责任所要求的恶意标准,因此在善意与恶意之间存在法律效力的真空地带。Steven A. Hetcher 教授据此认为权利人发出通知前应该善意进行合理使用的判断构成了一项社会规范。② 该规范对于著作权向信息分享平台发出删除侵权内容的通知做出了道义上的要求,鉴于著作权人与读者之间的社会结构关系所形成的约束,它能够有效引导著作权人的行为。

三、业余爱好者重混创作社会规范调整的局限

MathiasKlang & Jan Nolin 关于使用人对版权作品材料的使用类型与权利人维权策略关系的精细研究揭示了文化生产调整中法律与社会规范的关系。③ 该研究将使用者的使用行为分为剽窃、致敬、盗版(未经授权挪用他人作品材料)、戏仿、拼贴五种典型类型和心理剽窃、角色模仿以及粉丝创作三种疑难类型。从合法/不合法、可容忍/不可容忍两个角度区分为不合法/可容忍、合法/可容忍、不合法/不可容忍、合法/不可容忍四种类型,发现拼贴

---

① 这个案件的进展以及相关文件可见 https://www.eff.org/cases/lenz-v-universal, 2015-02-11 visited.

② Steven A. Hetcher, Using Social Norms to Regulate Fan Fiction And Remix Culture, 157 U. Pa. L. Rev. 1869(2009), p.1934.

③ Mathias Klang & Jan Nolin, Tolerance is Law: Remixing Homage, Parodying Plagiarism, Scripted, Volume 9, Issue 2, August 2012, p. 154-176, 174, Electronic copy available at: http://ssrn.com/abstract=213058, 2015-02-06 visited.

属于不合法但是可容忍的类型、致敬属于既合法又能容忍的类型,盗版属于既不合法又不能容忍的类型,戏仿、剽窃(以《风已飘逝》为例)属于合法但无法容忍的类型,心理剽窃(主要是剽窃创意)、角色模仿以及粉丝创作属于疑难类型,有归入上述四种类型任何一种的可能。文化生产控制实际上是由法律、社会规范和社会结构共同组成的一个网络结构,潜在作者对在先作品的使用存在授权使用、合理使用和侵权性使用三种方式,无论是哪一种使用都会受到上述三种因素的控制,授权使用在合法的情况下受到权利人喜好的评估,合理使用判断的模糊性同样容易演变成权利人按照可容忍/不可容忍的标准来执行,侵权性使用中权利人的救济同样与其能否容忍密切相关。许可机制和通知规则为可容忍/不可容忍提供最大的便利。"法律实际上解释了应该怎么做,而社会则显示了实际做什么"。因此,创作者在很大程度上是受制于权利人的能否容忍而不是法律的明确规定,这创造了创作性使用规制高度的不确定性。社会规范的控制不仅造成了大量的不确定性,而且可能衍生最为恶劣的现象,即以损害创造性为代价支持大的著作权人,最终导致文化帝国主义。

四、业余爱好者重混创作社会规范调整的法律化

(一)社会规范法律化的形式

鉴于社会规范调整的局限,因此有必要将社会规范适度法律化,从而发挥社会规范与法律的协同作用。在前面的论述中,Steven A. Hetcher 展示了社会规范与合理使用制度之间的关系,具体表现为:①由于大部分业余重混创作符合合理使用,这构成粉丝创作社会规范存在和发展的重要基础;②法院通过判决要求权利人在发出删除通知前应该善意评估业余爱好者的使用是否构成合理使用,不过同时又认为缺乏善意与不实陈述责任的恶意之间还存在很大的距离,二者并不是非此即彼的关系。因此,要求权利人善意评估使用人行为构成一条倡导性规范。所谓倡导性规范是指"提倡和诱导当事人采用特定行为模式的法律规范",主要发挥行为规范的功能,没有裁判

规范的功能。① 不过该条规范同时也可以视为一条社会规范,意在提升著作权人删除通知的正当性。在这里社会规范与法律规范合二为一。

著名经济学家诺斯认为,由正式规则、非正式规则以及实施特征所组成的混合体将共同决定选择集合和最终结果。② 在正式规则与非正式规则的关系中,正式规则能够补充、强化抑或修改、取消、替代非正式规则,非正式规则也可能够"延伸、阐释和修正"正式规则。③ 二者的冲突将会极大的提高实施成本,二者协同则能有效形塑社会秩序。正式规则属于有意识的制度设计,而非正式规则来源于"协调重复进行的人类互动"需要④,来源于特定社会所传递的信息和文化传承⑤,是更为基础而无法有意设计的部分。因此正式规则要尊重、协同非正式规则才能有效降低实施成本。著作权法要有效实施就必须重视非正式规则的作用,在著作权制度成为文化生产、传播主要调整机制的背景下必须保留、开拓能够吸纳文化生产非正式规则的能力。著作权制度作为一种实施成本本来就很高的制度,与非正式规则的协调将在很大程度上决定著作权法的实施效果。

(二)业余爱好者重混创作的社会规范的法律化

文化生产主要由非著作权激励机制和著作权激励机制共同调整,文化观念及其衍生的社会规范与著作权法律的协同能够有效降低著作权法实施成本,但是随着文化观念的转变,新的社会规范的形成,著作权法律也应该做出相应的调整。合理使用制度作为著作权限制的重要工具,在很大程度上是对文化生产与传播惯例的承认,是相应的社会规范得到法律承认的重要通道。除了合理使用之外,默示许可是社会实践、社会规范得到法律承认

---

① 王轶:《论倡导性规范——以合同法为背景的分析》,《清华法学》,2007年第1期,第77页。
② [美]道格拉斯·C.诺斯:《制度、制度变迁与经济绩效》,杭行译,格致出版社,上海三联书店,上海人民出版社2008年版,第74页。
③ [美]道格拉斯·C.诺斯:《制度、制度变迁与经济绩效》,杭行译,格致出版社,上海三联书店,上海人民出版社2008年版,第56页。
④ [美]道格拉斯·C.诺斯:《制度、制度变迁与经济绩效》,杭行译,格致出版社,上海三联书店,上海人民出版社2008年版,第56页。
⑤ [美]道格拉斯·C.诺斯:《制度、制度变迁与经济绩效》,杭行译,格致出版社,上海三联书店,上海人民出版社2008年版,第51-52页。

的另外一种重要通道。与合理使用相比,默示许可完全建立在社会实践的基础上,是对自生自发社会秩序的承认。合理使用由于受到比较严格的法律标准的限制,对社会实践、社会的吸纳能力比较有限,默示许可则完全以相应的社会实践作为基础,具有更大的灵活性。因此与合理使用制度相比,它能够有效弥补合理使用制度的不足,给予使用者更大的自由。业余重混创作的合理使用规制问题已经讨论过,下面笔者主要讨论业余重混创作的默示许可问题。

(三)著作权默示许可与业余爱好者重混创作规制

1. 默示许可的理论基础

除合理使用制度外,默示许可是协同社会规范调整与法律规制的重要手段。默示许可与明示许可相对,是指著作权人没有做出明确的许可意思表示的时候,与其交易的对方当事人或者社会公众根据其行为而推定的许可行为。[1] 该制度源于英美法系的默示条款或者大陆法系的默示法律行为制度。作为合同条款的补充,英国丹宁勋爵在1815年的 Cardiner v. Grey 案中就指出,"不需要当事人曾经明示同意过,只要为了公平和合理的目的,就可以加上合同条款(如保证义务)"。[2] 作为默示的法律行为,则包括积极表示行为和特性条件下的沉默行为两种类型。但是二者存在一定的差别,前者作为合同条款的补充,后者则是针对一个独立的法律行为。二者处理的都是法律行为的边缘情形,需要特定主体意思之外的东西进行补充,因此在默示许可在很大程度上是一种法律拟制。这种拟制既源于当事人的行为,也源于产生这种行为的社会关系结构所预示的意义。在具体的实践中,法官往往会基于当事人之间产生的合理信赖、诚实信用原则、社会惯例、行业习惯等因素予以补充。因此该制度在很大程度上是对特定的社会规范的认可,它能够有效地弥补法律或者当事人意思自治的不足。它既可以处理特定当事人之间附属于合同的社会关系,也能够超越一对一的合同关系而处理基于特定的社会结构、社会关系、行业惯例而形成的利益关系。王国柱博

---

① 刘强金,陈力:《机会主义行为与知识产权默示许可研究》,《知识产权》,2014年第7期,第55页。

② [英]丹宁勋爵:《法律的训诫》,杨百揆等译,法律出版社1999年版,第42页。

士认为意思表示理论、信赖保护理论和利益平衡理论可以为著作权默示许可制度提供理论支持。① 笔者以为默示的意思表示理论只能从权利人角度去考虑问题局限太大,利益平衡理论没有提供平衡的工具从而无从知晓具体的操作路径,相比之下信赖保护理论能够充分解释默示许可的结构性因素。信赖保护有很多种表现形式,比如英美法系的禁反言、大陆法系的外观主义理论等。笔者认为外观主义理论与著作权默示许可具有较高的契合性。德国学者莫瑞茨维斯派彻认为"行为人对于成文法规或交易观念上之一定的权利、法律关系、其他法律上视为重要要素之外部要件事实为信赖,以致为法律行为时,如其要件由于其信赖保护受不利益人之协助(zutun)而成立者,其信赖应受法律保护"。② 另一位德国学者赫尔波特·麦伊尔在他的《德国民法的公示原则》一书中也提出了这样的思想。③ 外观主义的主要内容是:凡是能够识别为典型的权利或者意思表示形式,即使其与真实的权利或意思状况不符合,法律仍通过以权利或意思表示的表现形式推定为权利或者意思的基础,从而保护交易安全。外观主义的构成要件可以概括为三点:第一,法律上有意义的外观存在(具备外部事实);第二,外部事实足以导致相对人信赖(具备相对人的善意);第三,外部事实的作出须有本人参与(具备对本人的归责事由)。④ 具备上述条件时,法律优先保护作为相对人的利益,而不是真实权利人的利益。外观主义理论比较充分塑造了当事人之间的结构性社会关系并且以此作为相应法律后果的依据,兼顾了公平与效率,具有很强的说服力。与此同时,它也没有将自己的视野局限在法律行为范围内,具有超越合同关系的特质,具有更大的适用性。

2. 著作权默示许可的实践

作品具有非物质性、可以无限复制的特征,著作权是一种对世权、绝对权,随着作品的传播和使用会形成复杂的社会关系,这些关系有的在著作权人与使用者的合同关系范围之内或者与之紧密相关,但有的则远离合同关

---

① 王国柱:《知识产权默示许可制度研究》,吉林大学 2013 年博士学位论文(摘要部分)。

② 赵新华:《票据法问题研究》,法律出版社 2002 年版,第 301 页。

③ 赵新华:《票据法问题研究》,法律出版社 2002 年版,第 261 页。

④ 许辉猛:《票据抗辩限制制度研究》,吉林大学 2004 年硕士学位论文,第 6-7 页。

系的范畴。著作权原则上必须先授权后使用,但是著作权使用类型繁多、商业价值高低不一,与授权使用相伴而行的还有合理使用、侵权性使用,而合理使用与侵权性使用之间的界限往往并不是很明晰。法律执行是需要成本的,因此在法律规则之外,当事人之间通过互动、试探和预期会形成一些有关作品使用的社会规范。那么基于这些社会规范而形成的作品使用关系,如果权利人突然改变自己惯常的做法,法律应该如何应对呢? 在民法中,针对对立性的利益关系(基本属于零和博弈),尚且存在打击权利睡眠者、错误制造他人信赖的外部法律事实者的制度,比如时效取得制度、善意取得制度。著作权法却没有这样的制度,使用他人作品远不是零和博弈的关系,权利人很可能在与使用者的博弈中采取灵活的机会主义策略。因此我们有必要对权利人的机会主义进行防范和打击,从而塑造一个信任的社会关系。在作品使用的过程中,如果因为权利人的行为而造成使用者可以信赖的外观,那么法律就应该将这种"外观"作为处理双方法律关系的基础,承认其合法性。默示许可就是这样的制度形式。

值得注意的是,由于著作权的特殊性,权利人发现、执行著作权的成本很高,因此我们一般不能以权利人对侵权行为没有进行救济就认为制造了让人信赖的"外观",而是要将其置入具体的"语境"中进行分析。在著作权领域,默示许可处理的情况除了传统的一对一的合同关系之外,有了很大的拓展,具体表现为:默示许可的对象从特定交易对方当事人向不特定的交易对象拓展;默示许可的主体从现有的交易相对人拓展到潜在的交易相对人;默示许可产生的条件从需要有交易行为才会产生拓展到只要有知识产权的创造和公开行为即可产生。[①] 当默示许可从合同关系中走出,其适用要特别小心,因为这时权利人与使用者之间的关系更加松散,能不能制造出让人信赖的"法律外观"更加令人怀疑。虽然机会主义让人厌恶,但是使用者往往也会采取机会主义策略。所以打击机会主义仅仅是适用默示许可的理由之一,而不是全部,从机会主义到信赖还有很长的距离。因此笔者认为从权利人与使用者的互动关系入手判断是否存在信赖是可能的途径。权利人与特

---

① 刘强金,陈力:《机会主义行为与知识产权默示许可研究》,《知识产权》,2014 年第 7 期,第 55 页。

定的使用者签订了合同,双方的互动就有了很好的基础,可以根据双方签订合同的具体情境进行解释和补充;但是权利人与不特定的使用者并没有签订合同,那么他们之间的关系往往是从使用者的侵权性使用开始的。对于使用者的侵权性使用,如果权利人知道侵权性使用,以积极行为表示支持,而其他人则依据权利人的支持而行动,权利人如果事后改变策略,对使用者进行追究,这时可以适用默示许可规则予以拒绝。如果权利人只是沉默,除非使用者群体的行为非常明显,否则我们不能推断权利人的容忍构成了使用者的信赖。从这一点来看,信赖的形成可能来自权利人的单方行动或者权利人的单方原因,也可能来自权利人对使用者侵权性使用的态度,从这个意义上"容忍是法律",长期反复的容忍行为的确能够形成使用者的信赖,成为默示许可适用的温床。因此对于权利人而言,维权要趁早,尤其是针对大规模的用户侵权行为。

现在我们来分析著作权默示许可的几个案例。在帕克诉雅虎案中[①],原告发表在网络中的文章被 Yahoo 复制到它的服务器,作为"快照"向用户提供。原告认为,用户的浏览构成直接侵权,被告构成间接侵权。法院认为被告通过网络免费向公众提供作品,没有采取在线注册或其他限制浏览的措施,意味着他默示许可用户通过网络浏览作品,遂驳回原告诉讼。法院基于网络的开放性特征推定原告行为隐含的法律后果。[②] 这与置于公共场所的艺术作品导致其某些权利被限制的道理是一样的。网络环境与物理环境的不同特征导致了权利人同样行为的不同法律后果,这主要源于在不同的环境中对作品使用的惯常方式有别。无独有偶,我国法院也有一个类似的判决。在方正诉宝洁字体侵权案二审判决中,法院围绕"涉案字库字体作品以实用功能为主、审美功能为辅这一特点推导出作品购买者的正常使用期待,认为方正公司对这种正常使用的许可是字库产品销售的应有之义。从某种意义上,二审判决创造了一般意义上的实用艺术作品默示许可,即只要以工具性为主的作品的权利人未事先做出'合理、明确且有效'的限制,购买者就

---

① Gordon Roy Parker v. Yahoo!,Inc. ,U. S. Dist. LEXIS 74512(E. D. Pa. 2008).

② 李建华,王国柱:《网络环境下著作权默示许可与合理使用的制度比较与功能区分》,《政治与法律》,2013 年第 11 期,第 15-16 页。

可以被视为获得了所有与作品实用功能有关的使用许可。"①与浏览在线作品构成默示许可的见解所得到的广泛承认不同,我国北京一中院关于字体软件的默示许可的见解广受批评②。笔者认为根本原因在于我国法院没有搞清楚默示许可的界限,网络环境中发行的作品其默示许可的权限在于网络浏览,而不及于下载;对于字体软件,其基本功能在于排版打印,但是对于排版后的文本的复制、发行就超出了实用艺术作品基本的功能了。③

　　默示许可经由权利人与使用者之间特殊的社会关系结构而产生,是对"自生自发秩序"的一种承认。自生秩序既不是人们有意识设计创造的产物,也不是纯粹的自然现象,实际上是指社会中某种规则性的秩序。④ 自生自发秩序理论关注的则是"第三领域",即社会的规则性,它是由某些制度和惯例构成,它们是人的活动之结果而非人的明确意图的产物。⑤ 作为对自生自发秩序的法律承认,立法者、司法者应该审慎判断,否则就以自己的恣意代替了自生自发秩序。面对众多不特定的使用者,必须谨慎地设定默示许可的适用条件,避免权利过分失衡。⑥

　　为了避免立法者或者法官的误判,给予权利人适当的退出机制成为必要。默示许可规制的范围超越了合同关系,赋予当事人之间特定行为或者关系以法律意义,甚至强行对当事人的利益关系重新进行分配的时候,我们也应该赋予权利人控制自己的手段。在网络环境中,当开放成为一种基本属性,搜索引擎成为利用网络的基本手段时,对于不希望被搜索到的信息,应该给权利人提供相应的技术手段,使其能够避免这种行业规则的束缚,保

---

①　李宗辉:《论著作权的绝对权性质、交易安全保护与默示许可——兼评方正诉宝洁字体侵权案二审判决》,《电子知识产权》,2012 年第 10 期,第 44 页。

②　李宗辉:《论著作权的绝对权性质、交易安全保护与默示许可——兼评方正诉宝洁字体侵权案二审判决》,《电子知识产权》,2012 年第 10 期,第 39-44+38 页。

③　李宗辉:《论著作权的绝对权性质、交易安全保护与默示许可——兼评方正诉宝洁字体侵权案二审判决》,《电子知识产权》,2012 年第 10 期,第 42 页。

④　吕炳斌:《网络时代的版权默示许可制度——两起 Google 案的分析》,《电子知识产权》,2009 年第 7 期,第 76 页。

⑤　[英]哈耶克:《自由秩序原理》,邓正来译,上海三联出版社 2003 年版,第 150-200 页。

⑥　赵莉:《质疑网络版权中"默示许可"的法律地位》,《电子知识产权》,2003 年第 12 期,第 24 页。

证网络的多样性。谷歌公司在向社会提供搜索引擎的同时,也给著作权人提供了拒绝搜索(opt-out)的机制,共有三种:一是使用"爬虫排除协议",网站可以创建一个名为"robots. txt"的文件告知搜索引擎哪些部分是允许搜索的。二是使用元标记,网站可以在每个页面上加入元标记告知搜索引擎如何使用此页。三是可以直接向 Google 请求移除特定内容。第一种方式与第二种方式的差别在于前者针对整个网站,而后者针对特定的网页。不同意被搜索的权利人可以通过上述三种方式将自己置于搜索引擎的视野之外。网络的开放性改变了游戏规则,将作品的利用由"选择——加入"规则变成了"选择——退出"规则。① 在 Field v. Google 案中,原告自己创建了一个网站,并发布了一些有著作权的作品。他没有使用任何元标记,但是使用了"爬虫协议",告知搜索引擎索引其整个站点。当原告有意制造这样一个案件,他的网站如意的被谷歌所搜索,因此他提起了诉讼。法官认为原告明知存在用"非存档"的元标记来告知搜索引擎并排除"缓存"该网站的行业惯例,可视为许可被告显示该网站的快照链接。在该案中法官指出了成立默示许可的两个条件:知晓使用和鼓励使用,但是并没有展开分析。② 这样,"版权人的行为足以使他人恰当地认为版权人同意使用的情况下,默示许可就产生了。并且,同意使用版权作品并不需要明确表示,可以在沉默的时候推定,条件是版权人知道该使用并鼓励之。"③因此是否成立默示许可来自于权利人与使用者之间的结构性社会关系,当搜索的行业惯例出现后,对双方当事人如何行使和使用作品就形成了一个正当的预期,权利人应该按照这种预期调整的自己的行为。在网络环境下,在面对搜索引擎的时候,他就从一个不负有保护自己权利的义务的人演变成一个需要积极保护自己权利的

---

① 需要指出的是,搜索引擎在很多情况下可以享受合理使用的保护,从而排除了权利人的干扰。谷歌公司提供的这些措施是针对作品使用设立的行业规范,它没有从根本上改变游戏规则。

② Blake A. Field v. Google, Inc. ,412 F. Supp. 2d 1106,1116 (D. Nev. 2006).

③ Blake A. Field v. Google, Inc. ,412 F. Supp. 2d 1106,1116 (D. Nev. 2006). 原文是: "An implied license can be found where the copyright holder engages in conduct 'from which [the] other [party] may properly infer that the owner consents to his use. ' Consent to use the copyrighted work need not be manifested verbally and may be inferred based on silence where the copyright holder knows of the use and encourages it. "

人。双方的权利义务关系在网络环境下发生了逆转。① 不过当谷歌公司开展数字图书扫描项目的时候,默示许可的做法失效了,因为线下图书的权利人并没有将自己的作品置于网络环境中,他们没有进入网络传播与搜索的语境中。因此,对于默示许可,情境就是一切。对权利人而言,进入某种可能构成默示许可情境的可能性越大,他就越有义务照看自己的权利,否则有可能满足默示许可的条件。

　　3. 业余爱好者重混创作的默示许可规制

　　上面我们讨论的非合同情境下著作权默示许可实践主要与搜索引擎、网页浏览有关。那么默示许可有无可能适用到创作性使用的场合呢?搜索或者网页浏览与网络、网络信息传播的特性有关,但是创作性使用在很大程度上与网络特性没有关系,作者将作品置于网络环境中,可以默认为邀请你浏览,允许搜索引擎搜索,但无论如何也无法解释为默许改编或者其他创作性使用。这使得创作性使用领域的默示许可与网络环境没有必然关系。尽管如此,创作性使用的默示许可依然是存在的,主要表现在以下几种场合:①编辑软件或者游戏软件。编辑软件主要功能在于帮助用户进行编辑或者创作,创作后的作品必然包含着这些软件的成分,即使软件著作权合同对此没有约定,但是可以依据编辑软件功能推定为默示许可。与此同时,很多编辑软件还提供创作素材,那么对这些素材的使用也在许可范围之列。利用编辑软件与其提供的素材进行重混创作现在已经非常普遍,利用默示许可能够解决能够权利人与使用者之间没有明确约定的创作性使用问题。游戏软件的问题更加复杂一些,因为游戏软件往往提供一些能够产生特定功能的素材,允许用户按照一定的规则进行拼装或者修改,然后产生所谓的装备用于游戏之中。装备可能构成一件作品。有的游戏软件还提供改变游戏体验的工具,用户可以利用这些工具创作游戏的演绎作品。对于上述情形,有的游戏开发商控制比较严,只能在固定的平台上使用固定的工具进行开发;有的控制比较松,对于用户的创作行为采取睁一眼闭一眼的态度;有的则鼓励用户进行创作,容许二级市场的存在。在上述这些情形中,相当多的情况

---

　　① [法]米歇尔·福柯:《规训与惩罚》(修订译本),生活·读书·新知三联书店2012年版。该书通过对刑罚方式演变的论述生动展示了权力、权利的流动性,对笔者深有启发。

没有得到明确的约定,这时权利人与使用者的互动行为就可能成为调整他们关系的指南。②网络虚拟社区。网络虚拟社区是产生重混创作的温床,虚拟社区中用户创作内容如何规制,仍是一个相当前沿的问题。① 法律规则缺失的地方往往就是社会规范发挥作用的地方,默示许可作为社会规则承认的法律工具之一,自然存在适用的空间。③粉丝创作。原作者与粉丝之间的关系一直是重混创作中的重要话题。粉丝是读者,但不是普通的读者,他们在阅读之余利用原作品的材料进行创作,属于读者群中非常重要的亚群体,人数虽少,但是具有重要的影响力。原作者对于粉丝的创作行为态度很矛盾,一方面他们属于资深读者,是自己的客户;另一方面他们的创作行为往往未经过授权,是可疑的侵权行为。粉丝作品既可能增加原作品的吸引力,但是也可能造成负面影响。因此原作者往往对粉丝创作抱着既想容忍或者利用,又想进行适当限制的态度。《哈利波特》的流行带来的大量的粉丝创作,一位美国学生创建了《哈利波特》粉丝社区,权利人J. K. 罗琳当然知晓该社区的存在,但并未进行打击,甚至接待了网站创建者,那么 J. K. 罗琳行为符合知晓并鼓励使用的条件,可以视为默示许可。与此同时,罗琳对粉丝小说的商业化行为提起诉讼,反对商业化。如果罗琳知道粉丝创作的广泛存在,但是长期以来保持沉默,那么粉丝创作是否能够构成默示许可呢? 也就是说罗琳的沉默能不能视作容忍粉丝创作的通行证? 这时粉丝创作的社会规范将成为认定默示许可的重要依据。不过与网络搜索领域的默示许可认定相比,粉丝创作领域尚没有形成非常清晰的判断标准。不过,可以肯定的是权利人沉默的时间越长,默示许可的可能性越高。与合同中的默示条款不同,非合同情况下的默示许可应该给予权利人退出的机制。也就是说,权利人可以改变现有策略,自从其改变策略之日起,默示许可的状态将被打破。不过,在此之前形成的默示许可法律后果不受影响。只有这样才能有效地平衡双方的利益。

目前重混创作广泛存在,数字技术使创作更加民主化,使每个人都可以成为创新的一员,创作消费同一的时代已经到来。"技术进步在推动创作群

---

① Erez Reuveni, Authorship In The Age of the Conducer, Journal, Copyright Society of the U. S. A, 1801–1859.

体由精英化转向民主化的同时,也带来了另一个问题,那就是大多数创作者可能对现行著作权法没有足够的了解,也缺乏签订许可合同的能力。直到目前为止,居于这样地位的著作权人不太可能聘请律师或者签订一份明确的许可协议。"①那么有无必要建立一种广泛的默示许可机制呢?"默示许可大大节省了被许可人的交易成本,被许可人不需要一对一地与权利人缔约,而仅基于权利人的特定在先行为就可达成合意,从而降低缔约成本,创造了更有效率的资源流通方式"。② 尽管该建议很好,但却无法很好地适用于创作性使用领域。第一,鉴于创作性使用的复杂性以及对权利人影响的不确定性,没有权利人会以概括的方式同意或者授权创作性使用。目前通过 CC 的协议放弃演绎权的作品以软件作品和学术作品居多,文学艺术类作品相对较少。如果以特定行为推定默示许可,该标准过宽会严重影响权利人的行为自由;标准过严,该制度就形同虚设。其次,默示许可所创造的"选择—退出"机制彻底改变了著作权的运作模式,如果大规模的实行,将使著作权人的防范成本显著提高。默示许可可以弥补当事人意思自治与法律规制不足的情形,但是大规模适用却是本末倒置。

第五节　业余爱好者重混创作商业化机制的拓展

一、业余爱好者重混创作的商业化僵局

社区性例外、通知删除规制、社会规范调整及其法律化虽然有利于促进业余爱好者重混创作,但是也各有缺陷。社区性例外规则最重要的功能在于赋予业余爱好者控制自己行为合法性的能力,并且降低证明成本;虽然也适度照顾了业余爱好者重混创作的商业化可能,但是仅限于社区内部。对

---

① Seshadri, Raghu, Bridging the Digital Divide: How the Implied License Doctrine Could Narrow the Copynorm-Copyright Gap, UCLA J. L. & Tech. 3, Vol. 11, No. 2, 2007, P. 28. 转引自李建华,王国柱:《网络环境下著作权默示许可与合理使用的制度比较与功能区分》,《政治与法律》,2013 年第 11 期,第 16 页。

② 张今:《期刊业数字化发展过程中的版权困境与治理》,《出版发行研究》,2011 年第 3 期,第 49–52 页。

于通知规则,一方面给权利人提供了快速救济的通道,另一方面又为信息分享平台提供了正常经营的空间,但是该规则只能释放有限的商业化空间。该规则对业余爱好者不是很有利,一方面业余爱好者承担着法律风险与权利人的偏好风险,另一方面又无法从中获得收益。在权利人与业余爱好者的博弈中,信息分享平台收获了大量的商业利益。这就是典型的"鹬蚌相争,渔翁得利",因此信息分享平台的经营模式被人称为剥削机制。之所以存在这种剥削机制,很大程度上是因为业余爱好者害怕权利人的追责而放弃商业利润的追求。权利人则因重混创作法律判断的复杂性、通知删除的执法成本、潜在的正当性压力不敢也无法大张旗鼓地维权,导致权利人无法从业余重混创作与传播中获取相应的商业利益。对于信息分享平台而言,它固然收获了业余爱好者重混创作的商业收益,但是却无法进一步拓展其商业运作。现在几乎所有的信息分享平台都存在将用户规模转化为商业收益的困境。像 Youtube 这样的网站,尽管每年也能获得数亿美元的收入,但是与其用户数量、作品数量相比,大量潜在商业潜力无法兑现。因此通知删除规则下著作权人、使用者与信息分享平台实际上处于一种僵局状态,各方守着自己的底线,静观社会趋势的发展。社会规范的调整在很大程度上是对业余重混创作与传播博弈中各方态度的一种描述。在这种描述中,我们会发现著作权人比较坚定的反对商业化的态度,尤其是直接从业余重混作品中获得经济利益的态度。DJ Drum 是美国著名的重混音乐艺术家,业内人士都以与他合作为荣。他的重混 CD 有很大的需求市场,但是由于无法解决版权问题,他的音乐无法在不侵权的情况下销售。2006 年 DJ Drum 与一家唱片公司签订了发行协议,尽管有部分拥有版权的艺术家与唱片公司的签名授权,但是美国唱片协会还是带领警察查抄了 DJ Drum 位于亚特兰大的办公室,冻结了公司的财产、电脑、记录设备以及没有销售的光碟。DJ Drum 本人也被逮捕入狱。可是相当吊诡的是,即使在入狱期间,他的音乐依然被默许在网络上流传。[1] 美国唱片协会的行为代表了美国音乐产业界的普遍态度,但是也引起了公众批评,DJ Drum 很快被保释出狱。为了避免侵权的

---

[1] Michael Katz,Recycling Copyright:Survival & Growth In The Remix Age,13 Intell. Prop. L. Bull. 21(2008),p. 22-24.

麻烦,另一位重混音乐艺术家 Girltalk 则想寻求授权,但是无奈每一片段被著作权人开价数万美元,最后只得作罢。在这种情况下,重混音乐家们一方面将音乐在网络上免费发布,另一方面尝试着发行一些所谓的测试版。他们最重要的收入来源主要来自于现场表演的收入。Girltalk 藉此成立一个十人的工作团队。[①] 在这个格局中,重混艺术家通过网络发布音乐建立声誉,通过线下的现场表演取得收入。信息分享平台通过在传播时投放广告取得收入。权利人则力争保住主要商业阵地。对于重混音乐,创作者还有这样的市场可以开辟,但是对于重混视频呢,我们很难想象有这样的线下市场。低廉的传播成本使得网络成为低市场价值作品实现其商业价值的主要渠道。目前权利人正在不断地拓展自己的商业模式,著作权人甚至开始制作自己的重混因素,比如 Jay-Z 就发行过自己音乐的重混版。当著作权人开始进入重混创作领域时,问题变得非常复杂。因为在著作权人不涉足这个领域的时候,我们可以更好地运用合理使用进行抗辩,但是当权利人进入到这个市场,市场失灵的标准将不复存在。因此随着市场的发展,合理使用的适用空间会越来越小,而自由交易又不太可能。市场价值较低的业余重混创作商业化在现有的法律制度下陷入死胡同,因此有必要进行制度创新。

二、建立业余爱好者重混创作商业化补偿机制

(一)概述

业余爱好者重混创作的补偿机制是一种可能的制度选择。具体是指由业余爱好者作为义务人通过信息分享平台就自己的重混作品商业化行为向权利人支付支付补偿金,作为重混作品取得无限制的公开传播权的对价。具体而言,该制度要点包括:①补偿机制涉及业余爱好者、著作权人和信息分享平台,业余爱好者与著作权人属于法律关系的直接当事人,信息分享平台属于第三人。②业余爱好者和著作权人是补偿法律关系的直接当事人,业余爱好者就自己的重混作品的商业化行为向著作权人支付报酬。信息分

---

①　Kerri Eble, This Is A Remix: Remixing Music Copyright to Better Protect Mashup Artists, 2013 U. Ill. L. Rev. 661, P. 666.

享平台虽然是第三人,但却是该补偿机制能否成功的关键。首先,信息分享平台提供重混作品商业化机会,重混作品商业化的范围就是针对网络传播行为的。其次,信息分享平台收取商业收益,根据规定向业余爱好者支付报酬,向著作权人转移支付补偿金。这样,通过该制度将信息分享平台获得的商业收入分成三份,一份给业余爱好者、一份给著作权人,一份留给自己,因此补偿机制实际上业余重混作品商业收益三方分享的机制。③分配对象是信息分享平台利用重混作品获取的商业收益,分配时间是在获得商业收益之后,分配比例由法律具体规定或者由三方进行集体谈判确定。分配依据按照重混作品使用的片段数或者占据的时长确定,个中关键是采取数量标准而不采取实质贡献标准。只采取数量标准能够最大限度地降低实施成本,虽然会牺牲一些公正性,但还是值得的。④商业化的控制权掌握在业余爱好者手中。商业化控制权是业余爱好者行使其著作权的最好体现。与普通作者不同,业余爱好者行使著作权实际上采取了一揽子授权的形式,对于具体条款没有选择权。之所以这样做,就在于最大限度地降低交易成本。

(二) 业余爱好者重混创作商业化补偿机制与相关制度的关系

该制度主要针对低价值低创造性的业余爱好者重混创作商业化问题。低创造性意味着业余爱好者重混创作很难通过职业重混创作规则进行保护,商业化和无限制的公开传播意味着它也很难通过社区性例外规则进行保护。该类作品在线传播是其获益的主要方式,商业化是补偿机制存在的前提。

该制度与社区性例外是一对互补性制度,因为社区性例外将业余爱好者享受合理使用保护的重混创作固定在相对封闭的空间内。无限制的公开传播以及商业化可以成为业余爱好者另一种可能的选择。这样,通过人为的选择机制将不同类型的业余重混创作区分开,从而避免依据创造性标准对业余重混创作进行判断。社区性例外的存在也是补偿机制的存在前提,因为如果没有社区性例外,就没有人愿意为任意的公开传播付费。制度分设有助于对业余爱好者重混创作进行分类管理。

业余爱好者重混创作的补偿机制不同于超越自由演绎补偿制度,二者存在较大的差别。①二者要处理的问题不同,前者要处理的低商业价值低创造性的业余重混创作商业化问题,与其对应的制度是社区性例外。后者

处理的是高创造性的职业重混创作问题,对应的是自由演绎和替代性演绎禁止制度。②前者处理的是业余爱好者、信息分享平台与著作权人三者之间的法律关系,而后者处理的是则是职业作者与著作权人之间的法律关系。③前者的制度架构具有比较复杂,严重依赖于信息分享平台,是网络环境下特有的制度构建,是著作权集体管理的一种特有形式。后者制度构建比较简单,依赖于个别交易机制。

(三)业余爱好者重混创作商业化补偿机制的利益配置与制度实施

1. 业余爱好者重混创作商业化补偿机制的利益配置

允许有商业价值的业余重混创作商业化对著作权人、信息分享平台和业余创作者都是有好处的。对于著作权人而言,极力反对商业化的主要原因在于他们无法从业余重混创作中取得收入,如果能够从中取得收入,他们要求禁止重混创作的动力就会减轻。他们可以把精力集中到真正需要打击的复制性使用以及造成外部性拥塞这些需要关注的对象上,而不是陷入这种无可奈何而又心有不甘的局面。对于信息分享平台而言,虽然需要承担补偿分配的义务,但是可以适当减少监督的费用,因为在补偿机制和社区性例外协作的情况下,通过技术措施基本就能解决合法使用和非法使用的问题。更为重要的是,在补偿机制之下,信息分享平台可以通过协议取得业余爱好者的著作权,对业余重混作品进行进一步的商业化开发,开辟新的收入来源,使得收入最大化。对于业余爱好者而言,通过选择社区性例外保护还是商业化补偿机制保护,既能极大的降低法律风险,又能满足不同的动机和需要,兑现自己作品的商业价值。对于社会而言,补偿机制的实施开拓了业余重混创作的空间,可以促进社会的文化与经济进步;可以积累大量的著作权信息,完善著作权产权信息,提升著作权管理水平。因此社区性例外与补偿机制的结合能够塑造对各方都有利的秩序和格局。

2. 业余爱好者重混创作商业化补偿机制的实施

在能够使各方受益的情况下,该制度能否设立或者有效运作关键取决于其实施成本。如果实施成本很高,超过了收益,那么再好的制度设想也是白搭。如果实施成本比较低,或者能够找到成本更低的实施方式,那么该制度就大有成功的希望。

就业余重混创作商业化补偿机制而言,需要考虑的实施成本主要包括

交易本身的成本与设施成本,前者是指制度的运行成本,后者是指补偿机制初步建立的起步成本。对于补偿机制的起步成本,即补偿机制基础设施的建设费用。有两种方法,一是由信息分享平台自行建设,二是建设统一平台,然后由信息分享平台购买使用。但是无论哪一种建设方式,补偿机制的起步成本都是相当高的。那么能不能借助现有的集体管理组织呢?目前还没有能够完全满足重混创作使用需要的集体管理组织,因为重混创作的使用涉及所有的作品类别,而目前的集体管理组织基本是按照作品类别或者权利类别的依据建设的,与创作性使用的逻辑有别。

对于制度运行成本而言,包括确定权利人、作品使用在先作品情况信息、收入信息以及相应的分配成本。上述信息中,确定权利人以及作品使用信息,可以通过业余爱好者进行收集,业余爱好者在上传作品的时候可以将这些信息上传到信息分享平台的后台形成相应的数据库。真正困难的是对使用性质的判断,这对于业余爱好者、信息分享平台和权利人都是困难的,而且极易发生争议,因此为了节省交易成本,有必要按照数量而不是按照质量定价。关于补偿标准,存在多种方式比如固定数额、按照收益的一定比例、补偿上限限制等。关于支付方式,采取由信息分享平台转移支付的方式,赋予著作权人查询信息以及补偿费请求权等能够保障其权利实现的权利。这些属于具体的制度设计,本著作不作深入探讨。

其实本制度最大的困难在于第三主体以及支付客体的确立。第三主体是指信息分享平台,哪些信息分享平台应该纳入?纳入的信息分享平台需要具备哪些条件?是第三主体自愿申请还是按照实际情况核定?第三主体作为补偿机制实施的主要载体,不仅担负着创造收益的重任,而且担负着分配收益的重任。对比,笔者认为应该确立信息分享平台开展商业化补偿业务的条件,然后由信息分享平台申请。与此同时,对于没有开展此类业务的信息分享平台按照社区例外规则进行管理。关于支付客体的确定,即确定哪些重混作品应该支付补偿费。笔者认为由两条标准:一是业余爱好者的具体选择,二是信心分享平台的类别及传播的实际情况。业余爱好者可以根据自己的情况进行相应的选择,到底是适用社区性例外保护还是商业化补偿保护,甚至是职业重混创作规则保护。实际上从职业重混规则到业余重混创作规则,构成了一个制度序列,作者依据自己实际情况进行相应的选

择。一般而言,作者越往下选择,受到法律越多的优待,越往上选择,商业化的机会越多,需要的创造性也越高。在该制度框架下,作品身份很大程度上是一个选择问题,而不必就其真实的身份作出判断。

鉴于重混创作商业化补偿机制较高的实施成本以及难以借助现有著作权集体管理组织的特点,该制度的采用应该慎重。美国目前关于重混创作使用的补偿或者交易机制的讨论主要集中于:①关于个别类别作品的重混创作补偿机制,比如音乐作品重混创作补偿机制。该补偿机制建设具有两点便利,一是重混音乐创作所使用的片段都必然来自于音乐作品,不牵涉其他的作品类别;二是可以借助美国现有的音乐作品翻录补偿实施机制。①②在线微使用自动许可。该机制主要借助网络由集体管理组织提供一揽子授权,使用者只需要根据使用的作品类别在网络上寻求许可即可。② 该机制同样借助现有的集体管理组织,可以帮助重混创作者实现跨媒介的重混创作。由此可见实施的高成本成为重混创作商业化补偿制度建设的主要障碍。

小　结

业余爱好者重混创作的特殊性使其无法适用重混创作的一般规则进行有效规制。普遍存在的大借用量、低创造性与低商业价值的特征组合、巨大的社会价值、基于"信息长尾"的获益模式、与著作权人的非竞争关系都会影响业余爱好者重混创作的规制选择。具体而言,作者权法系的合理使用制度无法适用,版权法系的合理使用则存在随意性大,证明成本高的局限。通知删除规则虽然能够有效平衡权利人、使用者和信息分享平台利益的好处,但是利益分配不公平遏制了业余重混创作的商业价值进一步释放。与此同时,通知删除程序将法律的实施变成了权利人的主观恣意,暴露了社会规范调整的缺陷。建立社区性例外规则可以有效保障亚文化群体圈内的业余重

---

① Robert M. Vrana, The Remix Artist's Catch-22: A Proposal For Compulsory Licensing For Transformative, Sampling-Based Music, 68 Wash. & Lee L. Rev. 811(2011).

② The Department of Commerce Internet Policy Task Force, Copyright Policy, Creativity, and Innovation in the Digital Economy, 2013, p. 29, 87-88.

混创作。正视社会规范的调整作用,通过默示许可等制度将社会规范调整适度法律化,发挥法律规制与社会规范调整的协同作用。建立基于信息分享平台的商业化补偿机制可以有效释放业余重混作品的商业价值,实现商业价值分享。

第七章

我国重混创作著作权规制的完善

重混文化虽然成为当代流行文化的标签,但其规制却处在著作权规制的末端。"资产所能产生的总收入流(服务流的市场价值),不同个人贡献的价值和控制与测度这种资产属性的成本一起,决定权利如何被严格的界定和什么将是它的所有权型式。"①重混创作规制需要面对使用属性高测量成本、高控制成本,而商业收益却很不确定的局面。成本收益组合决定规制选择空间,而成本收益本身则与各国的具体情况密切相关。美国作为现代重混文化的发源地,发展最早、技术最好,但发展相对缓慢,与此同时却没有妨碍其成为重混文化商业化最成功的国家。具体而言就是美国借助于比较灵活的合理使用制度与避风港制度,在不牺牲著作权人利益的前提下,创造了降低交易成本和提升商业收益的制度组合,借助其强大的商业开拓能力以及全球市场从而获得了商业成功。尽管如此,与重混文化所具有的商业潜力相比微不足道。美国版权法对重混创作发展的掣肘还是很明显的,这也是美国各界持续关注重混创作规制的原因所在。我国目前是重混文化发展

① ［美］Y.巴泽尔:《产权的经济分析》,费方域,段毅才译,格致出版社,上海三联书店,上海人民出版社 1997 年版,第 10 页。

最为迅速的国家之一,其商业价值日益凸显,①但是无论是立法、司法还是学术研究都没有充分注意到重混创作的特殊性,其规制问题也没有引起足够的注意。我国目前重混文化、重混创作的发展和繁荣主要来自于著作权法没有得到普遍遵守而不是著作权法的良好规制。这种发展模式会受到著作权人选择性维权的威胁,不利于重混创作质量的提高,不利于重混创作商业价值和社会价值的进一步释放,危及重混文化长远健康发展。因此未雨绸缪,完善我国重混创作的著作权规制是非常有必要的。

第一节　我国的文化观念与重混创作著作权规制的关系

重混文化的发展深受技术、文化观念以及著作权制度三者的影响。复制、编辑技术发展为重混创作提供技术支持,降低重混创作的成本。著作权法则以控制作品的复制和传播作为获取商业利益的手段,反对、限制对作品的借用。著作权既是由技术所催生,反过来又对技术发展构成制约。技术发展与著作权制度的博弈是著作权制度变迁的主要力量。

文化观念及其衍生的社会规范是影响重混创作规制另外一种重要力量。文化观念如果与著作权制度协同,就会降低著作权的实施成本;文化观念如果与著作权相左,就会提升著作权的实施成本。这种影响越到信息长尾的末端越明显,有时甚至会取代著作权制度而发挥作用。作为一种高成本的制度设计,成本收益核算严重制约著作权人在高成本、低收益的作品属性上的行动能力,文化观念及其社会规范作为一种重要的变量对相应的著作权规制产生重要影响。重混创作对在先作品使用的属性复杂,信息获取成本高,而收益不高或者不确定,处在成本收益核算比较敏感的区域,因而是文化观念及其社会规范能够施加重要影响的领域。文化观念具有典型的本土化特征,因此研究我国文化观念对重混创作著作权规制的影响非常有必要。

---

① 我国的信息分享平台目前得到了广泛关注。具体参见欧洲的两个有关用户产生内容的研究报告对中国情况的介绍。具体参见: Working Party on the Information Economy, participative web: User-Created-Content, DSTI/ICCP/IE(2006)7/FINAL. ; IDATE, TNO, IViR, User-Created-Content: Supporting a participative Information Society(Final Report), SMART 2007/2008.

一、我国的重混创作及相应的文化观念

(一)从古代重混创作到现代重混创作

我国具有悠久的重混创作传统,古代的很多艺术形式都建立在重混创作的基础之上。书法、绘画艺术完全建立在临摹的基础之上。诗歌也是在不断模仿中创新。比如唐乐府诗就是在借鉴汉代乐府诗基础上形成的,这种借用有的表现为对乐府旧题内容的改写,有的表现为借助乐府旧题的样式创作类似内容,还有的借助其样式创作新的内容。作为我国古代诗歌创作的一种重要手法,用典就是借助前人的作品、故事等扩展自己作品的内涵,突破诗歌形式短小所带来的局限。集句是古代诗词领域重混创作的典范。所谓集句就是用别人现成的诗句写诗填词,其创作的诗歌被称为集句诗[①],创作的词曲被称为集句词。[②] 集句诗起源于傅咸《七经诗》,他选用经书中的语词来作诗,但是影响不大。集句诗作为一种诗体被人有意识地加以创作,首先是北宋前期的石延年和胡归仁。石延年性格滑稽,开始有意地写作集句诗进行调笑和娱乐,类似于打油诗。但是到了王安石,他开始大力创作和提倡,使集句诗逐渐脱离了调笑和娱乐的层次,成为正式的诗歌体式。王安石对集句诗的发展功不可没,后世言集句诗必提王安石,甚至误认其为集句诗的创始人。在王安石之后,到徽宗时期出现了葛次仲和林震等专业集句诗人,以集句诗享誉诗坛。到了南宋时期,集句诗又有了新的发展,开始朝专题化、规模化的方向发展,成为一种重要的诗歌运动。

我国古典小说同样充满了重混创作的色彩。我们熟知的《三国演义》《水浒传》《西游记》《金瓶梅》等古典小说都呈现出强烈的借鉴性特征。作者往往广采正史、正史注疏、野史轶事、民间传说、话本、戏剧等各种相关素材,进行适当的裁剪,加上自己的创造性劳动,将之捏合成一个整体,创造出作品。其中《水浒传》《三国演义》是"不同时代的民间艺人就历来所传承的小说戏曲加以删润和写定"的。尽管贵为第一部文人独立创作的小说,《金

---

① 张明华:《集句诗的发展及其特点》,《南京师范大学文学院学报》,2006 年第 4 期。

② 徐胜利:《集句:宋词的创作方法之二》,《湖北职业技术学院学报》,2005 年第 1 期。

瓶梅》不仅其整个故事框架是从《水浒传》的武松杀嫂的故事演绎而出,而且借用大量的戏曲、小曲、笑话、说经等俗文学史料,以补抄与镶嵌、记忆与化用、口述与笔录等多种方式进行运用,结果"就像一位漂亮的美女穿了件臃肿的拖地长裙,戴了满头的鲜花首饰"。① 前述经典小说的示范带来的更多的重混创作。《三国演义》带动了历史通俗演义类小说的繁荣,《西游记》带动了神魔类小说的发展,《水浒传》则带动了公案、武侠等小说的发展;而《金瓶梅》则开创了描写世情家庭生活小说的传统。不仅如此,这些经典小说众多的续集或者同人小说更为重混创作添上了浓墨重彩的一笔。"从1903年到1909年短短数年之间,《西游记》《水浒传》《红楼梦》《三国演义》《儒林外史》《金瓶梅》等几乎所有古典白话小说名著都遭到令人啼笑皆非的戏谑式的改写与重写,总数达到几十种之多。"②这些小说已经从明清两代的续集、补遗、改写等不同的形式发展到了翻新小说,架空小说,即根据新的背景创作的同人小说。

在数字时代,我国重混创作并没有受到著作权的严重制约。职业作者的重混创作随处可见。出于对经典小说《红楼梦》的崇拜,续、补《红楼梦》的版本层出不穷,著名作家刘心武甚至多年磨一剑撰写《红楼梦》的后二十八回。《西游记》《水浒传》等也一再被演绎,甚至有些作家演绎成迷,比如青年作家今何在创作的《西游记》同人作品就有四五部之多。流行文化更是充满重混创作元素。陈凯歌尽管当年呵斥胡戈的拼贴,但是他自己在《无极》中同样模仿了好几部电影的经典桥段。电影《越光宝盒》简直就是各种畅销影片的片段组合,宁财神编剧的《龙门镖局》更是网络经典段子的不断回放。职业创作尚且如此,业余创作更是肆无忌惮。《一个馒头引发的血案》打开了数字拼贴的潘多拉魔盒,各种搞笑、搞怪、甚至严肃的创作都普遍采用拼贴的方式,各种所谓的吐槽作品就是将社会焦点事件、焦点作品、焦点人物进行汇总集中派送的创作模式。这种风气甚至影响到职业创作,中央电视台体育频道的"爆笑体育"节目就是此类创作方式的结晶。

重混创作的商业化似乎也没有受到著作权规制的影响。数字时代之

---

① 许建平:《文坛模拟风气与〈金瓶梅〉撰写方法考察》,《河北师范大学学报》(哲学社会科学版),2000年第2期。

② 吴泽泉:《晚清翻新小说创作动因探析》,《云南社会科学》,2008年第6期。

前,同人作品通过传统渠道不断得到出版。1992 年春风文艺出版社出版了鲁兆明的同人作品《围城之后》,2001 年《动漫时代》出版了《将同人进行到底》,收录了《东京巴比伦》《圣斗士星矢》等日本动漫的同人作品,引起了《漫友》等漫画杂志效仿,尝试出版各种动漫同人志特辑。2002 年,西北大学出版社出版了江南创作的以金庸小说人物为原型的架空同人小说《此间的少年》。该小说的出版"第一次将同人小说的概念从互联网上引至我国出版界,为同人小说网络出版与传统出版的结合打下了良好的基础。"[①]与传统出版相比,网络传播才是重混作品的主要渠道。胡戈凭借《一个馒头引发的血案》爆红于网络,胥渡吧、叫兽小星以重混创作成长为响当当的文化品牌,拥有自己的专业团队和收入来源,成立影视公司,叫兽小星本人甚至被誉为"从网络中走来的周星驰"。《四平青年》系列拍摄者通过网络信息平台的分账取得不菲的收入。《蜀山的少年》更是开创了职业创作与业余创作携手合作共谋商业利益的局面。

(二)支持重混创作的文化观念

我国古代虽然没有产生模仿说这样的创作理论,但是绝不缺少支持重混创作的观念。比如"天下文章一大抄,看你会抄不会抄"的俗语就是我国宽容、甚至支持重混创作的最好例证。总的来说,古代文化中的下列因素特别有利于重混创作。①尊老重古的传统。高度重视传统的传承,必然压抑创新,创新无法得到应有的评价,这会激励人们向传统学习,所以我国古代的文学思潮一再打着复古的口号进行创新,这不是偶然的。②文以载道的文艺观念。文以载道意味着创作就是阐述弘扬所谓的大道,而不是个人性情的抒发。为了弘扬大道,作家必须不断钻研经典作品,然后不断地加以模仿,官方甚至规定科举考试的作文程式是最大限度地模仿现有作品。③临摹、仿写、用典等特有的创作方式。尽管模仿是艺术创作的不二法门,但在提倡原创创作的文化中,模仿仅仅是初学的手段。然而在我国,很多古典艺术都以模仿为根基,书法、绘画将临摹作为真正的艺术手段而使用,古典诗歌形成了严格的形式,古典小说源于写史的传统,在仿写的基础上进行创新

---

① 徐丽苑,曹莉亚:《论同人作品的出版现状及其发展前景》,《杭州电子科技大学学报》(社会科学版),2011 年第 3 期,第 62 页。

成为我国古典文学艺术发展的基本程式。与支持重混创作的根深蒂固的文化观念相比,著作权制度才是真正的舶来品。与著作权制度相匹配的原创性文化观念并没有随着著作权法的引进而迅速成长起来,实际上就连著作权法的命运也是几经沉浮。淡薄的原创文化观念导致尊重原创性的社会规范没有发展起来。有关剽窃的指控层出不穷,相关的诉讼几乎全部是由著作权人发起,这种现象足以证明我国反对剽窃的社会规范以及学术纪律完全不能发挥作用。与我国相反,波斯纳发现在美国绝大部分有关剽窃的诉讼都是由剽窃者发起,主要针对学术机构、学术团体做出的各种剽窃惩戒决定。① 淡薄的原创性文化观念再加上对利益的疯狂追求导致我国剽窃盛行,权利人只能通过著作权诉讼的方式维权。

与剽窃受到社会谴责不同,重混创作受到了明确的社会舆论支持。1992 年春风文艺出版社出版了鲁兆明的同人作品《围城之后》,引起了著作权人钱锺书先生的抗议和行政救济,虽然被认定为侵权,但是《围城》各种各样的同人作品依旧源源不断地出现。尽管出于对钱老的尊重,他的维权行为没有引起大家公开的责难,但是,中国台湾地区女画家几米就没有这样的好运气了。当她指责一名儿童出版的画作中有几幅涉嫌抄袭其作品时遭到网友们的指责和谩骂。② 当陈凯歌导演对胡戈的拼贴行为进行谴责和诉讼威胁时,同样遭到了众网友的奚落、指责和围攻。与此同时,陈凯歌没有从同行、其他著作权人那里得到明确的支持,反而是胡戈得到了众多来自网友、著作权人乃至法律专家的支持。想当年,美国《星际漫游》迷们创办同人志遭到著作权人乔治·卢卡斯的诉讼威胁时,被迫进行公开道歉。没有人指责权利人的维权行为,卢卡斯放弃诉讼被视为对读者的一种恩惠。两相对比,我们会发现"陈凯歌们"的处境的确比"卢卡斯们"糟糕得多,需要更大的维权勇气,更多的维权成本。因此,陈凯歌尽管很生气,但最后也只能忍

---

① [美]理查德·A.波斯纳:《论剽窃》,沈明译,北京大学出版社 2010 年版,第 42 页。

② 小商贩夏俊峰在与城管发生纠纷的过程中将城管杀死被判处死刑。新闻媒体报道引起公众对夏俊峰家庭生活处境的同情,他年幼的儿子的绘画才能引起媒体注意,其画作得以出版。台湾画家几米发现其中有几幅画有模仿抄袭的痕迹,对此进行了批评结引发网友谩骂。平心而论,几米批评一个境况特殊的孩子涉嫌抄袭是有些残忍,但这是他作为著作权人应有的权利。

痛放弃维权。

与陈凯歌试图维权不同,还有相当多的权利人容忍、默许甚至鼓励重混创作。电视剧《易水寒》热播促生了很多同人作品,最后有些优秀的同人作品在原权利人的授权之下公开出版发行。①《蜀山的少年》的著作权人为业余爱好者成立的同人作品开发公司注入资金进行战略合作。当然更多的权利人充当了沉默的大多数。

二、我国文化观念对重混创作著作权规制的意义

同人作品对原作品的特殊依赖关系以及随之而来的利益配置关系决定了著作权人的态度。同人作品对原作品的单向依赖关系注定了原作品不可能被同人作品替代,而同人作品的销售反而可能促进原作品的销售。"即没有阅读或者观看过原作品的人几乎不可能去阅读同人作品,而阅读同人作品的人必然会追索至原作品去仔细品味。"②美国学者柯克·帕特理克认为,"正是得益于同人小说的广泛传播,日本漫画在美国市场的销售量和影响力都有显著的上升,很多美国读者正是通过英文的同人小说才了解并喜欢和购买日本漫画。"③因此在赤裸裸的盗版尚未得到有效治理的情况下,我国的著作权人是没有余暇关注重混创作这类危害更小的未经授权的使用行为的。

尽管如此,这并不意味着重混创作的规制没有意义。因为对于著作权人来说,重混创作可能不会过分侵占其商业利益,但是对于重混创作者来说,随着重混文化的发展以及消费者消费习惯的转变,重混创作的商业价值在不断提升。在日益增加的商业价值面前,著作权法提供的寻租机会导致著作权人的投机行为。因此,为了充分开拓重混创作的商业价值以及其他

---

① 孙战龙:《网络同人小说的权利界定》,《网络法律评论》(年刊),2006 年,第 170 页。

② 徐丽苑,曹莉亚:《论同人作品的出版现状及其发展前景》,《杭州电子科技大学学报》(社会科学版),2011 年第 3 期,第 64 页。

③ Sean Kirkpatrick, Like Holding a Bird: What the Prevalence of Fansubbing Can Teach Us about the Use of Strategic Selective Copyright Enforcement, Temple Environmental Law and Technology Journal, 2003(21) :131 – 153. 转徐丽苑,曹莉亚:《论同人作品的出版现状及其发展前景》,《杭州电子科技大学学报》(社会科学版),2011 年第 3 期,第 64 页。

社会价值,激励重混创作者的长期投资,有必要对重混创作进行适当规制。

从重混创作者的角度讲,我国目前的文化观念及其衍生的社会规范对重混创作规制的完善是弊大于利的。①支持和鼓励重混创作的文化观念与重混创作规制的宗旨是一致的,二者协同能够有效降低重混创作规制的成本。②支持重混创作的文化观念有助于减少完善重混创作规制中的阻力。在这一点上,我国与美国的情况完全不同。在美国,原创性文化观念使得重混创作规制改革困难重重,从而导致著作权规定与重混创作实践日益脱节,无论是立法机构、司法系统还是当事人都处于观望状态。在我国,支持重混创作的文化观念却可以推动重混创作规制完善。③我国目前重混创作商业价值开发还处在比较初级的阶段,无论是严格执行著作权还是选择性维权,对著作权人来说都不是一件很划算的事情。著作权人对重混创作的容忍度还比较高。这对重混创作规制完善是一个比较有利的时机。④重混创作的规制完善有助于将剽窃与重混创作区别开来,从而形成一个适合我国国情的原创文化观念,使得著作权制度与我国的文化观念契合,降低著作权法的实施成本。因此我们应该将重混创作著作权规制的完善视为著作权制度本土化尝试的试金石和最佳舞台。

第二节　我国重混创作著作权规制的立法与司法实践现状

与重混创作的蓬勃发展相比,我国重混创作的著作权规制的立法现状与司法现状都难以满足重混创作发展的需要,对重混创作的健康发展构成了潜在掣肘。下面笔者尝试着对我国重混创作著作权规制的立法与司法实践现状进行梳理。

一、我国重混创作著作权规制的立法现状

(一)概述

与重混创作著作权规制有关的规定主要包括著作权客体保护条件、著作权权利内容、侵权以及著作权限制的规定。其中著作权客体保护条件的规定关系到文化生产的著作权激励机制与非著作权激励机制之间的关系,重混创作作为著作权保护的边缘地带,与文化生产的两种激励机制关系都

很密切,著作权客体保护条件的规定关系到著作权规制与社会规范规制的选择问题。著作权内容以及侵权的规定旨在从著作权人的角度划定著作权的保护范围,关系到重混创作者的创作自由。著作权保护范围之外是创作者自由利用之处,著作权保护范围之内,创作者的使用构成侵权,是否能够得到豁免取决于著作权的限制性规定。著作权限制的规定为使用者的侵权性使用提供豁免理由,重混创作能否获得适当规制取决于著作权限制性规定能否合理衡量影响重混创作的各种因素。

(二)我国著作权客体的规定与重混创作规制

我国著作权法对作品的概念没有进行定义,《著作权法实施条例》第2条规定"著作权法所称作品,是指文学、艺术和科学领域内具有独创性并能以某种有形形式复制的智力成果。"分析该条款,作品的构成要件的核心要件有二,一是独创性,二是能够以某种有形形式复制,即表述的确定性。第一个条件关系到著作权法的宗旨,属于实质条件。第二个条件是著作权保护的形式要件,我国仅仅要求作品表达具有确定性即可,没有要求必须固定在一定的载体上,也没有要求必须登记。与其他国家的规定相比,我国对作品著作权保护的资格条件要求是非常低的,实行自动保护、无手续主义的立法例。在该要求之下,口头作品成为适格的著作权客体,受到著作权的平等保护。然而口头作品的创作与固定往往分属于不同的主体,而书面作品的创作与固定属于同一主体,二者存在明显的差别,因此口头作品保护与书面作品保护面临着不同的著作权问题。口头作品对于重混创作规制具有重要影响。

(三)著作权权限、侵权的规定与重混创作规制

1. 精神权利的规定

我国著作权法规定了作者的精神权利与经济权利。精神权利包括署名权、发表权、修改权和保持作品完整权。其中保持作品完整权的规定是"保护作品不受歪曲、篡改的权利",没有任何限制。与国外相比,增加了修改权的规定,即"修改或者授权他人修改作品的权利",仅仅在电影改编、向报社、杂志社投稿等情形赋予使用者有限的修改权限。[①] 精神权利中的修改权不

---

① 《中华人民共和国著作权法》第34条。

但与保持作品完整权重叠而且与经济权利中的演绎类权利重叠,以至于学者们不知道如何处理为好。因为不附带任何限制性条件的修改权简直就是一道紧箍咒,如果严格执行的话,使用者将无法有效使用权利人的作品。

关于保持作品完整权,我国一方面没有施加任何限制,另一方面又通过法人作品的规定直接剥夺实际创作者的作者身份①,通过特殊职务作品②、电影作品③等规定只赋予实际创作者署名权,悄悄剥夺了他们的其他精神权利,从而达到"限制"作者精神权利的目的。极为宽泛的一般性规定与个别的排除性规定相结合会造成作者精神权利保护畸轻畸重的情况,有的情况下对作者极为厚爱,有的情况下完全不受待见。这种畸轻畸重主要体现了对专业投资者的优待,但是绝大部分重混创作者是个人,因此无法缓解精神权利对重混创作的约束。此外,著作权集中于专业投资者的事实使得专业投资能够自由地进行重混创作,而实力更弱,更具创造性、更需要重混创作的个人处境艰难。

2. 经济权利的规定

关于经济权利方面,我国进行了比较详细的列举性规定。与创作性使用有关的主要是复制权和演绎权。关于复制权,著作权法将之界定为"以印刷、复印、拓印、录音、录像、翻录、翻拍等方式将作品制作一份或者多份的权利",④显然是以原样复制作为规范对象的,与创作性使用似乎关系不大。但是在侵权的规定中将"剽窃他人作品"作为单独的侵权类型,显然又包括了创作性使用的类型。⑤ 前后的法律规定出现了明显的不一致。对于演绎权,我国著作权法没有采纳演绎权的概念,而是直接规定了摄制权、改编权、翻译权和汇编权,其中改编权被规定为"改变作品,创作出具有独创性的新作

---

① 《中华人民共和国著作权法》第 11 条第 3 款。
② 《中华人民共和国著作权法》第 16 条第 2 款。
③ 《中华人民共和国著作权法》第 15 条第 1 款。
④ 《中华人民共和国著作权法》第 11 条第 2 款第 1 项。
⑤ 《中华人民共和国著作权法》第 47 条第 5 项。

品的权利",①略具演绎权一般性规定的特征。② 关于演绎,我国学者一般认为需要具备同一性与增量创造性两个条件,但是缺乏更具体的解释。③

3. 著作权限制的规定

我国著作权限制规定对创作性使用比较有利。我国《著作权法》第22条的个人使用条款规定"为个人学习、研究或者欣赏,使用他人已经发表的作品",构成合理使用。与域外个人使用主要关注于复制性使用不同,我国著作权法关于个人使用的规定没有区分复制性使用和创作性使用,关于使用目的的表述甚至与创作性使用相当契合。与其他国家规定相比,它是一个更为原始质朴的规定,具有更广的适用性。不过个人使用中"个人"及其潜在的范围限制制约了使用的公开性,这与重混创作需要解决的问题有很大的不同。现代重混创作不限于私人空间,更多的通过网络在更大范围传播,与个人使用的典型情形差别较大。

我国《著作权法》第22条规定"为介绍、评论某一作品或者说明某一问题,在作品中适当引用他人已经发表的作品",构成合理使用。该规定可以视为我国创作性使用规制的一般条款。具体而言,合理引用的条件有四:一是合理引用发生在创作中;二是引用对象必须是已经发表的作品;三是引用目的是为介绍、评论某一作品或者说明某一问题,四是引用要适当。第一个条件证明该规定只解决创作性使用,不包括其他类型的引用。该条规定对于其他类型的引用而言存在缺陷,但对于创作性使用却不是。第二条件将引用的对象限于已经发表的作品,排除对未发表作品的引用。未发表作品在很多情况下具有很大的引用价值,因此排除对其引用的合理性值得怀疑。第三个条件将引用的目的一分为二,评论或者说明问题,前者的使用目的与

---

① 《中华人民共和国著作权法》第10条第1款第14项。

② 李明德教授认为我国演绎作品的规定仅仅是关于演绎作品具体类型的规定,换言之我国缺少演绎作品的一般性规定。该观点与笔者的观点并不冲突,因为李教授在其著作权中也提到了改编作品具有非常广泛的含义。具体参见李明德,许超:《著作权法》(第2版),法律出版社2009年版,第126页。

③ 王迁:《著作权法学》,北京大学出版社2007年版,第161-163页。在该书中,王迁教授将演绎作品定义为"在保持原有作品基本表达的基础上,增加符合独创性要求的新表达而形成的作品",但是关于"基本表达"的解释和新增独创性的解释还存在很大的模糊性。这可能是由于创作本身的复杂性以及利益与创作性使用匹配的复杂性决定的。

原作品有关,是基于新作品与原作品的密切联系而使用的,无论是介绍还是评论原作品,引用原作品都具有合理性。后者的使用是为了说明一个问题,这个问题可以与原作品没有关系,因此该使用与原作品的关系较为疏远,主要服务于新作者的创作需要。不过,说明问题与新作品的关系值得进一步深入研究,比如这个问题到底是新作品中的问题还是创作本身所带来的问题?我国关于利用义务教育阶段的教科书编写同步教辅就存在这个问题。在编写同步教辅的过程中,教辅编写者为了保证教辅与教材供学生配套使用,通常需要使用原教材的目录,教材著作权人往往认为该行为侵犯改编权,[①]没有学者进行与引用有关的讨论。教辅编写者是否构成引用呢?如果是引用,那么只能构成为说明问题引用的类型。但是这个问题是为了说明教辅与教科书之间的关系,与创作目的或者教辅用途有关系,与作品中的问题没有关系,因此超出了创作本身的范围,与寻常的引用迥然有别。大概是潜意识这一点,没有人从引用角度进行讨论。[②]但这并不意味着这个问题不重要,因为在重混创作中很多引用都仅仅与创作目的有关,与整体构思有关,而与作品中的某个问题没有关系。通过上述案例,我们应该发现重混创作引用与现有引用规则不是很匹配。第四个条件关于引用的适当性主要取决于引用内容与引用目的之间的匹配程度,如果是为了对在先作品的介绍或者评论,那么对原作品的引用就必须在介绍、评论所需要的限度内。如果是为了在创作中说明某个问题,就应该明确引用的内容与要说明的问题的匹配程度以及需要借用的尺度。

　　合理使用制度还规定了基于新闻报道的引用、置于公共场所艺术品的使用以及为盲人、少数民族的公共利益而进行的合理使用等。在合理制度中,所有的限制性使用还必须承担一项义务,即"应当指明作者姓名、作品名称,并且不得侵犯著作权人依照本法享有的其他权利"。[③]其中"指明作者姓

---

　　①　此类论文发表得较多,笔者不一一列举。

　　②　笔者对利用原教科书的目录编写同步教辅的著作权问题进行了比较深入的研究,包括该问题与思想与表达二分规则、合理引用规则、演绎权规则的关系,甚至与所谓的转换性使用的关系。鉴于中小学教材教辅在我国图书出版经营中的重要地位,这个问题不可谓不重要。可惜的是我国目前研究抑或司法实践均是浅尝辄止。

　　③　《中华人民共和国著作权法》第22条前言部分。

名、作品名称"与署名、注明出处的义务有关,"不得侵犯著作权人依照本法现有的其他权利"可能是指与具体的限制性规定指涉之外的权利,那么到底指哪些权利呢? 无论如何解释,该项规定与作者精神权利的保护都密切相关。无论是标示作者、作品名称还是保持作品完整权在学术作品创作中都不是太大的问题,但在艺术作品创作中却可能会成为一项沉重的负担;对于字面表达的引用可能问题不大,但是对非字面表达要素的使用可能成为问题。合理使用关于创作性使用的开放性规定往往与不适当的限制相伴而行,对重混创作的规制构成严重的挑战。

除了合理使用的规定外,我国还规定了创作性使用的法定许可制度。具体包括音乐作品翻录、义务教育阶段教科书汇编两项制度。不过这两项制度都涉及非常特殊的创作性使用,与普通的重混创作规制关系不大。

(四)我国重混创作著作权规制的局限

根据前述分析,可以发现我国重混创作著作权规制具有如下特点:①无论是支持著作权人还是创作者的规定都相当宽泛。从支持权利人的规定看,无论是保护条件、精神权利、经济权利抑或是侵权责任的规定,给予权利人的保护都是很慷慨的。从支持创作者的规定看,个人使用、合理引用、基于公共利益的使用都具有广泛的适用性。②支持著作权人的规定与支持创作者的规定无法进行有效衔接。创作性使用实际上处于权利保护与权利限制的交界处,属于著作权规制中比较微妙的部分,需要精细的权衡。但是无论是著作权保护还是著作权限制的规定都比较粗糙,缺乏对权利边界的清晰界定,对著作权保护与限制之间的各种潜在冲突缺乏清晰的了解,没有设置相应的解决之道。从某种意义上讲,关于创作性使用的制度空间与其说来自于立法者有意识的设计还不如说来自于立法简陋所带来的弹性。③重混创作属于创作性使用中比较微妙的部分,重混创作一方面表现为大量借用,另一方面又显示出迥异于复制性使用的特性,因此其创作特性及利益配置比一般的创作性使用更为复杂和微妙,我国现有著作权保护和限制规定无法对影响重混创作规制的各种因素进行适当的考量。法律规定与重混创作的现象之间存在比较大的距离,需要通过司法的具体适用予以填补。如果能够将重混创作的特性与现有法律规定进行有效而恰当的结合,使保护双方的不同规定在重混创作的具体衡量中协调一致,就能够创造一种有益

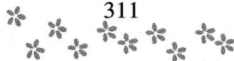

于各方的社会格局;如果不能,就会制造重混创作规制的混乱。

二、我国重混创作著作权规制的司法实践

在重混创作的规制中,我国著作权法规定对法官素质和司法体系提出了很高的要求,然而我国的司法机关和法官并不具备这样的条件,结果最简单任性的执法与最复杂微妙的创作性使用掺杂在一起造成了最光怪陆离的司法实践乱象。

(一)从实质性相似到非实质性相似

首先,对著作权保护规定的忽视开拓了创作自由的空间,具体表现为我国法院在具体的判决中往往借助源于美国司法实践的实质性相似规则对创作性使用的案件进行审理。该规则的适用有效规避了合理使用和演绎权规定的约束,具体表现为:①忽视合理使用中要求注明出处的要求,从而将创作性使用的规制从学术作品创作拓展到文学艺术作品创作。②回避了著作权人演绎权控制的约束。③摆脱了合理引用规则的约束。④摆脱了精神权利保护的规定。实质性相似规则创造规避著作权保护规定的通道,架空了著作权保护的规定。

不过,根据本著作前面有关章节的分析,在美国司法实践中,实质性相似规则的适用客观上有利于著作权人而非有利于创作者,实质性相似规则强化了演绎权控制的效力。该规则为什么在我国司法实践中发生了翻转,成为使用者开拓创作空间的利器呢?奥妙就在于我国司法实践实质上采用了"非实质性相似规则",这样实质性相似规则摇身一变成为保护创作者的规定,并取代合理使用规则发挥作用。司法实践中,我们不再判断被告的使用行为是不是构成合理引用,而是判断原被告的作品是不是构成非实质性相似。比如刘育新诉陈燕民等侵犯著作权纠纷案的判决就是如此。基本案情是:原告刘育新创作了长篇小说《古街》,曾获得首届老舍文学奖,被告陈燕民等制作了电视剧《人生几度秋凉》(以下简称《秋凉》),在全国各地电视台播放并销售相关音像制品。一审法院认为"陈燕民提供之参考资料均只限于对某人某事的片断记述,《古街》尽管亦有真实人物命运作为参照,但将人物与具体故事相结合、人物与人物关系的构建、人物命运与特定时代和地理场景的结合构成了其虚构的故事整体,属于有独创性的表达……上述有独

创性的表达已然出现在《秋凉》中并构成了作品基础的主要部分,将其删除《秋凉》将只余一条故事线索而不再完整。因此《秋凉》对《古街》的使用应属于著作权意义上的改编。"①因此判定被告构成侵权。鉴于电视剧停播会带来损害,法院只要求停止剧本的使用,允许电视剧继续发行,同时补偿原告 40 万元。被告上诉到北京二中院,二中院通过强调二者的差异否定了非字面表达要素的相似;对于无法否认的抄袭部分,则认为"虽然《秋凉》中个别情节抄袭自《古街》具有独创性的内容,但相对于两部作品的整体内容而言,《秋凉》抄袭的内容只占很小部分,并不构成实质性相同。"②最后,二审法院判决被告不构成侵权。二审判决通过非实质性相似规则和少量使用规则做出了有利于创作者的规定,同时免除了创作者署名、注明出处的义务。

　　显然,实质性相似规则的反向运用缩小了合理引用的适用空间。这对于重混创作规制是有利的。不过,该案仍然值得质疑,因为被告对原告作品的使用不是少量的,同时对原告、对被告作品来说也不是不重要的。因此,二审法院推翻一审判决并不具备多少说服力。③ "非实质性相似规则"的适用在我国司法实践中绝非个案。北京九歌泰来影视文化有限公司等侵犯著作权纠纷案的判决如出一辙。在该案中,尽管法院承认《激情燃烧的岁月》抄袭了《我是太阳》的一些独创性片段,但是认为抄袭的内容只占了很少的部分,不构成实质性相同。④ 在不构成侵权的情况下,作者的精神权利保护

---

①　刘育新诉陈燕民等侵犯著作权纠纷案北京市海淀区人民法院一审民事判决书,(2005)海民初字第 13745 号。

②　刘育新诉陈燕民等侵犯著作权纠纷案北京市第一中级人民法院二审民事判决书,(2006)一中民终字第 6246 号。

③　不过,与这种允许少量使用的做法相比,琼瑶诉于正案件的判决不知道是不是意味着我国司法实践对创作性使用他人作品态度的根本性转变。因为在该案中,法院运用了整体性相似来判断二者的实质性相似,而不是在整体上判断二者不相似。结果尽管于正抄袭的很多情节都能在公共领域找到,但是法院依然认为在这些情节的运用上琼瑶是有独创性的,换言之,即使于正能够证明使用的情节来源于公共领域,但是他依然需要证明他对这些情节的运用方式在整体上为什么与琼瑶相同。除此之外,该判例改变了通过改编的要件来判断是否构成侵权的做法。具体参见北京市第三中级人民法院关于琼瑶诉于正的一审判决书。

④　北京九歌泰来影视文化有限公司与中国人民解放军总政治部话剧团、西安长安影视制作有限责任公司、中国人民解放军沈阳军区政治部话剧团侵犯著作权纠纷案,北京市第一中级人民法院判决书,(2002)一中民初字 8534 号判决书。

规定也无从适用。因为只要认定原被告的作品不构成实质性相似，两部作品之间既无表面联系，也无内在联系，侵害署名权或者保持作品完整权就无从谈起。实质性相似是著作权保护的起点，如果这一点被消解，那么其他规定的适用无从谈起。比较中美关于实质性相似规则的司法实践，我们发现二者存在天壤之别，美国司法实践通过"复制+侵占"、客观标准/主观标准，不仅打击"证据性相似"较多地使用行为，就连"证据性相似"稀薄的使用行为也试图通过一般观察者的主观判断纳入侵权范围进行打击，体现其坚定的维护著作权人利益的立场。我国司法实践则通过突出创作者的使用差异或者使用没有构成被告作品的主要组成部分而否认实质性相似的存在。因此实质性相似规则的适用最能体现中美著作权司法实践的差异。

（二）重混创作著作权规制的司法困境

然而，我国非实质性相似的司法实践对重混创作规制毫无用处。重混创作具有两个典型特征，一是拼贴式创作，二是不掩饰来源。这两个特征相辅相成，拼贴式创作意味着使用者很少改变原有的表达；不掩饰来源一方面源于拼贴的创作方式，另一方面源于使用者的主动提示。使用者的拼贴尤其是媒介式拼贴直接带有原作品载体的痕迹，使得被借用的部分很容易被识别。使用者通过作品名称或者文前小序等方式的主动提示使得借用某部作品的事实更广为人知。在这种情况下，精神权利保护所需要的表面联系就具备了，对他人作品重新剪辑或者拼贴肯定偏离了原作品整体精神意蕴。在无法否认二者联系的情况下，我国毫无限制的精神权利规定就可以派上用场了。无论是修改权还是保持作品完整权都可以有效对付使用者，在《一个馒头的引发的血案》中，很多学者对胡戈能否摆脱权利人精神权利保护的袭击表示怀疑。

其实经济权利的规定对重混创作也构成了巨大的威胁。虽然我国著作权法规定的复制权没有明确针对创作性使用，但是侵权责任中规定的剽窃足以涵盖任何创作性使用。此外，在重混作品中原作品片段的累积很可能构成改编，侵犯著作权人的改编权。尽管胡戈讲述的故事与陈凯歌讲述的故事存在很大的差别，但是毕竟要配合原作品的镜头，因此胡戈的新故事与陈凯歌的故事之间还是存在很多共同点的，甚至不妨将胡戈的故事视为陈凯歌故事的通俗版本。胡戈正是通过亦步亦趋的模仿暴露了陈凯歌的深刻

故事的可笑与浅薄的。因此胡戈的短片与《无极》可能构成实质性相似。而这种实质性相似很大程度上来源于使用者的自我暴露。

　　甚至著作权限制规定也开始对重混创作者不利。首先,胡戈虽然可以援用个人使用的规定,但是将其上传于网络的行为就无法用个人使用来搪塞了。那么胡戈的行为是否构成合理使用呢? 胡戈的使用固然对《无极》构成批评性使用,但是否超过必要的限度值得怀疑。此外,胡戈对其他作品的引用很难构成"批评"或者"介绍"的目的,那么能否满足"说明一个问题"的目的呢? 其实也很难,如果说使用爱因斯坦的图片勉强能够说明奴隶昆仑追捕郎警官情节的荒谬,那么使用马戏团的广告、洗发水的广告就与"说明问题"没有关系了。在合理引用规则中,无论如何,引用不能代替自我创作,①而重混创作在很多时候就是利用他人之手取代自己的辛勤劳动。因此,合理引用制度是无法帮助胡戈脱困的。至于其他基于公共利益的使用,胡戈就更不靠边了。当初陈凯歌扬言要起诉胡戈,可惜最后没能成为现实,否则无论法院如何判决都将注定成为一个里程碑的案例。对该桩未能成讼的纠纷,学者们的预测基本是悲观的,这也正是学者们纷纷探讨国外有关戏仿判例的原因所在。②

　　现代重混创作的另一个重要分支同人作品的处境可能更加尴尬。关于同人作品,我国已经存在相关的法律实践。1992 年春风文艺出版社出版了鲁兆明的同人作品《围城之后》,引起了权利人钱锺书的维权,尽管该案没有走诉讼程序,但是最终被国家版权局认定为侵权。2003 年浙江文学期刊《江南》刊登了一篇与样板戏同名的中篇小说《沙家浜》,通过阿庆的视角对原作品的几个主要人物关系进行了新的诠释,结果引起了轩然大波。不仅遭到沙家浜镇、上海市新四军研究会等部门的抗议,沪剧《芦荡火种》(京剧《沙家浜》由其改编而来)的著作权人也非常气愤,质疑小说作者利用原著的真名

---

　　① Campbell v. Acuff-Rose Music,510 U. S. 569(1994),p. 580.

　　② 罗莉:《谐仿的著作权法边界——从〈一个馒头引发的血案说起〉》,《法学》2006年第 3 期,第 60-66 页。苏力:"戏仿的法律保护和限制——从《一个馒头引发的血案》切入",《中国法学》,2006 年第 3 期,第 3-16 页。

真姓进行创作的行为,认为构成对原著的丑化,表示保留法律追究的权利。[①]有人根据现行著作权法对小说《沙家浜》构成侵权做出了有理有据的翔实分析。[②] 可以预见的是,如果著作权人提起侵权之诉,那么该同人作品的作者在劫难逃。同人作品创作的高侵权风险主要源于显而易见的对原作品的依赖关系。这种依赖关系必然意味着对原作品表达要素的相当数量的借用或者对二者关系的主动提示。这种借用无法通过现有的合理引用规则得到适当的解释;偏离原作品整体精神的创造之举会被视为侵犯原作品作者精神权利的最佳证据。主动提示更是让创作者自断后路,堵绝其他抗辩的可能。

　　如果说上述两个案例都没有经过司法诉讼程序,尚不能反映我国法院对重混创作的态度。那么钱锺书、人民文学出版社诉胥智芬、四川文艺出版社著作权纠纷案就比较典型地体现了我国法院对重混创作的态度。[③] 该案的基本案情是:原告钱锺书是小说《围城》的作者,享有该小说的著作权,人民出版社享有专有出版权。《围城》在创作、传播过程中改动次数较多,前后差异很大。随着该小说成为经典,被誉为"新儒林外史",以及其作者钱锺书声誉日隆,吸引了研究者的目光。被告胥智芬、四川文艺出版社未经两原告同意,对《围城》进行汇校并予以出版,原告遂提起侵权诉讼,要求停止出版、赔偿损失。上海两级法院先后判决被告败诉,停止出版,赔偿损失。该案的判决产生了强大的震慑作用,此后再无出版社愿意从事对近代文学作品的校勘工作,出版校勘版本了。[④]《围城》汇校本几成绝唱,以至于近20年后《边城》汇校本出版弥足珍贵。该案判决引起了学术界关于"现代文学作品的校勘、版本等问题"的广泛争论[⑤],支持和反对都很普遍。该案判决忽视了一个基本事实,那就是版本研究对于学术研究的重要性,这一点对于现代文

---

① 佚名:《丑化阿庆嫂争论的背后 小说〈沙家浜〉作者打破沉默》,http://www. china. com. cn/chinese/RS/283836. htm,2015 年 2 月 6 日最后访问。

② 佚名:《小说〈沙家浜〉是否构成著作侵权之探讨》,http://blog. sina. com. cn/s/blog_54ddcf03010002lt. html,2015 年 2 月 6 日最后访问。

③ 钱锺书、人民文学出版社诉胥智芬、四川文艺出版社著作权纠纷案,上海市高级人民法院判决书(1996),《中华人民共和国最高人民法院公报》,1997 年第 1 期,第 22-26 页。

④ 彭林祥:《又见"汇校本"》,《读书》,2009 年第 2 期,第 114 页。

⑤ 彭林祥:《又见"汇校本"》,《读书》,2009 年第 2 期,第 114 页。

学研究也不例外。"要使现代文学研究科学化,重视作品的汇校是一项基本的学术常识,这是毋庸置疑的。而清理这些修改,出版现代文学作品的汇校本,显然是一项严肃的学术基建工程。"① 从学术研究的角度讲,汇校本实质上就是对原作品各种不同版本的汇总、比较、记录原作品表达流变的版本。这种版本对于研究者来说,需要在收集原作品各种不同版本的基础上进行详细的比较,找出差异,供后来者研究之用,避免学术研究的重复劳动。从著作权的角度讲,汇校本再现了原作品的全部表达,足以产生替代效应。在上述的案例中,被告四川文艺出版社先后出版了 8 万册之多,显然超出了学术研究的需求。汇校本符合著作权法第 12 条中"整理已有作品"的规定,属于演绎作品,需要取得原作品著作权人的同意。② 但是对于汇校,很多作者或者著作权人是不会同意的,因为"出版作品汇校本自然要牵涉作品的版权以及作家的名誉等问题",作家害怕"自掘坟墓"而阻止汇校本出版。③ 因此,汇校本公开出版存在明显的市场失灵,这就是前述案件判决直接杀死了汇校本出版工作的真正原因。汇校尽管不是重混创作,但是带有重混创作的某些特征。①汇校本建立在大量借用原作品的基础之上,这一点与重混创作相似。②汇校本的主要目的是版本研究的需要,不是为了代替原作品。重混创作的主要目的也不是为了代替原作品,而是创作新作品。③汇校本可能会产生很强的替代效应,对于学术研究者而言,汇校本通常就能满足研究需求,而不必另行购买普通版本。④ 对于普通读者而言,除了满足部分猎奇心理之外,汇校本并不能产生多少额外的阅读快感,因此会产生替代效应,但应该不是很明显。⑤ 相比之下,重混作品产生替代效应的可能性更小,有时甚至是互补效应。上述判决完全没有考虑汇校本的学术研究价值、汇校本身的工作方式、行业惯例,仅仅依靠著作权法的表面规定作出了判决,

---

① 彭林祥:《又见"汇校本"》,《读书》,2009 年第 2 期,第 115 页。

② 《中华人民共和国著作权法》第 12 条规定:"改编、翻译、注释、整理已有作品而产生的作品,其著作权由改编、翻译、注释、整理人享有,但行使著作权时不得侵犯原作品的著作权。"

③ 彭林祥:《又见"汇校本"》,《读书》,2009 年第 2 期,第 115 页。

④ 当然,严肃的学术研究还是需要原来版本的以便亲自核对的。

⑤ 这一点可以从《围城》普通版本与汇校本销量的对比看出来,事实上被告四川文艺出版社为了争夺市场,有的时候甚至没有注明"汇校本"。

必然会顾此失彼。重混创作与汇校一样,天生长着一张"侵权的脸",在我国法院遭到与汇校本一样的命运的风险指数是很高的。

在粗陋的立法和不完善的司法体系下,法院能够通过实质性相似规则的反向运用为其他创作性使用的行为进行开脱,那么法院也能通过严格执行现有的法律规定将重混创作逼入死胡同。在现有背景下,重混创作对在先作品的特殊利用方式、其创造性产生的特殊机制、重混作品与在先作品特殊的利益配置关系在现有的法律规定中缺乏展现的途径,法官缺乏将其展现的能力、技巧和意愿,其命运可想而知。

(三)我国重混创作著作权规制的实质

尽管我国司法实践对创作性使用比较宽容,但是这种宽容主要是通过实质性相似规则的反向运用实现的,这种反向运用使得创作性使用在某种程度上脱离著作权法本身的控制。但是实质性相似规则的反向运用与重混创作没有关系,重混创作的拼贴和不掩饰来源的特征加强了新老作品之间的联系,人为缩小了它们之间的表面差异。目前的实质性相似规则反向运用处理的往往是非字面表达要素的差异,而重混创作首先涉及的往往是字面表达要素的使用。这种使用差异注定了我国法官要将实质性相似规则反向适用于重混创作的规制,需要转变观念。这对于我国的法官而言是勉为其难。因此,重混创作的特性在很大程度上排除了实质性相似规则的反向运用。目前对重混创作的宽容与其说来自于著作权法司法实践的宽容,不如说来自于人们对重混创作的文化态度以及重混创作中权利人与使用者经常体现出来的非竞争性利益关系。后者在为重混创作制造空间的同时也加剧了法律与现实的脱节。

第三节　完善我国重混创作著作权规制的建议

尽管我国目前著作权制度对重混创作的发展没有造成严重的制约,但是这是以著作权法与重混创作实践日益脱节作为代价的。这种脱节一方面反映了相应的著作权制度没有得到执行,另一方面会助长著作权人的选择性执法行为,最终会影响重混创作的健康发展以及商业潜力与其他社会价值的提升。因此有必要改变目前这种局面,完善我国重混创作的著作权规制。

一、完善我国重混创作著作权规制的指导原则

(一)价值选择原则:著作权人与创作者的利益平衡

重混创作在形式上表现为在借用他人作品创作自己作品的行为,从文化生产的角度看表现为作品代际生产的均衡问题,如果过度限制创作者使用在先作品就会阻断文化的继承性、累积性特征,而且提高作品生产成本,不利于文化再生产,因此应该维持文化继承与创新之间的平衡关系。同时作品具有多种属性,除了文化生产价值(创造性)之外,也会携带其他的社会价值,因此重混创作规制有时也会体现为著作权保护与其他社会价值保护的均衡问题。但是无论是文化生产价值还是其他社会价值,最终都会通过著作权人与使用者两个群体体现出来,因此重混创作规制旨在实现著作权人与重混创作者之间的利益平衡。这种利益平衡首先表现为创造性激励平衡;其次,当使用者创造性不明显的时候,我们需要平衡著作权人的创造性激励与使用者使用所蕴含的社会价值激励之间的关系。虽然重混作品的价值储存和体现的方式与普通作品有别,但是利益平衡的原则不会变。

(二)制度模式选择原则:重混创作生态多样化与分类规制

重混创作以借用他人作品表达为主要创作特色,与著作权反对借用的做法相冲突,因此如何适当开拓重混创作空间成为其著作权规制的主要问题。但是如何开拓取决于著作权人与使用者之间的利益平衡,影响利益平衡的那些因素将最终决定重混创作规制模式的选择。在这些影响因素中,职业作者重混创作与业余爱好者重混创作的区分决定了重混创作的分类规定模式,因为职业作者重混创作与业余爱好者重混创作的创作性因素与利益配置因素组合完全不同,这种不同对于制度构成产生了很大的影响,并最终决定制度形态。在重混创作的规制中,职业作者重混创作的规制代表着重混创作规制的典型形态,具有普遍的适用性,而业余爱好者重混创作规制具有特殊性,这种特殊性使得重混创作的一般规制难以奏效,因此业余爱好者的重混创作规制是在重混创作一般规制的基础上对业余爱好者的再次倾斜。

(三)制度构建原则:创作性因素与利益配置因素类型化组合

无论职业作者重混创作还是业余爱好者重混创作,影响制度构建的因

素都包括创作性因素和利益配置因素两类不同的因素,前者是对重混创作实际形态的描述,后者是对重混创作中利益配置的描述,二者的匹配决定规制制度类型、构成要件以及法律效果。从职业作者重混创作到业余爱好者重混创作,根据相应的价值选择,创作性因素考量逐渐减少,而利益配置因素考量逐渐增加。

(四)实施成本原则:文化因素与法律因素契合

如果说著作权法本身属于高实施成本的法律制度,那么重混创作规制的实施成本则属于高中之高了,因此如何降低重混创作规制的实施成本成为重混创作制度设计的重要考量。这种考量导致:①在制度设计中寻求文化观念与法律制度的契合,文化观念及其衍生的社会规范要能降低法律规制的成本。我国的文化观念普遍支持重混创作,我们可以构建与文化观念相一致的法律制度,从而降低法律实施的成本。如果我们逆文化观念而行,极力反对重混创作,不仅会导致法律实施的基本成本很高,而且与之不一致的文化观念会再次推高实施成本。实际上反对剽窃的文化观念并不是固定不变的,从古罗马反对侵占作者身份的反剽窃观念到文艺复兴时期开始萌芽的极力反对文辞借用的反剽窃文化观念,再到后现代艺术鼓励借用所产生的反剽窃的文化观念的轻微松动,都对著作权规制产生了重大影响。我国与西方不同,在我们的文化传统中,反对剽窃的文化观念从未达到西方社会那样的高度,古典文化及其特有的创作方式使我们很容易接受模仿创造性的观念。我国在司法实践中对实质性相似规则的反向运用在很大程度是我们固有文化观念的直觉反应,重混创作规制的艰难源于我们无法有效协调文化观念与现有的法律规定。②在具体的制度构建中,要对创作性因素和利益配置因素进行适当的剪裁,既能够适度避免对具体的创作方式进行细致的考察,又能够较好的平衡双方的利益。对具体创作方式的细致考察既要耗费巨大的信息成本,同时又非法官所能胜任。利益配置因素的考察固然能够直达著作权规范的根本,但是利益配置因素考察取决于对市场的界定以及对影响市场的各种因素的调查,无疑也要耗费巨大成本。合适的做法是将创作性因素和利益配置因素根据价值选择进行适当的组合、恰当的剪裁,使其综合发挥作用,共同致力于降低制度实施的成本。

二、完善我国重混创作著作权规制的具体建议

在前述各章,笔者对重混创作规制已有详细阐述,现在要做的就是根据我国文化观念、著作权立法、司法现状对重混创作的具体规制做适当的选择。基于职业作者重混创作与业余爱好者重混创作区分的重要性,笔者同样将我国的重混创作规制同样分为职业重混创作规制和业余爱好者重混创作规制。

(一)我国职业作者重混创作的规制规则

对于职业作者重混创作著作权规制主要存在演绎使用规则与合理引用规则,此外还存在精神权利限制、口头作品、基于公共利益的合理使用等著作权排除或者限制的制度。

1.演绎使用规则:增加自由演绎和超越自由演绎补偿制度

演绎使用规则主要用于对单部作品借用量比较大的情形。演绎使用规则与我国现有的改编权、演绎作品规定既有联系又有区别,联系表现为它们处理是同类的创作行为,区别在于演绎使用规则是从创作性使用的角度对演绎创作的规制作出了系统安排,而不仅仅是规定权利归属,因此演绎使用规则是对现有的"演绎权—演绎作品著作权"规则之间的关系及其冲突的处理规则,它的两端分别连着著作权人和演绎者。在具体的制度设计上,可以在保留现有制度的前提下,就自由演绎规则和超越自由演绎补偿制度另行作出规定,至于替代性演绎禁止制度已为目前的演绎权规则所涵盖,不需要另行规定。

自由演绎规则与超越自由演绎补偿规则本质上属于著作权限制制度,不过其性质值得进一步探讨。对于自由演绎,与普通的著作权限制还是存在差别的,因为著作权限制的前提是著作权存在,而自由演绎是在著作权保护之外对作品的使用,类似于思想表达二分规则,但是规定的角度有别。思想表达二分规则是静态的规定,自由演绎是动态的规定,即在创作中对在先作品的使用是否落在著作权保护的范围之内取决于具体的使用方式,而不

是与像思想表达二分那样与具体的使用形态无关。① 因此,与思想表达二分规则相比,自由演绎更近于著作权限制制度,与个人使用近似,因此自由演绎制度可以规定在著作权限制部分。超越自由演绎补偿制度属于比较典型的著作权限制制度,与法定许可类似,同属于无须同意但是需要支付报酬的情形,在我国可以作为法定许可的一种情形进行规定。鉴于自由演绎与超越自由演绎的密切关系,笔者认为可以将这两项制度规定在一起。至于自由演绎和超越自由演绎补偿制度的要点在前后有关的章节中,笔者已经详细论述过,在此不再赘述。

在前面的章节中,笔者在论述自由演绎制度时还提到了美国式创造性例外制度,那么笔者为什么取前者而舍弃后者呢? 创造性例外是在美国式立法和司法实践背景中提出来的,它的涵盖面比较宽,涉及的要素仍然不脱合理使用四要素的影子,与我国的立法理念和具体的制度结构不符。而德国式的自由演绎制度与合理引用相配合构成了创作性使用的基本制度框架,日本著作权法实质性上也是由自由演绎与合理引用制度构成创作性使用的框架。② 我国著作权法主要采纳了作者权法系的理论和制度框架,因此有着与德国、日本著作权法类似的制度结构,它与我国著作权法有着内在的契合性。创造性例外虽然可以涵盖合理引用、自由演绎甚至超越自由演绎补偿制度的调整范围,但对任何使用都提出了转换性要求,这不太符合创作实际,而且实施成本高昂。相比之下,演绎使用规则与合理引用规则具有更强的针对性,更详细的利益衡量,更低的实施成本。

超越自由演绎补偿制度目前在两大法系具体的立法中都是不存在的,但是在司法实践中却不同程度的存在。比如美国司法实践通过强调颁发禁

---

① 思想与表达二分虽然是静态的规定,似乎与具体使用无关,但实际上同样要基于具体情形进行判断。思想与表达二分属于静态规定的特性导致其在具体的司法实践中适用困难,而且缺少具体的含义,最后沦为法官修辞的工具。在麦当劳园地案中,美国法官充分注意到了思想与表达二分规则与创作性使用具体情形的复杂关系,对该规则的适用前提进行了限制。具体参见 Sid&Martykroff Television production, Inc. v. McDonalds Corp. 562 F. 2d 1157(9th Cir. 1977).

② 日本著作权法具体规定了合理引用制度,没有规定自由演绎,但是学说和实践是承认自由演绎的(自由利用),具体参见[日]田村善之:《日本知识产权法》(第4版),周超等译,知识产权出版社 2011 年版,第 427-439 页。

令的条件,将侵权判断与禁令判断进行区别,从而创造了一种虽然构成侵权但是无须执行禁令的情形,具体法律效果与超越自由演绎补偿制度无异。

在我国的司法实践中,自由演绎和超越自由演绎补偿制度的类似实践都是存在的。比如我国司法实践中实质性相似规则的反向运用与自由演绎制度的法律效果无异。判断构成侵权,但是不停止侵权只进行补偿的著作权司法实践也相当常见。比如刘育新诉陈燕民等侵犯著作权纠纷案一审中,法院一方面认定被告侵犯原告作品的改编权,另一方面又认为"停止电视剧的使用将不可避免地损害其他劳动者的利益,且电视台业已播出上述作品,要求一概停止将造成远远大于可保护利益的其他方的损失",因此只判决停止剧本的使用,不停止根据剧本创作的电视剧的使用,同时要求对原告进行补偿。[1]不过有意思的是,该案在二审中依据非实质性相似规则认定不构成侵权。[2] 该案件一、二审判决的差异既证明了我国有着类似于自由演绎和超越自由演绎补偿制度的司法实践,又证明了进一步厘清相关制度的界限,进行合理规制的需要。

2. 合理引用规则

合理引用是一种实施成本较低的制度形式。美国创作性使用司法混乱的重要根源之一就是缺乏明确的合理引用制度。因此,我们有必要高度重视合理引用制度建设。我国目前虽然规定了合理引用制度,解释弹性不错,但是对于重混创作的规制还存在不少缺点:①现有合理引用规则是以学术作品创作的引用为预设对象设计的,对文学作品创作的引用不是很合适。②在具体构成要件上,介绍、评论、说明三个引用目的无法很好地适应重混创作的需要。以引用目的作为引用量的控制标准一方面实施成本较高,另一方面与重混创作实践不符,不能满足重混创作的需要。③根据第 22 条前言部分的规定,合理引用需要"指明作者姓名、作品名称"。这种署名、注明出处的义务与重混创作实践不符。巴西著作权法对学术创作引用要求注明来源,而对于文学创作引用则没有做要求,这是符合创作实际情况的。我国

---

①　刘育新诉陈燕民等侵犯著作权纠纷案,北京市海淀区人民法院判决书(2005)海民初字第 13745 号。

②　陈燕民与刘育新侵犯著作权纠纷案,北京市第一中级人民法院判决书(2006)京一中民终字第 6246 号。

也应该进行这样的区分。波斯纳也注意到在文学创作中注明引用来源别扭的情形。①

　　基于上述原因,有必要对现有的合理引用规则进行改进,主要包括以下几点:①适用范围的选择。一共有两种选择,一种是不区分学术性创作引用和文学性创作引用规定统一的引用制度,另一种选择就是在现有学术性引用的基础上另设文学创作性引用。尽管分开规定能够最大限度地适应学术创作与文学创作中引用的特殊性,但笔者还是倾向于第一种方案。区别规定的主要便利在于可以给学术创作引用更大的自由,对文学创作引用进行比较严格的限制,一如德国著作权法的大引用规则和小引用规则。但是这种规定不符合重混文化的发展趋势,随着人们创造性观念的改变,这种对文学创作引用严加限制的做法越来越失去其存在的土壤。②引用对象。我国目前合理使用对象限于已发表作品,排除未发表作品。这种做法实际上是不符合实际需要的。首先,随着作品传播方式的多样化,在公开发表与未公开发表之间,存在所谓的中间地带,限于已发表的作品会存在认定困难。其次,未公开发表的作品可以被使用者合法接触到,而且时常存在很长的引用必要,排除未发表作品会抑制对未发表作品的合理使用。③引用构成要件的选择。根据前面章节的详细论述,主要包括正当的引用目的,引用量简短,不损害权利人正当利益或者不与经济性权利构成竞争。④对于"指明作者姓名、作品名称"要求的处理。对此不搞一刀切,原则上要求注明出处,但是如果注明出处不方便、不必要或者已经形成相应的行业惯例的,尊重行业惯例。⑤删除"不得侵犯著作权人依照本法享有的其他权利"的规定。原因如下:"其他权利"包括精神权利,也包括其他经济权利。对于精神权利,署名或者注明出处前已有处理;对于其他保持作品完整权,可以在保持作品完整权的规定中处理,这符合作者权法系的立法习惯。根据权利保留原则,没有进行特别限制的经济权利本就在保护范围之内,特意规定不得侵犯其他权利完全没有必要。

　　根据上面的分析,综合意大利、巴西著作权法的规定,笔者拟定的合理引用规则如下:具有正当的引用目的,在作品中对任何性质的作品进行简短

---

　　① 　[美]理查德·A.波斯纳:《论剽窃》,沈明译,北京大学出版社 2010 年版,第 75—77 页。

摘录,或者对立体艺术作品进行全部复制,只要该复制不与被引用作品的经济性权利构成竞争的,可以自由进行,原则上要求注明出处,如果注明出处不方便、不必要或者实践中已经形成惯例的,尊重实践惯例。

尽管合理引用一般规则能够解决大部分重混创作使用的问题,但是如果能够引进演绎性引用规则①与附随使用规则,能够更有效地处理重混创作的情形。在前面有关的章节中笔者进行了详细阐述,在此不再赘述。②

在合理引用一般规则和两项特别引用规则之外,我国有无必要就具体的重混创作方式进行规定呢?比如戏仿、讽刺、漫画创作等等。比如瑞士、法国、英国等国对戏仿进行了专门规定,美国通过司法实践也发展了有关戏仿的规则。不过,笔者以为关于特殊创作方式的合理引用规定弊大于利,其优点在于处理具体案件时容易对号入座,节省信息成本;其弊端在于容易陷入按照具体创作方式对引用的必要性、引用量进行评估的思路,对艺术创作本身进行判断,做法官所不能胜任的事情。③ 比如在美国的司法实践中,法官一方面按照戏仿、讽刺的创作方式对引用量进行特殊评估,另一方面又声称不对其进行特殊照顾,首鼠两端,乱了分寸,造成司法实践混乱。鉴于我国的司法水平,不宜就具体的重混创作方式进行具体规定,否则会造成更严重的司法实践问题。

3. 其他有关著作权限制的规定

除了演绎使用规则、合理引用规则之外,还有几项制度与重混创作规制密切相关。①有关口头作品著作权的规定。口头作品在重混创作规制中具有特别的意义,我国对口头作品与书面作品实行一体保护,没有注意到口头作品中创作者与记录者分离而产生的著作权问题。因此,应该允许口头作品的记录者可以依据社会惯例进行使用。所谓的社会惯例就是指依据口头作品诞生时的社会关系所默许的行为规范,比如记者采访的内容可以公开传播、学生课堂记笔记可以在学习范围内使用,公开的演讲可以公开传播等。对口头作品记录者的照顾有利于重混创作的发展。②基于公共利益的

---

① 《巴西著作权法》第46条规定:"拼凑模仿和讽刺模仿并非对原作的实际复制,也未以任何方式对其造成损害,则应允许自由进行。"本条值得我们借鉴。

② 关于这两项特别引用规则详见第四章的相关章节。

③ SunTrust Bank v. Houghton Mifflin Co. ,268 F. 3d 1257 (11th Cir. 2001),p. 1279.

中间形态使用。基于公共利益的中间形态使用在传统的合理使用中占据着重要地位,该类规则对于独创性不足而使用量又比较大的创作性使用类型具有特别的意义,有时可以弥补演绎使用规则和合理引用规则的不足。该类规则对重混创作规制起到补充作用。我国著作权法现有的这类规定应该予以维持。③创作者对自己在先作品的使用。创作者对自己在先作品的使用具有很强的正当性。我国可以借鉴英国版权法的规定,对作者已不享有著作权的在先作品,只要在后续的创作没有复制在先作品的主要部分,就可以自由进行。④精神权利限制。对于创作性使用,精神权利的规定通常表现出更多的干预,因此需要予以适当的限制。我国著作权法可以借鉴《伯尔尼公约》的规定,只有当使用者无正当理由严重损害原作者声誉时才进行干预,扩大重混创作自由。

(二)我国业余爱好者重混创作的规制建议

由于业余爱好者重混创作在生产机制、创造性、传播方式和商业收益等方面均与职业重混创作存在较大的差异,适用职业重混创作规则对其有削足适履之嫌,因此有必要为其制定特殊的规则体系。不过,业余爱好者重混创作的专门规对于各国来说都是新问题。在前述有关章节中,笔者对合理使用制度、通知删除规则、社会规范调整均进行了讨论,最后提议在现行制度之外,建立社区性例外制度使合理使用规制具体化,引入默示许可制度使社会规范调整适度法律化,建立法律规定与社会规范调整的协同关系。此外,引入业余重混创作商业化补偿制度解决业余重混创作的商业化问题。结合我国国情,笔者以为前两项制度可以采纳,而第三项制度不宜采纳。

1.引入社区性例外

作为合理使用规则的具体化,社区性例外对于特定范围的业余爱好者重混创作的规制是非常有效的。①它是根据业余爱好者重混创作的创作消费同一的特点设计,该特点通常可以保证业余爱好者重混创作与原作品处于不同的市场,降低对权利人的影响,可以合理权衡双方利益。②该例外具有业余爱好者可以主动掌握,且易于证明的特点。③社区性例外分为积极型社区性例外和消极型社区性例外。积极型社区性例外适用于业余爱好者主动采取明确的技术措施限制作品公开传播的社区性创作与交流的情形。消极型社区性例外适用于业余爱好者虽然没有采取明确的技术措施,但是

由于社区的特殊性质实际处于封闭状态的社区性重混创作与交流的情形。社区性例外与个人使用既有区别又有联系。个人使用在网络空间范围内适用性比较低。社区性例外是一种对个人使用规则从主体、使用空间两个角度进行适度扩张，可以说是一种网络背景下的个人使用。因此社区性例外可以与个人使用放在一起规定，视为扩张型的个人使用规则。

2. 社会规范调整法律化

默示许可制度是社会规范控制的法律化，通过将权利人与业余爱好者互动形成的社会关系给予一定程度的法律保护，有利于形成稳定的社会预期，在给予业余爱好者创作空间的同时也能够给权利人必要的灵活性。由于默示许可建立在社会规范调整的基础之上，能够最大限度与我国的国情相适应。与合同状态下的默示许可不同，合同关系之外的默示许可应该给予著作权人适度的改变其在先行为的自由和手段，也就是说曾经默许重混创作的权利人可以通过自己积极主张权利的行为或者其他有效手段，从默示许可的情境中退出。不过这种退出不能改变已经形成的默示许可的法律状态。

3. 排除业余爱好者重混创作商业化补偿机制

业余爱好者重混创作商业化补偿制度对我国来说属于早产的建议。业余爱好者重混创作的商业化属于信息长尾部分，收益低而交易成本高。目前业余爱好者重混作品商业化主要是通过信息分享平台实现。我国的文化市场不是很发达，在网络上读者还没有普遍形成有偿消费的习惯，信息分享平台的商业环境比较恶劣，短期内难以扭转。目前我国的信息分享平台还没有哪一家能够通过业余爱好者创作就能支撑起其经营并且盈利的。在信息分享平台生存不易的情况下从中分一杯羹，对于信息分享平台的发展是不利的。在这种情况下，如果贸然建立业余爱好者重混创作商业化补偿机制，从中分一杯羹，无异于杀鸡取卵。鉴于我国目前集体管理组织的管理水平，商业化补偿机制的运行注定是困难重重，高昂的运行成本与低下的收益组合决定了商业化补偿机制的建立为时尚早。相对于业余重混创作的商业收益问题，我国著作权制度建设有太多更重要的问题需要解决，为了保证有限的立法和执法资源用在刀刃上，在短时间内不宜将该制度建设提上日程。

小　结

　　我国目前重混文化发达,但其规制相对落后,立法粗糙、司法中过分宽容与过分严苛同时存在;立法、司法实践与固有的文化观念难以发挥协同作用。鉴于重混创作对在先作品使用的高产权界定成本,我国固有的支持重混创作的文化传统以及文化产品商业化局限,我国应该建立比较宽容的重混创作著作权规则体系。重混创作的一般规制主要包括引进自由演绎、超越自由演绎补偿制度。建立有利于重混创作的合理引用的一般规则与特殊规则。在业余爱好者重混创作的特殊规制中,引进社区性例外和默示许可制度,发挥法律与社会规范调整的协同作用,排除业余重混创作商业化补偿机制。

结　语

重混创作以借用他人作品作为自己主要的创作特色，不隐匿借用的来源。这种创作方式一方面可能侵占著作权人的利益，损害著作权激励；另一方面，不隐匿来源又使得著作权人获得了非著作权激励的机会，因此著作权人的救济选择在很大程度上体现为著作权激励机制和非著作权激励机制的权衡和规制组合。这种规制组合主要体现为著作权限制或排除制度①，有时也体现为著作权法适当吸收非著作权激励形成的社会规范。不过无论是著作权限制还是适当吸收相应的社会规范，通常只能为重混创作规制提供适最低限度的自由空间②，重混创作社会价值或者商业价值的进一步开发则依赖于著作权人的私人行动，二者共同构成重混创作著作权规制的全貌。因此，本著作的结语主要分为两个部分：一是对前述几章主要内容进行总结，主要表现为重混创作规制中的著作权限制和排除制度；二是对著作权人主动开放著作权，鼓励创作性使用的私人集体行动机制予以简单介绍，展现著

---

① 由于著作权法适用范围的广泛性，非著作权激励往往以著作权限制或者排除的形式体现出来，著作权限制或者排除为非著作权机制调整创造了空间。

② 著作权限制或者排除只能为重混创作提供最低限度的自由空间是由著作权制度的功能决定的。著作权制度主要致力于建立一种利用市场的机制，著作权限制在本质上是绕过市场机制分配资源，因此往往只能在著作权市场失灵的情况下存在。

作权人积极利用非著作权激励机制的努力。①

一、一个总结：重混创作的著作权规制体系

（一）重混创作的特殊性与著作权规制困境

创作性使用与复制性使用相比具有高度的复杂性和不确定性。其复杂性来源于在先作品的要素与作者新增要素结合的复杂性以及价值产生的易变性。其不确定性既与作品价值实现的不确定性有关，也与创作本身的复杂性有关。与一般创作性使用相比，重混创作使用的在先作品数量更多，使用方式更为多样化；创造性高低不一，有的具有很高的创造性，有的只具有较低的创造性。作者进行重混创作的动机各不同相同，有的具有商业化动机，有的不具有商业化动机，有的二者兼具。重混作品的商业价值也差异很大，有的具有很高的商业价值，有的只有很低的商业价值，有的没有商业价值。但是无论何种创造性价值、何种商业价值的重混作品都可以借助网络进行传播，公开传播的技术障碍与商业障碍被彻底拆除，原来泾渭分明的公开传播与非公开传播的界限开始变得模糊。著作权的规制对象变得多样化。②

重混创作的上述特性导致其规制空前复杂，简单将创作性使用视为复制性使用进行统一规制的思路已经不能适应重混创作规制的需要了。复制性使用的使用规格更容易确定和度量、其价值来源易于确定；而创作性使用的使用规格不统一，高度个性化，使用价值难以确定，看似存在巨大的市场，但是就单个的使用行为而言从来都不存在稳定的市场。更为重要的是，创作性使用的价值往往不是来自于被使用的作品本身，而是来源于创作者将不同的在先作品表达要素、自己新增的表达要素进行的不同组合。

---

① 鼓励创作性使用的私人集体行动机制主要表现为知识共享运动，建立在著作权制度的反向运用上，因此既可以说是对著作权激励机制的运用，也可以说是对非著作权激励机制的运用。

② 著作权在本质上是一种提供作品创作与传播的市场机制（即价格机制），一般而言，高商业价值的作品成为著作权的主要规制对象，但是网络的出现和发展使得低商业价值的作品也开始进入公开传播的视野，从而使得著作权规制的作品创作与传播形态复杂化。

（二）构建创作性使用著作权规则体系的必要性

重混创作的复杂性与潜在的巨大需求导致了构建创作性使用著作权规则体系的需要。[①] 这种需要同样能够得到认知心理机制的支持，认知心理学家关于相似性、差异性以及判断任务对判断过程影响的研究成果，证实了创作性使用的问题既不能在侵权规则中得到很好的处理，也不能在合理使用的规则中得到很好的处理。前者主要是关于相似性判断的规则，后者则将一切使用视为复制性使用。认知心理学研究表明差异性判断与相似性判断是不同的心理过程，创作性使用就是一个运用在先作品追求差异性的过程。将创作性使用视为复制性使用包含着承认相似性的预设，无法对创作性使用本身的特殊性进行分析，对著作权进行限制的过程是一个寻求外部力量支持的过程，因此复制性使用与非营利的理由几乎总是如影随形。创作性使用虽然也需要寻求外部理由的支持，但其自身的特殊性是其正当性的最好证明。将创作性使用视为复制性使用无法展示创作性使用的特殊性。创作性使用制度体系的建立有助于大家注意到创作性使用的特殊性，在创作性使用的视角下重新权衡各方的关系。概念以及制度具有凝聚认识，节省交易成本的功能[②]，据此，认知心理机制与交易成本分析在确立创作性使用的独立地位以及制度构建上能够达成共识。

（三）创作性使用规则体系的主要构建思路

重混创作的复杂性使得现有的以自愿交易为主与基于复制性使用的著作权限制制度为辅的规制模式失灵。重混创作对在先作品要素使用的复杂性，意味着重混作者与在先权利人实行自愿交易需要付出巨大的信息成本。"面对变化多端的情况，获得全面信息的困难有多大，界定产权的困难就有

[①] 法律调整对象的数量和规模的扩张往往会带来法律规制的根本性变化，因为对象的数量与规模的扩张对法律实施成本产生了很大的影响。重混创作规制在很大程度上就是随着借用在先作品数量增加而带来的著作权规制变迁问题。在现实生活中，法不责众这句大家耳熟能详的话能够包含着类似的道理；科斯在《社会成本问题》中关于问题交互性的讨论蕴含着同样的道理。关于这方面的精彩论述可以参见[美]尼尔·K.考默萨：《法律的限度：法治、权利的供给与需求》，申卫星，王琦译，商务印书馆 2007 年版。

[②] 黄茂荣：《法学方法论与民法》，中国政法大学出版社 2001 年版，第 52 页。

多大。"①与确定被使用作品要素的复杂性相比,新作品商业价值彼此之间存在很大的差异,从拥有巨大商业价值到没有商业价值都是存在的。从权利人的角度讲,如果测量被使用作品要素的成本很高,又缺乏市场检验,那么往往习惯于高估被使用要素的价值;由于这些使用不属于主要的收益方式,不存在规模市场,容易存在"干一票是一票,不成也没关系"的想法,勒索性出价也就成为普遍现象。与此同时,高法律责任条款实际上给出了使用的最高报价,从而成为勒索性价格的帮凶。② 然而在数字条件下,作品广泛可接触性使得创作者的广泛使用成为可能,编辑软件易于获取使得创作者利用他人作品进行重混创作变得极为容易,接近零成本。受成本收益驱动的创作者开始广泛进行重混创作。只要能够获取的各种收益(包括声誉收益、商业收益以及情感交流收益)大于实际使用的成本,使用者就会进行冒险。比较实际使用的低成本与自愿交易的高成本,他们宁愿选择侵权性使用。侵权性使用固然会带来法律风险,但是权利人是否采取行动同样受制于成本收益。采取行动的成本通常是很高的,而所谓的收益来自于惩罚性赔偿,或是来自于创作者的收益,或是来自于损失赔偿。对于损失赔偿,通常很难证明;对于创作者的收益,大部分的重混作品都是很低的;对于惩罚性赔偿,很容易受到社会的谴责,面对个人使用时尤其如此。所以,对于权利人而言,选择性维权成为最佳选择,对自己明显产生危害作用的使用行为和创作者产生了高商业收益的使用行为成为最佳维权对象,前者关系到自己的商业收益,后者则可以进行套利。对于前者,这是法律赋予权利的根本意义所在;对于后者,这种伸手摘桃子的行为对社会整体福利产生了损害。因为创作者预料到权利人的这种摘桃子的投机行为,他就会控制自己的行为,避免树大招风,成为打击的对象,因此放弃或者部分放弃著作权。也许有人认为重混创作可以通过自愿交易而解除困境,但这几乎是不可能的,因为从重混创作的交易存在如下困难:由于使用的作品比较多,而且无法事先确定哪些

---

① [美]Y.巴泽尔:《产权的经济分析》,费方域,段毅才译,格致出版社,上海三联书店,上海人民出版社1997年版,第4页。

② 惩罚性赔偿、刑事责任等是具体体现。惩罚性赔偿与刑事责任规定之间也存在一定的替代关系,如果惩罚性赔偿因为实施成本高而难以兑现,那么权利人可能会倾向于动用刑事责任条款解决问题。

需要使用,哪些不需要,因此交易时机与重混创作实践冲突;即使能够理智达成交易,单个交易成本可以接受,但是使用的片段越多,总体交易成本可能非常高昂;重混作品是否具有商业价值,在没有公开传播之前是无法预测的,商业价值的无法预期导致潜在的交易难以实现。所以,对于创作者来说,重混创作事先因为不确定性而无法交易,事后陷入敲竹杠也无法交易的困境。高交易成本使得高商业价值的重混创作无法承受,低商业价值的重混创作也无法承受,无商业价值的重混创作反而可能受到庇护的局面。从法律风险的角度讲,价值越大越成功的重混创作法律风险越大,这对文化创造产生了巨大伤害,与著作权法促进创造,丰富公共领域的目标背道而驰。

更为重要的是,著作权制度的广泛实施可能性对文化生产的非著作权激励造成伤害。对于非著作权激励而言,权利人通过放弃对作品传播的控制而获取声誉,然后利用声誉获取商业收益。公开传播是一种对读者、对其他使用者、对社会的让利,使其成为新的价值增长点。而作者或者权利人可以凭借声誉带来的商业机会进行补偿,也可以凭借对作品的部分控制而取得商业利益。然而著作权实施的可能性对非著作权机制的发挥造成了伤害,因为创作者害怕权利人的维权而不敢大胆使用和传播,从而减少应有的使用和传播,使得在先权利人建立声誉的机会减少。著作权实施的潜在威胁遏制了有创造力的重混创作,而这部分创作往往对在先权利人声誉积累发挥着关键性作用。为了降低被发现的可能性,有的使用者可能对使用的作品来源进行隐匿,切断了被使用作品与原作者的联系,声誉积累失去了生存的土壤。在这种情况下,我们无法鼓励使用者积极公布被使用作品来源,积极发展有助于建立声誉的社会规范,从而推动非著作权激励机制积极发挥作用。著作权人的容忍尽管可以减少浪费,但是并不能使文化生产与传播达到最佳状态。

在平衡著作权激励机制和非著作权激励机制的基础上,建立包括重混创作规制在内的创作性使用规则体系是解决重混创作规制困境的有效途径。自愿交易为主、基于复制性使用的著作权限制为辅的规制模式之所以失灵主要原因在于创作性使用属性的复杂性所导致的高交易成本导致自愿交易难以实现,著作权限制制度无法有效考虑创作性使用的特殊性。以创作性使用为视角,建立创作性使用的著作权限制制度是该制度能否成功的

关键。著作权限制既是避免高交易成本的有效手段,也是在现有著作权体制下向非著作权激励机制开放的有力手段。著作权限制之处就是非著作权激励机制发挥作用的地方。

(四) 创作性使用规则体系的具体构建

创作性使用制度具体构建需要考虑的主要因素有以下几点。

第一,创作性使用的创造性与复制性的双重属性。作为对称性概念,此处的创作性意在突出创作性使用中的差异性;而复制性则是默认实质性相似的存在,从而寻找创作性之外的正当性理由(主要是非营利性)。这样创造性和非营利性均成为支撑创作性使用的理由,只不过呈现于不同的场合。

第二,商业价值高低与职业作者重混创作、业余爱好者重混创作的区分。经济价值高低或者商业性是创作性使用制度构建需要考虑的第二大类要素。著作权激励机制和非著作权激励机制在很大程度上就是对作品商业价值高低进行区分,商业价值越高,那么选择著作权保护的可能性越大,反之选择非著作权激励机制的可能越大。著作权机制与非著作权机制既与创作的动机有关(激励因素),也与创作的商业属性有关,因此著作权机制和非著作权机制都可以有效的发挥引导作用。根据创作动机和商业属性,在本著作中笔者将重混创作分为职业作者重混创作与业余爱好者重混创作,这与职业创作与业余创作的区分是对应的。

第三,创造性、非营利性与重混创作规制方式的匹配关系。创造性具有流动性,总的来说,职业作者重混创作创造性比较高,而业余爱好者重混创作的创造性比较低,但是不排除相反的情况,也就是说在职业重混创作中存在低创造性的重混创作,而在业余爱好者重混创作中出现高创造性的重混创作。创造性与非营利性的正当性理由在重混创作中规制所起作用的方式是不同的,创造性理由与著作权法促进创造的目标密切相关,因此它往往体现为对在先权利的无范围限制。而非营利性理由通常不能作为著作权限制的理由,只有与特定的公共利益密切相关时才能成为著作权限制的理由,因此非营利理由通常体现为对在先作品使用的传播范围限制。之所以如此,主要表现在创造性使用与复制性使用对权利人市场影响的差别上,前者一般会创造新的市场,替代效应较少;而后者可能会产生替代效应。因此创造性支持的重混创作与非营利性理由支持的重混创作存在规制方式上的差

别。职业重混创作主要是受创造性理由支持的创作形式,而业余爱好者重混创作主要是受非营利性理由支持的创作形式。

第四,交易成本、商业收益与创作性使用制度组合。降低交易成本提高整体社会福利是包括重混创作在内的创作性使用制度体系设计的主要出发点。在数字环境下,随着传播成本的降低,作品的商业收益方式也出现了变化,其中最显著的变化就是"信息长尾效应"开始出现。该理论认为,"只要存储和流通的渠道足够大,需求不旺或销量不佳的产品共同占据的市场份额就可以和那些数量不多的热卖品所占据的市场份额相匹敌甚至更大"。①在传播成本较高的情况下,基于成本收益效应的考虑,权利人只会关注信息大头部分而被迫放弃信息的尾部部分。数字网络技术的出现大大降低了作品存储与传播的成本,使得信息长尾可以获取商业收益,但是这同时也意味着商业模式的转变。对于著作权人来说,通过作品传播控制的方式是无法获取这部分收益的,因此需要构建新的制度才能让著作权人分享长尾收益。尤其需要指出的是,尽管信息存储与传播成本下降了,但是信息属性的判断成本并没有太多的下降,这是目前业余爱好者重混创作规制僵局的根本原因。

根据上述要点,以职业作者重混创作和业余爱好者重混创作的区分为基础,形成了两个既相互区别又相互联系的制度群。关于规制职业重混创作的创作性使用制度群主要包括:演绎使用规则、引用规则以及其他著作权限制规则,演绎使用规则不同于传统的"演绎权—演绎作品"规定,它是从创作者角度进行的规定,对创作性使用中的创作者的创造性因素(或者说差异性因素)和原作者的创造性因素进行比较考察,并根据比较结果确定相应的法律效果,共包括自由演绎、超越自由演绎补偿和替代性演绎禁止三项规则,其中自由演绎规则划分了创作性使用侵权与非侵权的界限;替代性演绎禁止规则与传统的演绎权规定相当,但是缩小了其适用范围;超越自由演绎补偿制度则是从自由演绎和替代性演绎的过渡状态。与演绎使用规则主要针对创作性使用中创造性因素进行考察不同,引用规则是在将引用视为复

<hr>

① http://baike.baidu.com/link?url=9SXXVeq4Le7Uomw8SKjgT-D533drT2x-SHUJAngbL05gsTZ4K0hwl6zcou7L3mL_quBo-1IgRmWsWQPNn1_bB_,2015-02-08 最后访问。

制的前提下,对引用的必要性以及引用的市场效果因素进行考察,从而确定相应的法律规定,在法律效果上采用两分法,要么属于合理引用,要么属于侵权。不过各国的合理引用规则规定差异较大,从规则构成要素来看,主要包括引用理由、引用数量限制以及引用市场效果三项因素,各国不同的选择形成了引用目的约束标准、引用市场影响标准以及折中标准三种情形。随着创作性使用的发展,又形成了演绎性引用和附随使用两项特殊的引用规则,前者适度考虑引用中的创造性因素,后者适度考虑了记录式创作带来的引用无理由的情形。关于演绎使用规则与引用规则的关系,二者各有其擅长处理的对象,前者擅长处理演绎创作的情形,后者擅长处理片段性使用的情形。与此同时,二者处理的对象往往是交叉的重叠的,一个片段的使用既可以利用引用规则来规范,也可以使用演绎使用规则来规范。总的来说,演绎使用规则和引用规则属于两种从不同角度进行规定的创作性使用制度,创作者可以根据自己的情形自由选择适用。一般来讲,引用规则考量的因素比较少,制度实施成本比较低,而演绎使用规则考量的因素比较多,制度实施成本比较高,我们不能以其中一种制度取代另一种制度。除了演绎使用规则和引用规则之外,还有一些规则对创作性使用进行调整,主要包括口头作品著作权的规定、置于公共场所艺术品的著作权限制、基于作者身份的创作性使用、基于公共利益的创作性使用以及精神权利保护限制等制度。

上述规则对传统规则要么进行了重新解读,要么进行改造和添加。演绎使用规则是在比较双方创造性的基础上对传统演绎权规则进行分解,按照创作者与原权利人对新作品贡献的大小进行规则重组,自由演绎规则赋予创作者创作自由,补偿规则在赋予创作者创作自由的同时赋予原权利人补偿请求权,替代性演绎禁止规则保留了著作权人的财产规则,防止对权利人的演绎权的过度稀释,这是对著作权事先授权规则的承认。引用规则是对作者权法系相关规则的继承,对版权法系隐藏于实质性相似规则背后的少量使用规则的彰显。口头作品著作权规则的讨论是从创作性使用的视角对传统规则进行重新解读。基于公共利益的中间形态使用既是对现有规定的承认,又是对现有规则的重新解读和重组。基于作者身份的创作性使用规则是对域外有关规定和司法实践的一种梳理。精神权利限制的讨论是对现有精神权利中受限制的一面的重申。总的来说,创作性使用制度群是对

现有规则的一个全面梳理,是在继承现有规则基础上的一个有限改进①,其目的就在于释放出创作性使用的空间,实现社会整体福利最大化。

关于业余爱好者重混创作的规制,由于业余爱好者创作水平、使用方式、商业价值及其实现方式与职业重混创作存在较大的差别,因此不宜使用职业重混创作的规则体系进行规范。现有的合理使用规则、通知删除规则都能够发挥重要的作用,但是各有缺陷,作者权法系的合理使用规则适用性太差,美国式的合理使用规则证明成本太高而且具有极强的不确定性。通知删除规则虽然能够降低权利人的维权成本,保障信息分享平台的发展,适度降低业余爱好者的法律风险,但是权利人极力反对商业化使用的态度造成了各方的僵局,使得著作权激励机制和非著作权机制都无法很好地发挥作用,无法达到社会效用最大化。社会规范作为非著作权机制的描述,在模糊的法律规定的卵翼下,发展成为权利人的主观臆断,造成了业余爱好者重混创作规制的高度不确定性,商业性与声誉成为权利人是否容忍的两个重要的考量因素。为此笔者提出了改进性意见,主要包括业余爱好者重混创作的社区性例外、社会规范调整的法律化以及商业化补偿机制。社区性例外和商业化补偿机制分别解决非营利性的业余爱好者重混创作(但是不排除社区内的商业化问题)与业余爱好者重混创作的商业化问题。前者以业余爱好者重混创作与传播是否形成相对封闭性社区为标准判定是否构成合理使用,社区性例外将非营利性的业余爱好者重混创作与在先著作权人的市场区分开,降低对著作权人的商业影响。社区性例外以外在的标准代替了合理使用的四要素衡量,是合理使用规则在业余爱好者重混创作规制领域的特定化。补偿机制则是通过第三方信息分享平台向权利人支付补偿金的方式取得商业化机会的一种制度。大部分的业余爱好者重混创作只具有较小的商业价值,通过信息分享平台的大数规则才能降低交易成本,取得商业收益。补偿机制的建立有利于重塑著作权人、业余爱好者与信息分享平台的利益关系,从而实现业余爱好者重混创作价值最大化。业余爱好者重混创作的社区性例外与补偿机制本质上是将业余爱好者重混创作实行分类

---

① 本著作对创作性使用规则体系的构建从提出问题、研究视角转换以及规则的整体构建的角度来说是相当大胆的,但是从融入现有规则体系的角度讲,又是一项非常有限的改进。这大概也符合从学术创新到规则构建的普遍规律。

管理,兼顾各方利益,破解目前的僵局,使得著作权激励机制和非著作权激励机制能够同时发挥作用。鉴于法律规制的高成本,以及业余爱好者重混创作与原作品的非竞争关系(有时候也可能呈现出竞争关系),法律规定与当事人的实际选择出现了很大的偏差,无论是在传统环境中还是数字环境下,社会规范在业余爱好者重混创作中都发挥着重要作用。不过社会规范调整也有自己的缺点,为此可以通过合理使用判断和默示许可制度将社会规范适度法律化,从而发挥著作权激励和非著作权激励的协同作用。

(五)两类重混创作规制的适用

从职业作者重混创作到业余爱好者重混创作,构成了一个既具有连续性又具有一定差异的制度序列,从高创造性到低创造性、从高商业价值到低商业价值,从主要追求重混作品的商业价值到不以追求商业价值为目的,从对单篇作品的大幅度使用到对众多作品的少量使用,从创作性使用的创造性因素、非营利性因素到市场影响因素的考量,本制度序列形成了两组基本规则。鉴于重混作者身份的流动性,他们可以根据自己的实际情形对上述规则进行援用。需要特别指出的是,业余爱好者重混创作的三类规则实际上都具有主动选择的特性,创作者可以通过对传播范围的主动限制而获得法律更多的保护。因此,职业创作者可以向下选择业余爱好者重混创作规则的保护,而业余爱好者如果提高了创作水平,想拥有更多的商业化机会,那么也可以脱离业余爱好者重混创作规则的保护,选择职业重混创作规则的保护。这样通过职业作者重混创作规则与业余爱好者重混创作规则的流动性设计,著作权激励机制和非著作权激励机制可以相得益彰,促进各种水平的文化生产与传播,促进业余创作、职业创作各自以及彼此之间的互动,实现共同繁荣。

二、追求重混创作的更大繁荣:从著作权被动限制走向著作权主动开放

著作权的被动限制只能为创作性使用创造有限的空间,更大的自由创作空间只能依赖于著作权自愿交易以及著作权人对著作权的主动开放。著作权的自愿交易对于重混创作而言具有诸多局限,很难成为重混创作的主要解决方案。相对而言,著作权的主动开放对于进一步促进重混创作的繁

荣,具有重要意义。这就是 Copyleft 自由演绎模式。该模式主张作品使用的自由,强调作品集体创作的需要。① 该模式最早由 20 世纪 80 年代由美国麻省理工学院的理查德·斯托尔曼提出,在反对软件许可对使用权的限制以及封闭源代码的行为的基础上提出和实践的,最后引发了一场更大范围的著作权开放运动。由于该运动逐渐超越了软件作品领域,人们开始放弃"开源"的因素而代之以"开放存取"或者"开放内容",努力向公众提供更大的接触作品和使用作品的自由。由于适用的作品类型、强调的侧重点的不同以及运作模式的差别,该运动目前存在开源软件、开放存取和知识共享等主要形式。

开源软件运动始自理查德·斯托尔曼和他创立的"自由软件基金会",该基金会发布了"通用公共许可"(general public license,GPL)并进行持续管理,提倡开放源代码、自由获取和使用,其核心是提供源代码。一名学生开发的"Linux"操作系统以开源软件的名义发布,并且取得了市场成功,使人们看到了开源软件取得商业成功的可能性。后来有一部分程序员启动了"开源计划",目的在于发展"不但可被视为与软件工业对抗的,而且可作为商业战略的一部分的开源原则"。② 为开源软件输入商业基因显然有助于摆脱开源软件只能成为软件开发爱好者爱好对象的境地,使之能够与普通的商业软件并驾齐驱。开源软件的商业化其实意味着一个事实:无论是著作权开放还是著作权控制都可能获得商业收益。

开放存取运动主要适用于科学出版物,解决学术作品的获取与使用难题。③《关于自然科学和人文科学资源开放获取的柏林宣言》要求签字方的作者向所有用户授予在全球范围内免费获取作品的权利,要求这些作品至

---

① 何炼红:《从 Copyright 到 Copyleft:作者观念的反思与超越》,《甘肃社会科学》,2005 年第 5 期,第 61 页。

② [比]Séverine Dusollier:《版权及相关权与公有领域界限初探》(研究报告,2010年 5 月 7 日),佚名译,第 55 页,http://www.wipo.int/edocs/mdocs/mdocs/zh/cdip_4/cdip_4_3_rev_study_inf_1.pdf,2015 年 2 月 6 日最后访问。

③ [比]Séverine Dusollier:《版权及相关权与公有领域界限初探》(研究报告,2010年 5 月 7 日),佚名译,第 60 页,http://www.wipo.int/edocs/mdocs/mdocs/zh/cdip_4/cdip_4_3_rev_study_inf_1.pdf,2015 年 2 月 6 日最后访问。

少存放在一个在线数据库中以供无限制接触。① 为了给开放存取注入动力，很多资助机构在作者自愿存取的基础上，强制要求存取。2006 年，美国、英国、法国、加拿大、澳大利亚、瑞士、比利时、奥地利等国的 30 多个研究基金机构制定实施了强制开放存取的政策。② 2007 年，美国国会通过的一项综合开销议案，纳入了美国卫生研究院强制推行的受其资助项目成果必须开放存取的规定。③ 开放存取作为一种通过互联网自由获取和再利用学术作品的全新的学术传播机制，存在两种类型的开放存取：一种是免费的开放存取，即学术作品可以免费获取。另一种是自由开放存取，即学术作品不仅可以免费获取，还消除了对其再利用的部分或全部限制。与前者相比，后者不仅消除了价格壁垒，还部分或全部消除了许可壁垒，解决了免费获取和自由使用的问题。④ 因此开放存取实际上打开了学术创作使用的空间。

知识共享运动最早由 Lawrence Lessing 教授发起，他追随理查德·斯托曼和整个开源运动，设想将自由软件中的著作权开放许可模式搬到其他形式的创作成果当中去。他于 2001 年在斯坦福大学创立了知识共享（creative commons，简称 CC，又被译为创作共用）项目和组织。知识共享组织的目标与自由软件运动的目标一致，但是设计了适合于任何类型的文学与艺术作品的著作权许可，远远超出了软件作品或者科学作品的范围。与此同时，它还向权利人提供了选择不同类型的著作权许可的机会，推动创作者在保留著作权的同时，将自己的作品与公众分享。

知识共享是一个相对宽松的版权协议，共提供了四种不同的权利要素供权利人选择。这四种权利要素分别是：署名（Attribution，简写为 BY）：必须提到原作者；非商业用途（Noncommercial，简写为 NC）：不得用于营利目的；

---

① ［比］Séverine Dusollier：《版权及相关权与公有领域界限初探》（研究报告，2010 年 5 月 7 日），佚名译，第 60 页，http://www.wipo.int/edocs/mdocs/mdocs/zh/cdip_4/cdip_4_3_rev_study_inf_1.pdf，2015 年 2 月 6 日最后访问。

② 王应宽等：《国内外开放存取期刊研究进展综述与发展动态分析》，《中国科技期刊研究》，2012 年第 5 期，第 719 页。

③ 王应宽等：《国内外开放存取期刊研究进展综述与发展动态分析》，《中国科技期刊研究》，2012 年第 5 期，第 719 页。

④ 王应宽等：《国内外开放存取期刊研究进展综述与发展动态分析》，《中国科技期刊研究》，2012 年第 5 期，第 715 页。

禁止演绎（No Derivative Works，简写为 ND）：不得改编原作品；相同方式共享（Share Alike，简写为 SA）：允许修改原作品，但要以同一条件传播。这些不同条件共有 16 种组合模式，其中四种含有互相排斥的"ND"和"SA"条件而无效，一种是没有任何条件要求的授权，相当于公共领域。此外还有五种没有署名授权的协议极少被采用，被 CC 2.0 以上版本淘汰，简化之后剩下六种协议授权组合，即署名、"署名+禁止演绎"、"署名+非商业性"、"署名+非商业性+禁止演绎"、"署名+非商业性+以相同方式分享"、"署名+以相同方式分享"。此外，还存在两种直接与重混创作有关的 CC 协议，即特别取样授权（Sampling Plus）、非商业特别取样授权（Noncommercial Sampling Plus），用于音乐、影片、摄影作品的重混创作。① 著作权人一旦选择某个具体的共享协议，就会在作品页面上生成相应的权利按钮，与作品一起传播，向使用者声明权利保留和放弃的范围。这些权利按钮所包含的源代码能够通过知识共享搜索引擎找到。② 作品与知识共享协议在数字环境下的密切结合创造了一种互惠的集体行动机制。

上述三种著作权开放运动虽然存在一些差异，但是也存在一些典型的共同特征：①确认著作权，共享的目标不是放弃版权使其完全进入公共领域，或者使其不受著作权保护，而是在确认著作权的情况下进行著作权开放，通过作者有意识的放弃一些权利来达到利人利己的目的。②反向运用独占性。著作权开放许可建立在承认著作权独占性的基础之上，通过标准协议授予使用者以接触和使用的自由，如果没有著作权的独占性，那么著作权开放运动就不会产生。因此著作权开放实际上是一种反向运用著作权法的制度形式，是一种著作权的主动限制。③无歧视。大多数的著作权开放运动对使用者同等相待，授予行动的自由惠及所有的使用者，无论是否追求商业化都是如此。在开源软件的运动中，承认商业化的追求是其获得不断发展的重要驱动力。不过知识共享协议提供了区别对待方式，在基本的选

---

① http://baike.baidu.com/link? url = O4V01T _ NlLQ0V18uxNjxTZ4YB2HRAD7C4y7tpmqK1r_Gbs95JicE_iRFtoitXfMWIXXLs8sKbSe0wSM2Vsz_fq，2015－02－08 最后访问。

② 王玉卿：《从"保留所有权利"到"保留部分权利"——解析"知识共享组织"及"CC"协议》，《图书情报工作》，2006 年第 10 期，第 123 页。

择中,权利人对商业性使用和非商业性使用进行区别对待,从而可以排除商业性使用行为。不过需要指出的是,这是对使用类型的歧视,而不是对使用者类型的歧视。① ④病毒性。某些开放许可的重要特征之一就是要求使用者以同样的方式散发其作品或者基于其作品的演绎作品,由此阻止作品以及演绎作品重新回到专有权的体制中。这样的话,一旦作者选择了知识共享,那么其作品以及衍生作品只能沿着知识共享的道路犹如病毒一样继续扩展,因此知识共享是一个强有力的扩大集体行动的机制。

著作权开放许可运动通过特有的集体行动机制创造了一个知识分享的空间。在这个空间之中,权利人虽然丧失了一些权利,但是也获得了回报,那就是集体创作空间的扩大,有效降低演绎创作的成本。"根据 Copyleft 这个灵活的法律策略,引起自由演绎者兴趣的并不是最初孤立的作品,而是该作品可以被使用者修改并可以对新的使用者持续公开,这样一个整体的发展模式给自由演绎带来了无穷的动力。"②对于那些没有商业价值或者商业价值比较低的作品类型来说,著作权开放运动能够有效降低著作权保护带来的副作用,提升这些作品所在领域的集体福利。

与此同时,著作权人在开放许可中通过特定的选择,灵活运用著作权激励机制与非著作权激励机制,寻求利益最大化。鉴于非著作权激励主要通过积累声誉发挥作用,在知识共享协议实施的过程中几乎所有的作者都要求署名(高达98%),因此 CC 2.0 后淘汰了没有署名选择的协议版本,在 CC 3.0 后署名则上升为协议的强制性条件。在某种意义上,著作权开放是著作权人精心权衡著作权激励与非著作权激励之下的成本收益之后所做的理性选择,允许著作权人通过特定的集体行动机制将著作权机制与非著作权机制进行适当组合,从而实现效益最大化。GPL 与 CC 协议大获成功的重要原因就在于允许权利人进行权衡,CC 协议中署名、商业性/非商业性、演绎性/非演绎性等选项为权利人平衡著作权激励机制与非著作权激励机制获取效

---

① [比]Séverine Dusollier:《版权及相关权与公有领域界限初探》(研究报告,2010年5月7日),佚名译,第62页,http://www.wipo.int/edocs/mdocs/mdocs/zh/cdip_4/cdip_4_3_rev_study_inf_1.pdf,2015年2月6日最后访问。

② 何炼红:《从 Copyright 到 Copyleft:作者观念的反思与超越》,《甘肃社会科学》2005年第5期,第64页。

用最大化提供了足够的选择空间,保证权利人在获取声誉的同时,还能够根据自己的需要决定是否开放商业性演绎或者非商业性演绎机会,甚至决定使用者的传播和获益方式。著作权人对著作权的主动开放和灵活设计能够有效提升重混创作自由,促进重混文化繁荣。

参考文献

[1]约拉姆·巴泽尔.产权的经济分析[M].费方域,段毅才,译.上海:格致出版社,上海三联书店,上海人民出版社,1997.

[2]罗宾·保罗·马洛伊.法律与市场经济[M].钱弘道,朱素梅,译.北京:法律出版社,2006.

[3]尼尔·K.考默萨.法律的限度:法治、权利的供给与需求[M].申卫星,王琦,译.北京:商务印书馆,2007.

[4]威廉·M.兰德斯,理查德·A.波斯纳.知识产权法的经济结构[M].金海军,译.北京:北京大学出版社,2005.

[5]理查德·A.波斯纳.论剽窃[M].沈明,译.北京:北京大学出版社,2010.

[6]保罗·戈斯汀.著作权之道:从古登堡到数字点播机[M].金海军,译.北京:北京大学出版社,2008.

[7]M.雷炳德.著作权法[M].张恩民,译.13版.北京:法律出版社,2005.

[8]布拉德·谢尔曼,莱昂内尔·本特利.英国知识产权法的现代历程(重排版)[M].金海军,译.北京:北京大学出版社,2012.

[9]唐纳德·A.威特曼.法律经济学文献精选[M].苏力,等译.北京:法律出版社,2006.

[10]劳伦斯·莱斯格.免费文化:创意产业的未来[M].王师,译.北京:中信出版社,2009.

[11]迈克尔·A.艾因霍恩.媒体、技术和版权:经济与法律的融合[M].赵启彬,译.北京:北京大学出版社,2012.

[12]卡尔·拉伦茨.法学方法论[M].陈爱娥,译.北京:商务印书馆,2003.

[13]哈特.法律的概念[M].张文显,等译.北京:中国大百科全书出版社,1996.

［14］田村善之.日本知识产权法［M］.周超,等译.4版.北京:知识产权出版社,2011.

［15］保罗·戈斯汀.著作权之道:从古登堡到数字点播机［M］.金海军,译.北京:北京大学出版社,2008.

［16］米歇尔·福柯.规训与惩罚(修订译本)［M］.北京:生活·读书·新知三联书店,2012.

［17］道格拉斯·C.诺斯.制度、制度变迁与经济绩效［M］.杭行,译.上海:格致出版社,上海三联书店,上海人民出版社,2008.

［18］哈耶克.自由秩序原理［M］.邓正来,译.上海:三联出版社,2003.

［19］丹宁勋爵.法律的训诫［M］.刘庸安,等,译.北京:法律出版社,1999.

［20］彭道敦,李雪箐.普通法视角下的知识产权［M］.谢林,译.北京:法律出版社,2010.

［21］罗科斯·庞德.通过法律的社会控制［M］.沈宗灵,译.北京:商务印书馆,2010.

［22］E·博登海默.法理学、法律哲学与法律方法(修订版)［M］.邓正来,译.北京:中国政法大学出版社,2004.

［23］米哈伊·菲彻尔.版权法与因特网(上下)［M］.郭寿康,万勇,译.北京:中国大百科全书出版社,2009.

［24］卡尔·施密特.论法学思维的三种模式［M］.苏慧婕,译.北京:中国法制出版社,2012.

［25］约斯特·斯密尔斯,玛丽·克·范斯海恩德尔.抛弃版权:文化产业的未来［M］.刘金海,译.北京:知识产权出版社,2010.

［26］曼昆.经济学原理·微观经济学分册［M］.梁小民,梁砾,译.5版.北京:北京大学出版社,2009.

［27］罗伯特·考特,托马斯·尤伦.法和经济学［M］.史晋川,董雪兵,译.上海:格致出版社,上海三联书店,上海人民出版社,2010.

［28］托马斯·库恩.科学革命的结构［M］.金吾伦,胡新和,译.北京:北京大学出版社,2003.

［29］彼得·达沃斯,约翰·布雷思韦特.信息封建主义［M］.刘雪涛,译.北京:知识产权出版社,2005.

[30]理查德·A.波斯纳.法律与文学(增订版)[M].李国庆,译.北京:中国政法大学出版社,2002.

[31]世界知识产权组织.著作权与邻接权法律术语汇编[M].刘波林,译.北京:中国人民大学出版社,2005.

[32]北川善太郎.著作权交易市场:信息社会的法律基础[M].郭慧琴,译.武汉:华中科技大学出版社,2011.

[33]道格拉斯·G.拜尔,罗伯特·H.格特纳,兰德尔·C.皮克.法律的博弈分析[M].严旭阳,译.北京:法律出版社,1999.

[34]斯蒂文·沙维尔.法律经济分析的基础理论[M].赵海怡,史册,宁静波,译.北京:中国人民大学出版社,2013.

[35]斯蒂文·沙维尔.法律的经济分析[M].柯华庆,译.北京:中国政法大学出版社,2009.

[36]约拉姆·巴泽尔.国家理论:经济权利、法律权利与国家范围[M].钱勇,曾永梅,译.上海:上海财经大学出版社,2006.

[37]彼得·德霍斯.知识产权法哲学[M].周林,译.北京:商务印书馆,2008.

[38]科斯.企业、市场与法律[M].盛洪,陈郁,译.上海:格致出版社,上海三联书店,上海人民出版社,2009.

[39]齐佩利乌斯.法学方法论[M].金振豹,译.北京:法律出版社,2009.

[40]康芒斯.制度经济学(上下)[M].赵睿,译.北京:华夏出版社,2013.

[41]埃里克·弗鲁博顿,鲁道夫·芮切特.新制度经济学:一个交易费用分析范式[M].姜建强,罗长远,译.上海:上海人民出版社,2012.

[42]中山信弘.多媒体与著作权[M].张玉瑞,译.北京:专利文献出版社,1997.

[43]吴汉东.知识产权多维度解读[M].北京:北京大学出版社,2008.

[44]徐国栋.民法哲学[M].北京:中国法制出版社,2009.

[45]黄茂荣.法学方法论与民法[M].北京:中国政法大学出版社,2001.

[46]十二国著作权法翻译组.十二国著作权法[M].北京:清华大学出版社,2011.

[47]王迁,Lucie Guibault.中欧网络版权保护比较研究[M].北京:法律出版

社,2008.

[48]李琛.著作权基本理论批判[M].北京:知识产权出版社,2013.

[49]熊琦.著作权激励机制的法律构造[M].北京:中国人民大学出版
社,2011.

[50]何炼红.工业版权研究[M].北京:中国法制出版社,2007.

[51]卢现祥.新制度经济学[M].2版.武汉:武汉大学出版社,2004.

[52]卢海君.版权客体论[M].北京:知识产权出版社,2011.

[53]朱慧.激励与接入:版权制度的经济学研究[M].杭州:浙江大学出版
社,2009.

[54]易健雄.技术发展与版权扩张[M].北京:法律出版社,2009.

[55]凌斌.法治的代价[M].北京:法律出版社,2012.

[56]王峥.同人的世界:对一种网络小众文化的研究[M].北京:新华出版
社,2008.

[57]宋慧献.版权保护与表达自由[M].北京:知识产权出版社,2011.

[58]李雨峰.枪口下的法律:中国版权史研究[M].北京:知识产权出版
社,2006.

[59]许辉猛.著作权基本原理[M].北京:知识产权出版社,2011.

[60]王迁.著作权法学[M].北京:北京大学出版社,2007.

[61]何怀文.著作权侵权的判定规则研究[M].北京:知识产权出版
社,2012.

[62]朱理.著作权的边界:信息社会著作权的限制与例外研究[M].北京:北
京大学出版社,2011.

[63]吴汉东.著作权合理使用制度研究(修订版)[M].北京:中国政法大学
出版社,2005.

[64]李响.美国版权法:原则、案例和材料[M].北京:中国政法大学出版
社,2004.

[65]李明德,许超.著作权法[M].北京:法律出版社,2009.

[66]李明德.知识产权法[M].北京:法律出版社,2008.

[67]李杨.著作权法个人使用问题研究:以数字环境为中心[M].北京:社会
科学文献出版,2014.

[68]王迁.网络版权法[M].北京:中国人民大学出版社,2008.

[69]王迁.著作权法学[M].北京:北京大学出版社,2007.

[70]黄玉烨.民间文学艺术的法律保护[M].北京:知识产权出版社,2008.

[71]魏建.法经济学:分析基础与分析范式[M].北京:人民出版社,2007.

[72]Mark A Lemley.财产权、知识产权和搭便车[J].杜颖,兰振国,译.私法,2012(1):123-162.

[73]胡开忠.论重混创作行为的法律规制[J].法学,2014(12):89-97.

[74]张建邦.精神权利保护的一种法哲学解释[J].法制与社会发展,2006(1):32-39.

[75]肖文荣,胡允根,王艳.知识产权的部分非竞争性特征研究[J].科技管理研究,2013,33(7):159-163.

[76]熊琦.Web 2.0时代的著作权法:问题、争议与应对[J].政法论坛,2014,32(4):84-95.

[77]李雨峰.从写者到作者:对著作权制度的一种功能主义解释[J].政法论坛,2006(6):88-98.

[78]李萍.作品后续使用研究:兼评《著作权法》修改草案第42条第(十)项[J].河北法学,2014,32(2):101-109.

[79]许辉猛.论自我剽窃的法律规制[J].科技与出版,2012(2):46-48.

[80]王迁.论版权"间接侵权"及其规则的法定化[J].法学,2015(12):66-74.

[81]梁志文.论通知删除制度:基于公共政策视角的批判性研究[J].北大法律评论,2007(1):168-185.

[82]王轶.论倡导性规范:以合同法为背景的分析[J].清华法学,2007(1):66-74.

[83]刘强,金陈力.机会主义行为与知识产权默示许可研究[J].知识产权,2014(7):54-60.

[84]王国柱.知识产权默示许可制度研究[D].长春:吉林大学,2013.

[85]许辉猛.票据抗辩限制制度研究[D].长春:吉林大学,2004.

[86]李建华,王国柱.网络环境下著作权默示许可与合理使用的制度比较与功能区分[J].政治与法律,2013(11):11-24.

[87]吕炳斌.网络时代的版权默示许可制度:两起 Google 案的分析[J].电子知识产权,2009(7):73-76.

[88]赵莉.质疑网络版权中"默示许可"的法律地位[J].电子知识产权,2003(12):21-24.

[89]张今.期刊业数字化发展过程中的版权困境与治理[J].出版发行研究,2011(3):49-52.

[90]李宗辉.论著作权的绝对权性质、交易安全保护与默示许可:兼评方正诉宝洁字体侵权案二审判决[J].电子知识产权,2012(10):39-44+38.

[91]季卫东.网络化社会的戏仿与公平竞争:关于著作权制度设计的比较分析[J].中国法学,2006(3):17-29.

[92]苏力.戏仿的法律保护和限制:从《一个馒头引发的血案》切入[J].中国法学,2006(3):3-16.

[93]罗莉.谐仿的著作权法边界:从《一个馒头引发的血案说起》[J].法学,2006(3):60-66.

[94]张广良."不计琐细原则"在侵犯著作权案件中的适用研究[J].法学家,2008(4):87-93.

[95]金渝林.论作品的独创性[J].法学研究,1995(4):51-60.

[96]刘文杰.微博平台上的著作权[J].法学研究,2012,34(6):119-130.

[97]姚志伟,刘润涛.第三方插件与宿主软件著作权问题探讨:兼评腾讯与奇虎之争[J].知识产权,2011(3):61-66.

[98]胡瑛.媒介重度使用者"粉丝"的受众特性解析[J].重庆邮电大学学报(社会科学版),2008(5):62-67.

[99]黎杨全.网络追文族:读写互动、共同体与"抵抗"的幻象[J].文艺研究,2012(5):94-103.

[100]崔国斌.知识产权确权模式选择理论[J].中外法学,2014,26(2):408-430.

[101]王应宽,吴卓晶,程维红,等.国内外开放存取期刊研究进展综述与发展动态分析[J].中国科技期刊研究,2012,23(5):715-724.

[102]凌斌.界权成本、洛克世界与法律经济学的视角转换[J].北大法律评论,2012,13(1):159-178.

[103] 陈国富,李启航.法律的认知基础、内生偏好与权利保护规则的选择[J].南开学报(哲学社会科学版),2013(4):139-147.

[104] 熊琦.互联网产业驱动下的著作权规则变革[J].中国法学,2013(6):79-90.

[105] 刘铁光.论我国《著作权法》限制制度的改进:基于权利封闭性与限制开放性原则的检讨[J].湖南科技大学学报(社会科学版),2011,14(6):43-48.

[106] 王玉卿.从"保留所有权利"到"保留部分权利"——解析"知识共享组织"及"CC"协议[J].图书情报工作,2006(10):121-123.

[107] 何炼红.从 Copyright 到 Copyleft:作者观念的反思与超越[J].甘肃社会科学,2005(5):61-67.

[108] 卢海君.从美国的演绎作品版权保护看我国《著作权法》相关内容的修订[J].政治与法律,2009(12):129-137.

[109] 孙战龙.网络同人小说的权利界定[J].网络法律评论,2006,7(00):168-176.

[110] 王敏.图形的相似性判断与差异性判断的关系及机制的研究[D].天津:天津师范大学,2008.

[111] 莫雷,常建芳.类别特征的相似性与竞争性对归类的影响[J].心理学报,2003(5):628-635.

[112] 陈庆飞,雷怡,席乐,等.相似性判断和差异性判断不对称性的机制探索[J].心理科学,2013,36(5):1128-1132.

[113] 牛强."剽窃"的法律蕴涵:对《剽窃概念的界定及其私法责任研究》之己见[J].知识产权,2013(10):54-60.

[114] 阳贤文.美国司法中实质性相似之判断与启示[J].中国版权,2012(5):46-49.

[115] 许辉猛.谷歌图书扫描项目合法化判决的产业化意义与数字图书产业的未来[J].科技与出版,2014(6):96-99.

[116] 杜欧凌.续写作品的著作权研究[D].重庆:西南政法大学,2011.

[117] 刘扬.同人小说的著作权问题研究[D].重庆:西南政法大学,2012.

[118] 雷惠玲.网络小说社区迷文化研究[D].吉首:吉首大学,2012.

[119]刘汉波.著作权司法实践中的文学观念批判:以文学剽窃的认定为中心的考察[D].上海:华东师范大学,2008.

[120]凯伦·海尔克森.粉丝领域的价值观:网络上的粉丝互赠文化[J].宫羽,译.世界电影,2010(6):4-9.

[121]薛媛元.视角转换:论同人小说与原著的"对话"策略[J].江汉大学学报(人文科学版),2012,31(1):32-36.

[122]张彦婷.论粉丝"消费者"与"生产者"身份的双重性[J].牡丹江师范学院学报(哲学社会科学版),2013(2):82-85.

[123]张明华.集句诗的发展及其特点[J].南京师范大学文学院学报,2006(4):24-29.

[124]徐胜利.集句:宋词的创作方法之二[J].湖北职业技术学院学报,2005(1):31-33.

[125]许建平.文坛模拟风气与《金瓶梅》撰写方法考察[J].河北师范大学学报(哲学社会科学版),2000(2):62-67.

[126]吴泽泉.晚清翻新小说创作动因探析[J].云南社会科学,2008(6):147-152.

[127]徐丽苑,曹莉亚.论同人作品的出版现状及其发展前景[J].杭州电子科技大学学报(社会科学版),2011,7(3):61-65.

[128]Lawrence Lessig. Remix:Making Art and Commerce Thrive in the Hybrid Economy,New York:The Penguin Press,2009.

[129]Paul Goldstein. Goldstein on Copyright (third edition),Austin:Aspen Publishers,2007.

[130]Melvile Nimmer,David Nimmer. Nimmer on Copyright,Mattew Bender & Company,Inc. ,2009.

[131]Giuseppe Mazziotti. EU Digital Copyright Law and the End-user,Berlin:Springer-Verlag Berlin Heidelberg,2008.

[132]Robert Burrell,Allison Coleman,Copyright Exceptions:the Digital Impact,Cambridge :Cambridge University Press,2005.

[133]Ronan Deazley,Rethinking Copyright:History,Theory,Language,Edward Elgar Published Limited Glensanda House,2006.

[134] Nicola Lucchi, Digital Media &Intellectual Property, Berlin: Springer – Verlag Berlin Heidelberg,2006.

[135] Pierre N. Leval, Toward A Fair Use Standard, 103 Harv. L. Rev. 1105 (1990).

[136] Jisuk Woo, Redefining the "Transformative Use" of Copyrighted Works: Toward a Fair Use Standard in the Digital Environment, 27 Hastings Comm. & Ent. L. J. 51(2004).

[137] Gideon Parchomovsky, Alex Stein, Originality, 95 Va. L. Rev. 1505 (2009).

[138] Homas W. Joo, Thomas W. Joo, Remix Without Romance,44 Conn. L. Rev. 415(2011).

[139] Kate Klonick, Comparing Cpples to Cpplejacks: Cognitive Science Concepts of Similarity Judgment and Derivative Works,60 JCPS 365(2013).

[140] Carmit Soliman, Remixing Sharing: Sharing Platforms As A Tool For Advancement of UGC Sharing,22 Alb. L. J. Sci. & Tech. 279(2012).

[141] Daniel Gervais, The Tangled Web of UGC: Making Copyright Sense of User–Generated Content, VANDERBILT J. OF ENT AND TECH LAW, VOL11:4:841.

[142] Emily Harper, Music Mashups: Testing The Limits of Copyright Law As Remix Culture Takes Society By Storm,39 Hofstra L. Rev. 405(2010).

[143] Kerri Eble, This is a Remix: Remixing Music Copyright to Better Protect Mashup Artists,2013 U. Ill. L. Rev. 661.

[144] Steven A. Hetcher, Using Social Norms to Regulate Fan Fiction And Remix Culture,157 U. Pa. L. Rev. 1869(2009).

[145] Robert M. Vrana, The Remix Artist's Catch–22: A Proposal For Compulsory Licensing For Transformative, Sampling–Based Music,68 Wash. & Lee L. Rev. 811(2011).

[146] Erez Reuveni: Authorship in the Age of the Conducer, Journal, Copyright Society of the U. S. A1801.

[147] Mathias Klang & Jan Nolin, Tolerance is Law: Remixing Homage,

Parodying Plagiarism, Scripted, Volume 9, Issue 2, August 2012, p. 154–176.

[148] Giancarlo F. Frosio, Rediscovering Cumulative Creativity from the Oral Formulaic Tradition to Digital Remix：Can I Get a Witness, 13 J. Marshall Rev. Intell. Prop. L. 341(2014).

[149] Aram Sinnreich, Tracking Configurable Culture from the Margins to the Mainstream, Journal Computer−MediatedCommunication(2013).

[150] Michael Katz, Recycling Copyright：Survival &Growth in the Remix Age, 13 Intell. Prop. L. Bull. 21(2008).

[151] Robert P. Merges, The Concept of Property in the Digital Era, 45 Hous. L. Rev. 1239(2008).

[152] Khanuengnit Khaosaeng, Wand, Sandals and Wind：creativity as a copyright exception, Europwan Intellectual Property Review 238 (2014 – 04).

[153] Raghu Seshadri, Bridging the Digital Divide：How the Implied License Doctrine Could Narrow the Copy norm – Copyright Gap, UCLA Journal of Law &Technology, Volume 11, Issue 2, 2007.

[154] Christina Chung, Holy Fandom, Batman, Commercial Fan Works, Fair use, and the Economics of Complements and Market Failure, B. U. J. SCI. & TECH. L. Vol. 19(2013).

[155] Michelle Chatelain, Harry Potter and the Prisoner of Copyright Law：Fan Fiction, Derivative Works, and the Fair Use Doctrine, 15 Tul. J. Tech. & Intell. Prop. 199 (2012).

[156] Christopher Ross McElwain, Fact in the World：The Referential Model of Fair Use, Journal of the Copyright Society of the USA, Electronic copy available at：http://ssrn. com/abstract = 1815290.

[157] Rebecca Tushnet, Scary Monsters：Hybrids, Mashups, and Other Illegitimate Children, 86 NotreDame L. Rev. 2133(2011).

[158] Kim D. Chanbonpin, Legal Writing, the Remix：Plagiarism and Hip Hop Ethics, 63 Mercer L. Rev. 597(2012).

［159］The Department of Commerce Internet Policy Task Force，Copyright Policy，Creativity，and Innovation in the Digital Economy（2013）．

［160］The Department of Commerce Internet Policy Task Force，White Paper on Remixes，First Sale，and Statutory Damages：Copyright Policy，Creativity，and Innovation in the Digital Economy（2016）．

［161］Séverine Dusollier：《版权及相关权与公有领域界限初探》（2010 年 5 月 7 日），http：//www. wipo. int.

［162］Working Party on the Information Economy，Participative Web：User-Created Content，DSTI/ICCP/IE（2006）7/FINAL.

［163］N. Helberger，L. Guibault，E. H. Janssen，etc，User-Created-Content：Supporting A Participative Informative Society（final report），http：//ivir2. atabixdemo. com/medewerkerpagina？id=9.

［164］Player-Authors Project Research Team：The Player-Authors Project Summary Report of Research Findings（2013）http：//player-authors. camden. rutgers. edu/.

［165］What Constitutes Derivative Work Under the Copyright Act of 1976，149 A. L. R. Fed. 527（Originally published in 1998）．

［166］Cause of Action for Copyright Infringement Under the Federal Copyright Act of 1976，as Amended，9COA 2d 65（originally published in 1997，updated May 2014）．

［167］Literary and Artistic Rights for Purposes of，and Their Infringement By or in Connection With，Motion Pictures，Radio，and Television，23 A. L. R. 2d 244（Originally published in 1952）．

［168］Parody as Copyright Infringement or Fair Use Under Federal Copyright Act，75 A. L. R. Fed. 822（Originally published in 1985）．

［169］Anne Hiaring，J. D.，Copyright Infringement of Literary Works，Including Compilations and Other Fact-based Works，20 AMJUR POF 3d 431，20 Am. Jur. Proof of Facts 3d 431（Originally published in 1993）．